# POUR HEGEL

BIBLIOTHÈQUE D'HISTOIRE DE LA PHILOSOPHIE

Fondateur Henri GOUHIER          Directeur Emmanuel CATTIN

# Bernard BOURGEOIS

# POUR HEGEL

PARIS

LIBRAIRIE PHILOSOPHIQUE J. VRIN

6 place de la Sorbonne, V e

2019

© *Librairie Philosophique J. VRIN*, 2019
ISSN 0249-7980
ISBN 978-2-7116-2870-4
*www.vrin.fr*

*À Marie et à Juliette*

## COMMENTER HEGEL : UN DESTIN ET UNE TÂCHE

Le destin bien paradoxal du hégélianisme oppose, à la totalisation achevée de la philosophie revendiquée par Hegel, l'éclatement absolu des lectures philosophiques qui en ont été faites. Aucune autre philosophie n'a été l'objet d'interprétations aussi diverses et conflictuelles. La droite et la gauche hégélienne se sont elles-mêmes, dès l'origine, divisées chacune en de multiples courants, et le commentaire « centriste » consacré à l'œuvre de Hegel ne manque pas davantage, aujourd'hui encore, de variété ! L'entreprise, elle aussi, du rassemblement, dans le débat, des chercheurs en hégélianisme, s'est à son tour dispersée et fragmentée en plusieurs sociétés internationales hégéliennes. Bref, la pensée de la pensée la plus totale qui ait été fut et reste la plus détotalisée qui soit. Guéroult opposait, dans l'histoire philosophique de la philosophie, à l'idéalisme absolu, strictement et dogmatiquement monothéiste, de Hegel, un « idéalisme radical », libéralement polythéiste, des systèmes philosophiques ; mais le premier est déjà nié dans la simple répétition de son contenu singulier, et singularisé du fait même de sa totalisation absolue, par le polythéisme le plus débridé de ses lecteurs les plus fervents.

La question posée par une telle situation persistante du commentaire de la philosophie hégélienne est celle de sa propre possibilité. Comment cette philosophie peut-elle s'entredéchirer, dans la lecture qui en est faite, plus que toute autre, alors que l'enchaînement systématique en elle des différentes significations devrait réduire, sinon interdire, l'arbitraire intuitionnant de la saisie du tout par la détermination de celui-ci, et l'arbitraire réfléchissant de la saisie des déterminations par leur totalisation? Se poser une telle question serait, pour le commentaire lui-même se consacrant à Hegel, sortir de sa pratique accumulative naïve, immédiate, et, en s'engageant dans une pratique réfléchissante ou critique de lui-même, s'ouvrir peut-être la possibilité de se pratiquer d'une façon proprement spéculative. Certes, un tel commentaire peut, à nouveau, se déployer selon une conscience critique immédiatement diverse, voire conflictuelle, de lui-même, mais la véritable critique de soi emporte sa propre diversité et l'oriente vers la pensée elle-même synthétisante de son objet ici le plus synthétique qui soit, le système hégélien. A condition d'abord, toutefois, que celui-ci soit vraiment tel qu'il s'est dit être; et c'est là le premier problème que rencontre un commentaire auto-critique de la pensée de Hegel.

Parmi les premiers grands critiques d'une œuvre dont le moment politique pouvait aviver de façon partisane le jugement alors porté sur elle, Schelling et Marx en dénoncèrent ainsi la non-systématicité, et cela au cœur d'elle-même. Ils ne voient que juxta-position à la jointure des deux grands moments de l'absolu hégélien : le sens de l'être, le logique, et l'être du sens, la réalité spirituelle, se présupposant comme nature. L'affirmation par Hegel du passage de l'Idée logique à la nature comme d'une libre création de celle-ci par celle-là serait elle-même une affirmation libre au sens d'arbitraire, et qui nierait, au moment porteur du système par là seulement prétendu, la nécessité dialectique déployée dans ses moments subordonnés. Une nécessité qui, pour Schelling et Marx, est elle-même purement irréelle, le reproche d'inconséquence s'approfondissant alors en celui, plus grave, de mystification de la réalité.

Il est vrai que les divergences offertes ordinaire-ment par les analyses des passages dialectiques, quels qu'ils soient, du discours hégélien, et ce à partir de celui qui doit conduire de l'être, par le néant, au devenir, semblent pouvoir, si le contenu analysé commande d'abord son analyse, faire mettre en cause la nécessité même d'un tel discours. C'est que la construction circulaire revendiquée par lui, qui fait se déterminer réciproquement, non seulement en leur signification comme chez Fichte, mais aussi en leur vérité, la première et la dernière proposition de l'ensemble, ne peut assurer, si l'identification à soi ou la nécessité fait défaut au fondement, celle de la moindre proposition. Certes, l'intellection de chaque proposition spéculative requiert l'attention plénière à sa lettre particulière toujours originale par rapport à la dialectique antérieure dont elle nie la négativité ; mais l'invention de sa positivité synthétisante est nécessairement guidée par la pensée assurée de la synthèse ultime, absolue, du système. Or c'est précisément au niveau de cette synthèse que les lecteurs les mieux disposés envers Hegel jugent ordinairement le propos hégélien le moins assuré.

L'identification nouant fondamentalement le discours hégélien avec lui-même est, comme on le sait, celle, constitutive de la raison telle que Hegel la conçoit, du pensé comme tout – il n'y a de vrai que le tout –, et du pensant comme réflexion absolue d'un Soi – il n'y a de total que le Soi –, ou encore : de la substantialité et de la subjectivité, de la nécessité et de la liberté, de la structure et de la personnalité, la seconde posant la première en se posant elle-même. Une telle identification se conclut alors solennellement pour elle-même à la cime idéelle du système, où s'offre logiquement le sens total de l'être, qui n'est qu'à se faire librement réalité d'abord naturelle puis spirituelle, et à la cime réelle de ce système, où l'être totalise spirituellement son sens en le faisant s'enchaîner avec lui-même dans le triple syllogisme final du Soi philosophant. Or ces deux nœuds capitaux du discours spéculatif sont posés, à chaque fois, dans une clôture étonnamment brève de celui-ci.

Quelque interprétation qu'on donne de la brièveté des deux passages en question : Hegel s'attardant peu, comme s'il ne pouvait en déployer la vérité spéculative, sur la personnalisation du sens logique de l'être, et n'insistant guère, comme si cette ultime affirmation spéculative était dangereuse, sur le sens logique du Soi divin de l'esprit absolu philosophant, une telle brièveté énigmatique semble bien leur enlever l'intelligibilité maximale à attendre d'eux. C'est pourquoi, surabondant par ailleurs, le commentaire se concentrant sur la clef de voûte, d'abord affirmée en son idéalité logique principielle, puis développée en sa réalité spirituelle, du discours hégélien, a été généralement fort discret et n'a guère commandé la lecture du long cheminement dialectique pourtant présenté par Hegel comme justifiant formellement cette clôture confirmée. Il y a bien une telle différence dans le commentaire courant du texte hégélien, entre, d'une part, le traitement du long et lent cheminement de la construction dialectique nécessaire de l'absolu, d'abord en son sens comme Idée logique, puis en sa réalité naturelle et spirituelle comme actualisation plénière concrète d'une telle Idée dans l'esprit absolu enfin philosophant, et, d'autre part, celui de l'acte décisionnel immédiat par lequel l'absolu, d'abord en son accomplissement logique, s'oppose l'être réel, puis, en son achèvement spirituel dans la science spéculative, s'oppose l'opposition de son acte subjectif et de son contenu objectif.

La patiente nécessité selon laquelle l'être, pour être, se pose finalement comme un Soi, d'abord le Soi logique qu'est l'Idée absolue, puis le Soi réel qu'est l'esprit absolu philosophant, c'est-à-dire le développement progressif scientifique du contenu de la philosophie logique et de la « philosophie réelle », appelle un commentaire que son objet peut faire accéder lui-même au rang d'un discours pleinement nécessaire. Ainsi, même quand, en compliquant la tâche du commentateur philosophe, le mouvement logique de l'être se donne, non plus comme le passage extérieur de l'être en tant qu'être, mais comme la réflexion intérieure de l'être en tant qu'essence et, au-delà de ce double visage de la nécessité, comme la libre auto-position de l'être en tant que concept, toujours, entre les moments de cette triple manifestation de l'être, même ceux du concept, il y a une nécessité du contenu de la pensée pour la pensée spéculative elle-même : la contradiction qu'est le concept comme purement subjectif rend nécessaire sa position comme objectif, etc.

Mais, lorsque le sens logique est posé en sa totalité non contradictoire, donc en sa vérité absolue comme sens, alors, en tant qu'objet du sujet philosophant, il actualise lui-même sa liberté librement, dans l'originarité d'une décision en laquelle il s'identifie à la liberté formelle de ce sujet où la pensée de l'être se clôt dans une intuition absolue de soi qui semble reléguer dans son passé toute expression discursive, et donc nécessaire, d'elle-même. Et le même rapport se répète entre le processus total du contenu réel s'avérant *in fine* celui de l'esprit absolu et l'acte ultime de ce dernier, où s'identifient, comme dans la jouissance de son intuition de lui-même, son moment objectif : le contenu de la spéculation, et son moment subjectif : la forme de cette spéculation. Parvenue à sa vérité, la pensée de l'être semble ainsi exclure toute nécessité et, donc, toute discursivité avérée, de son affirmation de soi, puisque son agir n'est plus dicté par la contradiction interne de son contenu, mais est un libre se-contredire ou un libre sacrifice de soi. Voilà pourquoi, à ce qu'il parait, la pensée d'une telle pensée supprimant la discursivité dialectique nécessaire dans la libre intuition du Soi spéculatif ne saurait éclairer la pensée de la première sur elle-même, ni en son sens ni en son exercice.

Il semble pourtant bien difficile de ne pas faire conditionner, voire déterminer, la pensée du processus dialectique de l'être s'avérant finalement comme esprit absolu réalisant l'Idée logique, par celle de cette vérité finale de lui-même comme libre assomption de son contenu total en sa forme de Soi pensant, idéellement, dans l'Idée logique, ou, réellement, dans l'Idée de la philosophie. Car, si le résultat n'a pas de sens sans son devenir, le devenir n'a pas davantage de sens sans son résultat. Pensé comme l'Idée logique, dont l'être n'est rien d'autre, en sa vérité, que son acte de poser librement, c'est-à-dire par liberté et comme libre, son Autre, la réalité naturelle puis spirituelle, le sens de l'absolu se vérifie comme sens sensibilisé – la nature – et comme sens sensibilisé en tant que sens – l'esprit –, c'est-à-dire comme un contenu dont les moments accentuent, car le réel est le milieu de l'extériorité réciproque, leur différence les uns par rapport aux autres. Et cela, jusqu'à faire de cette différence, en tant que différence infinie d'avec soi – la négativité accomplie de la liberté –, le contenu absolu de l'absolu. Arrivée au terme de sa reconquête encyclopédique d'elle-même, la pensée de l'être ne peut donc pas ne pas ressaisir explicitement ce qu'elle se sait alors avoir eu pleinement raison de pratiquer dès le début de cette reconquête, à savoir l'assomption de la liberté à même l'expérience du développement désormais théoriquement et pratiquement mieux maîtrisé de l'être.

Car le contenu de cette expérience spéculative achevée de l'être est le processus nécessaire de sa reconstruction dialectique maintenant éclairé par la pensée de sa libre auto-fondation. Ainsi, la relation entre la nécessité de la position processuelle, discursive, de l'être comme étant, par son sens, Idée, et, en sa réalité, Esprit, et la libre position de l'être par l'Idée ou l'Esprit est celle de deux moments toujours co-agissants dans la pensée spéculative. La pensée du devenir nécessaire de l'être comme le Soi et celle de la libre position de l'être par le Soi s'incluent réciproquement, de telle sorte que le parcours nécessaire de l'advenir logique et réel de l'absolu mobilise, à chacune de ses étapes, et comme un moment de lui-même, l'actualisation de la liberté spéculative, et que, inversement, la répétition par celle-ci de la liberté de l'Idée ou de l'Esprit fait se récapituler en elle, pour la déterminer et justifier, sa genèse nécessaire.

L'occasion majeure de la divergence des lectures et interprétations des textes hégéliens est bien constituée par l'intervention de la libre position, par le Soi spéculant, de la détermination positive – la nouvelle catégorie logique ou réelle – de l'être s'arrachant à la contradiction dont le déploiement dialectique nécessaire a miné son contenu précédent. Position libre, parce qu'elle excède l'auto-négation nécessaire de la négativité, insuffisance ou abstraction constitutive de ce contenu. Ainsi, pour nous en tenir à la première séquence logique : être-néant-devenir, la contradiction interne de l'être qui, indéterminé, tout autant n'est rien, et du néant qui, remplaçant l'être, tout autant est, les fait s'annuler – car ce qui est contradictoire, pris pour lui-même, n'est pas – dans ce qui contredit leur abstraction ou différence, à savoir l'être de leur identité ou synthèse en tant que devenir. Mais, puisque être et néant ne peuvent s'identifier qu'en ce qui les annule comme être et comme néant, le sens qui est le leur en tant que détermination du nouvel être ne peut se lire qu'à même celui-ci, qui doit donc être inventé, comme contenu nouveau par rapport à eux en tant qu'exclusifs, par la pensée spéculative.

Le philosophe doit bien inventer, dans l'audace de sa liberté spéculative, le contenu original de ce qu'il a démontré être la synthèse formelle des déterminations en lesquelles éclate nécessairement le contenu précédemment pensé. La dialectique logique et réelle de l'absolu telle que la pratique et la conçoit Hegel ne se différencie donc pas seulement du paisible enchaînement déductif qui va du même au même, mais aussi de la « dialectique » simplement téléologique qui va apparemment du même à l'autre, mais à un autre qui est déjà réellement anticipé dans ce qui est le même contenu que lui, seulement distingué de lui par sa forme négative, c'est-à-dire comme manque de son but, ainsi qu'il en va chez Fichte. L'intervention de la liberté, qui n'a rien d'un pur arbitraire, car le sens positif de la négation du négatif est strictement conditionné par celle-ci, ouvre alors la possibilité d'une compréhension et appréciation diverse du discours de Hegel, souvent tentée de s'absoudre elle-même en taxant d'arbitraire en tout son parcours apparemment nécessaire un propos qui se trahirait bien comme tel, dans l'articulation majeure du système, avec la libre position de la réalité naturelle par l'idéalité logique.

Mais, inversement, cette libre position de l'être par le Soi logique ou spirituel où s'unifie la dialectique du processus de l'être en son sens ou en sa réalité, échappe en vérité au pur arbitraire pour autant que sa simplicité formelle n'a de sens que par le contenu dialectique qu'elle assure dans l'être. C'est par l'intégration d'un tel contenu objectif total que l'unité simple de l'acte du Soi ou du sujet est l'unité pleine et concrète du tout. La lecture de l'*Encyclopédie* hégélienne ne peut être purement successive, mais elle doit se totaliser elle-même à chaque instant, jusqu'à ce que le contenu en son extension maximale vienne se recueillir en l'intuition la plus intense de lui-même. La liberté de l'objet et du sujet de la spéculation n'est telle qu'en se sachant appelée par la nécessité dialectique, sans cesse à réactualiser, du contenu spéculatif. A cette condition seulement, la riche différence du commentaire consacré à Hegel peut être et se savoir l'expression explicitante de la richesse de la dialectique hégélienne et, en cela, une confirmation de sa si dense vérité, et non pas la manifestation ou la preuve d'un quelconque manquement du penseur spéculatif ou de son laborieux lecteur. Au fond, le commentaire hégélianisant doit penser et pratiquer comme constitutif de l'acte de penser hégélien et de la répétition qu'il en veut d'abord être, le principe par lequel Hegel a défini son entreprise spéculative et qui ne concerne pas seulement le *dit*, mais le *dire*, à savoir que la vérité est la pensée de soi de la nécessité comme liberté ou de la substance comme subjectivité.

Dans un célèbre passage de la Préface de la *Phénoménologie de l'esprit*, Hegel souligne que « ce dont tout dépend […], ce n'est pas d'appréhender et exprimer le vrai comme substance, mais de l'appréhender et exprimer tout autant comme sujet »[1]. Il ne s'agit certes pas là de purement et simplement substituer à la saisie du vrai comme substantiel sa saisie comme subjectif, d'opposer abstraitement le sujet à la substance dans une relation d'exclusion réciproque. Mais le maintien de la substantialité de l'être vrai ne doit pas non plus signifier l'insertion en elle d'une subjectivité qui n'en serait qu'un prédicat ou un attribut parmi d'autres, telle la pensée pour la philosophie de Spinoza, prototype de la philosophie substantialiste à dépasser. Même une philosophie qui se dit une philosophie du sujet n'est pas nécessairement telle si le rapport à soi posé dans le sujet est encore de type substantiel, c'est-à-dire si le sujet *est* ce rapport au lieu de l'*avoir*, comme c'est

---

1. Hegel, *Phénoménologie de l'esprit*, – *Phgie E* – Préface, trad. B. Bourgeois, Paris, Vrin, 2018, p. 91.

le cas chez Fichte, puisque le sujet y est le lien non conçu par lui-même entre l'agir par lequel il se pose et l'agir par lequel il se nie en s'opposant à son Autre, agirs toujours séparés par un hiatus; l'action sur soi du sujet fichtéen est bien, au fond, la transposition de la *causa sui* de la substance spinoziste!

Le rapport à soi constitutif de la substance comme auto-production d'elle-même, qui intériorise son être extérieur par le jeu de sa négativité, relève bien seulement, pour Hegel, de la logique de l'essence, logique encore objective. Penser la substance comme sujet, le tout comme Soi, la nécessité comme liberté, requiert, bien plutôt, la mobilisation des catégories de la logique subjective du concept, qui se totalisent dans celle – telle est l'Idée absolue – de la libre création de tout ce qui est; et cette libre création préside ainsi à la pensée vraie du contenu substantiel nécessaire – ordonné d'abord par les catégories de la logique, objective, de l'être et de l'essence – du discours encyclopédique. Concevoir ce qui est comme concept de l'être, c'est-à-dire libre création de la totalité effective nécessaire, telle est bien, pour Hegel, la tâche de la philosophie spéculative, mais cette tâche se heurte à la double difficulté de donner théoriquement un sens objectif à l'identité inouïe de la totalité substantielle ou universelle de l'être et de sa singularité personnelle, et de l'actualiser subjectivement dans la pratique même du discours qui la pose comme son contenu. Double difficulté à laquelle le commentaire hégélianisant doit appliquer son effort pour rendre plus manifeste, et dans le contenu dit par lui, et dans la méthode selon laquelle il le dit, une telle identité du tout et du Soi, de la nécessité et de la liberté.

Cette difficulté a été trop souvent évitée, d'abord par une lecture se voulant immédiatement critique, engagée qu'elle était plus d'une fois politiquement ou théologiquement, de l'œuvre hégélienne, mais aussi par un commentaire se proposant de restituer sans parti pris le sens même de celle-ci. L'identité de la substance et de la subjectivité, qui n'a rien d'une simple neutralisation de toutes deux dans un tiers, ne les laisse pas non plus persister telles qu'elles sont en dehors de leur lien, de sorte que choisir l'une en excluant l'autre, c'est manquer l'une et l'autre comme moments de leur identité concrète ; celle-ci, enfin, au lieu de relativiser également les deux, est l'œuvre de l'une d'entre elles, qui, à titre de moment absolu de son unité avec le moment relatif, s'identifie avec ce dernier en et comme lequel elle se différencie d'elle-même. C'est la subjectivité qui se fait l'unité d'elle-même et de la substantialité, c'est la liberté qui se fait l'unité d'elle-même et de la nécessité, c'est le Soi qui se fait l'unité de lui-même et du tout.

Une telle conception concrète de l'absolu comme identification, par l'identité, d'elle-même et de la différence, interdit bien toute lecture du système selon l'unilatéralité de l'absolutisation abstraite, en lui, de la substance, de la structure, du processus, du contenu, bref : de la différence, ou du sujet, de l'esprit, de la méthode, bref : de l'identité, mais également selon la simple équilibration des deux moments que Hegel, lui, totalise dans l'absolu – et alors on parle, comme Hyppolite, d'une ambiguïté de la pensée hégélienne, qu'on pourrait dire aussi bien naturaliste ou anthropologique que spiritualiste ou théologique –, et, enfin, selon l'intégration de la subjectivité par la substantialité ou objectivité, ainsi que l'opère Kojève identifiant le savoir absolu ou l'absolu tel qu'en lui-même au Livre, par là divinisé, de l'*Encyclopédie*. En vérité, partout, dans le discours hégélien, le sujet a prise sur l'objectivité qu'il se présuppose pour se poser dans sa maîtrise d'elle comme de son Autre.

Et c'est pourquoi le commentaire doit s'employer à marquer que, si le substantiel, pris arbitrairement pour lui-même, se développe en anticipant de plus en plus manifestement le sujet, il ne se comprend en son développement qu'en étant pensé moyennant l'actualisation de la subjectivité qui s'objective finalement telle qu'en elle-même. Cela signifie d'abord fonder la logique objective, aussi comme logique de l'essence, sur la logique subjective du concept. Cela signifie ensuite, au niveau du logique devenant pour lui-même dans et comme l'esprit, présenter la manifestation objective de celui-ci comme faisant reposer toute la structuration de l'État sur le Soi princier, et sa manifestation absolue, dans la religion, comme l'unité elle-même divine de la personne divine et de la communauté humaine. Et cela signifie enfin, dans la culmination spéculative de cette manifestation absolue de l'absolu, faire s'enchaîner syllogistiquement le contenu discursif structuré, déposé dans le Livre encyclopédique, par l'action, présente à soi en sa simplicité structurante ou totalisante, de la méthode où se maîtrise librement l'esprit. Tels sont les lieux où le sujet s'accomplit en sa liberté en assumant sa totalisation nécessaire ou substantielle de soi, et auxquels doit, nous semble-t-il, s'attacher par priorité un commentaire soucieux d'expliciter patiemment pour l'entendement du lecteur le geste rationnel génial du savoir absolu tel qu'il a pensé se réaliser chez Hegel.

Or une telle explicitation discursive de l'acte de pensée hégélien requiert d'abord la tentative de le réeffectuer en soi-même. C'est là une tentative héroïque, car, en sa rationalité, il unit en lui deux démarches opposées constituant alors une contradiction. Le vrai étant la liberté immédiatement présente à elle-même qui se différencie dans elle-même d'avec elle-même en se représentant discursivement le système des déterminations intelligibles et sensibles de l'être, le savoir spéculatif actualise une telle activité proprement créatrice du relatif par l'absolu, mais qui se réfléchit en même temps dans ce qu'elle crée – et qui n'est, en tant que posé, opposé au posant, déterminé ou limité face à l'absoluité de celui-ci, qu'un non-être exigeant alors l'être de son contradictoire ou la position de ce dernier par l'activité créatrice – comme la dialectique nécessaire conduisant à la position comme être vrai de cette activité ainsi justifiée pour elle-même en sa liberté. Ce sont ces deux mouvements de la libre création et de la dialectique nécessitante qui doivent être actualisés tout en un par le lecteur de Hegel, qui ne peut comprendre que spéculativement le contenu spéculatif de son discours.

Mais l'extrême difficulté de composer ensemble, dans l'unité d'un acte totalisant du savoir, l'intuition de soi identique de la liberté de ce savoir et le déploiement différencié, discursif, de sa nécessité, se redouble par celle d'exprimer discursivement, dans la patiente linéarité de l'entendement, un tel acte de la raison spéculative. Hegel l'a fait, mais dans la densité d'un discours où la raison synthétisante de la spéculation ne libère guère pour elle-même son analyse par l'entendement ; celui-ci reste, dans la compacité du propos hégélien, comme instrument d'exposition, au plus près de son statut originaire de simple moment de la construction rationnelle du vrai. Certes, en premier commentateur de lui-même, Hegel est bien venu en aide à ses lecteurs ultérieurs à travers les auditeurs devant lesquels, dans ses cours, il développait les raccourcis escarpés de ses ouvrages publiés. Mais la paraphrase que constituent les *Zusätze*, paraphrase issue, chez Hegel, de sa phrase même, n'éclaire pourtant (ou pour cette raison même !) pas encore assez celle-ci, et, significativement, elle ne surabonde pas lorsqu'il s'agit des nœuds capitaux du système, ceux-mêmes dont il a été question tout à l'heure. « Un grand homme – disait bien Hegel dans un aphorisme de Iéna – condamne les humains à l'expliquer » [1] !

Or l'explication paraphrastique extérieure, dans les différenciations laborieuses de l'entendement, de la phrase hégélienne où se dit la totalité rationnelle, risque de distendre et de dissoudre celle-ci, à supposer

1. Hegel, texte cité par K. Rozenkranz, *Hegel's Leben*, Berlin, 1844, p. 555.

même qu'elle puisse être guidée et contrôlée par la redoutable réeffectuation de l'acte spéculatif. C'est dire que, face à la difficulté littérale même du texte de Hegel, l'explication proposée de celui-ci est toujours risquée et, par conséquent, toujours à reprendre. Et cela, on vient de le voir, en raison de la nature même de l'acte spéculatif tel que Hegel l'a pratiqué et l'a défini, mais d'une manière si dense, lorsqu'il a objectivé la subjectivité philosophante d'abord en son anticipation et fondation idéale, à la fin de la Logique, et dans son accomplissement réel, à la fin de la Philosophie de l'esprit de *l'Encyclopédie des sciences philosophiques*, comme la libre position du développement nécessaire.

La littérature consacrée à l'œuvre de Hegel est immense, et pourtant les humains sont encore condamnés à l'expliquer sans doute plus que toute autre œuvre philosophique, car, ici, même le sentiment, qui peut, certes, ailleurs, faire illusion, d'avoir une fois bien compris, ne se produit guère. Assurément, on a dit et on dira que la reprise exacte d'une pensée dans une époque historique et dans un contexte culturel différents, est impossible, et qu'il y a mieux à faire, avec un grand penseur. Cependant, même en admettant que, déjà pour son auteur, un sens – une signification – est toujours un sens – une orientation vers une pensée dont l'expression parfaite n'est jamais qu'à venir, ainsi que Bergson le déclarait dans sa conférence sur « l'intuition philosophique », la fixation de cette orientation, déterminée comme telle par celui qui l'a ouverte, est bien présupposée par le commentateur qui veut adapter et exploiter, ou critiquer et dépasser, son œuvre. Légitime est par conséquent, notamment quand il s'agit d'un auteur dont la pensée est aussi difficile et, en même temps, aussi présente – dans une histoire qui a souvent nié sa négation – que celle de Hegel, la reprise perpétuelle de sa paraphrase éclaircissante.

Beaucoup a déjà été fait, si beaucoup reste à faire. Nous avons seulement voulu suggérer que, en appliquant leur énergie intellectuelle aux passages, non particulièrement privilégiés jusqu'ici, où Hegel détermine la spéculation comme assomption libre de son nécessaire achèvement, les chercheurs hégélianisants seraient heureusement rappelés, par l'objet même de leur attention, récapitulatif de tout le sens du système, à la conscience stimulante du caractère positif de leur apport, à travers même la diversité, voire la divergence alors jugée féconde, du commentaire poursuivi par leur communauté scientifique.

# Première partie

# LE DEVENIR PHÉNOMÉNOLOGIQUE DE L'ŒUVRE

## CHAPITRE PREMIER

# LIRE EN FRANCE LA *PHÉNOMÉNOLOGIE DE L'ESPRIT*

Lire en France la *Phénoménologie de l'esprit*, c'est s'inscrire, qu'on le veuille ou non, dans la tradition qui a été inaugurée par les deux lectures, non confidentielle et totales, de Kojève et d'Hyppolite – ce que ne fut pas, en dépit de son rôle, celle de Jean Wahl en 1929 –, une tradition qui représente donc un peu plus d'un demi-siècle, soixante ans, de large lecture possible, en notre pays, de l'ouvrage de 1807. En effet, l'*Introduction à la lecture de Hegel*, d'Alexandre Kojève, date de 1947, alors que l'avait précédé d'un an *Genèse et structure de la Phénoménologie de l'esprit*, de Jean Hyppolite. Un peu postérieure allait être l'œuvre majeure du troisième grand hégélianisant reconnu en France, Eric Weil, mais la *Logique de la philosophie* délaissait la *Phénoménologie* hégélienne en proposant, à côté d'elle, une tout autre justification de la sagesse logée par Hegel dans le savoir absolu. Ce sont donc les deux lectures kojévienne et hyppolitienne de la *Phénoménologie* mise en son intégralité à la portée du public francophone par la traduction que lui en avait offerte Hyppolite entre 1939 et

1941, qui ont guidé des générations de lecteurs dans un texte difficile entre tous. Certes, Pierre-Jean Labarrière, qui viendra ultérieurement s'ajouter aux deux grands pionniers, a raison de dire qu'il faut aborder la lecture du livre en « apprenti philosophe », donc « sans bagages et provisions » [1], mais une telle naïveté n'est-elle pas un idéal dont la réalisation exige une laborieuse *épochè* pédagogique ? C'est bien, au demeurant, à une conscience philosophiquement très chargée, parvenue au seuil du savoir absolu – mais le denier pas n'est-il point le plus difficile ? – que Hegel s'adresse pour l'inciter, par la reprise ajustante de son élan, à accéder à ce savoir. C'est pourquoi Kojève et Hyppolite ont été et restent des guides précieux. Mais des guides dont il faut aussi savoir se séparer pour autant que la particularité française de l'accès tardif à la *Phénoménologie de l'esprit*, isolant et particularisant celle-ci au sein du corpus hégélien diversement accueilli, leur a fait accuser le jugement porté par eux sur le sens du contenu fondamental et la méthode générale de l'ouvrage, et, par là, orienter de façon discutable la lecture qu'ils proposent et inspirent de celui-ci. C'est à dresser un bilan critique de leur lecture de la *Phénoménologie* que je m'emploierai dans un premier moment du présent exposé. Dans un second temps, je m'interrogerai sur les requisits d'une lecture plus soucieuse de restituer, avant, éventuellement, de le juger, le sens positif immanent du texte de Hegel.

1. *Cf.* P. J. Labarrière, *Introduction à une lecture de la Phénoménologie de l'esprit*, Paris, Aubier-Montaigne, 1979, p. 9.

Kojève et Hyppolite ont eu le courage, mais avant tout l'audace, de s'attaquer au contenu détaillé de la *Phénoménologie*, et d'abord de le saisir dans la littéralité de l'articulation constamment intégratrice de ses éléments, constitutive d'un tel contenu. Le travail prioritaire du commentateur de l'ouvrage est bien de construire une paraphrase explicitante et éclairante de son texte, dont la difficulté essentielle – qui n'a guère d'égale que celle de l'article sur le Droit naturel – réside dans sa densité. Celle-ci y est toujours présente, même lorsque, motivé par l'actualité du thème, Hegel s'attarde davantage sur la conception des données positives scientifiques ou culturelles, par exemple dans la Section consacrée à l'exploration rationnelle de la nature. Kojève ose à juste titre caractériser son entreprise de diffusion générale du hégélianisme comme « une simple paraphrase de l'œuvre hégélienne en français moderne »[1] ; c'est bien là la tâche importante, loin au-dessus des facilités de l'interprétation immédiate, sur un ton grand seigneur, de la pensée de Hegel. Il faut, à cet égard, célébrer comme un moment assez solitaire du commentaire hégélianisant, dans les Leçons de Kojève à l'École pratique des Hautes Études, publiées dans l'*Introduction à la lecture de Hegel*, les deux cents pages, ou presque, d'explication du chapitre VIII de la *Phénoménologie* sur le savoir absolu. Même dans le détournement général du sens lié à l'interprétation de Kojève – dont il sera question dans un instant – la

---

1. A. Kojève, *Le Concept, le Temps et le Discours*, Paris, Gallimard, 1991, p. 30.

reconstruction pas à pas de la structuration matérielle du contenu, pris en sa lettre originale, du texte, est exceptionnellement exemplaire, et indépassée, même pour une autre interprétation. Il est regrettable que l'intelligence fulgurante du falsificateur virtuose n'ait pas procédé à une explication aussi détaillée des autres chapitres de l'ouvrage. Il avait profondément ressenti – comme nous tous, j'imagine – l'impérieuse nécessité de ce travail d'explication littérale. Parlant de la *Phénoménologie*, il écrira en effet : « J'ai lu trois fois cet écrit d'un bout à l'autre sans rien comprendre (car ne pas y comprendre tout, c'est n'y comprendre rien), mais en constatant que les historiens qui en parlaient (et que j'ai regardés) n'y comprenaient rien eux non plus » [1]. Dans son si sérieux et probe commentaire perpétuel du texte, Hyppolite me semble s'être avancé moins loin, et ce, entre autres, pour des raisons tenant à son jugement sur le sens de la *Phénoménologie* au sein de l'apport hégélien. Car, et c'est bien là un trait du commentaire français, tous deux, Kojève et lui, en effet, font un sort tout à fait spécial, et spécialement positif, à l'ouvrage de 1807, dans l'ensemble de l'œuvre de Hegel. Mais ils ne le font pas de la même façon.

Réinsérant Hegel dans l'histoire de la pensée en tant que discours, comme tel différenciant, sur l'être, comme tel identique à soi, et discours en quête de l'identité (vraie) de sa différence et de l'identité de l'être, Kojève célèbre le discours philosophique

---

1. A. Kojève, *Le Concept, le Temps et le Discours*, *op. cit.*, p. 32.

hégélien s'achevant alors en sagesse comme opérant consciemment par lui-même une telle identification. Cela signifie, au fond, que, selon ce discours, la différence identifiante, négatrice d'elle-même, c'est-à-dire le temps, maîtrise l'Autre qu'elle se présuppose, la différence étalée spatialement dans la nature et se réfléchissant spirituellement dans la structure du discours. La spatio-temporalité est ainsi révélée comme la substance même de l'être incluant sa diction philosophique, et la grande différence de cet être est celle de l'espace et du temps, de la nature et de l'esprit, mais sur la base de l'espace naturel, dont l'esprit temporel est l'auto-négation. Ce qui est dit en fait par Hegel, c'est donc un naturalisme différenciant la nature spatiale et l'esprit temporel, mais qui, oubliant son origine naturelle, se réfléchit dans la position, purement anthropologique, du théologique. La métaphysique vraie, athée, est bien la métaphysique dualiste de la nature et de l'esprit. Cependant, Hegel, suivant Kojève, unifie la métaphysique disant le réel naturel et spirituel comme sens dans le sens libéré du réel en tant que sens de l'être pensé, identique à lui-même puisque les sens en tant que tels n'en font qu'un, en l'idéalisant dans une ontologie spiritualiste. C'est là, de sa part, une infidélité à lui-même, qui avait bien saisi, dans le contact originel avec le réel qu'est l'expérience ou le phénomène, et essentiellement dans le phénomène de l'esprit, que celui-ci seul est temps et histoire, alors que la nature se révèle radicalement non temporelle et historique, donc autre que l'esprit. C'est pourquoi la *Phénoménologie de l'esprit* est le lieu où s'ancre et se découvre la vérité du hégélianisme, dualisme de la structure naturelle et de la structuration spirituelle interdisant la sublimation théologisante de l'esprit en un Soi maîtrisant librement ses figures ; l'esprit est l'auto-structuration nécessaire de celles-ci.

Le commentaire kojévien dit donc l'esprit, quant à son statut ou à son être, comme purement humain et comme négation d'une nature à laquelle seule, en son existence, il est attaché, même si c'est négativement, dans le rejet de toute existence surnaturelle, théologique, de lui-même, et, quant à sa démarche ou à son faire, comme une structuration quasi automatique de ses pensées, en sorte que sa personnalisation est, à la limite, accidentelle : la *Phénoménologie* eût pu être écrite par quelqu'un d'autre que Hegel ! Or ces deux caractères sont directement contraires à ce que Hegel dit explicitement de l'esprit : la religion est pour lui une liaison *divine* du divin et de l'humain, et la liberté porte la nécessité présente dans l'esprit. Leur affirmation dogmatique dès lors faire lire de travers le discours phénoménologique hégélien. C'est pourquoi Kojève doit être pratiqué avec une constante et stricte vigilance critique. Et cela, même si l'attention portée par lui à la lettre du texte et à son enchaînement interne détaillé, c'est-à-dire au mouvement précis du concept structurant le discours hégélien, même si sa propre pratique de reconstruction de celui-ci le lui fait restituer en son détail, dans une certaine et heureuse mesure, contre la théorie générale qu'il en propose, ce qui, je le redis, rend son commentaire toujours précieux.

Les raisons qui font privilégier par Hyppolite, lui aussi, dans l'œuvre de Hegel, la *Phénoménologie*, sont bien différentes. Il avait cependant tendance à modérer sa différence d'avec un Kojève qui exagérait, certes, « un peu », mais dont le désaccord avec lui « était plutôt dans la forme que dans le fond »[1]. Car, si lui-même n'adhérait pas à l'athéisme militant, il rejetait bien toute lecture théologisante de Hegel et voyait dans la philosophie hégélienne le refus de toute transcendance verticale. Simplement, l'ambiguïté, pour le moins, selon lui, d'un hégélianisme hésitant entre théologie et anthropologie et, plus intimement, entre l'affirmation du savoir absolu et celle de l'historicité de l'homme, lui permettait, dans son commentaire, de conserver sans réduction les concepts utilisés par Hegel (Dieu, absolu, etc.), sans avoir à trancher et exclure. Il est vrai que la *Phénoménologie* penche vers le pôle humaniste du hégélianisme, déjà par son objet, qui n'est pas le savoir de soi de l'être tel qu'en lui-même, mais de la conscience humaine de cet être ; un tel penchant ne pouvait qu'attirer, en Hyppolite, l'ami, voire sur ce point *l'alter ego*, de Merleau-Ponty, avec lequel il s'accordait pour ancrer la vérité, en sa visée éternisante, dans l'existence, en son historicité. Toutefois, ce qui fascine Hyppolite dans la *Phénoménologie*, ce n'est pas, comme chez Kojève, ses indications véritatives sur le sens systématisé ou le concept logico-métaphysique de l'existence, mais

---

1. J. Hyppolite, « La *Phénoménologie* de Hegel et la pensée française contemporaine », dans *Figures de la pensée philosophique*, t. I, Paris, P.U.F., 1971, p. 237.

la pleine immersion concrétisante de celui-là dans celle-ci. Au fabricant sclérosé du système conceptuel de l'*Encyclopédie*, Hyppolite oppose l'auteur quasi existentialiste de la *Phénoménologie*, ce livre unique dans toute l'histoire de la pensée, où la dialectique comme simple procédé constructif est remplacé par la dialectique intérieure à l'expérience elle-même. Avant de paraître se clore dans le savoir absolu, une telle dialectique si vivante « vaut par le détail concret et la sinuosité de l'itinéraire de la conscience »[1], qui épouse les méandres du dialogue de celle-ci avec elle-même et les autres consciences, si bien que, ainsi, « le devenir de la pensée jusqu'au savoir absolu est à la fois dialectique et historique »[2]. Et même, la *Phénoménologie* « décrit bien plus qu'elle ne déduit »[3], elle « décrit au lieu de construire »[4]. Ce qu'elle décrit, c'est l'histoire dont elle assume en elle-même, à travers la construction conceptuelle, le « caractère créateur »[5]. Bref, « c'est du côté de ce que les Modernes nomment une analyse intentionnelle

---

1. J. Hyppolite, « Hegel à l'ouest », dans *Figures de la pensée philosophique*, t. I, p. 264.
2. J. Hyppolite, « Projet d'enseignement d'histoire de la pensée philosophique », dans *Figures de la pensée philosophique*, t. II, p. 1000.
3. J. Hyppolite, « Le tragique et le rationnel dans la philosophie de Hegel », dans *Figures de la pensée philosophique*, t. I, p. 264.
4. J. Hyppolite, *Genèse et structure de la Phénoménologie de l'esprit de Hegel*, Paris, Aubier, 1946, p. 15.
5. J. Hyppolite, « Situation de l'homme dans la Phénoménologie hégélienne », dans *Figures de la pensée philosophique*, t. I, p. 118.

qu'il faut chercher ce qui ressemble le plus à la nécessité hégélienne »[1].

Le commentaire hyppolitien d'une *Phénoméno-logie* dont le contenu et la méthode sont ainsi compris comme exprimant la rationalisation historique d'un esprit se transcendant lui-même dans lui-même de façon créatrice ne peut, à son tour, que procéder en s'y accordant. En leur affirmation, l'ambiguïté du sens théologique-anthropologique de l'esprit, et l'ambiguïté, liée à la première, de son développement conceptuel-nécessaire et historique-créateur, poussent Hyppolite à s'en tenir dans son analyse, pour ce qui est du sens conceptualisable du discours phénoménologique, à ce que dit Hegel. Car une conceptualisation plus explicite risquerait de réduire le sens représentable, empirique, et, par conséquent, de briser l'équilibre supposé par la déclaration d'ambiguïté négatrice de toute identification conceptuelle du concept et de l'expérience. Voilà pourquoi Hyppolite ne s'attache guère à la structuration conceptuelle précise du développement phénoménologique et en reste à une paraphrase assez immédiate. On est loin de la reconstruction conceptuelle engagée, si précieuse, du mouvement des figures, chez Kojève. Une telle mise en retrait de la nécessité conceptuelle, qui parait justifiée par la manifestation sinueuse, surprenant le concept, du développement des figures spirituelles, libère l'intérêt pour celles-ci en leur concréité originale, voire créatrice. Hyppolite s'attarde alors sur leur exemplification historique, expliquant leur

1. *Ibid.*

présence phénoménologique – dont la justification conceptuelle n'est guère approfondie – par la factuellité du contenu culturel qu'elle représentent. Ainsi, à propos du long chapitre VI, consacré à l'esprit effectif – objectif, dira plus tard Hegel –, il évoque Luther et la Réforme, Lessing, Voltaire, d'Holbach, Goethe, Schiller, etc. La prégnance de la concréité réelle des figures rend raison de leur accueil dans le discours phénoménologique, et non pas d'abord la puissance de la nécessité conceptuelle. La preuve du caractère scientifique de l'introduction de la conscience à la science est ainsi négligée au profit de la représentation culturelle intensifiée du contenu de cette introduction. La lecture illustrée de la progression de l'esprit fait perdre de vue la spécificité de la *Phénoménologie*, à savoir d'exposer l'élévation strictement prouvée de l'esprit à son accomplissement absolu. Une telle lecture de la *Phénoménologie* incite sûrement, par sa qualité exemplaire, à s'y plonger, mais n'aide peut-être pas assez à y séjourner en approfondissant la compréhension conceptuelle de ce texte entre tous spéculatif.

Les deux commentaires, kojèvien et hyppolitien, de la *Phénoménologie de l'esprit* s'appuient ainsi sur des conceptions du sens de l'œuvre qui mutilent la détermination hégélienne littérale de ce sens et empêchent donc une réeffectuation authentiquement hégélianisante de son parcours. Kojève limite, contre Hegel, le sujet spirituel de la phénoménologie à l'un de ses moments, le moment humain, et rend, de la sorte, problématique la scientificité, qu'il s'emploie cependant à restituer en son enchaînement détaillé, d'un discours qui dit ne pouvoir l'atteindre que comme auto-exposition de l'esprit absolu. Hyppolite, qui maintient le moment absolu de l'esprit, proclamé par lui ambigu en son sens, comme sujet du développement phénoménologique, refuse à la phénoméno-*logie*, parce qu'elle est *phénoméno*-logie, un caractère véritablement scientifique, contredit sa caractérisation et réalisation hégélienne comme introduction *scientifique* à la science. La *Phénoménologie* est dite et traitée dans le premier cas comme un discours scientifique, mais pas du sujet absolu rejeté, dans le second cas comme un discours tenu par un sujet absolu admis en hypothèse, mais non scientifique, comme si le discours scientifique, c'est-à-dire absolu en sa teneur, et un sujet absolu de ce discours étaient dissociables pour Hegel, qui dit bien plutôt le contraire. Une telle infidélité duelle au hégélianisme explicite est liée à une déliaison de la *Phénoménologie* et de l'ontologie systématique de Hegel, dévalorisée là aussi contre le hégélianisme le plus explicitement et catégoriquement affirmé. Kojève dénonce, en effet, le monisme de l'encyclopédie hégélienne dissolvant ontologiquement le dualisme métaphysique de l'esprit et de la nature, qui tient sa vérité de l'opposition phénoménologique de la nature et de l'histoire : une telle condamnation de la systématicité absolue du discours de Hegel implique pour le moins une modération de la scientificité phénoménologique elle-même et suscite une interrogation sur le bien-fondé de la pratique restrictive revendiquée, par Kojève, de l'enchaînement de ce discours. Chez Hyppolite, la dénonciation, plus radicale encore, du système hégélien, sclérosant et, au

fond, sans doute seulement prétendu et, en fait, absent
– le commentateur déclarant n'avoir jamais réussi
à le trouver, ou, mieux, bien plutôt, en avoir trouvé
plusieurs ! –, justifie la lecture historico-esthétique de
la *Phénoménologie* réhabilitée alors comme discours
concret sur et par elle-même de l'existence assumée
de l'humanité. Ici aussi, on veut lire dans l'ouvrage
de Hegel un sens en soi différent de sa phénoménalité
propre. L'historien de la philosophie a pu vouloir lire
celui-là de façon plus immanente.

C'est une telle lecture immanente de la
*Phénoménologie de l'esprit* qu'a proposée à partir de
1968 Pierre-Jean Labarrière[1]. A la lecture appelée plus
tard par lui « historico-génétique », qui, notamment
chez Jean Hyppolite, veut éclairer l'œuvre par des
emprunts extérieurs à elle – qu'il s'agisse du contexte
historico-culturel de son élaboration ou des textes
hégéliens antérieurs à elle –, alors que l'essentiel est
l'acte pensant unifiant tous ces matériaux et révélant
alors rétrospectivement le sens vrai de leur apport
efficient, P. J. Labarrière préfère, en raison de sa
priorité inévitable au moins présupposée, une lecture
« structurello-systématique »[2] de la totalisation phénoménologique de ce sens. Les titres des deux ouvrages
consacrés à la *Phénoménologie* par ces deux grands
hégélianisants se font bien écho par leur commune

1. *Cf.* P. J. Labarrière, *Structures et mouvement dialectique
dans la Phénoménologie de l'esprit de Hegel*, Paris, Aubier-
Montaigne, 1968.
2. P. J. Labarrière, *Introduction à une lecture de la
Phénoménologie de l'esprit, op. cit.*, p. 25.

mention des deux facteurs à l'œuvre, selon eux, dans le contenu de celle-là : d'un côté, J. Hyppolite avec *Genèse et structure* de la *Phénoménologie de l'esprit*, de l'autre, P. J. Labarrière avec *Structures et mouvement dialectique dans la Phénoménologie de l'esprit* de Hegel ; les deux dimensions de l'ordre ou du structurel et de la production progressive sont affirmées par les deux historiens de la philosophie. Cependant, le premier a tendance, selon le second, à faire porter la structure par la genèse elle-même d'abord saisie en sa concréité historique, tandis que le second, après avoir souligné que « l'intelligence de la *Phénoménologie* impliquait celle de la relation entre ses structures [le structurel pris ici en sa pluralité] et le mouvement unitaire [en son idéalité ou logicité dialectique] qui les anime » [1], semble bien finalement faire de la différence des structures le sujet du mouvement conceptuel qui les identifie : « Alors, ce qui importe, ce sont les structures-en-mouvement qui assurent la cohérence systématique du tout » [2]. Nuance sans doute, mais significative de l'inversion « structuralisante » opérée de la lecture jugée génétique de J. Hyppolite, et qu'on peut bien lier à l'insistance mise par le traducteur de la *Science de la logique* sur le rôle générateur du moment de l'essence – l'identité œuvrant comme différence, la structure – dans l'auto-constitution du sens de

1. P. J. Labarrière, *Structures et mouvement dialectique*, *op. cit.*, p. 55.

2. P. J. Labarrière, *Introduction à une lecture de la Phénoménologie de l'esprit*, *op. cit.*, p. 26.

l'absolu. La compréhension de la *Phénoménologie* comme se faisant elle-même comprendre de l'intérieur d'elle-même en tant qu'elle offre, comme « canons de sa propre intelligence »[1] ses structures totalisatrices, incite P. J. Labarrière à faire précéder sa lecture linéaire par une analyse objective de celle-ci, qui exploite notamment les « parallèles », établis par Hegel lui-même, au cours de certaines récapitulations introductives ou conclusives de son développement, entre des étapes de celui-ci alors éclairé par une telle mise en corrélation architectonique avec soi. Cette tendance, de tonalité structuraliste, étant relevée, on ne peut certes et c'est essentiel – qu'approuver le principe général d'une lecture de la *Phénoménologie* qui, la concevant comme auto-fondation d'elle-même, fait droit à la revendication hégélienne de la scientificité de son introduction phénoménologique à la science spéculative.

On me permettra une divergence au sujet de la conscience destinataire de cette introduction, son identification ne pouvant manquer d'influer sur le choix de certains conseils méthodologiques quant à la façon d'aborder le texte de Hegel, un choix qui peut se nuancer, en effet, autrement que celui qui vient d'être évoqué. Il est bien vrai que le discours phénoménologique de Hegel peut être considéré comme double, car il consiste en deux sortes de textes. Les uns expriment le discours que peut et doit tenir sur elle-même et sa propre expérience la

---

1. P. J. Labarrière, *Introduction à une lecture de la Phénoménologie de l'esprit*, *op. cit.*, p. 26.

conscience dite naturelle, c'est-à-dire la conscience totale lectrice du texte hégélien qui se réduit à chaque fois au moment d'elle-même qu'absolutise – en son souci présupposé de vérité – la figure examinée par le phénoménologue, par exemple, pour commencer, la conscience en tant que certitude sensible. Cette expérience de la conscience dite naturelle ne peut être que celle de la contradiction entre l'idéal total qui lui est assigné et la réalité partielle qu'elle mobilise. Elle lui fait donc nécessairement affirmer ce qui la nie, elle, comme un tel non-être de sa contradiction, et qui est une expérience nouvelle de l'être, se substituant *de facto* à la première. Le devenir de la conscience en question se présente donc comme une succession d'expériences négatives dont elle ne peut saisir la raison, puisqu'elle coïncide à chaque fois avec son abstraction et la contradiction suscitée par celle-ci en elle, une contradiction qu'elle *est*, qu'elle n'*a* pas et ne maîtrise pas, alors que l'identification rationnelle de cette contradiction, qui opère dans le dos, comme dit Hegel, d'une telle conscience, lie bien du dedans ces expériences en un processus plein de sens. Si le contenu du discours phénoménologique se réduisait aux textes ne prenant en compte que l'expérience propre à ladite conscience, il ne ferait que la confirmer dans son effet sceptique ou nihiliste et ne pourrait aucunement l'introduire au savoir absolu, pleinement vrai, de l'être. Mais, à côté de ces textes s'adressant en pure perte, s'ils sont seuls, à la conscience dite naturelle, il y a les textes écrits par la conscience totale du phénoménologue pour une conscience lectrice que celle-là suppose apte, en principe, à en profiter, c'est-à-dire à s'égaler à elle. Ces textes, eux, exposent la nécessité de droit, disons : logique, plus précisément : dialectique, de la succession des expériences alors justifiée comme élévation au savoir absolu. C'est pour la conscience totalisée phénoménologiquement qu'est absolument justifié l'accès à celui-ci. C'est pour cette conscience phénoménologique que la logique de la conscience purement phénoménale se révèle comme justifiant l'élévation de celle-ci à la conscience totale qu'elle est déjà ou sur le point d'être, pour pouvoir lire la *Phénoménologie.*

C'est pourquoi j'avais autrefois souligné que, bien loin d'être un ouvrage *pédagogique* s'adressant à une conscience naturelle en vue de la conduire à la science spéculative – la conscience philosophique la plus hégélianisante a déjà tant de peine à suivre l'exposé hégélien ! –, la *Phénoménologie* était une *reconduction scientifiquement justifiante* de cette science spéculative à elle-même, qui ne pouvait dès lors s'adresser qu'à une conscience déjà philosophante, très philosophante, incitée à faire le pas ultime vers la pleine spéculation, c'est-à-dire à devenir hégélienne[1]. Une telle reconstruction scientifique, par Hegel, de sa propre accession au savoir absolu est nécessairement originale par rapport à celle-ci, prise dans la contingence affectant tout devenir empirique. Ce qui se présente comme une introduction scientifique à la science est la science

---

1. *Cf.* la Présentation de notre traduction de la *Phénoménologie de l'esprit*, *op. cit.*, p. 11-26.

réintroduisant à elle-même. Une telle science isole ou abstrait au sein de l'expérience toujours globale de la conscience et hiérarchise selon leur vertu totalisante, unifiante ou médiatisante, donc selon leur valeur de vérité, les moments essentiels de cette conscience, qui, à chaque fois, absolutise l'un d'eux, en commençant par le plus immédiat par son sens, comme principe de l'unification véritative de son expérience. Chaque figure de la conscience absolutisant, selon un choix factuel potentiellement sceptique qui le prélève de leur coexistence empirique, tel ou tel moment d'elle-même, est considéré en ce qu'elle est *pour elle-même*, mais jugée par la conscience totalisée en savoir absolu selon sa vertu totalisante croissante, c'est-à-dire en ce qu'elle vaut *en soi* ou *pour nous*, qui suivons le savoir phénoménologique ; elle est alors ordonnée au processus linéaire conduisant progressivement au savoir absolu. L'interprétation de la *Phénoménologie* comme rétrospection justifiante de l'élévation, à répéter, au savoir absolu fait ainsi comprendre le lien de la conscience nécessaire intime des textes exprimant l'expérience propre de la conscience envisagée selon telle ou telle figure d'elle-même et de ceux qui font concevoir et juger le sens vrai de toutes ses figures par le phénoménologue et nous-mêmes ses lecteurs. Les premiers fixent le contenu *réel*, les seconds la *vérité* des figures de la conscience ainsi rendue apte à faire se fixer en sa vérité à travers elles leur fondement total qui est le savoir absolu. Mais la justification phénoménologique de celui-ci se déploie essentiellement dans le cours *linéaire* de l'ouvrage, dont le sens justifiant n'est aucunement affecté par la coexistence structurée, inductrice de relations réciproques, manifestée par des correspondances et des parallèles, entre les moments ou aspects de la conscience. Toujours, ceux-ci ne s'avèrent qu'en tant que les postérieurs portent et fondent leurs relations réciproques avec les antérieurs au sein du développement logique-ontologique de leur phénoménalité, même s'ils sont existentiellement contemporains. La signification justificatrice du discours phénoménologique doit par conséquent faire privilégier la lecture linéaire progressive par rapport à la lecture circulaire ou structurelle du texte de Hegel.

Il est bien entendu qu'aucun auxiliaire de la compréhension de ce texte entre tous redoutables n'est négligeable, et que les correspondances et parallèles que Hegel lui-même trace en des endroits cruciaux où il fait le point, un point la plupart du temps récapitulatif – et non, soulignons-le introductif – éclairant sur le parcours phénoménologique, aident le lecteur à s'y retrouver. Mais de tels auxiliaires – eux-mêmes à expliquer et peu compréhensibles *a priori* en la densité dans laquelle ils se présentent nécessairement – ne facilitent guère la tache essentielle du lecteur, celle de saisir la justification de chaque passage du parcours qui lui est offert. Une telle justification est *singulière* et *originale* : la structuration du discours n'importe guère ici par son sens général, récurrent ou répétitif, mais dans sa singularisation immanente au matériau à chaque fois original. C'est bien un leitmotiv hégélien – illustré notamment dans la critique du formalisme schellingien – que celui selon lequel, pour une philosophie de l'identité, l'intérêt est de faire ressortir les différences. Aussi, la destination des parallèles établis, en esquisse au demeurant, par Hegel, est-elle de faire apparaître, non pas tant le retour de l'ancien, mais la nouveauté surgissante dans le déploiement justifié de l'esprit. Le statisme de la structure, même dite dynamisante, ne doit pas porter ombre au dynamisme du processus, même réellement structurant, et le sens originaire de la dialectique est bien la différenciation – sacrificielle – de l'identité, constitutive de la dialectique descendante, divine, et non pas l'identification – réconciliatrice – de la différence, constitutive de la dialectique ascendante, mondaine-humaine. C'est pourquoi la grande difficulté de la lecture de la *Phénoménologie* réside dans l'affrontement inévitable et non réductible de son cours linéaire, c'est-à-dire du parcours sans cesse novateur des huit chapitres successifs du livre. La compréhension de chaque passage y suppose acquise celle des passages précédents qu'il totalise en les accomplissant, mais l'une et l'autre, qui se conditionnent ainsi, ne sont jamais pleinement acquises, d'où l'effort sans cesse renouvelé et renou-velable de la lecture de la *Phénoménologie*. Cette lecture n'est que comme relecture réitérée, au plus loin du fétichisme kojévien du Livre. Il est à cet égard, significatif que Hegel soit bien mort en se remettant à l'écriture d'une œuvre tellement vivante, aussi pour lui, qu'il s'en savait et voulait le lecteur recommencé.

Cela signifie que pour Hegel lui aussi, l'auto-structuration du savoir absolu, d'abord dans son propre advenir à lui-même, toute certaine et avérée qu'elle soit en son sens, n'est pas d'emblée dite de la façon la plus adéquate – ce qui n'a rien d'étonnant pour un penseur tenant que la pensée n'est qu'à s'*aliéner* dans un dire auquel elle ne se réduit donc pas, même s'il la dit toujours. Mais le lecteur philosophe de la *Phénoménologie* fait, en rencontrant celle-ci, une expérience infiniment plus négative, enveloppant quelques îlots de compréhension de son sens dans un discours qui n'a littéralement pour lui aucun sens effectuable. La synthèse hégélienne du contenu intra- ou interpropositionnel lui semble être une pure juxtaposition verbale. Le premier chapitre, sur la certitude sensible, qui expose l'auto-critique des significations ponctuelles du contenu spatio-temporel atomisé en divers « ici » et « maintenant » juxtaposés, immédiatement inadéquats à l'expérience même de la conscience qui ne peut les discerner comme tels qu'en les dépassant dans elle-même, se laisse à peu près saisir et admettre par l'entendement qui les fixe en elle supposée alors parlante, jugeante, donc identifiante et par là déjà plus que simplement dispersante en tant que sensible. Mais, dès le deuxième chapitre, sur la perception, qui intègre la négativité de l'expérience de la certitude sensible dans la positivité de la chose perçue, l'*entendement* discernant, séparant, de la conscience se parlant son expérience est désarçonné. En effet, la perception qui lui est présentée lui impose comme identique le divers, comme un le multiple, et le discours hégélien, dont l'objet est dès lors déjà le *rationnel* (l'identité de l'identique et du différent), l'excède manifestement. Les rapports intra- et interpropositionnels exprimant désormais l'expérience de l'être ne peuvent alors être compris que si l'esprit du lecteur a été par avance alerté de l'excès de la raison sur l'entendement et de la nécessité d'intégrer celui-ci, comme simple moment d'elle-même, dans la raison qui le réunit en elle, en tant que raison positive, proprement spéculative, avec son Autre, la négativité par laquelle l'anticipation de soi dialectique d'une telle raison totalisante dissout les particularisations fixées de cet entendement. Cet apprentissage préalable, cette première familiarisation du lecteur avec le sens de la proposition spéculative et du système des propositions spéculatives, est l'objet de la Préface de la *Phénoménologie*. Cette Préface a, certes, été écrite en dernier par Hegel théorisant en elle sa pratique spéculative synthétisant le sens au sein même de la conscience, objectivante, opposante ou scindante (la conscience est bien le face-à-face subjectif du sujet et de l'objet), c'est-à-dire s'appliquant à un contenu qui parle d'elle à la conscience de son lecteur. Néanmoins, ce n'est pas une raison, tout au contraire, pour qu'elle soit lue en dernier. Sa lecture est un préalable nécessaire à celle du développement phénoménologique, car elle expose et justifie, en disposant le lecteur à s'y entraîner, le discours spéculatif comme expression de la raison pensante.

Cependant, la Préface étant celle de *toute* la science de l'être alors projetée par Hegel, et qui allait comprendre, après son développement phénoménologique scientifique introduisant à elle-même, son développement dans son propre élément, le savoir absolu tel qu'en lui-même, la compréhension du discours proprement phénoménologique requiert encore un préalable *spécifique*, lequel est constitué par l'Introduction de la *Phénoménologie de l'esprit*. Cette Introduction analyse la dialecticité – particularisée par son objet même, qui est l'advenir conscient du savoir absolu – du développement phénoménologique. La différence d'avec soi d'une détermination de l'être conscient n'est pas motrice simplement comme contradiction entre l'identité à soi de celle-là absolutisant formellement son contenu déterminé, donc déterminé, en cela partiel, et l'identité réelle du tout du sens de l'être présent en tout sens – puisqu'un sens, c'est, en leur interaction pensante réciproque omnilatérale, tous les sens –, cette dernière identité réalisant toutes les différences en sa totalité. La différence d'avec soi d'une détermination conscientielle est motrice plus particulièrement en tant que la contradiction générale de l'être en son sens y incarne ses contenus, partiel et total, opposés, comme en des rôles formels, dans les pôles subjectif et objectif de la conscience de l'être. La tentation du lecteur ne se sachant pas encore savoir absolu est alors, dans une première réflexion philosophante sur la différence sujet-objet découverte comme essentielle à la conscience, de la fixer comme ce qui séparerait absolument celle-ci de son objet ainsi érigé en un en-soi à jamais inaccessible ; le kantisme accomplit bien une telle philosophie réflexive de la conscience. Aussi

Hegel ouvre-t-il l'Introduction de la *Phénoménologie* par la considération que – contrairement à ce qu'affirme le criticisme – l'absolu est d'emblée auprès de nous, qui sommes dans lui, en tant qu'il est justement cette différenciation de soi d'avec soi dont la réflexion philosophique qui s'achève en se réfléchissant elle-même spéculativement fait l'essence même de l'absolu ; celui-ci se démontre alors bien lui-même n'être que comme une telle différenciation de soi, une telle aliénation (sacrificielle) de soi. Bien loin que le sens totalisé de l'être reste pris dans la différence conscientielle, alors absolutisée finalement dans le scepticisme, cette différence n'est que l'un des moments du sens de l'être, de l'être en son sens, dans lequel nous sommes, dont nous sommes, et qui se révèle n'être que comme le tout de lui-même. L'être n'étant que comme sens total de lui-même, la conscience, c'est-à-dire l'opposition, réalisée dans le sujet, de celui-ci et de l'objet, est un tel simple moment de ce sens total qu'il n'y a pas de sens à faire du sens pleinement sens, car total, un simple contenu d'un sujet conscient indûment absolutisé en sa finitude. Et c'est ainsi que, notamment, le moment conscientiel de la foi, dans lequel le sens du sujet humain se projette négativement dans le sens de l'objet divin, n'est pas la vérité du moment de la religion. Car, en son sens, le moment religieux le fonde bien plutôt comme ce qui nie son être contradictoire ou son néant propre, le phénomène s'avouant lui-même n'avoir d'être, mondain-humain, que par l'être, divin, qui se phénoménalise. C'est dire

que la phénoménologie hégélienne revêt son sens
(théo-)ontologique, à la différence des ontologies
revendiquées au siècle suivant par ses plus grands
penseurs, Bergson, et Heidegger, dont l'ontologie, en
elle-même vide – c'est-à-dire en tant que prise comme
dire du sens et de la structure d'être de ce qui est –, est
immédiatement remplie du contenu phénoménal, est
d'emblée simplement phénoménologique.

La vérification phénoménologique du sens
fondamentalement ontologique de la *Phénoménologie
de l'esprit* balaie tous les discours scindants sur une
prétendue coupure, la plupart du temps jugée comme
ouvrant une évolution regrettable chez Hegel, entre
l'ouvrage de 1807, ouvrage vivifiant de son auteur
encore jeune, et le texte monumental, mais sclérosant
et quelque peu mortifère, que serait l'*Encyclopédie
des sciences philosophiques*, ressassé, en ses trois
éditions successives, par un Hegel vieillissant. Les
deux ouvrages, certes, diffèrent. Il y a la différence
de la perspective, et d'abord du point d'ancrage de
celle-ci, où se déploie la spéculation hégélienne.
Il y a aussi la différence du style des deux œuvres,
liée à celle de leur finalité et, plus particulièrement,
de leur destination. En effet, la *Phénoménologie*,
interprétée comme remémoration scientifique justifi-
cative de l'élévation de Hegel à la science, doit
confirmer pleinement en lui-même son lecteur requis
de s'identifier rationnellement à son auteur, et c'est
pourquoi elle expose tout son contenu, constamment,
dans la rigueur astreignante de la spéculation scienti-

fique. Au contraire, l'*Encyclopédie*, qui se veut un manuel, s'adresse donc à un public mobilisé en son entendement prédominant dans le double discours, d'abord du résumé en soi pleinement rationnel des Paragraphes – le discours à soi-même du maître –, puis de l'exemplification et paraphrase d'entendement – destinée aux élèves – dans les Remarques de Hegel et ses cours retranscrits, comme « Additions », par ses disciples auteurs de la première publication d'ensemble de ses œuvres [1]. Enfin, il y a des différences dans le contenu objectif des deux textes, par exemple en ce qui concerne la théorie du politique [2], Mais la *Phénoménologie* et l'*Encyclopédie* sont bien deux ouvrages intimement réunis par l'acte spéculatif dont elles procèdent. C'est bien le même Hegel, pensant de la même façon et – pour l'essentiel – délivrant le même message sur l'absolu ou l'être se manifestant, qui parle en chacun d'eux. C'est pourquoi la pleine compréhension de l'un et de l'autre exige leur lecture alternante et croisée, qui ne peut être, en tant que telle – et chacun le sait bien – aussi que leur relecture.

---

1. De la sorte, s'il fallait, à tout prix, attribuer à l'un des deux ouvrages la fonction d'introduire réellement à l'autre, c'est l'*Encyclopédie* qu'il faudrait choisir, en son caractère – si l'on ose dire – plus « scolaire » ! En d'autres termes, il faudrait inverser la relation : introduisant-introduit fixée par Hegel, en 1807, entre les deux œuvres : la *Phénoménologie* devant être l'Introduction au *Système de la science* (encyclopédique), puisque c'est plutôt la lecture de ce *Système* qui semblerait pouvoir faciliter la compréhension de la *Phénoménologie*, texte le plus génial, mais aussi le plus difficile, de Hegel.

2. *Cf.* ci-dessous, chapitre III.

## CHAPITRE II

## LA PHILOSOPHIE DU LANGAGE

Dans une philosophie de l'absolu pris comme l'esprit se matérialisant ou s'incarnant, et s'incarnant en tant même qu'esprit dans cette sensibilisation pleinement sensée du sens qu'est le langage strictement dit, celui-ci ne peut assurément être ni le principe – comme le pense un naturalisme structuraliste – ni le simple instrument – comme l'affirme un spiritualisme abstrait – de l'esprit. Pour Hegel, le langage – pour ainsi dire – fait corps avec l'esprit. Il fixe de la sorte l'élan spirituel comme un être, un positif, qui irrite, stimule, la transcendance, le dépassement, la négativité, bref : l'activité qu'est l'esprit alors porté à déployer toutes ses possibilités et à s'accomplir comme esprit. Le langage est ainsi un moment constant de l'esprit qui ne peut se faire tel – et l'esprit n'est qu'à se faire – qu'en tant qu'il est, entre autre et surtout, esprit parlant, transcendance s'incarnant dans le verbe.

La *Phénoménologie de l'esprit*, qui expose l'apparaître, c'est-à-dire la manifestation sensible, diversifiante, scindante, de l'esprit devant alors advenir à son existence plénière, absolue, car réconciliatrice, ne peut pas ne pas renfermer une caractérisation du langage comme milieu ou élément général où se déterminent les diverses figures de la spiritualisation progressive de la conscience. Cette caractérisation insère l'ouvrage dans le devenir de la philosophie hégélienne du langage, moment de la philosophie de l'esprit, plus particulièrement de la philosophie de l'esprit subjectif, lequel est la construction, à partir de ses facteurs structuraux, de la forme totale de l'esprit alors capable de se réfléchir en lui-même, de devenir objet à lui-même, comme esprit, et de vivre, de s'actualiser en tant que tel. Mais cette caractérisation est plutôt présupposée que posée et composée par la *Phénoménologie de l'esprit* : celle-ci, en effet, s'intéresse essentiellement à l'actualisation, par l'esprit conscient de lui-même, de son existence vraie, réconciliée avec elle-même, à travers la mobilisation de ses facteurs essentiels en figures existantes de plus en plus performantes eu égard à cet objectif. Je consacrerai donc une première partie de cette communication à l'évocation de la théorie hégélienne du sens général du langage dans l'ouvrage de 1806-1807.

Je tenterai ensuite d'analyser la présentation spécifique, originale, de la spiritualisation phénoméno-logique progressive de la conscience comme dévelop-pement du langage s'exerçant de plus en plus totalement dans la médiation réconciliatrice qu'il permet alors du sujet et de l'objet de la conscience. Le deuxième temps du présent exposé consistera par conséquent dans une sorte de parcours quasi linguistique du contenu propre de la *Phénoménologie de l'esprit*.

Mais celle-ci n'est pas seulement un moment, ni seulement un moment original, de l'œuvre hégélienne ; elle est aussi, par sa Préface, le Manifeste originaire de tout le système de la science spéculative définitivement conçue. Or, cette Préface contient notamment une philosophie du langage vrai, comme tel essentiel et fondateur de tout langage. Ce discours spéculatif se sait et dit comme celui dans lequel l'esprit absolument tel rend spiritualisant le langage en niant dans son discours même le mouvement de ce discours comme discours. Le dire vrai de l'esprit, dire qui se contredit lui-même, manifeste et dit la souveraineté de la pensée sur le langage, la transcendance de l'esprit relativement à son incarnation dans son incarnation même. Tel sera le troisième et dernier moment de ce propos.

Alexandre Koyré, dans sa « Note sur la langue et la terminologie hégélienne », parue en 1931 dans la *Revue philosophique* et republiée en 1961 dans ses *Etudes d'histoire de la pensée philosophique* [1], rassemble, les citant d'ailleurs plus qu'il ne les commente, les textes déjà rédigés par Hegel à Iéna, sur le sens spiritualisant réellement – et n'exprimant pas simplement de façon formelle l'esprit – du langage, des textes dont le contenu sera repris, épuré et développé, ultérieurement, notamment dans

---

1. A. Koyré, *Etudes d'histoire de la pensée philosophique*, Paris, A. Colin, 1961.

l'*Encyclopédie des sciences philosophiques*. Selon la Philosophie de l'esprit de 1803-1804, puis celle de 1805, le langage présente, en effet, l'être (*das Sein*) à l'esprit, de ce fait-ci devenant libre, et en cela pleinement lui-même, comme ce qui est sien, comme le sien (*das Seine*). Voici comment.

L'esprit théorique, ou l'intelligence, est d'abord savoir *intuitif* d'un *étant*, comme tel autre que lui ; mais, en tant que *savoir*, il se libère, en l'intériorisant dans son identité à soi ou universalité, de cet étant divers, particulier, qui est alors idéalisé, irréalisé, en une *image sienne* par là soumise à lui, arbitrairement mobilisable par lui. Or la rencontre ultérieure – dans leur contenu semblable – de l'image libre et de l'intuition éprouvée, reçue, dès lors reconnue – constituée en un souvenir –, fait de celle-là le *sens réel*, *étant*, de celle-ci. Un tel sens de l'être est ensuite rendu désormais disponible par sa fixation dans un nouveau signe, sensible divers qui n'a d'existence que dans ce rôle d'être-là du sens, donc est totalement transparent à l'esprit qui s'y retrouve ainsi en son identité à soi ou universalité : ce signe qui est l'être du sens est le *nom*. Or la différence des noms, originairement liée à la diversité des intuitions, est alors, à son tour, elle-même maîtrisée par l'identité à soi spirituelle de la sorte concrétisée, pour autant qu'elle y est fixée mémoriellement moyennant et à travers l'auto-différenciation réglée, identique à soi, de cette identité, en ce système des noms que tend à être le langage. Une telle auto-différenciation ou auto-particularisation langagière de l'universalité de l'esprit se produisant en elle comme un Soi ou une singularité est bien la voie menant à l'accomplissement de cet esprit, qui, comme la liberté même, consiste à se réfléchir en lui-même dans le tout de l'être dont il est rempli pour autant qu'il se remplit, en vérité, de lui. L'esprit n'est esprit qu'à se réaliser dans le langage.

Une telle genèse « psychologique » – il s'agit de la « psychologie » spéculative, concrètement rationnelle, de Hegel – du langage comme différenciation de soi de l'identité à soi, ou comme extériorisation de soi de l'intériorité à soi de l'esprit, n'est, certes, pas explicitée dans la *Phénoménologie de l'esprit*, dont nous venons de rappeler que son objectif est autre, mais elle y conditionne implicitement l'éloge du langage comme de l'élément ou être général dans lequel seul l'esprit peut s'accomplir, se concrétiser, se totaliser, puisque, l'ayant posé lui-même, il peut s'y réaliser en son essence même. Le parcours phénoménologique des figures de la conscience, qui est celui des interventions de plus en plus totalisantes du langage, rappelle bien, d'ailleurs, brièvement, mais à diverses reprises, la vertu spiritualisante de celui-ci.

Pris en un sens très général, le langage, déjà comme animation du corps dans la gestuelle de la main ou l'engagement de la voix en ses déterminations naturelles (son volume, son timbre, etc.), est une expression de soi de l'esprit agissant ; et même, dans le jeu spontané de la physionomie, une expression de soi de l'esprit réfléchissant, jugeant son agir[1]. Il est vrai que l'organe expressif, étant ici seulement utilisé par l'esprit, non posé et institué par lui, n'y est pas

---

1. Cf. *Phgie E*, p. 387 *sq.*

son médium, son lieu, adéquat, et que, par son simple *être*, il est encore trop proche de la pseudo-expression de l'être purement chosiste et corporel vainement et sottement exploré par la phrénologie, dont on sait qu'elle se discrédite en ossifiant l'esprit. Le langage vrai est le sensible créé par l'esprit comme signe qui, insignifiant sensiblement, signifie parfaitement son sens spirituel : il est l'esprit là en lui, et tel est le langage verbal, lui-même signifié par le langage écrit.

La *Phénoménologie de l'esprit* souligne essentiellement qu'un tel langage identifie pleinement le sens du dire et le dire du sens, l'intérieur qu'est le premier et l'extérieur qu'est le second. Il extériorise l'intérieur, mais comme intérieur, en son intériorité même. Plus même qu'une simple expression, il fait être-là l'esprit en tant qu'esprit, le Soi en tant que Soi. Alors que, dans d'autres expressions, le Soi peut toujours se retirer d'elles dans sa pure réflexivité, le langage verbal – tout comme sa transcription – que Hegel n'étudie guère dans l'ouvrage en question, est « l'élément parfait dans lequel l'intériorité est tout autant extérieure que l'extériorité est intérieure »[1]. Ou, suivant une formule lapidaire, il est « l'invisibilité visible de l'essence »[2] de l'esprit. Bref, l'esprit qui est. Cependant, est tout autant souligné, que l'esprit, n'étant que comme agir absolu, donc agir, non pas sur un Autre qui, en tant que tel, le limiterait, donc le rendrait passif, mais sur lui-même, et, toute action étant négation, négation de soi, ne peut, à

1. *Phgie E*, p. 806.
2. *Phgie E*, p. 403.

proprement parler, être, et que, par conséquent, son extériorisation parfaite dans le langage est sa négation ou aliénation parfaite. Aussi, Hegel insiste-il sur le fait que « cette séparation d'avec soi rendant étranger à soi se produit uniquement dans le langage »[1]. Puisque l'esprit n'est esprit, réconciliation absolue avec soi, qu'en triomphant de son aliénation absolue – dit pathétiquement : dans son sacrifice absolu, dit logiquement : dans sa dialectique absolue –, la parfaite extériorisation de son intériorité qui est ainsi elle-même aliénation de soi ne peut exister que dans l'extériorité langagière présentée par Hegel comme le milieu pleinement aliénant de l'esprit.

Il est bien vrai que le langage aliène l'esprit, médiation avec soi, en l'identifiant en son *contenu* avec ce qui est le plus loin de lui, l'être ou l'immédiateté où se situe tout ce qui est saisi par la conscience, la nature, mais aussi l'esprit lui-même. Il l'aliène aussi en l'identifiant également en sa *forme* avec l'autre esprit, avec les autres esprits, auxquels il s'adresse. Le Soi parlant n'est pas seulement pour d'autres Soi, il est ces autres Soi eux-mêmes, étant universalisé alors en sa singularité même :

> Le langage – insiste Hegel – est le Soi se séparant de lui-même qui devient objectif pour lui-même en tant que pur Moi = Moi, qui, dans cette objectivité, se conserve comme *ce* Moi-*ci* aussi bien qu'il conflue immédiatement avec les autres, et qu'il est *leur* conscience de soi ; il s'entend lui-même aussi bien

---

1. *Phgie E*, p. 591.

qu'il est entendu par les autres, et le fait d'entendre est précisément l'*être-là devenu un Soi* »[1].

Ce Soi langagier universel qui médiatise les Soi singuliers est, comme différent d'eux en tant qu'ils sont, su par eux comme un moyen terme étant à l'égal d'eux-mêmes, un moyen terme même substantiel par son universalité, et, qui plus est, puisqu'ils le savent être à travers leur négation d'eux-mêmes, comme un esprit tel que leur être ne peut par conséquent procéder que de lui, véritable « tout spirituel » dont ils tiennent leur être d'esprits :

> Il est ainsi le moyen terme qui présuppose ces extrêmes [que sont les Soi singuliers], et qui est engendré par leur être-là, – mais aussi bien le tout spirituel faisant irruption entre eux, qui se scinde en eux et n'engendre d'abord chacun d'eux que par ce contact en les destinant à être un tout dans son principe[2].

C'est un tel rôle spiritualisant du langage que Hegel met en évidence, en son intensification progressive, dans l'accomplissement phénoménologique de la conscience dite naturelle en quête de son absolutisation spirituelle.

Il est à remarquer que Hegel évoque ce rôle spiritualisant du langage essentiellement lorsque celui-ci est exigé par la conscience devenue proprement « esprit », c'est-à-dire la conscience universelle concrète ou communautaire, dont il est question

1. *Phgie E*, p. 735 *sq.*
2. *Phgie E*, p. 593.

à partir du chapitre VI – intitulé précisément : « L'esprit » – le langage étant alors l'élément même dans lequel une telle conscience s'emploie à se constituer comme pleinement spirituelle. Désormais, l'esprit se fait ce qu'il est – le contenu, pour elle, vrai, de la conscience – parce qu'il parle et dit qu'il est tel. Les Moi ne sont pour eux le Nous, qu'ils doivent être pour être le vrai, que parce qu'ils se disent tels : ce n'est pas parce que je dis « je » que je suis, mais c'est parce que je dis « nous » que le « nous » existe dans le « je ». Jusque là, c'est-à-dire dans le contenu des chapitres sur la conscience, la conscience de soi et la raison, le langage ne réussit pas à faire être ce que la conscience saisit comme ce qui est vrai car non contradictoire parce que non partiel, et qui, pourtant, ne l'est pas encore. Il lui permet cependant, en tant qu'elle ne se réduit pas au moment d'elle-même par lequel elle croit pouvoir saisir le vrai, de mieux déterminer et limiter ce moment, d'appréhender son non-être et de progresser au-delà de lui. Car le langage vrai et avérant, parce que totalisant et, en cela, spiritualisant, disqualifie ce qui n'est pas esprit et ne peut être dit, en son abstraction, que par un dire partiel, un moment du langage, lui-même sans esprit. La dicibilité mesure la spiritualité, c'est-à-dire la vérité.

Reparcourons, armés de cette mesure, les chapitres de la *Phénoménologie de l'esprit* antérieurs à l'entrée en scène de l'esprit comme conscience communautaire de l'être vrai, car total. – D'abord 1) les trois premiers chapitres exposant la *conscience* du vrai comme pur être ou objet : ici, le discours doit parler comme le discours de personne, faisant abstraction du Soi qui le tient, maintient, porte, discours ainsi tronqué en sa forme, tout comme il l'est dans son contenu. Car la conscience s'affirmant comme certitude sensible réduit son discours au désignatif verbal : « c'est », incapable, en son universalité absolue ou abstraite, de distinguer le vrai élémentaire ponctuel indéfiniment autre, de faire être la singularité visée. Ne peut être dit, c'est-à-dire universalisé, de façon différenciée, déterminée, qu'un être consistant dans une détermination ou diversité elle-même unifiable ou universalisable, l'être comme chose perçue, dite par le nom. Mais l'être, comme ce qui est un et divers, universel et déterminé, ne peut être par lui-même que comme identité de son identité et de sa différence, identité posée par le jugement et dicible dans une proposition : c'est là le discours de l'entendement affirmant l'être comme force et loi. On est encore loin du discours accompli. En effet, 2) la réalisation de celui-ci exige la médiatisation de la copule du jugement identifiant l'objet dans lui-même, de façon à faire jaillir la différence d'elle-même comme identité s'auto-différenciant, médiation vécue dans la *conscience de soi*. L'être vrai peut alors se dire dans un discours intégrant en lui le Soi qui le tient et qui dit : « Je suis », puis « Je pense », etc. Cependant 3) l'être vrai exige la liaison intime du Je et de l'être pensé opérée par la *raison*, laquelle se dit dans une totalisation discursive, syllogistique, de propositions. Ce discours, théorique et pratique, totalisant est pourtant encore partiel, puisque son contenu totalisé n'est pas dit par un dire totalisant en sa forme, étant donné que ce dire est toujours celui de la conscience individuelle, et non pas celui de la conscience communautaire ou de l'esprit. Discours non totalement discours disant un être qui n'est pas pleinement être et qui n'est pas ce qu'il est parce qu'il est dit, puisqu'il ne peut pas être pleinement dit. Seule donc 4) la conscience communautaire – l'*esprit* – se spiritualise vraiment à travers son discours qui, accompli en son dire, la fait être par celui-ci, un discours réalisant alors en plénitude son essence, qui est d'être spirituellement performant, ou, si l'on veut, *performatif*.

Le langage de la communauté *éthique* naturelle – réalisée dans la cité grecque – est un langage pratique, car l'action *collective* doit être préalablement dite en son contenu, et un langage pratique immédiat, non justifié théoriquement aux yeux de ses destinataires, les Soi individuels qui ne réclament pas la parole, et s'exprimant donc dans des lois et commandements. Ce langage ne fait pas être la cité, naturelle, mais la puissance de celle-ci fait que son discours, mobilisant immédiatement les Soi, fait être d'emblée ce qu'il prescrit.

En revanche, au niveau du monde de la *culture*, où l'universel est restauré par l'aliénation de l'individu en lequel il s'est aliéné, le discours est performatif dans la constitution même de la vie socio-politique, et c'est à ce niveau que Hegel souligne que « le langage entre en scène dans la signification qui lui est la plus propre »[1]. Car, au lieu de dire autre chose que lui-même,

---

1. *Phgie E*, p. 591.

il dit lui-même, le Soi parlant, à celui auquel il parle, le représentant de la puissance étatique, et il institue celui-ci comme un tel Soi parlant, le personnalisant comme monarque, se faisant ainsi un dire qui est un faire : « il reçoit pour contenu la forme même qu'il est, et il vaut comme langage ; c'est la force du parler en tant que tel, qui réalise ce qui est à réaliser »[1]. Cette performance langagière est celle de la conscience noble niant sa personnalité et s'universalisant dans son affirmation la plus efficiente de la personnalité de la puissance étatique, à laquelle elle dit qu'elle est le roi, faisant être celui-ci en le disant tel. Alors, le Soi singulier qui s'universalise personnalise l'universel étatique dans le langage, lequel se fait par là le moyen terme spiritualisant chacun des moments opposés – le Soi et le Tout – dont l'esprit est bien l'unité. Et s'il est vrai que le Soi noble est récompensé par les largesses enrichissantes de celui qu'il a fait roi, le discours sur la richesse, qu'il soit encenseur ou dénonciateur car elle est, comme singularisante et privatisante, la contingence même, ne peut qu'élever le Soi parlant d'elle, en l'universalité de son discours, au-dessus d'elle et de tout ce qu'elle mesure dans la culture, la vouant, dans son être dérisoire, à être révolutionnée. Le discours fait et défait ce monde de la culture, réalisant, positivement ou négativement, l'union spiritualisante du Soi et de l'universel, finalement avec « esprit », un « esprit » qui, dissolvant l'esprit socio-politique, l'élèvera à la moralité.

1. *Phgie E*, p. 591.

Après le sérieux muet de la conscience *morale*, d'abord toute à l'écoute, en sa singularité, de la voix transcendante de l'esprit universel, le discours revient en force dans le Soi qui, comme for intérieur (*Gewissen*), se fait, dans sa singularité même, la voix du devoir ou du bien. Il parle et dit que son Soi est l'essence universelle, et que ce dire même, en tant qu'entendu et fait leur par les autres Soi, donc objectivé dans leur réciprocité ou communauté, est l'effectivité même : « Celui qui dit qu'il agit ainsi de par son for intérieur parle vrai, car son for intérieur est le Soi qui sait et veut. Mais cela, il lui faut, c'est essentiel, le *dire*, car, ce Soi, il faut qu'il soit en même temps un Soi universel » [1]. Par ce dire qui est derechef un faire, et un faire qui englobe tout car il est le faire pris en son origine intérieure, la plus compréhensive, le for intérieur, égalant son Soi au Tout, semble se spiritualiser absolument. Mais sa singularité qui reste exclusive, excluante, dans sa communauté avec les autres, limite une telle spiritualisation. En chaque for intérieur, le dire universalisant et le faire singularisant dominent alternativement, ce qui fait s'opposer les fors intérieurs, l'un, qui dit sans agir, jugeant l'autre, qui ne dit pas mais agit. Une telle opposition, qui limite la portée du discours, ne peut être surmontée que par le dépassement de la spiritualisation limitée qu'il opère, par son auto-négation comme simple esprit d'un Soi qui n'est pas originairement le Soi du Tout ou de l'universel concret, auto-négation appelant la position de l'esprit absolu d'abord religieux.

1. *Phgie E*, p. 738.

Je ne puis ici retracer le développement du pouvoir spiritualisant du langage dans l'esprit *religieux*, qui fonde, dans leur réconciliation spirituelle, le Soi (humain) qui s'absolutise sur l'absolu (divin) qui se fait un Soi. La religion représente de plus en plus le divin comme un divin se posant tel à travers le discours de lui-même. Le langage timidement inséré dans le divin à la cime de la religion naturelle, se déploie de plus en plus dans la religion de l'art : de l'oracle, de l'hymne, du délire bachique, au discours clair à lui-même et universalisant de l'épopée, de la tragédie et de la comédie, où le dire fait tout le faire. Quant à la religion absolue, elle est bien celle du dire créateur (« Dieu dit… »), de la révélation de Dieu dans le dire biblique et évangélique, du Verbe et de la Parole, auxquels répond l'acte de la profession de foi, etc. – Et, pour ce qui est de la religion rationnellement comprise, de la *philosophie* en sa vérité spéculative, qui se veut, en Hegel, la conceptualisation du christianisme, il est bien inutile d'évoquer ici le rejet, qui a toujours été le sien, d'une pensée ineffable, comme d'un esprit qui ne se manifesterait pas. Le langage spéculatif est bien la manifestation absolue de l'être qui est esprit.

Esprit et langage, pensée et discours s'accomplissent ainsi l'un et l'autre dans ce qui, beaucoup plus qu'une simple adéquation, est leur lien intime, leur unité absolue, au sein de la philosophie spéculative, en tant que le concept où s'identifie pleinement avec elle-même la pensée présente en sa totalité dans chacune de ses déterminations, se dit dans le discours le plus transparent à elle, chacun de ses termes n'étant rien de plus que sa relation épurée à tous les autres. Mais une telle identité spéculative de la pensée et du langage ne signifie pas leur neutralisation dans un tiers, présupposé comme leur principe originaire, qui se différencierait en eux, et, différent d'eux, resterait opaque à une pensée qui, du même coup, serait aussi originairement masquée à elle-même, loin de se faire, comme spéculative, le parfait miroir d'elle-même. C'est toujours, chez Hegel, l'un des deux moments en relation qui pose et porte sa relation à l'autre. Et ce moment est alors la pensée, dans sa relation au langage, comme c'est le sujet dans sa relation à l'objet, l'esprit dans sa relation à la nature, et, logiquement ou ontologiquement parlant, le positif dans sa relation au négatif et l'identité dans sa relation à la différence. Si, donc, le langage spiritualise la conscience, manifestation plus éloignée, plus naturelle, de l'esprit que lui-même, c'est parce qu'il est plus proche de cet esprit – qui se fait verbe avant de se faire chair–, dont il procède cependant par l'aliénation ou le sacrifice d'un tel esprit. C'est pourquoi, même dans son aliénation la plus intime : le verbe épuré rationnellement, le discours conceptuel, l'esprit s'affirme encore le principe en niant – plus précisément en inversant, à chaque instant du mouvement de ce discours conceptuel – sa progression discursive en régression conceptuelle, une régression qui « freine » progressivement cette progression, la fixe et la fonde. C'est cette contra-

diction, originairement présente dans la pensée ou
l'esprit – lequel est soi-même comme un Autre –, qui
rend le discours spéculatif si vivant, mais également
si difficile à pratiquer.

La Préface de la *Phénoménologie de l'esprit*,
dans un passage qui peut paraître peu manifeste,
analyse bien cette contradiction ultime spiritualisante
du langage suprême, absolu, de l'esprit. Ce langage
s'emploie à déterminer l'universel – l'absolu, ou
Dieu – en utilisant la forme de la proposition, c'est-à-
dire en identifiant, par la copule « est », à l'universel
posé comme sujet, une détermination posée comme
prédicat : S est P. L'universel, étant d'abord un simple
nom dans lequel le sens total est visé, sans être donné,
se voit donner dans le prédicat une détermination,
mais qui n'est pas à sa mesure, et c'est pourquoi la
progression va se poursuivre vers d'autres prédicats, à
l'infini, vainement, sauf si, lors de chaque prédication,
une régression non dite, mais pensée, confronte à
l'unité vide du sujet l'enchaînement alors suscité
des prédicats s'appelant par leur contenu déterminé,
et dont la totalisation survenue réalise cette unité-là
en freinant et bloquant la progression prédicative. La
pensée intérieure qui fait se totaliser les prédicats en
un sujet détermine ainsi le discours extérieur qui fait
s'enrichir linéairement, en soi à l'infini, le sujet dans
ses prédicats. La tension de la progression discourante
de S à P et de la régression pensante de P à S s'apaise
donc dans sa maîtrise par celle-ci [1].

Il faut bien voir qu'une telle tension et, en
vérité, contradiction, des deux mouvements de la

1. *Phgie E*, p. 134-140.

progression et de la régression, de la différenciation et de l'identification – qui est leur unité intime, et pas seulement leur juxtaposition et limitation réciproque (comme c'est le cas chez Fichte et Schelling) – nie le principe même du discours, et, plus généralement, du langage, qui est celui de la fixation réglée du sens (au niveau de la dénomination, de la proposition, et de l'enchaînement des propositions). Le discours dialectique, qui se dissout ou fluidifie à chaque instant de lui-même, pour faire dire le tout du sens en chacune de ses pulsations, ne peut être déployé en sa rigueur accomplie, qu'animé, à l'encontre de sa pente, de sa pesanteur, nécessaire, par l'intention, par l'élan, de l'esprit, qui est bien liberté.

C'est bien un tel élan, qui, déjà, avant même l'accomplissement spéculatif du discours, le fait, dans l'histoire, culminer culturellement, par exemple, dans son absolutisation pré-révolutionnaire, à savoir dans la dérision du discours qu'on appelait précisément spirituel au temps des Lumières. L'esprit, c'est bien ce qui, opérant une torsion du discours l'exprimant, se dit, en disant toutes choses, avec *esprit* (*Witz*). Le discours spéculatif conceptualise alors cet esprit de la représentation se réfléchissant dans la critique humoristique et ironique, et, dans son auto-négation, fait triompher en lui la position absolue de l'esprit. De cet esprit que l'entendement fait ordinairement dénoncer dans ce qu'il rabaisse à des jeux de mots hégéliens, lesquels traduisent pourtant ce jeu sérieux de l'esprit discourant avec lui-même en discourant de tout qu'est la spéculation philosophique. La transcendance de l'esprit se marque bien ainsi dans son incarnation totale. Ce n'est donc pas le discours, la parole, le langage qui, par lui-même, penserait ; c'est l'esprit ou la pensée qui parle.

La philosophie du langage présente dans la *Phénoménologie de l'esprit* ne l'est pas – comme elle le sera plus tard, dans l'*Encyclopédie des sciences philosophiques* – à l'intérieur d'un chapitre ou d'une section spécifiques. C'est que la conscience – comme apparaître de l'esprit, qui n'est qu'autant qu'il se manifeste et qui se manifeste en tant qu'esprit essentiellement dans son verbe – se spiritualise toujours, à quelque niveau que ce soit de ses figures, par la médiation du langage, dont le rôle croît avec sa spiritualisation. Nul philosophe n'a plus que Hegel affirmé l'union intime – par delà tout rapport de simple instrumentation – de l'esprit et du langage. Mais, autant l'ouvrage de 1806-1807 insiste sur le rôle concrètement médiatisant du langage dans la vie de l'esprit, autant il maintient le langage comme simple médiation de l'esprit qui est son principe. Le langage est le médiateur, donc le phénomène, le plus spirituel de l'esprit ; il n'est pas l'esprit.

## CHAPITRE III

# LE SENS DU POLITIQUE
## DANS LA *PHÉNOMÉNOLOGIE DE L'ESPRIT*

Je voudrais partir d'un constat paradoxal. Toute l'œuvre de Hegel s'encadre entre une première et une dernière publications qui sont toutes deux des textes de philosophie politique : l'une, initiale, porte sur les événements politiques de la Suisse, l'autre terminale, sur un projet de réforme (*Reformbill*) anglais ; à quoi s'ajoute le fait que, de tous les moments du système de *l'Encyclopédie des sciences philosophiques*, le seul à avoir été développé dans un ouvrage spécial, à savoir les *Principes de la philosophie du droit*, concerne le domaine politique. Or le livre sans doute le plus génial de Hegel, celui où le Système se présente en sa formation vivante, la *Phénoménologie de l'esprit*, est particulièrement discret sur le thème du politique et de l'État : les index montrent l'extrême rareté des termes qui les désignent. C'est sur ce paradoxe que je voudrais ici m'interroger. Cela, en vue de dégager la philosophie politique bien présente *en soi* dans la *Phénoménologie de l'esprit*, et de préciser le sens de sa différence d'avec la philosophie politique définitive de Hegel. Le tout, pour expliquer, tenter d'expliquer, cette différence dans le devenir du hégélianisme.

La démarche interrogative en laquelle je m'engage me paraît légitime. En effet, on ne peut pas alléguer, pour la contester, qu'il n'y aurait rien d'étonnant à ce qu'un moment de l'existence humaine important dans l'organisation achevée de celle-ci, contenu du Système encyclopédique, ne le soit pas autant dans sa période de formation, exposée dans la *Phénoménologie*. Car, pour Hegel, le résultat n'est que par son devenir. Et l'on ne peut pas davantage objecter que, si le contenu politique devrait bien être présent dans la *Phénoménologie*, il n'y serait pas présent, et ne pourrait pas l'être, en sa vérité, telle qu'elle est dite dans la théorie systématique, définitive, de Hegel : comment pourrait-on bien opposer à cette dernière une philosophie politique de Hegel propre à la *Phénoménologie*, puisque cet ouvrage développe les points de vue de la conscience encore dans l'erreur et mue par *sa* critique immanente, mais non pas le point de vue du savoir absolu, notamment sur le politique lui-même ? On peut et doit alors répondre que la mise à jour de cette critique immanente à la conscience naturelle se détermine, chez le phéno-ménologue, à partir de cette mesure de tout sens qu'est le savoir absolu. Ce qui rend possible de dégager, du développement phénoménologique, la philosophie politique de Hegel lui-même, lorsqu'il écrit la *Phénoménologie de l'esprit*. J'y réussirai peut-être fort mal, mais je dis que la tâche est possible et légitime.

Ma thèse consistera, d'abord, dans l'affirmation que, à l'époque de la *Phénoménologie*, il y a, chez Hegel, un *rabaissement ontologique* de l'État au sein de la vie de l'esprit, par rapport à l'exaltation antérieure et postérieure de l'État ; l'exaltation première : celle de la nostalgie de la cité antique, païenne – l'exaltation dernière : celle de la pleine réconciliation avec l'État moderne, chrétien. Il s'agira ensuite, pour expliquer un tel rabaissement du politique, à le rapporter à la difficulté de la tâche qui était celle de Hegel. A savoir la tâche de *concrétiser* complètement au niveau du *politique* le changement du paradigme du *théologique*.

La relativisation ontologique de l'État, surtout par rapport à la théorie politique définitive de Hegel, se manifeste, en son sens général, dans sa relation, toujours essentielle pour le philosophe, à la *culture*. Dans ses cours sur la philosophie de l'histoire, Hegel souligne l'ambiguïté du mot : « État ». En son sens strict, l'État, c'est la structure politico-administrative, qui coexiste, au sein de l'esprit objectif, avec d'autres structures culturelles : juridique, familiale, sociale. En son sens large, il comprend l'ensemble de toutes ces structures, pour autant qu'il les porte, qu'il les fait être empiriquement, puisqu'il détient la puissance de toute réalisation des moments de l'existence ; c'est l'État qui fait même que quelque chose peut se faire sans lui, voire contre lui. L'État, qui est l'universel réalisé, peut faire se réaliser tout l'universel : « Tout ce que l'homme est, il le doit à l'État … Toute valeur qu'a l'homme, toute effectivité spirituelle, il l'a seulement grâce à l'État »[1]. L'État fait être toute la culture. Or, si la *Phénoménologie* affirme, elle aussi, le lien essentiel entre l'État et la culture, c'est en faisant bien plutôt de la culture le principe de l'État.

Certes, Hegel évoque les événements politiques contemporains dans la « Préface »; certes il fait allusion au thème politico-culturel dans, notamment, ses remarques sur la religion pré-chrétienne. Mais il n'est traité de l'État pour lui-même, explicitement, que dans le chapitre VI, où la conscience apparaît comme l'*esprit*, unité communautaire des Moi. Je rappelle, sur ce point, que la relation naturelle, pré-spirituelle, des Moi, dans la lutte à mort pour la reconnaissance, ne peut surmonter sa contradiction que dans la culture pensante d'elle-même, raison qui n'est l'esprit qu'en soi, non pas l'esprit pour lui-même, c'est-à-dire l'esprit véritable, seul lieu du politique. Par là, la *Phénoménologie* récuse toute interprétation naturaliste du politique et s'inscrit dans le mouvement de la réflexion hégélienne à Iéna, qui libère l'« éthique », donc le politique, alors saisi comme compris en elle, de la nature et la rattache à l'esprit (l'expression « nature éthique » disparaît). Or, en 1806, le lieu plus précis de l'État comme tel, dans l'esprit, est le moment *médian* de celui-ci. Mais le moment médian, intermédiaire, transitionnel, d'une figure de l'être est le moment de la différence, et la différence, qui est, en fin de compte, toujours

---

1. Hegel, *Die Vernunft in der Geschichte*, – *VG* – édition J. Hoffmeister – JH –, Hambourg, F. Meiner Verlag, 1955, p. 111.

différence d'avec soi, est l'instabilité même. Le lieu de l'État semble bien alors le vouer à un destin négatif, le destin de la culture, qui est ce lieu et qui est elle-même prise, dans la *Phénoménologie*, en un sens strict essentiellement auto-destructeur, puisqu'elle est l'esprit aliéné à lui-même.

Assurément, le premier moment de l'« esprit » – c'est-à-dire de ce que Hegel appellera plus tard l'esprit objectif – et son troisième et dernier moment, à savoir l'identité immédiate : « l'esprit vrai, l'ordre éthique » et l'identité médiatisée avec elle-même, réfléchie en elle-même : « l'esprit certain de lui-même, la moralité », deux moments que leur identité à soi fortifie dans l'être, comportent bien en eux la dimension du politique ; l'esprit est toujours présent en tous ses moments. Mais, si le politique est présent dans le monde éthique (antique) et le monde moralisant (post-révolutionnaire) et y obtient, en deçà ou au-delà de son insertion dans la négativité culturelle, un être positif, c'est pour autant qu'il y possède un statut *subordonné* et ne constitue pas l'essentiel dans ces deux moments de l'esprit en son effectivité ou – comme Hegel dira plus tard – objectif. En revanche, lorsque l'État, entre la vie éthique antique et la vie moralisante « post-moderne », se libère pour lui-même et mobilise l'intérêt au cours de cette période de construction de lui-même dans le monde post-antique, moderne, il est pris à plein dans la contradiction de la culture proprement dite, et il perd finalement son être dans la tourmente révolutionnaire. Bref, l'État tel qu'en parle la *Phénoménologie* est enfermé dans cette contradiction qui paraît bien insurmontable : ou bien il a un être, mais comme subordonné, ou bien il est pour lui-même essentiel, mais dans la perte de son être. Examinons ces deux côtés de ce destin négatif.

Et, d'abord, le premier côté, lui-même double, de l'existence qui semble assurée, positive, de l'État – ou plus précisément, de la cité – éthique antique, et de l'État moralisant, post-révolutionnaire. Le monde éthique, on le sait, vit de l'affirmation volontaire, humaine ou masculine, par le Soi alors universalisé comme citoyen, de l'universalité instituée de l'État, et, en même temps, de l'affirmation spontanée, c'est-à-dire encore naturelle ou originelle en sa forme, divine ou féminine, par la totalité spirituelle, alors particularisée en la famille, du Soi fixé ou figé, essentiellement par la mort, dans son individualité propre. L'État et la famille se font parfaitement équilibre, dans une unité aussi organique que celle de l'homme et de la femme : « Le royaume éthique – écrit Hegel – est […] un monde immaculé qui n'est souillé par aucune dissension »[1]. Mais on pressent que, dans ce tout éthique, unité *immédiate* de l'institution, comme telle médiation, étatique, et de l'*immédiateté* naturelle de la famille, c'est le deuxième moment, de même style que le tout, qui domine en soi ce tout. La cité est paisible quand il ne se passe rien, mais, dès qu'elle vit vraiment dans une action réelle, l'équilibre se brise et l'État apparaît dominé par la famille. Celle-ci semble d'abord réprimée par la force étatique, mais en fait, la famille suscite et exploite à son profit la relation entre les États et fait détruire l'État qui a

1. *Phgie E*, p. 541.

violé son droit à elle par le moyen même de la guerre
extérieure qui devrait fortifier cet État à l'intérieur
de lui-même. Elle manipule le politique à tous les
niveaux de l'action. Certes, la nature ne peut se faire
esprit, mais l'esprit est d'abord, même au niveau de
l'État, nature (un « Naturgeist » communautaire) et
la victoire de la famille sur l'État qui a violé la loi
de nature atteste la subordination de cet État : La
communauté […] a déshonoré et brisé sa propre force,
la piété familiale », cette piété où l'État, dit alors
Hegel, « a la racine de sa force »[1]. Ultérieurement,
Hegel reprendra cette expression selon laquelle la
famille est une « *racine* éthique » de l'État[2], mais
en en limitant considérablement la portée, puisqu'il
soulignera que c'est l'État qui *s'*enracine lui-même
dans la famille et la *fonde* comme sa racine, de même
qu'il fonde tout le reste de l'esprit objectif, qu'il s'est
présupposé pour se poser en sa vérité.

D'après la *Phénoménologie*, cette sphère
de l'esprit objectif, désignée alors par le terme
d'esprit tout court, s'accomplit bien plutôt par la
moralité, seule à pourvoir sauver, en compensant
subjectivement son objectivité désormais médiocre,
l'État *restauré* après la catastrophe révolutionnaire.
Car la moralité s'affirme dans le contexte d'un État
revenu, par-delà la furie terroriste de l'universalisme
abstrait, à son organisation socio-politique en états
et pouvoirs différenciés. Mais un tel État n'est plus

---

1. *Phgie E*, p. 555.
2. Hegel, *Principes de la philosophie du droit, – PPD –* § 255,
trad. J.-Fr. Kervégan, Paris, P.U.F., rééd. 2013, p. 414.

l'objet essentiel de l'intérêt de ses citoyens, revenus de l'absolutisation du politique. Manifestement, il n'intéresse pas non plus beaucoup l'auteur de la *Phénoménologie*. Celui-ci ne l'évoque que très rapidement, dans les dernières pages de la Section précédant celle qui est consacrée à la moralité, et comme une simple conséquence de l'auto-destruction révolutionnaire de l'État illusoirement absolutisé. Que l'État post-révolutionnaire compensé, en son caractère subalterne, par la moralité, doive revenir à une structuration particularisant les rôles socio-politiques, voilà tout ce en quoi devrait s'anticiper, dans la *Phénoménologie de l'esprit*, le vaste contenu de l'État rationnel vrai auquel Hegel consacrera les *Principes de la Philosophie du droit!* Ainsi, l'existence positive – temporaire à son origine, et définitive à son terme – du politique est bien celle d'un moment subordonné au sein même de l'esprit en son effectivité ou objectivité.

Voyons maintenant l'autre côté, tout aussi négatif, du statut du politique dans la *Phénoménologie*, celui de son affirmation pour lui-même, comme objet majeur de l'intérêt de la conscience. Il s'agit de l'État de la culture, étudié par la Section centrale du chapitre sur l'esprit, la Section traitant de l'aliénation culturelle. Un tel État – qui n'a certes rien de ce qu'on appellera, dans l'irrationalisme romantisant, le *Kulturstaat*, est construit, de l'Empire romain victorieux de la Cité grecque à la Révolution française aboutissant à l'État de la moralité, par l'*entendement* libéré culturellement. Le Soi qui se cultive en s'universalisant se nie, assurément, en sa particularité naturelle, et, donc, transfère son énergie réalisante à l'universel qu'il fait être, notamment comme étatique. Mais, comme c'est lui qui *s*'universalise, il soumet en fait l'État qu'il construit de plus en plus librement à lui-même, d'abord comme Soi *universalisant*, c'est-à-dire pensant (il juge idéalement l'État réalisé et, par là, l'irréalise), ensuite comme *Soi* universalisant, c'est-à-dire comme justifiant, en voulant se faire reconnaître par l'État, son individualité singulière. L'État de la culture, par ce dernier aspect, se présente donc comme le lien tendu de l'État tel qu'en lui-même (l'Universel auquel les Soi singuliers doivent se soumettre) et de l'État comme richesse (l'universel que les Soi veulent voir se sacrifier à eux). Si le premier péril qui menace l'État de l'entendement est celui de l'opposition entre la politique et la « philosophie », le second est celui de l'opposition entre la politique et l'économie. Ces deux dangers sont intérieurs à l'État, puisqu'il a pour sujet le Soi individuel (égoïste) pensant (irréalisant). Hegel montre comment cette contradiction interne s'aiguisera dans le moyen même par lequel l'entendement tentera de la surmonter à travers l'identification héroïque forcée, violente, de la volonté en sa singularité et de la volonté en son universalité. L'échec de la Révolution française établira les limites de l'esprit affirmant sa rationalité présupposée (l'esprit est la vérité de la raison) selon une démarche qui est celle de l'entendement, dont l'abstraction ne peut être dépassée rationnellement, par la réunion du Soi et du Tout, de la singularité et de l'universalité, qu'au-delà de l'État, dans la subjectivité morale, et cela, il faut à nouveau le souligner, au sein même de « l'esprit », c'est-à-dire de l'esprit effectif ou objectif. Ultérieurement, Hegel verra dans l'État élevé en sa vérité l'expression objective accomplie de la raison elle-même.

La différence de *statut* de l'État tel qu'on peut en restituer le sens vrai pour l'auteur de la *Phénoménologie* de l'esprit, et de l'État définitif du Système, ne peut pas ne pas se traduire au niveau même du *contenu* qui lui est attribué dans chaque cas. C'est la fixation de cette différence qui nous permettra de mieux faire apparaître la raison de la relativisation ou du rabaissement dont l'État est l'objet dans l'ouvrage de 1806.

On peut discerner cette différence déjà même – et je m'en tiendrai là pour faire bref – dans les thèmes où la *Phénoménologie* est conforme à la pensée politique de Hegel antérieure et postérieure. J'en évoque rapidement quatre :

1) L'État, qui exprime le sens total de l'esprit objectif objectivement (dans l'objectivité des institutions), est lié nécessairement à son Autre, où ce sens total de l'esprit objectif s'exprime subjectivement, à savoir à la famille dans le monde éthique antique, et à la richesse dans le monde moderne de la culture.

2) Face à cet Autre, qui particularise, sépare, renferme en soi l'esprit objectif, l'État représente alors l'esprit communautaire en tant qu'il est pensant, universalisant, diffuseur du sens, manifeste. Comme tel, il est le moment spirituel de l'esprit objectif, alors que la vie familiale et la vie économique sont le moment encore naturel de cet esprit, un esprit

ici caché à lui-même, souterrain, nocturne. Mais, si l'État, en tant qu'un tel universel manifesté, est le règne de la loi, et d'abord de la loi des lois, de la Constitution, celle-ci n'a rien d'un universel abstrait, comme l'ont cru, pour leur perte et leur malheur, les révolutionnaires français. Puisque le réel est toujours, comme son support naturel, différencié en lui-même, déterminé, l'universel réel qu'est l'État doit nécessairement se différencier ou particulariser dans lui-même en ce que Hegel appelle des « masses spirituelles ». Celles-ci : pouvoirs politiques, états socio-politiques, médiatisent l'universalité de l'État avec sa singularité ou individualité aussi nécessaire.

3) Car, moment spirituel de l'esprit effectif, l'État fait droit, par essence, dans lui-même, aussi à la singularité. Le spirituel, en effet, *das Geistige*, n'est, pour Hegel, que comme l'esprit, *der Geist*, fondamentalement personnel – la substance n'est que comme sujet, le penser que comme « Je pense ». Et c'est pourquoi l'État n'existe qu'à travers et en tant que la volonté personnelle d'un prince (constitutionnel, assurément). La *Phénoménologie* proclame nettement ce grand principe de l'État organisé ou constitué comme universel concret.

4) Enfin Hegel souligne que la circulation spirituelle, dans l'État, entre l'universalité et la singularité, par l'intermédiaire, essentiellement, de la particularité, s'opère dans le milieu, dans l'élément, qui marie, à tous égards, ces moments de l'esprit, à savoir dans le langage, où la singularité se fait particulièrement universelle. C'est bien au niveau de la vie politique – écrit alors Hegel – que le langage

« présente sa signification caractéristique », qui est de faire exister universellement la singularité (du prince) et, par là, aussi singulièrement l'universel (l'État). Le langage n'est pas un simple instrument, technique, de la communication. Il se révèle être, dans son intervention politique, ce *performatif* moyennant lequel, lorsque les vassaux disent à leur chef que l'État, c'est lui, ils font qu'il est tel, performatif qui, donc, fait que le singulier est universel ou, plus généralement, que l'être est communication, par là, originairement, reconnaissance de lui-même.

Ce sont là quatre thèmes définitivement acquis du hégélianisme. Cependant leur détermination plus précise – et cette précision est essentielle – les éloigne radicalement de leur formulation définitive. Montrons le brièvement pour chacun d'eux :

1) Le lien de l'étatique et du moment de la privatisation familiale et socio-économique est un lien nécessaire, mais négatif pour l'État ; certes, l'État ne peut *être*, notamment, que s'il reconnaît une vie socio-économique en son sein. Mais, comme le disaient déjà les premiers textes de Iéna, cette reconnaissance politique nécessaire de l'économique est la « tragédie de l'éthique »[1]. Car l'économie, en elle-même, nie l'État, et sa reconnaissance par celui-ci constitue, pour ce dernier, un *destin*. L'économie est une nature dangereuse pour l'esprit qui s'affirme dans et comme l'État. Plus tard, l'État reconnaîtra la société civile comme ce qui le fait, non seulement

---

1. *Cf.*, Hegel, *Des manières de traiter scientifiquement du droit naturel*, trad. B. Bourgeois, Paris, Vrin, 1972, p. 69 *sq*.

*être*, mais être *ce qu'il est*, *État*, dans leur différence même. C'est l'État, pour être vraiment lui-même en sa différence d'avec la société, qui posera celle-ci comme *son* moment.

2) Si l'État doit s'articuler en des différences organiques, celles-ci apparaissent comme le rapprochant de ce qui relève de la nature, de l'Autre de lui-même comme esprit. Il est significatif que Hegel évoque, précisément à propos de l'articulation de l'État, celle de la nature, qui s'opère selon la différence des quatre éléments, alors que, si la quadruplicité règne dans la nature, c'est la triplicité qui sera assignée fermement à l'esprit. Comme si la dimension de la naturalité constitutive de toute différence (ou extériorisation) était toujours, même dans l'esprit, celle de la nature proprement dite, l'Autre de l'esprit.

3) La méfiance à l'égard de toute naturalité se marque aussi dans l'absence, au niveau de la désignation du prince, de l'intervention de la nature, qui sera décisive dans la philosophie politique ultérieure de Hegel (la naissance, de préférence à l'élection et au consensus, fait le roi). Se méfiant de l'action de la nature (qui menace l'État par la concurrence naturelle, familiale, des frères Etéocle et Polynice), Hegel insiste sur le rôle du langage – de la culture – des sujets (la flatterie des conseillers nobles), dans la fixation du souverain. On est loin de la réconciliation politique future de la nature et de l'esprit.

4) Quant à l'intervention de l'expression ou communication du sens politique, le langage *oral* dont Hegel montre le destin négatif (l'hypocrisie du langage

noble, et, du côté de la conscience vile, la dérision) sera remplacée, comme moyen d'objectivation du politique, par la signature *écrite* du prince, qui met ainsi un point absolument fixe sur le i élaboré par les conseillers et les ministres !

Quel est le sens ce cette divergence de la *Phénoménologie* par rapport à la philosophie politique définitive de Hegel ? Il me semble que c'est celui-ci : la *Phénoménologie* n'est pas encore parvenue à une conception pleinement *spirituelle* de la nécessaire relation de l'esprit et de la nature au niveau de l'esprit effectif ou objectif, c'est-à-dire naturé. Pour elle, la nature (la « seconde nature », par son lieu) qui intervient dans l'objectivation politique de l'esprit est une nature qui reste originairement autre que l'esprit, et qui, insérée en lui, est pour lui la possibilité d'un destin négatif. D'où la réticence de Hegel à faire entrer la nature dans la vie et détermination de l'État (par exemple, pour la désignation du prince). Ce n'est pas l'État qui se donne une nature qui serait *sa* nature : il subit comme un *destin* une nature qui lui est nécessaire, mais qui, alors, vient d'ailleurs, de la nature comme l'Autre de l'esprit. L'État n'assure pas l'unité de lui-même et de son Autre, ainsi qu'il sera jugé apte à le faire dans le hégélianisme ultérieur. Dans celui-ci, l'État sera considéré comme étant, en sa vérité, la manifestation de la vie dont la puissance se réalise dans l'acte suprême de l'aliénation, par l'esprit, de sa spiritualité, l'esprit qui se fait nature ou qui s'incarne. Alors, la *tragédie* antique, païenne, *de l'éthique* – évoquée par l'Article sur le droit naturel pour fixer le sens de la relation entre le politique et l'économique – sera remplacée par le *sacrifice dramatique* de la puissance suprême, sacrifice voulu et non subi, à l'image de la vie du Dieu chrétien. En 1806, l'État n'opère pas encore en lui-même, comme État, le *libre* sacrifice divin par lequel se définit déjà l'esprit absolu en son centre religieux ; il n'est pas encore l'État suffisamment sûr de sa puissance pour libérer en lui, de lui, ce qui n'est pas purement étatique, c'est-à-dire objectivement spirituel (la société civile…). Mais l'incarnation politique du théologique (chrétien) va désormais bientôt faire de l'État le « divin terrestre ». Alors, en lui, l'identité spirituelle maîtrisera, en la posant et reconnaissant comme positive, sa différence naturelle, et, par cette auto-différenciation de l'identité, l'État s'avérera comme l'œuvre de la *raison*. Se grandissant par là au-dessus de l'entendement et de la culture, il s'affirmera comme l'accomplissement objectif de l'esprit, au lieu de céder la place, en lui-même, à l'entendement subjectif de la moralité. L'État de la *Phénoménologie* n'est pas encore cet État rationnel dont la limitation ontologique sera celle de l'esprit objectif comme tel, et non pas celle de lui-même, l'État, au sein de cet esprit. L'État prendra sa place, la plus haute, dans l'objectivation de l'esprit.

Hegel acheva la *Phénoménologie de l'esprit* au bruit de la canonnade de Iéna. Comme si cet achèvement d'un ouvrage où nous avons cru découvrir une relativisation du politique devait être aussi, à travers la manifestation de la puissance de celui-ci, l'achèvement même du temps d'une telle relativisation chez le philosophe qui allait contempler, impressionné, le spectacle inouï de l'âme du monde défilant à cheval ! Le jeune Hegel avait été fasciné, lui, par le souvenir nostalgique de la cité grecque, où la politique en sa vigueur native se faisait théologique (Athéna n'était-elle pas Athènes !), mais dans la soumission et du politique et du religieux, et des hommes et des dieux, à la puissance insondable du destin. La réconciliation hégélienne avec un présent saisi comme spirituellement et culturellement chrétien soumet ce destin lui-même, comme à sa vérité longtemps méconnue, à la souveraine clarté de la conscience de soi absolutisée par l'Incarnation. Cependant, le passage, comme principe de la compréhension des choses, de la *théologie politique* païenne à la *politique théologique* chrétienne, ne pouvait immédiatement développer toutes ses conséquences en Hegel au cours de son séjour à Iéna. Le christianisme séparant Dieu et César, opposant l'Église à l'État, ne pouvait faciliter une réhabilitation de cet État à l'intérieur d'une philosophie se proposant de promouvoir rationnellement la théologie dite absolument vraie. D'autant que la tourmente révolutionnaire semblait n'avoir guère laissé d'avenir vraiment positif à l'État discrètement, médiocrement, restauré. La nouvelle patrie de la raison, l'Allemagne, était la terre de la morale plus que de la politique … On peut voir tout ce contexte se réfléchir dans le traitement en mineur, par Hegel, du thème politique, dans la *Phénoménologie de l'esprit*. Mais le triomphe napoléonien contemporain de la dernière main mise à l'ouvrage ne va-t-il pas alors constituer, pour le philosophe qui dira que la philosophie est son temps saisi par la pensée, au moins une occasion décisive de reméditer le statut et le contenu d'un État dont les écrits ultérieurs de Hegel feront un haut-lieu de la raison, lié intimement à l'expression philosophique suprême de celle-ci ? Dans sa philosophie de l'histoire, Hegel insiste sur la longueur de l'entreprise germanique de traduction du message théologique chrétien dans un monde aussi et, à ses yeux alors, surtout politique. Comment s'étonner de ce que, dans Hegel lui-même cheminant vers le hégélianisme définitif, l'application du concept du Dieu chrétien, réellement fort de sa faiblesse apparente, à l'État phénoménalement et phénoménologiquement rabaissé, ait pris aussi et encore quelque temps ?

## CHAPITRE IV

# LA RÉVOLUTION FRANÇAISE
# ET LE RABAISSEMENT DU POLITIQUE
# DANS LA *PHÉNOMÉNOLOGIE DE L'ESPRIT*

Il ne s'agira pas pour moi, ici, de proposer, après tant d'autres, une nouvelle réflexion sur le sens de la Révolution française pour Hegel pris en toute son œuvre, mais seulement de dégager, en son contenu et ses raisons propres, le statut qu'assigne au grand événement de son époque ce maître-ouvrage du penseur qu'est la *Phénoménologie de l'esprit*. Ce statut n'apparaît guère positif. On ne s'étonnera pas, certes, de ce que l'expression de « Révolution française » ne se rencontre pas dans un texte qui ne se présente pas comme un texte historique, ou du moins, ne veut pas examiner et expliquer dans sa dimension historique une figure de l'esprit dont il sait et montre bien que son sens général plénier n'a pu venir à l'existence qu'à un certain moment de l'histoire de l'esprit humain, dans la transition du monde moderne de la culture à celui de la moralité. Ce qui intéresse en effet l'auteur de la *Phénoménologie de l'esprit*, c'est la justification rationnelle de la spiritualisation de la conscience humaine à travers l'essence accomplie de ses figures, non pas la réalisation empirique, existentielle, de celles-ci. Mais, si l'universalisation phénoménologique, comme figure essentielle de la conscience en quête de sa vérité, de l'esprit révolutionnaire, lui confère un statut absolument nécessaire – ce que le philosophe ultérieur de l'histoire ne lui conservera pas, puisqu'il considèrera que les peuples européens ayant accueilli la Réforme protestante pouvaient faire l'économie de la Révolution ainsi rendue contingente –, une telle promotion quantitative est celle d'un moment traité de façon négative en son être qualitatif.

Sa négativité est elle-même double. D'une part, en son présent même, et comme l'indique le titre que Hegel donne à ce moment : « La liberté absolue et la terreur », la liberté absolue proclamée par la Révolution est liée intimement à son terrorisme effectif, cette liberté est la terreur même. D'autre part, en son destin, elle signifie la négation de la « culture », aliénation moderne de l'esprit réalisé objectivement dans la politique, donc de l'engagement politique résolu de l'existence, puisque, désormais, la restauration post-révolutionnaire de la politique rabaissera celle-ci au rang de simple support extérieur d'une vie accédant, en tant que (simplement) humaine, à sa vérité, celle de la moralité. Plus tard, dans ses cours sur la philosophie de l'histoire, Hegel va célébrer le « somptueux lever de soleil » que fut la Révolution française : « Depuis que le Soleil se tient au firmament et que les planètes décrivent leurs cercles autour de lui, on n'avait pas vu l'homme se mettre sur la tête, c'est-à-dire sur la pensée, et édifier la réalité effective d'après celle-ci » [1]. La *Phénoménologie de l'esprit*, en ceci aussi éloignée de l'enthousiasme pro-révolutionnaire du jeune Hegel et de ses camarades du Séminaire protestant de Tübingen que de l'admiration vouée, en pleine Restauration, à l'aurore de 1789, par le penseur spéculativement réconcilié avec le sens rationnel de toute l'histoire, essentiellement politique, voit bien plutôt dans la Révolution le couchant même de la vie politique.

Il convient d'analyser un tel rabaissement phénoménologique du politique ainsi que de son achèvement révolutionnaire, et de s'interroger sur ses raisons. Ce rabaissement, provisoire, peut se révéler n'être qu'une transition vers l'élaboration spéculative du jugement définitif de l'événement, élaboration encore inachevée dans un texte qui serait, également en ce sens, seulement l'« introduction » à la science spéculative.

Si la Préface de la *Phénoménologie de l'esprit* salue, survenant au terme d'un long et lent travail de désintégration, fragment par fragment, de l'édifice de l'ancien monde, « l'éclosion du jour qui, tel un éclair, installe d'un coup la configuration du nouveau monde » [2], ce lever du nouveau jour n'est pas, pour Hegel, celui, politique, de la Révolution française, mais celui du nouvel esprit se couronnant et libérant

---

1. Hegel, *Vorlesungen über die Philosophie der Weltgeschichte* [*Leçons sur la philosophie de l'histoire universelle*] éd. G Lasson, II-IV, rééd. 1968, Hambourg, F. Meiner, p. 926.

2. *Phgie E.*, p. 86.

dans la science spéculative ou le savoir absolu. C'est de la révolution spéculative allemande qu'il est alors question, non de la révolution politique française. Hegel ne les rapproche aucunement ici comme deux manifestations d'une seule et même révolution de l'esprit actualisant dans l'enthousiasme son pouvoir au fond moral en sa présupposition juridique, ainsi que l'avaient fait Kant et Fichte, et cela même si, à leurs yeux, cette affirmation du droit par les révolutionnaires français était, en tant qu'elle-même révolutionnaire, une violence éloignant, déjà pour le premier Fichte, de la sagesse, et, toujours, pour Kant, négatrice du droit lui-même. Chez Kant, la Révolution française procède et témoigne de l'affirmation pour lui-même, en cela elle-même morale, du droit comme principe pratique extérieur de la politique. C'est là le grand événement, à jamais inoubliable, qui fait vibrer partout, dans le monde, ses spectateurs désintéressés, même si la raison pratique juridique se nie en voulant s'instaurer par la déraison, culminant avec le régicide, à l'œuvre dans la violence révolutionnaire. Le rationalisme conséquent avec soi de l'agir mobilise en même temps, ou peu s'en faut, la révolution réelle de l'État et la révolution copernicienne idéale de la philosophie accédant à la scientificité. Fichte, lui, va jusqu'à proclamer que sa philosophie relève de la Révolution française, à laquelle il offre ses services, même en son étape immodérée, comme de son véritable sujet. En revanche, pour Hegel, la philosophie spéculative exposée en 1807, loin d'être la Révolution française philosophante, est séparée de celle-ci par une double négation : d'abord par la négation morale, toujours anthropologique en son insertion dans la contenu du chapitre VI, consacré à 1'« esprit », comme tel fini, mondain, objectif, puis par la négation théologico-religieuse de cet esprit, le savoir absolu se posant à travers la conjonction auto-négatrice de 1'« esprit » achevé et de la religion accomplie.

Cette négation redoublée du politique s'achevant dans la Révolution française, d'abord comme figure spécifique de 1'« esprit », ensuite comme manifestation de l'essence générale de celui-ci, sanctionne son autodestruction entraînée par sa contradiction interne, car ce qui est contradictoire ne peut, en et par soi-même, subsister. Et, de fait, les quelques pages – comparativement à la longueur du développement consacré à la politique antique, et à la politique moderne pré-révolutionnaire – de la Section « La liberté absolue et la terreur » ne sont guère que l'exposition de la contradiction interne de l'entreprise révolutionnaire. Ce faible volume suffit à Hegel, car il juge en bloc une révolution en laquelle il ne distingue pas plusieurs étapes, ainsi qu'on l'a souvent fait, par exemple en jugeant positive sa première phase, « constituante », mais négative sa phase « conventionnelle », contingente relativement à celle-là. La révolution jugée phénoménologiquement constitue un seul bloc, en ce sens que la liberté qui s'affirme absolument en son principe ne peut pas ne pas se détruire elle-même dans ses excès terroristes. Alors, ceux-ci ne motivent pas par eux-mêmes, en soi, absolument, et, donc, d'un point de vue pratique, le dépassement phénoménologique de la figure conscientielle illustrée par l'événement de 1789. Ils le font, en effet, par leur relation au surgissement de celui-ci, en ce sens qu'ils nient, comme son développement nécessaire, et rendent ainsi contradictoire en son être même, par conséquent intenable ontologiquement – et c'est là un jugement théorique – l'affirmation politique, extérieure ou objective, de la réconciliation pratique entre le Soi singulier et l'universel spirituel, entre la volonté individuelle et la volonté générale, c'est-à-dire la liberté revendiquée en son absoluité.

La Révolution française est l'affirmation, par la conscience humaine en quête de son existence vraie, qu'elle peut et doit se réconcilier dans sa totalité avec tout ce qui a sens et être pour elle (au point où elle est arrivée) en réalisant dans la vie politique de la communauté (de l'« esprit ») l'unité pratique accomplie, remplie, totale, du Soi singulier et de l'universalité spirituelle, ou de la volonté individuelle et de la volonté générale. Une telle Révolution a bien été une entreprise de totalisation de l'existence moyennant une totalisation du vouloir politique. – Totalisation de l'existence, elle l'a été d'abord en tant qu'elle mérite, chez Hegel, le statut d'une figure phénoménologique. Car ce qui justifie en géné-ral l'accueil phénoménologique d'une figure de la conscience humaine, c'est qu'elle se présente, à un certain moment de la genèse de celle-ci, comme seule capable de faire être les figures antérieurement reconnues, en tant que son être est la négation du non-être qu'elles se sont révélées être en raison de leur abstraction, limitation ou négation. L'être de son contenu plus concret, plus total et par là autosuffisant, soutient, certes en le limitant, l'être en soi négatif, seulement prétendu, des figures déjà admises. Ensuite, parce que, au moment du développement phénoménologique où s'impose l'entreprise révolutionnaire, la conscience a déjà acquis un riche contenu : la relation rationnelle des hommes à la nature, d'eux-mêmes les uns aux autres, dans leur élaboration culturelle du monde effectif mais aussi du monde de la foi, bref le contenu anthropologique essentiel de l'« esprit », c'est bien le tout fini, proprement humain, de l'esprit qui est affecté par la Révolution française. On sait que les grands auteurs de celle-ci l'ont effectivement vécue et pensée comme la seconde création, la création par l'homme lui-même, du monde, sa refondation politique volontaire intégrale. Hegel la conçoit bien alors lui-même ainsi.

Quant à l'acteur d'une telle totalisation de la conscience, à savoir le vouloir politique lui-même totalisé alors capable d'une telle mission, car seul un fondement lui-même total peut fonder un tout, il accomplit le vouloir communautaire qu'est l'esprit. La communauté effective singulière d'un peuple universalisant le vouloir singulier des individus, seul réel, et réalisant le vouloir universel, seul vrai, n'est pas d'abord un vouloir en lui-même total. La communauté antique liant immédiatement, donc encore naturellement, dans le non-lien qu'est le lien naturel, qui ne médiatise pas du dedans de chacun d'eux le vouloir individuel (Antigone) et le vouloir général (Créon), explose sous l'effet de l'affirmation progressive des deux moments, qui n'ont pourtant – c'est ce qui a fait nécessairement se poser l'« esprit » comme le sens vrai de l'être – d'existence assurée que par leur union. La nécessité de leur médiation moderne, par-delà l'immédiateté ou naturalité antique ainsi négative, les fait donc se nier chacun en lui-même en tant qu'ils se nient l'un l'autre, donc s'aliéner en tant que pris dans une telle aliénation, c'est-à-dire surmonter leur être naturel dans le processus de culture qu'est cette aliénation de l'aliénation instituant une immédiateté ou nature seconde. Hegel retrace dans la deuxième partie du chapitre VI consacré à l'« esprit » les grandes étapes de l'histoire conçue de cette culture constitutive de la modernité, de Rome et de son droit privé à la pleine réalisation publique du droit qu'a voulu être la Révolution française. La réconciliation culturelle progressive de l'individu et de l'État, qui ne sont que l'un par l'autre, les conduit à s'identifier enfin l'un à l'autre en devenant, l'un, le citoyen, et l'autre, la république, cette identification étant portée par les citoyens qui, par eux-mêmes, font nécessairement de l'État une république, tandis que l'État, par lui-même, ne fait pas nécessairement des individus de vrais citoyens.

Pour l'homme devenu, à travers les Lumières, conscient de son pouvoir, d'abord pensant, sur tout son monde, effectif et idéal, et qui ose alors rendre lui-même effectif ce pouvoir dans la re-création politique volontaire d'un monde, la seule différence qui reste à maîtriser est celle, intérieure au vouloir alors accompli politiquement, entre son pôle singulier et son pôle universel, réunis dans le vouloir comme pur vouloir, mais que l'accomplissement de ce vouloir dans le milieu différenciant, objectivant, aliénant, de la nature, même élevée au monde humain, risque de faire se désunir. Le jugement de Hegel sur la résistance ontologique de la figure révolutionnaire de l'esprit résulte, en sa négativité, de la nécessité, qu'il dévoile, de la réalisation de ce risque dans l'autodestruction du vouloir politique absolutisé, dont la mise en œuvre renverse misérablement l'intention, l'être le sens. La volonté générale que se font être les volontés individuelles ne peut se réaliser dans une œuvre elle-même générale, universelle, qu'en se différenciant dans un organisme (identité différenciée) politique (par exemple les trois pouvoirs) ou social (les divers états professionnels) auquel seraient assignés rationnellement les individus, dont la tâche (même comme tâche, par son sens ou sa raison d'être, universelle) serait particularisée en son exercice et nierait dès lors réellement dans chacun d'eux l'universalité de son vouloir. Quant au vouloir universel de l'organisme socio-politique, sa réalisation, singularisante ou individualisante, dans le gouvernement, exclurait de lui tous les autres vouloirs individuels, et, par conséquent, lui enlèverait tout caractère universel. La volonté révolutionnaire ne pouvant ainsi se réaliser, en l'universalité qu'elle veut être, dans une œuvre ou une action déterminée, positive, ne peut se conserver que dans la négation de toute œuvre et de toute activité, la « furie du disparaître » Or la négation universalisante d'un être ne pouvant bientôt plus porter que contre le support réel de la volonté universelle, c'est-à-dire le vouloir individuel qui se réfugie dans son intériorité (comme telle non politique), frappe désormais celle-ci en tant que négation originaire de l'extériorité politique et, par là, essentiellement suspecte. La réalisation révolutionnaire de l'universalisation idéale du vouloir réel de l'individu est donc en fait la mise à mort des acteurs même de la Révolution, tous suspects d'être de vrais contre-révolutionnaires. La politique révolutionnaire est ainsi, finalement au sens négateur du terme, l'achèvement, qui se voulait initialement positif, de la politique comme activité fondatrice de l'existence réconciliée des hommes.

Il ne s'ensuit assurément pas que la conscience parvenue à une telle vérité au sujet d'elle-même élimine de son existence toute dimension politique. Simplement, la politique, de son statut revendiqué de foyer de l'existence humaine, proprement humaine – où il est encore fait abstraction de sa dimension supra-humaine, divinisante, introduite par la religion qui ne peut se réduire à son anticipation anthropologique dans la subjectivité de la foi –, est rabaissée à un moment subordonné qui ne doit plus captiver l'intérêt profond de la conscience, et dont le contenu est celui d'une simple rationalisation de l'organisme pré-révolutionnaire de l'État. Car l'auto-destruction révolutionnaire de l'État signifie que celui-ci ne peut subsister que si la puissance de la volonté universelle sur la volonté individuelle, au lieu de nier abstraitement la différence abstraite de cette dernière par sa propre identité à elle tout aussi abstraite, intègre positivement à cette identité consentant à s'auto-différencier, c'est-à-dire à s'auto-déterminer ou limiter, organiquement, la différence des individus consentant de leur côté, instruits par l'expérience de la terreur, à se déterminer ou limiter comme des organes de l'État ainsi restauré. Un tel enseignement politique de l'achèvement révolutionnaire de la politique comme moment essentiel de l'« esprit », à savoir la relativisation ou le rabaissement de son statut au sein de ce que Hegel appellera plus tard l'esprit objectif, est la manifestation négative de l'enseignement fondamental de la Révolution française. Celle-ci, en effet, par son sens saisi conceptuellement, avère comme moment positif accompli de l'« esprit » la vie supra-politique de la morale devenue elle-même en tant que « moralité »; c'est dans l'intériorité de celle-ci que l'esprit effectif peut être certain de ce que l'extériorité politique rendait impossible, à savoir de l'identification absolue de son essence universelle et de son Soi singulier alors l'un et l'autre affirmables sans limite. La Révolution révèle le lieu vrai du destin de la culture.

La culture, comme auto-négation du Soi singulier – la personne – lié négativement, dans la modernité éclose à Rome, à son essence universelle qui l'opprime impérialement, et faisant place en lui, par cette action auto-négatrice, à cet Autre essentiel qui devient alors *sien*, cette culture s'accomplit bien dans la liberté absolue de la Révolution, envisagée en son sens. Car cette liberté absolue égalise dans leur commune pureté le Soi singulier abstrait de toute détermination (d'abord naturelle ou native) propre, et l'essence universelle également abstraite de tout ancrage (historique ou relevant de la seconde nature) propre. Une telle identification, « la plus sublime et l'ultime culture »[1], en cherchant à se réaliser dans l'être extérieur de la politique – qui fait s'exclure l'un l'autre, en et par leurs supports empiriques alors rivaux et incompatibles en leur égale prétention à l'absoluité, le Soi singulier du citoyen et le Soi universel de la communauté singularisée dans le gouvernement –, se détruit, certes, effectivement. Mais, parce que c'est cette identification qui, par son sens, s'est démontrée, comme raison d'être de la culture, la *vérité* de la conscience humaine, elle exige de celle-ci qu'elle se libère de son être politique extérieur et s'installe dans le milieu intérieur de la conscience morale, où le Soi et l'essence peuvent et doivent se réconcilier pleinement, dans le savoir (pratique) de soi du Soi comme étant l'essence et de l'essence comme étant le Soi lui-même. Ainsi, la « liberté absolue » n'est réelle qu'au-delà – ou, plutôt, car il s'agit du fondement, en deçà – de la réalité politique, donc dans l'idéalité de la liberté morale. L'esprit effectif n'assure sa vérité politique modérée, voire médiocre – il ne peut plus y attacher son intérêt essentiel –, qu'en s'ancrant, comme dans le lieu de sa réconciliation avec soi et satisfaction pleinement humaine, dans la moralité. Celle-ci est, phénoménologiquement parlant, la vérité de l'esprit effectif ou de ce que Hegel va désigner ultérieurement comme l'esprit objectif. La politique s'est bien révélée, à travers la Révolution française, ne pouvoir exister que moyennant sa relativisation morale.

1. *Phgie E*, p. 681.

Si le traitement phénoménologique de la Révolution française traduit ainsi le rabaissement du moment politique à la cime même de son emprise conscientielle, les raisons d'un tel rabaissement, qu'il convient maintenant d'exposer, se disposent plus lisiblement dans le long advenir, la lente préparation, de l'explosion révolutionnaire. Réinsérée dans la totalité du mouvement effectivement réel, objectif, de l'esprit, la Révolution – qui appartient à la phase médiane de celui-ci, phase de la culture ou de l'esprit rendu étranger à soi », aliéné, et, plus précisément, à la clôture de cette aliénation s'achevant ou absolutisant par sa réflexion en soi comme aliénation de l'aliénation – se révèle de la sorte transie par le principe de la différence. Il l'affecte à trois niveaux. D'abord en tant qu'il régit toute la sphère de l'« esprit », esprit effectif ou objectif, objecté à lui-même en son extériorité ou différence d'avec soi, reprise spirituelle, à titre de seconde nature, de la différence constitutive de la nature. Ensuite, en tant que cette différence est posée comme différence de cet esprit envisagé dans son deuxième moment, lequel est toujours celui de la différence manifeste, c'est-à-dire comme culture. Enfin, en qualité d'achèvement de la culture, la différence se différenciant alors d'elle-même à travers son auto-destruction. C'est donc un triple obstacle que, en se révolutionnant, l'esprit communautaire réalisé politiquement oppose, en son objectivité ou effectivité, à la réalisation même de son sens proprement spirituel, qui est de réconcilier ou identifier pleinement dans sa présence à soi les deux moments, liés dans le Nous, de sa subjectivité singulière et de sa substance universelle. Le cumul, mieux : l'intégration, de ces trois obstacles condamne l'esprit à la catastrophe révolutionnaire. Or la raison de la victoire de la différence triplice sur l'identité foncière de l'esprit réside nécessairement en ce que celui-ci ne peut maîtriser en cette identité qui est la sienne une telle différence. Cela, non pas parce qu'elle est une différence – car l'esprit est bien capable de se différencier en lui-même –, mais parce qu'elle est une différence objective, extérieure, naturelle, comme telle non identifiable par lui en tant qu'il est lui-même un esprit aussi seulement objectif ou effectif. On pressent que le rabaissement du politique en son apogée révolutionnaire dans la *Phénoménologie de l'esprit* est conditionné par la conception que se fait alors Hegel de la relation entre la nature et l'esprit au sein de l'esprit effectif ou objectif, une relation au sein de laquelle la puissance de la nature est corrélative d'une certaine impuissance de l'esprit.

L'affirmation centrale du politique, en l'objectivité fixée, instituée, de l'État, caractérise le monde de la culture, encadré par les deux moments de l'existence communautaire, dont le cadre politique est ordonné et soumis, comme à ce qui le remplit et l'anime, à une vie humaine non proprement politique. Celle-ci est, soit la vie pré-politique, éthique, premier stade de la vie de l'« esprit » (objet de la première Section du chapitre VI : « L'esprit vrai, la vie éthique »), soit la vie post-politique, morale, troisième et dernier stade de cet esprit (objet de la troisième et dernière Section : « L'esprit certain de lui-même, la moralité »). Dans l'un et l'autre moment, la nature, en tant que matière singularisante immédiate ou comme forme individualisante libérée culturellement, de l'existence cependant communautaire, domine l'affirmation effective de celle-ci dans le cadre politique qu'elle va finalement faire disparaître, relativement ou essentiellement, comme milieu vrai de la vie. Or, parce que la fixation singularisante à soi, comme telle marquée, au faîte de « l'esprit », par le principe radical de la nature – dans le Soi de la « belle âme » –, dissout bien plutôt la moralité qui l'achève, et qui devait compenser la médiocrité déjà reconnue et admise du politique restauré, dans l'infinité spirituelle de la religion, seule intéresse l'explication du rabaissement phénoménologique général du politique l'intervention pré-révolutionnaire et révolutionnaire de la nature dans la vie politique.

La Cité éthique antique cimente l'unité des individus par leurs mœurs natives, qui lient leur singularité à leur universalité en satisfaisant l'une et l'autre grâce à l'équilibre de l'affirmation masculine, de sens humain, de l'universalité culturelle de l'État par la singularité, et de l'affirmation féminine, de sens divin, de la singularité par l'universalité naturelle de la famille. L'État (la Cité) et la famille forment en cela un tout éthique ayant la vigueur de l'union intime de l'homme et de femme. Or *l'immédiateté* éthique d'une telle unité de l'institution médiatisée de l'État et de *l'immédiateté* naturelle de la famille est nécessairement, en soi, portée par cette dernière : l'équilibre pacifiant des deux moments masque en fait la domination profonde du familial qui prend soin de l'individu sur le politique soucieux de l'universel.

On sait que l'intensification active de la vie éthique déchire tragiquement ce masque de la belle et heureuse cité grecque, dont le jeune Hegel avait eu la nostalgie. La cime unifiante de l'État est elle-même brisée par la rivalité familiale naturelle des deux frères (Etéocle et Polynice), dont l'affrontement mortel suscite celui de la loi humaine-étatique (Créon) et de la loi divine-familiale (Antigone). Et c'est celle-ci qui a la puissance de mobiliser celle-là contre elle-même en déchaînant la guerre menée par les cités étrangères souillées naturellement (par les oiseaux) de la putréfaction cadavérique de l'homme politiquement rejeté par la cité ainsi punie, en retournant l'acte même du politique qu'est la guerre contre le politique qui n'a pas su reconnaître que sa base est la piété familiale. Ainsi, la conciliation éthique antique de la singularité et de l'universalité de la conscience, dont le lien immédiat, natif, naturel, limite leur aiguisement respectif contracté dans un double mélange, familial et civique, ne peut résister à l'effet extériorisant, diviseur, de l'action ; c'est alors le mélange le plus prégnant du Soi et du tout encore les plus proches l'un de l'autre, c'est-à-dire le mélange familial, qui l'emporte sur le mélange civique ou politique.

La ruine romaine du monde grec va, en les opposant davantage en leur lien spirituel maintenu, libérer la singularité élevée à la personnalité et l'universalité étendue à l'empire et, donc, leur aliénation réciproque qui devient constitutive de l'esprit moderne. Ainsi est inaugurée la lente reconstruction, à l'échelle humaine des personnes consacrées par le christianisme, d'un politique s'assurant de plus en plus, dans les

États-nations, de sa puissance consciente d'elle-même comme conditionnant en son existence tout le nouveau monde de l'esprit. L'intérêt humain va désormais à la constitution du nouvel État, dont les membres, conscients de leur singularité formellement libre, attendent de son autorité qu'elle exalte celle-ci tout en universalisant culturellement son contenu spirituel. Ce qui est alors mobilisé en l'homme moderne par cette universalisation du contenu de la liberté s'affirmant en sa forme dans la négation des liens particularisants de la nature, c'est ce pouvoir de la négativité universalisante qu'est, pour Hegel, *l'entendement.* L'État moderne de l'entendement, principe de la culture, est, en tant qu'universalisation formelle de la vie de la communauté des Soi encore singularisés eux aussi formellement, ce qui, tout à la fois, les fait se nier, dans le service et le sacrifice qu'il peut leur imposer, notamment dans la guerre, en leur réalité matérielle naturellement intéressée, et les fait s'affirmer en celle-ci, qu'il accroît en favorisant, essentiellement dans la paix, sa communication et son commerce. Un tel État est donc animé par la tension de lui-même et de la richesse, du politique et de l'économique. L'économie prend ainsi naturellement – et en tant que milieu où s'exprime encore la nature – le relais de la famille, de la maisonnée, de la maison antique, dans le contexte moderne de l'État, comme moment antagonique plus intime à celui-ci par son universalité renforcée. Et, dans le registre de la réalité, elle ne peut que fragiliser et menacer l'essence, moins réelle et plus idéale que la sienne, qui appartient à l'État. Un tel destin négatif est lui-même encore renforcé par le fait que, dans l'élément de leur commune idéalité pratique ou normativité, l'État de l'entendement, affecté par son ancrage réel existant, est dévalorisé par l'État plus idéal pensé par le Soi librement pensant des Lumières, s'exaltant dans sa maîtrise intellectuelle de tout. La conjonction, dans le Soi cultivé jugeant l'État réel, de la critique qu'il en fait en tant que Soi matérialiste et utilitariste bourgeois et de celle qui procède en lui du Soi intellectualiste philosophant – ces deux Soi, aussi individualistes l'un que l'autre, pratiquant l'esprit de façon non spirituelle mais, en cet atomisme, encore naturelle –, voue l'État à son renversement révolutionnaire qui, d'après la *Phénoménologie*, produira le rabaissement définitif du politique.

On voit que le destin négatif du politique est lié au rapport essentiel, intime même, entre ce politique, œuvre de l'esprit comme entendement libéré par la modernité, et son Autre encore imprégné de naturalité, celle de la famille ou de l'économie, mais en tant que ce rapport constitutif des deux moments liés est un rapport foncièrement négatif. Le politique a ainsi besoin de ce qui le nie et le guette comme un destin qui l'empêchera d'accomplir l'esprit effectif ou objectif, « l'esprit » immanent à toutes les déterminations humaines déjà justifiées phénoménologiquement. D'où la méfiance du politique à l'égard de son Autre plus ou moins naturel. J'en ai relevé, déjà dans le chapitre précédent, quelques exemples significatifs. Ainsi l'État est présenté par la *Phénoménologie* comme plongé, par son interaction avec la vie familiale et économique (la « richesse »), dans une tragédie, cette tragédie que les premiers textes écrits par Hegel à Iéna appelaient la « tragédie de l'éthique », et dont la solution était déjà la reconnaissance réciproque, mais dans la séparation de leurs agents, de la citoyenneté et de la bourgeoisie ; c'est plus tard que Hegel saisira que l'État n'est pleinement lui-même que par son rapport, alors conçu comme étant aussi positif, à la communauté familiale et socio-économique. Autre exemple : l'État doit médiatiser – l'échec révolutionnaire de l'identification immédiate de l'État et des individus le prouve – son universalité et la singularité de ses membres par la particularité des pouvoirs et des états, mais la restauration d'un organisme, même culturel, est un retour du naturel, d'où la nécessité d'en rabaisser l'importance. Ajoutons encore que, si l'universel étatique doit se naturaliser dans un individu royal puisque seul un Soi agit, ce n'est pas la nature, la naissance, la *chair*, qui doit désigner le monarque – comme le voudra la philosophie politique ultérieure de Hegel – mais seulement le langage, le *verbe*, d'abord des aristocrates de la Cour, déclaration que la Révolution fera se démocratiser finalement par la voix populaire, la nature spiritualisée demeurant quand même toujours la nature menaçante.

Une telle idée de la négativité foncière de la nature, de toute nature, même au niveau de l'esprit, sera abandonnée ensuite par Hegel en même temps que celle, encore régnante dans la *Phénoménologie*, du naturalisme du lien entre l'esprit et la nature au sein de l'esprit effectif, objectif, c'est-à-dire naturé, où se situe le politique. Alors que, en 1807, la dimension naturelle présente dans l'esprit politique, seulement humain ou fini, l'affecte du dehors et, pour cette raison, est en soi et devient pour lui un destin, elle va se spiritualiser en tant *qu'auto-naturation de l'esprit lui-même*. Une nature ainsi originairement spirituelle objectivera l'esprit sans proprement l'aliéner, de sorte que l'esprit objectif n'aura plus à se nier, à se subjectiver dans l'intériorité morale pour réaliser l'unité, d'abord jugée impossible dans l'effectivité politique, de son essence universelle et de son existence singulière. L'incarnation monarchique de l'État sera dès lors envisageable en toute sa positivité et l'organisation différenciée de la volonté générale se libérera, comme une naturation proprement politique ou étatique, de l'organisation socio-économique, être-différencié de la pseudo-totalité de la société civile, qui est bien comme telle une reprise de la nature toujours extérieure à soi. L'État se fera lui-même, en se la présupposant, société civile, ce par quoi il sera pleinement comme État, c'est-à-dire libérera entièrement son essence, bien loin de rencontrer son destin dans un rapport tragique à la vie socio-économique En étant de la sorte, en son identité à soi, différenciation de lui-même, bref totalisation de soi, et par là *raison* réelle, et non plus réalisation du simple entendement liant de l'extérieur le moment singulier et le moment universel de l'existence, l'État accomplira l'esprit comme effectif ou objectif, et il n'y aura plus nécessité, pour un tel esprit, de s'intérioriser dans la moralité pour remplir son sens. L'État de la raison, loin d'être rabaissé à une médiocrité à supporter dans une Restauration un peu honteuse, sera un dépassement politique positif de la

Révolution française, elle-même par là réhabilitée, en dépit de sa négativité, comme le somptueux lever d'un nouveau jour de l'histoire de l'esprit.

La théorie du politique et de son acuité révolutionnaire présente dans la *Phénoménologie de l'esprit* n'intègre pas encore le grand thème spéculatif déjà acquis par Hegel pendant son séjour à Iéna, thème qui est celui de l'esprit comme sacrifice de soi et de son absoluité dans son aliénation en une nature. Ce thème, qui est la rationalisation du dogme chrétien du Dieu qui s'incarne, se rend fini, et, dans cette humanisation de lui-même dont la bonté sauve l'homme en le divinisant en quelque sorte, manifeste bien plutôt sa toute-puissance ; le drame du Dieu chrétien se substitue à la tragédie païenne de l'éthique au cœur même du hégélianisme. Mais ce thème, qui illustre et concrétise le sens de l'esprit infini ou absolu, n'est pas encore appliqué, en 1807, à l'esprit fini s'objectivant politiquement. La philosophie politique que Hegel va élaborer par la suite attribuera aussi au « divin terrestre », que l'État sera dit être, un tel sacrifice de soi qui réconciliera parfaitement avec l'esprit objectif, alors déployé rationnellement en son accomplissement, une naturalité inévitable qui sera désormais, car posée par lui, *sa* nature. Ainsi, le lien originellement affirmé par Hegel entre le théologique et le politique, et qui fait porter le second par le premier, sera alors pleinement vérifié dans une philosophie politique se présentant en elle-même comme l'incarnation de la philosophie de la religion, ultime, absolument vraie et avérante, science philosophique.

## CHAPITRE V

## LA RELIGION MANIFESTE
### DANS *LA PHÉNOMÉNOLOGIE DE L'ESPRIT*

L'entrée dans l'examen de la religion manifeste (*offenbare Religion*), objet de la troisième et dernière Section du chapitre VII, consacré à la religion dans son ensemble, suppose la compréhension, d'abord, du sens de l'expression qui la désigne, ensuite, de la justification phénoménologique de sa position.

Pour Hegel, cette expression s'applique à la religion chrétienne, parvenue à sa vérité dans la réforme luthérienne. Celle-ci est la religion *absolue*, c'est-à-dire déliée ; plus précisément déliée, délivrée, de tout ce qui ne serait pas elle, autre qu'elle, soit hors d'elle, tel un Dieu qui se maintiendrait à part d'elle et tel un monde dont elle exclurait la vie profane, soit aussi, corrélativement, dans elle, puisque le rapport à un tel Autre la différencierait, à l'intérieur d'elle-même, de sa pure identité à soi. La religion absolue est donc la religion *totalisatrice* de tout ce qui a sens et être pour elle, l'être (divin) ayant pour sens (humain), et le sens ayant pour être, d'être l'unité de l'être et du sens, le Dieu chrétien étant, pour la conscience religieuse de lui-même, lui-même l'unité religieuse, dans son Incarnation, de Dieu et de l'homme. La religion absolue ou totale est ainsi la religion qui est *manifeste* à elle-même puisqu'elle sait comme l'absolu, dans le Dieu fait homme, l'unité, le lien, de Dieu et de l'homme qu'est toute religion.

La religion chrétienne n'est, par conséquent, pas simplement révélée, manifestée (*geoffenbart*) par un Dieu qui ne serait pas pris dans une manifestation qu'il poserait sans l'être, mais la manifestation religieuse de lui-même est manifestante, révélante, car elle est lui-même, ou il est elle-même, l'activité absolue de la manifestation religieuse, chrétienne en sa vérité, de soi.

La justification proprement *phénoménologique* d'une détermination de l'absolu, par exemple pris comme esprit, consiste à établir l'identité à soi – la non-contradiction la faisant échapper au néant – non seulement du contenu de cette détermination envisagé en lui-même (comme c'est le cas dans l'examen ontologique de l'*Encyclopédie*), mais aussi de la relation de ce contenu avec la conscience à laquelle il apparaît. Une telle identité à soi garante de la vérité repose sur la négation de la contradiction qui frappe la détermination précédemment posée, et qui la voue à un non-être lui interdisant d'être par elle-même, donc exigeant sa fondation sur la détermination plus concrète, où se dissolvent comme de simples moments alors intégrables les opposés découverts en elle. La justification phénoménologique de la religion consiste ainsi à montrer, à démontrer, que la conscience de l'esprit ne peut surmonter la contradiction qui l'affecte en tant qu'elle saisit l'esprit comme « esprit » proprement dit, esprit « effectif » ou éthico-socio-politique, humain ou interhumain, qu'en s'ancrant, comme dans le seul fondement susceptible de donner un être à la fragilité propre de cet esprit, au sein de l'esprit comme esprit divin saisi par la conscience religieuse.

Tout le contenu de l'apparaître à soi conscientiel de l'esprit en sa finitude mondaine, même amplifiée en sa communauté qui le constitue en l'« esprit » *stricto sensu* étudié au chapitre VI, vient se concentrer, quittant la sphère politique qui s'est abîmée dans son apogée révolutionnaire, sur l'intériorité morale qui, elle-même, s'absolutise dans et comme la *belle âme*. Celle-ci se proclame en effet universelle en sa singularité même : le Soi se dit le Tout. Mais la réalisation effective d'une telle prétention fait se disjoindre l'affirmation singularisante de soi dans l'action et l'affirmation universalisante de soi dans le jugement, et exige donc la répartition de l'essence de la belle âme en deux belles âmes dont l'une se totalise effectivement en soumettant en elle l'action au jugement, et l'autre le jugement à l'action. Ces deux touts unilatéraux contradictoires ne peuvent être le tout des deux que par leur commune auto-négation (leur pardon réciproque), qui signifie l'auto-position en eux de ce qui les nie, l'esprit un, infini, divin, dont la conscience est la conscience religieuse. La conscience anthropologique de l'esprit n'a d'être que fondée en sa conscience de soi théologique.

Si seule l'insuffisance de l'esprit effectif développé en toutes ses potentialités démontre la nécessité de sa fondation en l'esprit religieux, cette fondation signifie leur nécessaire coexistence, donc l'*historicité* du développement de la religion ainsi liée à l'esprit effectif immédiatement historique en son sens. La nécessité du développement de la religion est, par conséquent, aussi bien réelle-historique qu'idéale-conceptuelle. La nécessité conceptuelle fait que la conscience religieuse, en tant que conscience appartenant à un homme qui se vit comme naturel, saisit le divin – dont la raison d'être éprouvée est d'assurer l'être naturel – dans la figure d'un être naturel puissant, inorganique, puis organique, enfin instinctivement humain : telle est la *religion naturelle*. Ensuite, l'homme se faisant vraiment humain dans le libre travail de l'art adore le divin dans l'humain qui s'est recréé lui-même : telle est la *religion de l'art*, qui culmine dans la célébration de l'art comique, auto-recréation divinisante de l'homme. C'est la contradiction d'une telle prétention qui rend nécessaire le surgissement de la religion manifeste. Mais cette nécessité est aussi une nécessité d'ordre historique, car l'esprit effectif, socio-politique, correspondant à l'ultime religion de l'art et se fondant en elle, souffre d'une égale et, au fond, même contradiction. C'est donc la contradiction générale intensifiée de l'esprit pré-chrétien qui se nie dans et par le surgissement dès lors nécessaire, exigé, attendu, mais novateur, par l'auto-position de la religion manifeste qu'est le christianisme. C'est bien par l'analyse détaillée de cette auto-position, c'est-à-dire libération, pourtant nécessaire, que s'ouvre, dans la *Phénoménologie de l'esprit*, la Section consacrée à la religion manifeste.

Cette Section comporte trois parties :

I. L'advenir de la religion manifeste (traduction B. B, p. 612-617)

II. Le sens, pour nous ou en soi, de la religion manifeste (p. 617-625)

III. Le sens, pour elle-même, de la religion manifeste (p. 625-643).

### I. *L'advenir de la religion manifeste*

Cet advenir rappelé consiste dans l'auto-négation ou la dialectique de la divinisation de soi pré-chrétienne, dont la vérité fondatrice va bien se révéler comme l'auto-position du Dieu qui s'humanise.

1. La célébration *comique* du divin est celle de son humanisation, et elle constitue une anticipation négative – puisqu'elle procède du Soi humain qui s'absolutise dans l'art comique – de l'incarnation chrétienne de Dieu. La comédie achève la religion de l'art, qui fait adorer par l'homme un divin non pas trouvé naturellement dans son expression, mais fabriqué par l'artiste pour autant que cette expression est l'homme lui-même se jouant sur la scène, dans la dérision, du destin tragique unifiant le monde des dieux. Le culte comique achève bien la désubstantialisation artistique du divin puisque son message se résume dans la proposition : « le Soi est l'essence absolue »[1]. Cependant, un tel achèvement comique – sur la scène, l'homme se rit des dieux et

1. *Phgie E*, p. 830.

les domine, comme leur véritable destin – s'achève lui-même comme tel, se déprend de lui-même, en faisant rire de lui le spectateur. Un tel rire de soi de la dérision frappant la substantialité divine enveloppe alors une restauration de celle-ci à travers une soif d'être nostalgique habitant l'homme qui se rit de son absolutisation comique, illusoire, par là négatrice de lui-même. Il s'affirme ainsi nostalgiquement, en niant la proposition qui niait elle-même la première, naturelle, substantialité divine (« Le Soi est l'essence absolue »), donc en ré-affirmant une substantialité divine, mais, parce qu'il y affirme sa nostalgie, c'est-à-dire lui-même, une substantialité divine affirmant l'homme, s'humanisant elle-même. Le sens de cette seconde substantialité divine, non plus naturelle, mais spirituelle, peut s'exprimer dans la proposition : « L'essence absolue est un Soi ». La position nostalgique de l'Un divin comme étant à la fois substance et sujet est l'attente d'un Dieu qui serait ainsi « la réunion et compénétration des deux natures »[1], l'unité de la substance divine et de la subjectivité humaine, le Dieu fait homme que va affirmer le christianisme. Telle est la signification proprement religieuse de l'advenir de celui-ci.

2. Mais, puisque la religion idéalise en le fondant l'esprit effectif qui est en lui-même proprement et originairement historique, Hegel relie le devenir religieux au devenir historico-politique du christianisme. Il présente la négation comique de tout l'être, où s'achève le monde éthico-politique grec,

1. *Phgie E*, p. 831.

dont le déchirement s'exprime notamment dans la relation tendue entre Socrate et la comédie, comme se réalisant prosaïquement et sérieusement dans la dissolution *romaine* de l'esprit éthique. Le monde romain libère le Soi individualisé, désubstantialisé, dans la personne juridique. Mais l'idéalité ou irréalité de celle-ci, écrasée en fait par l'universalité violente de l'Empire, radicalise la perte de l'être *dans* le Soi en une perte de l'être *du* Soi lui-même et plonge l'humanité dans une « conscience malheureuse » générale : « Dans l'état du droit, donc, le monde éthique et la religion de ce monde sont engloutis dans la conscience comique, et la conscience malheureuse est le savoir de cette perte totale ». L'esprit d'un tel monde se sait la perte de l'esprit : « Dieu est mort » [1].

3. L'Avent phénoménologique du christianisme est récapitulé par Hegel dans un tableau synthétique impressionnant. Il y a une perte totale du beau divin de la religion de l'art : les statues, les hymnes, n'ont plus d'âme divine les vivifiant, tout comme l'effectivité socio-politique est dominée par l'abstraction sauvage de l'Empire romain. Et cette perte totale est consciente d'elle-même comme perte, elle est la nostalgie d'une substantialité divine nouvelle en tant qu'éclairée par cette attente humaine d'elle-même, plus haute que celle qui a disparu, et sue comme telle par la nouvelle conscience de soi. Le destin qui juge la vie substantielle ancienne est bien l'esprit qui régénère tout, semblable à la jeune fille qui nous offre en les illuminant de son regard les fruits cueillis, dénaturés

1. *Phgie E*, p. 832.

certes, mais spiritualisés. L'esprit religieux, en sa désolation, est l'affirmation plus spirituelle d'un divin plus spirituel puisqu'il a pour contenu, sur le mode de l'absence, la réconciliation attendue de l'humain et du divin. Toutes les formes de la négation humanisante du divin (l'art grec, le droit romain …) et de la négation de cette négation (la violence romaine et la conscience malheureuse…) « constituent la périphérie [faite] des figures qui, remplies d'attente et pressantes, se tiennent tout à l'entour du lieu de naissance de l'esprit advenant comme conscience de soi; la souffrance et nostalgie, qui les pénètre toutes, de la conscience malheureuse est leur centre et la douleur commune à elles de l'enfantement qui est celui de la venue au jour d'un tel esprit –, la simplicité du concept pur, lequel contient ces figures comme ses moments » [1]. Les divers aspects négatifs de la conscience malheureuse en attente de la réconciliation se totalisent en effet à son appel pour dessiner en négatif son sens ou concept simple, simplicité ou ponctualité qui le rend apte à se réaliser dans le point spatial et temporel d'un ceci sensible. La perception du Dieu incarné humainement est proche. On est au seuil de la religion manifeste.

## II. *Le sens, pour nous ou en soi,*
## *de la religion manifeste*

Le sens ou le concret de la religion manifeste vient à l'existence dans la perception, par la conscience malheureuse, de l'unité réconciliatrice de Dieu et de l'homme présente sensiblement dans et comme le

---

1. *Phgie E*, p. 835.

Christ. Ce sens perçu sensiblement, qui synthétise en leur donnant une signification nouvelle les aspects contradictoires de la conscience malheureuse, se déploie nécessairement à travers des moments promouvant ces aspects et dont le phénoménologue reconstruit la signification nouvelle vraie. – Le sens du christianisme apparaissant est l'unité désormais posée, positive, des deux cotés de la relation religieuse, l'essence ou la substance (divine) et le Soi (humain), côtés qui ont été auparavant saisis comme venant l'un au-devant de l'autre, ainsi que l'exprimaient les deux propositions : « La substance se fait sujet », et : « Le sujet se fait substance ». Ce mouvement des deux côtés l'un vers l'autre avère leur unité comme non contrainte, comme immanente, mais c'est le côté, le moment générateur effectif, c'est-à-dire le Soi, qui rend effectif et mobilise réellement le moment générateur idéal, l'En-soi substantiel. L'esprit religieux nouveau conjoint ainsi, comme se faisant résulter d'eux (car il est le vrai, l'unité), une « mère *effective* » et un « père seulement *en soi* » [1], expression conceptualisée de la représentation chrétienne du Dieu-homme né du Père et de Marie dans celle-ci même.

1. La conscience de soi pré-chrétienne ne saisit d'abord comme réelle que l'aliénation d'elle-même en la substance (sa perte totale comme Soi malheureux), car on ne sait immédiatement comme réel que ce que l'on fait, mais pas encore l'aliénation seulement attendue, souhaitée, de l'essence divine, sa sensibilisation qui sauverait tout être-là (sensible) en le spiritualisant. Voilà pourquoi « l'esprit est, de cette

1. *Phgie E*, p. 836.

manière, dans l'être-là, seulement imaginé »[1] ; il est visé dans une « exaltation rêveuse débridée » encore pré-chrétienne, plus précisément pré-christique. Pour que l'incarnation sensible, humaine, du divin soit saisie comme telle, il faut que l'être-là sensible en tant que tel soit appréhendé comme ne pouvant être que s'il est esprit, ce qui – nous l'avons vu – est une nécessité du sens, conceptuelle. Or le concept, identifiant intimement, en leur sens devenant un seul sens, ses composants, se traduit comme être immédiat ou immédiateté sensible. Par conséquent, le divin se faisant homme, conscience de soi, est là pour l'esprit immédiatement, sensiblement. Le vrai est perçu : *esse est percipi !* Le sens absolu s'offre sensiblement : « Ceci, à savoir que l'esprit absolu s'est donné *en soi* et par là aussi pour sa *conscience* la figure de la conscience de soi, apparaît maintenant d'une façon telle que c'est la *foi du monde* que l'esprit *est là* comme une conscience de soi, c'est-à-dire comme un homme effectivement réel, qu'il est pour la certitude immédiate, que la conscience croyante *voit*, *touche* et *entend* cette divinité. Ce n'est pas de l'imagination, mais c'est *effectivement réel en elle* »[2].

2. Le sens de l'esprit religieux manifeste est une telle présence singulière humaine de l'essence divine, *le fait que Dieu soit cet homme-ci*. Dieu est esprit en tant qu'il se sait lui-même dans son Autre, le christianisme est la révélation de l'essence divine, car elle y est sue comme un tel esprit, et cet esprit, en

1. *Phgie E*, p. 837.
2. *Phgie E*, p. 838.

tant que le Soi, égalise lui-même comme esprit divin su et lui-même comme esprit humain sachant. De la sorte, l'esprit ainsi présent à soi dans sa conscience religieuse chrétienne de soi est absolument manifeste à lui-même en ses divers moments entièrement réunis : « L'esprit est su comme conscience de soi et il est immédiatement manifeste à cette conscience de soi, car il est celle-ci elle-même ; la nature divine est la même chose que la nature humaine, et c'est cette unité qui est intuitionnée »[1]. Par conséquent, dans le Dieu-homme perçu, où l'esprit se sait immédiatement comme esprit, l'essence divine n'est pas « descendue » ou abaissée de son infinité. Mais elle est accomplie en son infinité. Car sa pureté d'essence est atteinte en tant qu'elle est pensée pure, présence à soi pure du sens, *Soi*, et aussi immédiateté ou *être* (l'*abstrait* pur est le pur *sensible*) : « Ce qu'il y a de plus bas est donc en même temps ce qu'il y a de plus haut ; ce qui, en son caractère manifeste, est totalement ressorti à la surface est précisément en cela ce qui est le plus profond »[2]. Le divin absolu est tel dans son humanisation de soi absolue.

3. Le divin se sait comme conscience de soi à la fois réelle, existante en tant que ce Soi-ci, et pensante, et cette unité lui est présente immédiatement : « Dieu ne peut être atteint que dans le savoir spéculatif pur, et il n'est que dans celui-ci, et il n'est que ce savoir même, car il est l'esprit ; et ce savoir spéculatif est

---

1. *Phgie E*, p. 841.
2. *Ibid*.

le savoir de la religion manifeste »[1]. Se sachant présent, en sa finitude même, dans l'essence absolue, l'esprit religieux est alors pleinement satisfait. Un tel savoir est donc une joie qui se répand dans le monde entier. Cependant, le concept que l'esprit a ainsi de lui-même n'est d'abord qu'immédiat. C'est pourquoi la conscience religieuse se saisit comme cette conscience singulière sensible que voici, mais *autre* qu'elle. Elle ne saisit pas l'esprit comme le sien, mais comme un « *Autre sensible* ». Il lui faut alors se saisir aussi comme universelle, comme Soi supprimé ou pensée universelle, mais cette universalité, loin d'être comme telle, est *d'abord* seulement la somme totale des Soi. L'homme singulier accomplit ainsi en lui la dissolution de son être sensible, et la conscience religieuse le saisit, cet homme divin, comme s'élevant au-dessus de sa singularité : désormais, elle ne le voit plus, mais elle l'*a* vu, donc elle l'a en elle – il est présent en elle, *elle l'est*, elle aussi – comme un Soi identique à elle, un Soi singulier généralisé par sa dé-sensibilisation, universel. Ou, pour reprendre le texte hégélien, « l'esprit reste un Soi immédiat de la réalité effective, mais en tant que la conscience de soi universelle de la communauté, conscience qui repose dans sa propre substance, de même que celle-ci est, dans une telle conscience, sujet universel ; ce n'est pas l'individu singulier [pris] pour lui-même, mais lui conjointement avec la conscience de la communauté et ce qu'il est pour celle-ci, qui est le tout complet de l'esprit »[2].

1. *Phgie E*, p. 841.
2. *Phgie E*, p. 845.

4. Toutefois, l'universalisation de l'immédiat singulier est encore formelle, extérieure. Le Soi divin vrai existe comme Soi sensible non sensible, non présent ici et maintenant, comme Soi représenté en tant que passé et au loin (dans la Judée de l'époque christique), « il n'est pas posé en une unité avec la nature de la pensée elle-même »[1]. C'est là ce qui constitue la limite de la conscience religieuse chrétienne, qui se *représente* le divin et ne le *conçoit* pas, qui ne l'est pas pour elle en le pratiquant dans une *conscience de soi* effective. Tel est le concept développé de la conscience chrétienne. Ce qu'elle est ainsi en soi doit devenir pour elle-même.

III. *Le sens, pour elle, de la religion manifeste*

L'esprit absolu, présent dans et comme la conscience religieuse de lui-même, est un Soi développé en son contenu. Son affirmation de soi s'est produite phénoménologiquement comme unification de soi réconciliatrice d'un divers qu'il repose en son sens désormais vrai, comme son propre sens, son propre contenu. Contre tout mysticisme religieux ou tout primitivisme d'un retour à la communauté chrétienne des origines, Hegel souligne que « l'esprit absolu est du contenu », que « c'est ainsi qu'il est dans la figure de sa vérité »[2]. Certes, la religion, comme conscience unifiée de l'Un divin, vise l'unité, la simplicité, d'elle-même, alors que tout

1. *Ibid.*
2. *Phgie E*, p. 846.

contenu offre aussi une multiplicité. Mais la visée, la tendance, l'« instinct » de l'unité peut se fourvoyer en confondant le concept (le principe) avec l'origine (le primitif), l'Un vrai, concret, total, avec l'Un abstrait, quasi vide ; l'affirmation de l'intériorité originelle est elle-même pur historisme, par là extrinsécisme de la conscience religieuse, donc, pour celle-ci, négation de soi. Le contenu chrétien est, par conséquent, nécessairement posé dans cette conscience.

Il est posé, lui qui la concrétise, d'une façon elle-même de plus en plus concrète : d'abord il est *pensé*, puis il est *représenté*, enfin il est *conçu*. Plus précisément, il est développé comme *sens* abstrait, purement intérieur, seulement pensable, ensuite comme *sens sensibilisé*, extériorisé, représentable consciemment, avant d'être *sensibilisé comme sens*, ré-intériorisé pratiquement, concept agi s'il n'est pas encore assumé conceptuellement (comme il le sera dans la spéculation). Ces trois niveaux du contenu en lequel se déploie la conscience chrétienne sont présents pour elle, qui est pleinement conscience, selon le mode de la représentation qui est constitutif de celle-ci, et qui lui fait s'ob-jecter son contenu. La représentation – *Vorstellung* –, position [*Stellung*] devant [*vor*] soi, face à soi, de ce qui remplit la conscience, ne désigne, en effet, pas seulement un certain mode d'être (le deuxième) du contenu chrétien présent, mais le mode d'être de la conscience de ce contenu, qui est ainsi appréhendé, même quand il est seulement pensé ou aussi conçu, selon l'extériorité à soi, le face-à-face, de la représentation. La représentation est la *forme générale* persistante de la saisie religieuse d'un contenu qui est pensé et conçu aussi bien que représenté.

Le divin est l'essence, le sens universel fondateur, de l'esprit. Mais l'esprit, qui est vie, n'est pas simplement son identité à soi essentielle : il est différenciation de soi de celle-ci ; d'ailleurs, l'essence elle-même, en tant qu'abstraction, séparation, négation de ce avec quoi elle est identique, est bien déjà différenciation de soi. Or une telle différenciation de soi est pensée par la conscience religieuse sur le mode de la représentation, comme un devenir, un survenir en elle d'un Autre, dans lequel l'esprit essentiel se retrouve quand même. D'où les trois moments du divin essentiel : l'essence elle-même, identique à soi, *en soi* ; l'être-pour-soi de l'essence : elle-même comme *autre* ; l'être-pour-soi *repris* dans l'en-soi. Cette vie de l'essence divine est sa manifestation de soi intérieure, son Verbe : l'esprit est bien parole, son émis, mais parole entendue, son recueilli par celui qui l'émet.

Un tel mouvement intérieur à l'essence divine apparaît bien à la conscience religieuse comme extérieur à elle-même et, dans lui-même, comme extérieur à lui-même : la relation des moments de l'essence est naturalisée, par exemple, dans la relation du Père et du Fils ; c'est ce qui entraînera le rejet, par l'esprit s'émancipant dans la critique du contenu métaphysique trop physique du dogme religieux, aussi du noyau conceptuel vrai de ce contenu. La conscience religieuse lutte cependant contre l'extrinsécisme de la représentation religieuse de l'essence divine en établissant entre les moments de celle-ci la relation de l'amour intra-trinitaire des personnes. C'est justement ce qui limite la spiritualité de la vie divine.

En effet, la réconciliation n'est totale que si l'aliénation est allée au bout d'elle-même, sa négativité étant assez forte pour se tourner contre elle-même. La différenciation de soi de l'esprit divin s'intensifie, pour la conscience chrétienne, comme différenciation d'avec son essence trinitaire pensée, c'est-à-dire comme sa réalisation dans l'extériorité naturelle ou sensible, saisie par la représentation. La représentation religieuse du divin est alors celle de lui-même comme étant, en son être même, de l'ordre du représenté.

Dans cette nouvelle dimension de son contenu, le christianisme saisit les moments de celui-ci comme des êtres *substantiels* différents, qui ont alors dans eux-mêmes leur relation les uns aux autres, sont eux-mêmes – et non pour un tiers – cette relation, donc des sujets s'opposant entre eux.

Le divin sort pour ainsi dire de son essence purement pensante et pensée, s'aliène, s'extériorise, se sensibilise ; il se fait un être-là naturel et mondain (créé), se donne pour élément de son existence le divers réel. Mais l'unité de ce divin doit être extériorisée aussi comme unité, c'est-à-dire comme esprit ou comme Soi. Le Soi réalisé comme singularité est alors pour soi en étant pris dans le monde en lui-même divers, il est conscience dispersée, sensible, du sensible, conscience encore naturelle de la nature, conscience native, naïve, innocente, non pas déjà spirituelle. Or l'esprit ne peut être réel *en tant qu'esprit* que si, immédiatement pris dans le monde, il s'oppose à ce monde pour s'identifier pleinement avec soi, dans une conversion à soi : « son devenir-autre est l'aller-*dans-soi* du savoir en général »[1], la pensée, et la pensée comme pensée de ce qu'elle nie. Une telle pensée est, plus précisément, la pensée de la *différence* de l'identité à soi (pensante) et de la différence (à penser), *différence* qui, elle-même, peut se penser, soit comme soumission de la différence à l'identité, donc victoire de l'identité, soit comme soumission de l'identité à la différence, bref : la pensée de l'opposition du *bien* (l'identité à soi, l'harmonie, triomphante) et du *mal* (le triomphe de la différence d'avec soi, de la discorde). Le Soi réel, mondain, se pense comme le lieu de cette double et antinomique possibilité. Et, pensant religieusement cette pensée de sa réalité, il se représente une telle situation comme survenant en lui de façon extérieure, contingente, dans la chute hors de son innocence paradisiaque.

La différence maintenue de cette opposition dans le Soi qui est allé dans lui-même en sortant de sa naturalité est, en tant que différence, déjà le mal : la conscience se vit religieusement d'abord comme mauvaise dès qu'elle se vit comme spirituelle, comme devant ne pas simplement *être*, mais *se faire*. Or elle ne peut se saisir comme mauvaise qu'en s'opposant une conscience bonne, ayant choisi – et choisir, c'est déjà bien – le bien, la soumission à l'identité avec soi de l'essence spirituelle.

1. *Phgie E*, p. 853.

[*Excursus* : la conscience spirituelle, *pensante*, de l'esprit, comme pensée du mal, fait alors loger, en quelque sorte rétroactivement, ce mal aussi dans l'en-soi de l'esprit divin, en précisant le sens du moment trinitaire du Fils, comme Fils mauvais (Lucifer), puis comme Fils bon (Christ), ou, plus généralement encore, comme Fils originairement bon et Fils devenu bon ou resté mauvais, la diversité représentative étant ordonnée et simplifiée de la sorte en tant que c'est l'être-autre simple pensé qui se différencie et détermine par cette reprise représentative de la pensée religieuse du divin.]

La conscience religieuse a donc pour contenu le combat en elle du bien et du mal, de la conscience bonne et de la conscience mauvaise, qui sont, chacune, une conscience totale, un Soi à chaque fois entièrement défini par sa qualité bonne ou mauvaise. Le Soi réel réalise le sens mauvais, tandis que le sens bon se réalise dans un Soi. La conscience religieuse, dans sa représentation de l'esprit, rapproche le Fils trinitaire de sa réalisation, et anticipe le mal dans l'essence divine sous la forme de la colère, être-hors-de-soi de Dieu. L'esprit bon et l'esprit mauvais sont structurellement rapprochés comme comportant chacun en eux les deux composants de l'esprit : l'essence identique à soi et le Soi différencié. Tels sont les protagonistes de l'opposition du bien et du mal.

Le caractère *total* de l'esprit divin et de l'esprit humain fait qu'ils ne peuvent régler leur opposition qu'en surmontant, *chacun dans lui-même*, cette opposition due à leur unilatéralité respective de Soi subjuguant l'essence ou d'essence subjuguant le Soi.

Le mouvement de négation, par l'esprit, de son unilatéralité, non pas de sa qualité à chaque fois dominante, mais du Soi qualifié, de l'en-soi de son sens dominant, son mouvement en soi, est d'abord le mouvement du Soi où l'en-soi domine, donc du Soi divin, Soi réel faisant de l'essence son principe. Ce Soi christique se nie et va à la mort ; il nie son être singulier et fait se réaliser son universalité, laquelle est là dans son Autre comme esprit ressuscité.

La suppression comme singulière du Soi divin réel signifie sa réalité divine universelle, dans et comme sa communauté qui, maintenant, réalise l'idée d'elle-même jusqu'alors seulement représentée (*dite* être, par le Soi christique, à elle-même). L'esprit divin réel est pratiqué comme tel dans le Soi effectif, comme esprit conscient de soi et non plus seulement représenté. C'est pourquoi l'esprit divin-humain se sait présent dans et comme ce savoir de lui-même humain-divin. Ainsi est advenue la *conscience de soi* de la religion manifeste.

Le contenu représenté ultime de cette religion consiste en ceci, que la réconciliation divine de l'essence et des Soi spirituels est dite être le Soi communautaire qui la dit, lequel, donc, puisqu'elle se dit en lui, ne se représente pas cette réconciliation, mais la fait en la disant, et l'est dans lui-même comme conscience de soi. Seul *est* pleinement, est pleinement *effectif*, le Soi. Le Soi effectif, humain-communautaire, est, parce qu'il le *produit*, la réconciliation de lui-même et de l'essence divine : il ne l'est qu'en niant son être naturel et en se faisant unité spirituelle de cette essence et de lui-même. Telle est la communauté comme réconciliation pratiquée, réelle absolument, de l'esprit divin et de l'esprit humain : « Le mouvement de la communauté en tant qu'elle est la conscience de soi qui se différencie de sa représentation consiste, pour elle, *à produire au jour* ce qui est devenu *en soi*. L'homme divin, ou le Dieu humain, qui est mort, est en soi la conscience de soi universelle ; il a à devenir cela *pour cette conscience de soi* » (p. 637).

Le Soi singulier chrétien doit se libérer de sa concentration en soi naturelle qui le sépare de l'essence divine, c'est-à-dire du mal ; il doit se faire *autre* que cette *altérité* par rapport à l'essence universelle, l'avoir ou la savoir au lieu de l'être, se savoir mauvais. C'est là déjà ne plus être mauvais, mais un tel savoir, qui répète (réfléchit) seulement le premier mal (*savoir* l'être), n'en libère pas vraiment, ou n'est qu'une libération formelle : il faut que je me libère de *mon* savoir de mon mal, savoir qui, comme mien, ressortit encore au mal.

Devenir véritablement autre que ce que je suis naturellement, c'est me nier réellement, comme Soi *singulier*, et non seulement comme Soi singulier *naturel*, à l'instar de la négation christique du Soi restaurant l'essence divine universelle qui s'est niée elle-même en s'incarnant et que le Soi chrétien se représente, et, en actualisant le contenu de la représentation religieuse, réaliser en première personne, comme un Soi, le sens de cette représentation, à savoir que la singularité niée, c'est l'universalité. Le Soi singulier, en imitant le Christ qui s'est fait esprit de la communauté, meurt en sa singularité en se faisant lui-même conscience universelle, c'est-à-dire esprit absolu, divin, cette mort étant une mort spirituelle et non pas seulement naturelle : « La mort, à partir de ce qu'elle signifie immédiatement, du non-être de cet individu singulier-ci, est transfigurée en l'universalité de l'esprit, lequel vit dans sa communauté, en elle chaque jour meurt et ressuscite » (p. 639).

La réalisation communautaire – dans une conscience de soi se vivant comme présence à soi de l'esprit universel dont le Soi singulier n'est plus qu'un moment, non le véritable sujet de cette conscience de soi – de l'unité de l'esprit absolu avec lui-même supprime le sens abstrait pensé (comme l'essence) et représenté (comme le Médiateur particulier) de cet esprit, son universalité ineffective encore affirmée par le Médiateur christique, et son effectivité non universelle (ce Médiateur en son être). La substance, disparue en tant qu'autre que la subjectivité, est présente dans celle-ci qui se vit, dans la communauté, comme le tout transparent à soi de l'esprit. La religion sait ce qu'on savait qu'elle était (fin du chapitre VI) : l'Esprit présent dans les esprits réconciliés, mais avec une inversion de l'accent.

Cependant, le dépassement de la représentation dans la conscience de soi chrétienne est encore opéré dans le milieu spirituel de la représentation, laquelle, comme il a été dit, affecte, et la pensée pure, et la conscience de soi effective de la religion absolue. La conscience de soi chrétienne n'est pas vraiment conscience de soi, elle ne fait que se représenter elle-même ce dépassement qu'elle *est* de la représentation, mais qu'elle n'*a* pas. Ainsi, elle s'objecte ce qu'elle n'a pas, son identité avec l'essence qu'elle pratique et réalise, comme un au-delà (produit par l'essence autre, alors qu'elle-même est en soi cette essence) à venir (tout comme la réconciliation opérée dans l'essence divine est un passé). La communauté a ainsi pour père, comme le Christ, l'en-soi pensant, mais qui est son penser, son faire, et pour mère l'effectivité en tant que sienne pour autant qu'elle est ressentie dans l'amour. Le vrai, la médiation avec soi, la réconciliation, c'est ineffectif ou une effectivité idéale, non effective, tandis que l'effectif est un monde non encore vrai.

La conscience de soi (religieuse) de l'esprit et sa conscience (effective) sont encore séparées réellement, même si la première les dit réunies. La fin du chapitre VII et la fin du chapitre VI ne se sont pas encore cimentées en la clef de voûte absolue de l'esprit, à savoir dans et comme le savoir absolu, lequel va clore l'édifice encyclopédique de l'être dans l'ultime chapitre de la *Phénoménologie de l'esprit*.

## CHAPITRE VI

## STATUT ET DESTIN DE LA RELIGION
## DANS LA *PHÉNOMÉNOLOGIE DE L'ESPRIT*

### I

Il ne saurait s'agir ici de développer une nouvelle théorie du sens général de la religion comme moment de cette élévation justifiée de la conscience au savoir absolu qu'a voulu être la *Phénoménologie de l'esprit*. Le commentaire hégélianisant est, en particulier sur ce point, d'une grande richesse, et il me semble bien difficile de le révolutionner. Je voudrais simplement proposer quelques interrogations sur la signification du passage final de la religion au savoir absolu, que Hegel exprime comme un passage nécessaire, et d'une nécessité apparemment, elle aussi, elle encore, à la cime du parcours phénoménologique, immanente et dialectique, c'est-à-dire exigée par une contradiction interne de l'avant-dernière étape, religieuse, de ce parcours. La conscience religieuse achevée dans la foi pratiquée par la communauté chrétienne, participation à la victoire absolue remportée sur la mort absolue du Calvaire, serait, alors que cette conscience est dite avoir accompli « son tournant ultime » [1], encore elle-même en proie à une dernière négativité. Elle serait en effet le brisement de son *contenu* : la réconciliation de Dieu et de l'homme, de la substance et du Soi, et de sa *forme* : l'appréhension d'une telle réconciliation comme séparée de son appréhension. Cette forme proprement religieuse, alors finie, contredirait bien son contenu infini, absolument vrai, et devrait par conséquent, puisque la conscience en quête de vérité refuse d'être contradictoire, être elle-même surmontée dans la conversion au savoir absolu comme savoir de soi de l'absolu. Assurément, dans des textes ultérieurs, Hegel tendra à souligner, entre la religion chrétienne et la philosophie spéculative, l'identité de leur contenu plutôt que la différence de leur forme. Il reconnaîtra que la piété naïve de la communauté religieuse vraie est satisfaite et réconciliée dans *son* accueil même de la vérité. Au point qu'on peut désigner la sphère entière de l'esprit absolu, qui comprend la religion entre l'art et la philosophie, par le terme même de religion, et faire s'achever toute la philosophie dans et comme la philosophie de la religion, la dernière des sciences philosophiques. Une telle accentuation n'autorisera certes pas, sans plus, à parler d'une rétractation de Hegel quant à la portée de la conversion spéculative – et, au demeurant, je m'en tiendrai présentement à l'examen du thème tel qu'il est traité dans la *Phénoménologie de l'esprit*. Mais elle pourrait contribuer à faire se fixer la réflexion sur le

---

1. *Phgie E*, p. 868.

sens d'une affirmation hégélienne d'un dépassement dialectique de la religion dans le savoir absolu, justification ultime de l'élaboration de la science spéculative et, au sein de celle-ci, d'une introduction phénoménologique scientifique à elle-même.

La mise en question du caractère dialectique du passage de la religion au savoir absolu, et, donc, de l'être contradictoire de la première, imposant, à travers son auto-négation (ce qui est contradictoire, par soi-même, n'est pas), directement l'auto-affirmation du second en son sens, semble possible. Elle s'appuie, entre autres étais, sur le constat du surgissement indirect, du retard effectif, d'une telle auto-affirmation, alors déterminée, du savoir absolu, qui ne survient, en effet, qu'environ à mi-parcours du développement consacré à celui-ci (dans le 11e des 21 paragraphes du chapitre VIII). Tandis que, dans tous les passages antérieurs, la synthèse du nouveau concept positif du vrai pour la conscience s'opère rapidement dans la retotalisation plus concrète des matériaux disjoints de la figure conscientielle précédente, le concept du savoir absolu doit construire lui-même laborieusement sa propre existence, – illustration privilégiée, en l'intensification qu'elle en opère, de la distance rationnelle entre le moment dialectique de l'auto-négation du négatif et le moment spéculatif de l'auto-position du positif. Le concept du savoir absolu se construit, en effet, en mobilisant un passé phénoménologique beaucoup plus vaste que son passé religieux immédiat, voire un passé plus vaste que son passé phénoménologique jusque là explicité – par exemple l'histoire de la philosophie, même sans noms –, et, au surplus, moyennant une « incursion », dans le contenu phénoménologique, du phénoménologue s'auto-posant alors lui-même, pour en boucler le mouvement, dans ce contenu. Il est vrai que, parvenu au seuil de l'actualité d'une telle incursion, le mouvement du contenu phéno-ménologique pourrait sembler ne pas être vraiment rompu par un avenir si imminent, quasi immanent, de lui-même. Mais il est non moins vrai, en bon hégélianisme, que c'est quand on est le plus près du vrai qu'on peut en rester le plus longtemps éloigné, l'identification suprême ayant à vaincre la plus grande différence, et que, par conséquent, le parcours remémoré spéculativement de la conscience dite se diriger vers le savoir absolu n'est, à son propre niveau, lorsque s'accomplit la religion, lié que téléologiquement avec sa fin dite prochaine, dans le rabaissement terminal de la vertu motrice du dialectique. Du moins parait-il bien en aller ainsi.

La présente réponse à la question du sort de la religion dans la *Phénoménologie de l'esprit* s'arti-culera fort simplement dans les deux temps suivants : d'abord l'analyse de la justification du *statut*, qui est le sien dans sa genèse phénoménologique, de moment totalisant fondateur de lui-même et de toute la conscience, puis l'examen du *destin* assigné à un tel moment dans le passage de lui-même au tout supra-conscientiel de la conscience qui se dit dans et comme le savoir absolu.

Rappelons, pour commencer, que le parcours phénoménologique est l'auto-reconstruction justifiante du savoir absolu accompli comme tel, proprement dit, vérité qui, en son contenu total, s'est donné *sa* certitude, adéquate à lui par sa médiation avec soi, à partir de sa présence originelle dans la certitude immédiate, sensible, à laquelle est donnée *sa* vérité, exprimée dans le contenu vide et lâche, alors toujours vérifié, du simple « être », du simple « c'est ». C'est sur le fond permanent, seulement à concrétiser, d'un tel savoir absolu, et de son identité à soi, érigée philosophiquement en principe suprême du vrai, que sont actualisées et mesurées toutes les synthèses, par le savoir tendant ainsi à se satisfaire, du contenu déterminé, différencié ou divers d'abord entièrement extérieur à lui en sa provenance naturelle. Ces synthèses ou totalisations, dont la distinction repose sur leur degré de puissance totalisante, donc sur leur degré d'être, s'exigent les unes les autres, les plus totalisantes n'étant ce qu'elles sont que par les moins totalisantes qu'elles circonscrivent, limitent ou nient, mais dont elles font aussi être le moindre être par leur identité plus forte. Cette nécessité de chacune dans le tout de la conscience la rend constitutive de celui-ci et donc toujours présente et agissante plus ou moins en lui, l'esprit conjoignant ainsi ses déterminations alors que la nature disperse les siennes. C'est ce qui fait que la conscience, d'abord, peut toujours être assurée en elle-même, y compris dans ses moments les plus fragiles ontologiquement parlant, et que, ensuite, elle peut toujours vivre et penser – dans sa réflexion abstrayante, notamment philosophante, sur elle-même – chacun d'eux comme son fondement (sensualisme, perceptionnisme, intellectualisme, hédonisme, moralisme, libéralisme, étatisme, etc.). Mais il est clair aussi que l'assurance absolue de la conscience repose sur son assomption de la totalisation vraie, rationnellement hiérarchisante, de toutes ses totalisations ou synthèses, que s'emploie à restituer la *Phénoménologie de l'esprit*. Et elle le fait scientifiquement, dans un discours nécessaire convainquant le lecteur qu'elle veut faire s'élever jusqu'au savoir absolu, totalité achevée des moments de la conscience, en justifiant à chaque fois la position du moment plus concret ou totalisant par la contradiction du moment plus abstrait – tout qui n'est pas un tout –, dont l'auto-négation exige bien, puisqu'il y a de l'être, ne serait-ce que celui d'un tel non-être, que ce qui est et peut faire être ce non-être, c'est le moment plus concret qui le nie. C'est bien ainsi, par l'exploitation spéculative de la dynamique dialectique ou de la force motrice de la contradiction, qu'est justifiée, dans le processus phénoménologique, la position du moment éminemment totalisant de la religion.

La conscience, en sa pleine positivité, est conscience religieuse, c'est-à-dire conscience saisissant tout ce qui a sens et être pour elle, y compris elle-même, comme posé par un Un se posant lui-même tel en posant tout le reste, en quoi il s'impose à elle – au moment même où, s'achevant idéalement avec un tel sens (la belle âme trônant fantastiquement sur le monde), elle doit, pour être, se fonder dans et sur lui – comme l'esprit absolument tel. Mais, avant d'être introduite dans le cours de la phénoménologie de l'esprit avec sa pleine justification à l'instant évoquée – l'auto-négation complète, en tout son développement unifiant, de la conscience comme telle toujours en proie, en sa finitude vécue, au divers sensible, au mondain –, la religion, conscience déjà supra-conscientielle par l'irruption en elle du contenu, pour elle si nouveau, de l'Un absolument spirituel, de l'esprit absolu, s'y présuppose déjà. Elle s'y anticipe, elle y apparaît, avec un sens humain, trop humain, que la conscience, qui n'existe pas alors en tant que proprement, fondamentalement, religieuse, peut produire d'elle-même, simplement comme négatif de son contenu fini, même déjà spirituel, mais toujours empêtré dans le sensible ou le divers subi, en son développement poursuivi. Hegel recense ainsi, au début du chapitre VII, les diverses occurrences non proprement religieuses du religieux dans le déploiement mondain, strictement conscientiel, de la conscience.

La position progressive d'un divin dans et par l'humain, la projection anthropologique croissante d'un théologique, fait ainsi d'abord affirmer, par la *conscience* intellectuelle soucieuse de comprendre le divers mondain, un universel suprasensible ou supra-phénoménal qui fonde celui-ci, mais sans rien avoir encore d'un Soi ou d'un esprit. Puis l'intériorisation de la relation de l'universel au sensible dans la *conscience de soi* affirmant immédiatement, par là abstraitement, donc irréellement, son identité salvifique dans la différence d'avec elle-même, lui fait opposer à son malheur réel un Soi immuable divin idéal, dont on ne peut cependant pas comprendre pourquoi et comment, de par lui-même, il lierait divinement et réellement, par conséquent absolument, avec lui la conscience malheureuse, alors sauvée, du Soi réel. Celui-ci, qui se fortifie d'abord de façon mondaine en lui-même dans la maîtrise, par la raison – cimentant le Soi et la réalité – de la nature, de sa nature, libère sa force en faisant d'elle, dans l'existence communautaire des Soi, la force toute-puissante de cet Un qu'est l'*esprit*. Celui-ci, en sa dynamique éthique, antique, s'affirme ainsi participer à l'universel suprasensible à travers le culte du Soi humain décédé, singularité sublimée, même si cette participation ne fait que les rapprocher sans les réunir ce Soi qui reste singulier et un universel destinal (fatal) qui, dans lui-même, a fort peu d'un Soi. L'esprit moderne compense ensuite idéalement dans la foi la réunion culturelle encore imparfaite de l'universel fermé sur soi de l'État et de la singularité ouverte à l'autre de la vie familiale-sociale, mais le suprasensible purement pensé de la foi est dissous par le Soi pensant des Lumières. Cependant, l'impuissance réelle-politique, vérifiée dans la Révolution française, d'un tel Soi néanmoins sûr de la toute-puissance de la pensée, fait se réaliser celle-ci dans l'intériorité de la liberté morale qui s'affirme d'abord catégoriquement, dans le kantisme, par la postulation d'un contenu divin rationnel, puis, dans le for intérieur (*Gewissen*) romantiquement exalté, s'absolutise elle-même en son humanité comme le principe divin de toute l'idéalité et de toute l'effectivité réunies. – Le processus pré-religieux de la position anthropologique d'une unité fondatrice spirituelle divine s'achève de la sorte, en devenant alors irréligieux, par l'auto-attribution à son auteur, l'homme qui en nourrit le développement, de cette unité, alors originairement humaine, en cela proprement non-religieuse, de l'homme ainsi absolutisé et d'un divin en fait nié.

Or nous voici précisément parvenus au grand tournant de la phénoménologie de l'*esprit* qu'est le renversement, alors pleinement justifié, de l'appré-hension de soi anté-religieuse se montrant *in fine* anti-religieuse de cet esprit, en son appréhension de soi religieuse. Celle-ci, certes, justifiée comme fondatrice de toute affirmation d'être dans et par cet esprit, n'attend pas pour exister d'être ainsi justifiée, si elle peut sembler renforcée par une telle justification – il est vrai à quelqu'un qui est peut être déjà sorti de l'auto-fondation religieuse de l'existence parce qu'il n'a pas d'abord totalement assumé son entrée en elle. Mais, avant d'entrer nous-mêmes par la pensée, à la suite du phénoménologue, dans la fondation religieuse de l'existence qui, comme fondation absolue, doit d'abord être fondation d'elle-même, et, en survolant son développement, d'examiner si son absoluité est démentie ou non par un être contradictoire d'elle-même exigeant qu'elle soit dialectiquement dépassée par le savoir absolu, qui procède bien, entre autres prestations, à sa justification phénoménologique, il convient de s'attarder sur la justification phénoménologique particulière de son auto-position originaire affirmée.

Son présent est, pour Hegel, celui d'une conjonction remarquable. Elle s'opère entre, d'une part, le surgissement de la figure de l'esprit assumant toute son humanité dans une auto-négation d'elle-même qui vaut justification de l'assomption religieuse de cet esprit comme esprit divin ou absolu, et, d'autre part, le surgissement du savoir absolu dans et par lequel se dit une telle justification. Cette rencontre actuelle inouïe est la conversion de la folie humaine de la belle âme, ivre de sa puissance spirituelle, qui accomplit le for intérieur condensant pourtant – ainsi que la *Phénoménologie de l'esprit* a voulu le montrer rigoureusement –, après la systématisation morale kantienne, tout le développement réel et idéal de l'humanité, c'est-à-dire la raison ou la « sagesse du monde », en la sagesse divine dont la raison achevée spéculativement dans le savoir absolu se dit l'actualisation, comme lecture de soi de la religion manifestant tout son sens dans son couronnement chrétien. Assurément, tout grand penseur, en se pensant lui-même – ce qui constitue bien, au fond, à ses yeux, l'autorisation de son écriture – comme un tournant de la pensée, a pensé *son* monde comme étant lui-même un tournant de l'histoire humaine. Mais Hegel, et c'est ce qui le distingue entre tous, l'a fait, d'abord dans la *Phénoménologie de l'esprit*, en faisant se concentrer dans et comme ce tournant, suivant une pleine nécessité, la totalisation progressive détaillée du contenu concret de la conscience purement humaine et le renversement décisif lui-même total de cette totalisation, libérateur de ladite conscience pour une vie absolue d'elle-même. On ne s'étonnera plus de ce que la figure de la belle âme soit promue à une telle importance par Hegel, car, bien loin d'être à ses yeux une simple contingence déraisonnable du devenir universel de la conscience, elle est, pour lui, ce en quoi vient se ponctualiser essentiellement tout ce devenir culminant dans la concrétisation de la raison morale kantienne. Et l'on comprendra du même coup que l'auto-négation montrée de la belle âme en tant que nihilisme consommé de tout ce qui, donc, a être et sens humain, trop humain, laisse place à l'auto-position, alors entièrement justifiée, à travers elle, de la figure concrète et positive ultime de l'esprit – la religion –, elle-même déjà parvenue à son absoluité, mais alors aussi absolutisée par sa diction elle-même absolue dans le savoir absolu phénoménologiquement établi.

Si l'on peut contester – mais encore faudrait-il le faire en l'égalant dans sa puissante auto-démonstration – l'idée hégélienne que tout le sens du devenir humain se condense dans la figure de la belle âme, on ne peut contester que c'est bien là l'idée de Hegel. A ses yeux, le contenu total précédemment examiné de la conscience – variation nécessaire de la synthèse sans cesse poursuivie du Soi subjectif et de l'universalité objective elle-même scindée, et ce exemplairement dans l'analyse kantienne de l'esprit, en universalité idéale de la vérité, pratique, du devoir, et en universalité réelle, théoriquement comprise, de l'être naturel – s'unifie bien dans le for intérieur immédiatement certain de son Soi comme de la vérité absolue et de l'être effectif. La seule objectivité que ce for intérieur accueille encore, comme figure de la conscience en tant que telle objectivante, est celle de l'autre Lui-même, de l'autre for intérieur, leur relation étant alors celle, transparente à soi en eux, du consensus langagier, de ce langage qui est l'intériorité extériorisée comme telle. Cependant, si l'unification langagière ainsi absolue peut bien se consacrer, pour le for intérieur devenant alors une belle âme, dans une religion purement immanente – l'ultime religion purement humaine, pré-religieuse en son sens – du culte de la parole, ce verbe humain divinisé ne dit par lui-même plus rien d'autre que lui, et la conscience de la belle âme semble alors devoir se résoudre et se dissoudre dans un tel vide intérieur d'elle-même. Son être néanmoins maintenu ne peut s'accrocher qu'à l'altérité réalisante qui fait de la relation langagière une interaction des Soi parlants, car l'action, toujours, extériorise, sépare, divise. Or l'absolutisation de chaque belle âme qui, ainsi, à la fois, agit – se singularise – et dit – universalise – l'agir, lui impose, pour rester identique à soi, de choisir, soit la réduction de l'agir au dire qui, essentiellement, le juge, soit la réduction à l'agir d'un dire qui ne fait, accessoirement, que le justifier. Mais l'unilatéralisme de la conscience jugeante et de la conscience agissante assujettit alors chacune d'elles, puisque la conscience totale réelle réunit les deux moments, à un lien intime avec l'autre dans leur couple ainsi contradictoire, par conséquent auto-destructeur. C'est là l'effondrement en lui-même de tout l'esprit effectif, mondain, fini, et, à travers lui, de toutes les formes pré-religieuses, anthropologiques, de la religion.

Parce qu'il y a pourtant de l'être, et qu'il ne peut vraiment être qu'esprit, l'auto-négation de celui-ci comme esprit mondain, dont l'unité purement immanente à sa diversité présupposée pâtit de cette dernière, doit nécessairement recevoir un sens positif, c'est-à-dire être telle qu'elle laisse place, comme à ce qui fait être cet esprit mondain en dépit de sa finitude, à l'auto-position d'un Un spirituel en lui-même absolu. Dès lors, l'opposition à soi de la conscience humaine absolue en deux consciences dont l'unité essentielle nie l'existence unilatérale requiert de toutes deux qu'elles se pardonnent l'une à l'autre leur mutilation antagonique confessée de l'esprit, en reconnaissant en elles la même unité cachée du Soi et de l'universel, et qu'elles renoncent du coup à leur effectivité illusoirement absolutisée où s'est récapitulée l'existence mondaine de l'esprit. Ce renoncement à soi, qui unifie en sa réciprocité, l'esprit effectif affirmant par là son unité idéale, est la médiation phénoménale, s'annulant comme telle, de l'être vrai de l'auto-position réelle de l'Un spirituel infini et absolu, divin, qui pose de façon originaire ou transcendante le monde des esprits communiquant et communiant substantiellement avec lui dans l'élément transparent du savoir. Tel est le parvis spéculativement énoncé de l'entrée dans la religion proprement dite : « Le *oui* réconciliateur, dans lequel les deux Moi se

départissent de leur *être-là* opposé, est l'*être-là* du
*Moi* étendu jusqu'à la dualité, qui, dans celle-ci, reste
égal à lui-même, et, dans sa parfaite aliénation et son
parfait contraire, a la certitude de lui-même ; – il est le
Dieu apparaissant qui se trouve au milieu d'eux, eux
qui se savent comme le pur savoir » [1]. Alors, l'auto-
fondation religieuse du divin fondant tout le contenu
de la conscience réelle, depuis son affirmation universelle originaire : « c'est », dont l'absoluité n'a
pu être déterminée phénoménologiquement que par
elle, s'impose comme l'absolu pour toute conscience.
La conscience religieuse est la conscience de soi, se
fondant elle-même, du divin fondant toute conscience
humaine de lui-même, notamment la conscience non
proprement religieuse, pré-religieuse, irréligieuse,
de la religion ; en d'autres termes, le théologique se
fonde bien comme fondement de l'anthropologique.

Cette auto-fondation phénoménologique de la
religion se garantit d'abord, pour Hegel, en tant
qu'actualisation suprême de la procédure dialectique générale qui fait fonder par l'auto-négation
du fondé – dont l'être irrécusable en raison de
son universalité (il s'agit en effet de l'*être* su) est
cependant, en raison de son indétermination même
qui le renverse en son Autre, à fonder – la position
de son fondement ; une telle fondation, qui supprime
de la sorte l'unilatéralité de sa progression dans
l'inversion de son sens en une régression, identifie
dans et à lui-même son mouvement ainsi fixé dans et
comme le repos de l'absolu. – En second lieu, elle

1. *Phgie E*, p. 757.

confirme cette forme absolutisante d'elle-même dans son contenu, puisqu'elle fait reposer, comme ultime figure, récapitulative, de la conscience pré-religieuse, l'*unification* des esprits humains, finis, sur ce contenu de la conscience religieuse qu'est l'*Un* de l'esprit divin ou absolu. Le fond parménidien du hégélianisme, qui assure la rationalité du devenir dont son héraclitéisme remplit l'être, ne peut que lui faire fonder l'unification sur l'unité ou sur l'Un. En ce sens, Hegel achève bien l'idéalisme inauguré par un kantisme qui n'est pas du tout simplement une philosophie de la synthèse ou de l'unification, mais bien plutôt une philosophie de l'unité – principe ou norme – de la synthèse. L'unification, qui présuppose la différence à unifier, c'est-à-dire, plus radicalement, la différence de l'Un ou de l'identité et de la différence, est, par elle-même, du côté du non-être. Elle n'a bien d'être que par l'identité à soi ou l'Un, qui *se* différencie – par là reste soi-même, identique à soi, dans cette différenciation présupposée par l'identification ou unification des différents ainsi posés par lui. Voilà pourquoi l'être vrai de la réconciliation finale, dans leur renoncement à soi, des belles âmes où s'achève l'esprit *stricto sensu* et, à travers lui, toute la conscience pré-religieuse, est l'Un divin se présentant dans la conscience de soi religieuse de l'esprit, *lato sensu*, qu'est l'absolu. La relation spirituelle *des* esprits effectifs, qui ne sont pas encore pleinement des *esprits* parce qu'ils ne sont pas *l'*esprit, se signifie bien, en son auto-négation finale, comme n'ayant d'être, même en tant que telle, que comme posée par l'esprit religieusement conscient de soi, seul à être par lui-même.

Ainsi garantie, et par sa forme, et par son contenu, dans son absoluité, l'auto-fondation divine de la conscience religieuse ne peut que s'imposer aussi à la conscience qui tient le discours phénoménologique en tant qu'elle est en soi identifiée avec la conscience religieuse naissante en son sens, dont elle parle, et dont elle va bientôt dire, en bouclant ce discours, qu'elle lui est identique, à l'expression conceptuelle près. C'est pourquoi la fondation phénoménologique de la conscience pré-religieuse, simplement humaine, de Dieu, conscience proprement dite de celui-ci comme d'un Autre, « conscience de l'essence absolue […] du point de vue de la conscience »[1], sur la conscience religieuse de Dieu, d'abord divine, conscience de soi de lui, présence de « l'essence absolue en et pour elle-même »[2] ou, en d'autres termes, la fondation de la conscience relative de l'absolu sur sa conscience elle-même absolue, fondation par là absolue de la religion, ne saurait être relativisée dans une réabsorption anthropologique du théologique par une réflexion philosophique retombant de sa concrétion spéculative dans les facilités de l'abstraction. Une semblable réflexion pourrait, en effet, rabaisser la conscience absolue, d'abord théologique, de l'absolu, à sa conscience relative, purement anthropologique, en considérant que celle-là, comme conscience, en tant que telle séparée de son contenu objecté à elle, ne pourrait être la présence à soi en elle de l'essence absolue. Or ce serait là oublier que, pour Hegel, la

1. *Phgie E*, p. 759.
2. *Ibid.*

manifestation conscientielle de la présence à soi constitutive de l'esprit – lequel est et n'est que, toujours, manifestation de soi – est, par essence, son être présent lui-même. C'est à l'intérieur de cet être maintenu présent que se différencient, d'un côté, le sens de l'esprit comme moment du sens qu'est sa relation à cet autre moment de celui-ci où se dit la conscience, et, de l'autre côté, le sens de l'esprit saisi en lui-même. Le sens relatif et le sens absolu de l'esprit se différencient ou déterminent comme des moments du sens total, de plus en plus transparent à lui-même dans lui-même, dont l'articulation la mieux pensée se systématisera conceptuellement dans l'*Encyclopédie des sciences philosophiques*; stricte composition de soi à partir de son auto-position absolument simple, où être et penser ne peuvent donc se disjoindre, le sens, présence à soi de l'être qui est esprit, se totalise, sur le fond conservé de cette non-disjonction, dans le langage lui-même pénétré par le concept. L'Introduction de la *Phénoménologie de l'esprit* souligne bien d'emblée – thème hégélien capital – que l'absolu est toujours auprès de nous, et le parcours phénoménologique de notre conscience se fonde bien sur sa révélation en elle comme fondement absolu, essentiellement religieux, d'elle-même.

Cependant, si l'auto-fondation religieuse ainsi à tous égards absolue de la conscience constitue bien l'être vrai de la religion, celle-ci *est* ce sens d'elle-même sans d'abord l'*avoir*, avoir qui n'est le fait encore que de la conscience phénoménologique, certes identique *en soi* à la conscience religieuse en vertu de leur commune absoluité, mais de telle façon que cet en-soi n'est aussi pour soi que dans celle-là, non pas dans celle-ci. Dans l'importante Introduction du chapitre VII, Hegel donne la raison de cette limitation de la religion en général, dans son simple concept dialectiquement, c'est-à-dire négativement, établi, une raison qui va exiger l'accomplissement dans la religion même, par une auto-position progressive d'elle-même, de son statut de fondement absolu de la conscience. Voici cette raison. L'être-là mondain, naturel puis spiritualisé, ne s'est révélé pouvoir être, en dépit de son non-être propre, qu'autant qu'était l'Un divin de l'esprit, mais l'être-là mondain propre à cet Un et destiné à fonder et sauver à travers lui tout l'être-là, ne peut, lui qui est de sens universel en sa réalité subjuguée par là simplement symbolique, s'identifier immédiatement à l'être-là effectif du monde qui persiste ainsi comme tel librement en sa finitude. L'être-là dans lequel se pose le divin se rendant mondain n'est pas l'être-là du monde voué à se nier en lui pour y être en quelque sorte divinisé. La conscience de soi religieuse, déjà divine, de l'esprit, et sa conscience, encore humaine, de son monde, coexistent donc en lui. « En tant, donc, que, dans la religion, la détermination de la conscience proprement dite de l'esprit n'a pas la forme du libre être-autre, l'être-là de cet esprit est différencié de sa conscience de soi et son effectivité proprement dite tombe en dehors de la religion »[1], ou, en des termes voisins : « la conscience de soi et la conscience

1. *Phgie E*, p. 762.

proprement dite, la religion et l'esprit dans son monde ou l'être-là de l'esprit, sont différenciés »[1]. A ce niveau de l'existence relative de la conscience de soi religieuse, pourtant par essence absolument fondatrice, sa puissance fondatrice n'est pas présente pour la conscience déjà religieuse, certes, mais encore *aussi*, encore *seulement* aussi éthico-politique, esprit *stricto sensu* ou effectif : « Il y a bien un unique esprit des deux, mais sa conscience n'embrasse pas les deux en même temps, et la religion apparaît comme une partie de l'être-là ainsi que des faits et gestes, dont l'autre partie est la vie de l'esprit dans son monde effectif »[2]. Une telle contradiction de l'existence pour soi seulement relative de la conscience de soi de l'absolu comme telle en soi elle-même absolue ne peut pas ne pas être niée ou résolue dans la position pour soi de cette conscience comme absolue par l'intégration à elle de l'esprit en son être-là effectif.

La *Phénoménologie de l'esprit* établit de façon particulièrement nette et massive l'existence absolue de la conscience, religieuse, de l'absolu, en tant qu'inconditionnellement requise par son statut de totalisation fondatrice de l'ensemble du déploiement pré-religieux de la conscience. La « totalité rassemblée »[3], seulement rassemblée, dans, par et comme le moment de l'esprit effectif, éthico-politique, des moments antérieurement examinés de la conscience, de la conscience de soi et de la raison,

---

1. *Phgie E*, p. 763.
2. *Ibid.*, p. 762.
3. *Ibid.*, p. 763.

avec lui-même – tous moments constituant l'esprit, au sens large du terme, dans sa conscience, où il se saisit comme étant face à lui-même, autre que lui-même – n'est que comme portée structurellement par l'unité compacte, en cela solide, de la « totalité simple »[1] de la religion. Mais les moments particuliers, parallèles les uns aux autres, de l'esprit effectif, substantiel, dont ils peuvent être dits les « attributs »[2], sont tous présentés aussi, chacun à l'intérieur de lui-même, comme se développant successivement, temporellement, réellement, en des figures singulières se correspondant d'un attribut à l'autre (de telles figures sont, par exemple, dans le moment ou attribut qu'est l'esprit comme conscience, la certitude sensible, puis la perception, enfin l'entendement). L'unité totale religieuse de ces attributs devenus les « prédicats »[3] du sujet divin qu'elle est doit alors, elle aussi, puisqu'elle les fonde, se développer réellement, et ce dans un développement qui, fondant en conséquence le développement de l'esprit effectif, « puise », dégage et fixe à chaque fois, dans celui-ci, les figures successives de lui-même qui correspondent aux figures désignant les degrés de la progression interne à l'esprit religieux : « La figure déterminée de la religion puise, pour son esprit effectif, dans les figures de chacun des moments de cet esprit, celle qui lui correspond »[4]. Un tel devenir réel de la

---

1. *Phgie E*, p. 764.
2. *Ibid.*, p. 767.
3. *Ibid.*
4. *Ibid.*, p. 766.

religion ainsi absolument fondateur de tout le devenir de la conscience est donc exigé dialectiquement par l'advenir (phénoméno)logique de celle-là, et il est destiné à faire surmonter la contradiction entre l'être-là mondain de la conscience religieuse en tant que *conscience* et l'être-là divin d'elle-même en tant que *religieuse*, c'est-à-dire en tant que *conscience de soi*, et non plus seulement *conscience*, de l'esprit absolument tel.

C'est donc le sens absolu de l'auto-fondation omni-fondatrice de la religion dans la conscience humaine qui s'accomplit dans le développement proprement religieux de celle-ci. Ce sens de la religion se réalise lorsque la figure mondaine de l'esprit religieux ou divin – puisque la religion est l'unité divine du divin et de l'humain – identifie l'un à l'autre en elle l'esprit absolu, toujours un en sa différenciation, et le monde effectif, encore différent en son unification. Cela, elle le fait en tant que présence du Dieu fait homme dans la communauté des esprits humains en lesquels le monde entier, en son effectivité la plus mondaine, la plus égale à elle-même, la plus libre, vient se récapituler en sa vérité. Ni la figure purement naturelle, sans trace de spiritualité, du divin, dans la première religion ainsi dite « religion naturelle », ni la figure naturelle niée, travaillée, par l'esprit, le Soi proprement humain, dans la « religion de l'art », ou encore : ni la figure naturelle de l'absolu sans esprit, ni la figure artistique de l'esprit sans absoluité, ne sont adéquates à l'esprit absolu. Une telle adéquation n'advient que dans la figure de l'esprit absolument esprit uni à la nature absolument nature, de l'esprit incarné du Dieu-homme pleinement réalisé en son identité à soi dans la différence intérieure à la communauté christique-chrétienne, donc du Dieu qui se manifeste ainsi lui-même comme religion et manifeste du même coup à la religion, alors devenue « religion manifeste », sa divinité ou absoluité. Bref, la fondation encore dialectique de la religion réalisée en son absoluité au terme de son développement temporel accomplit la fondation déjà dialectique de l'advenir essentiel de son concept ou de son sens comme auto-fondation religieuse de toute conscience.

Or c'est au moment même où s'achève de la sorte la dialectique avérée de l'auto-fondation elle-même fondée du fondement religieux de la conscience que Hegel, sans grand procès semble-t-il, renverse l'absoluité pourtant solidement réfléchie en elle-même de la religion. Pourquoi et comment ?

## II

La substantielle Introduction du chapitre VII, qui présente la dialectique générale de la religion, anticipe en quelques lignes le renversement de l'esprit absolu religieux, proprement chrétien, en l'esprit absolu spéculant, proprement hégélien : « Bien qu'il [l'esprit religieux] parvienne en elle [la religion manifeste] à sa *figure* vraie, la *figure* elle-même précisément, ainsi que la *représentation*, sont le côté non surmonté à partir duquel il lui faut passer dans le *concept* pour dissoudre totalement en celui-ci la forme de l'ob-jectivité [*Gegenständlichkeit*], en celui-ci qui inclut en lui-même tout aussi bien ce contraire qui est sien »[1]. Le sens ou l'essence du passage de la religion au savoir absolu est ainsi déterminé ici comme passage de la figure – dans laquelle le contenu signifiant est étalé, spatialisé en une extériorité à soi qui est, comme telle, aussi extérieure à et pour l'intériorité à soi de la conscience, donc présente à celle-ci comme lui faisant face, ob-jectée, représentée (la représentation, *Vorstellung*, est bien position : *Stellung*, en face de : *vor*, soi) – au concept, lequel intériorise son contenu dans soi-même, comme réseau transparent à soi des rapports entre ses éléments, et à lui-même qui le conçoit. Et l'existence d'un tel passage est justifiée alors, en sa nécessité affirmée, par une considération finale, téléologique. Sa fin est précisément la résolution du contenu représenté en un contenu conçu, au motif que l'existence conceptuelle du sens est plus totalisante, et par là plus réelle et plus vraie, que son existence représentée. Et il est vrai que l'extériorité de la représentation a l'intériorité conceptuelle à l'extérieur d'elle, comme la limitant, tandis que l'intériorité du concept a l'extériorité caractéristique de la représentation à l'intérieur d'elle, comme comprise par elle, car, si l'intériorité ou l'identité à soi, seule à être par elle-même, peut s'extérioriser ou se différencier, la différence ou extériorité, non originaire, ne peut par elle-même s'intérioriser ou s'identifier. La raison d'être de la fin justifie, de la sorte, la nécessité du dépassement de la

1. *Phgie E*, p. 769.

religion dans le savoir absolu par la complétude plus grande de l'esprit dans celui-ci que dans celle-là.

Or, à la fin du chapitre VII, l'*incomplétude* de la religion accomplie qu'est le christianisme – incomplétude telle seulement par sa différence d'avec autre chose, sa fin – est précisée comme consistant dans une différence d'elle-même avec elle-même, à savoir dans une « scission »[1] interne, une *contradiction*. Un tel caractère insère alors la religion dans un processus qui n'est plus simplement téléologique, comme tel suspendu à la position contingente d'une fin, et par là lui-même contingent – ce que, au demeurant, n'est jamais le processus proprement hégélien, même quand il traite de la téléologie –, mais véritablement dialectique et, de ce fait, nécessaire, puisque l'être contradictoire qui, en tant que contradictoire, n'est pas par soi, n'est que si est ce qui le contredit ou le nie, alors nécessairement à poser. La scission affectant la conscience religieuse achevée dans le christianisme consiste en ce que son contenu, « le contenu vrai »[2], à savoir l'unité spirituelle totale du Soi, singulier, et de l'essence, universelle, n'est pas dans sa « forme vraie »[3], puisqu'il est présent dans la forme, niant la présence, de la représentation, absence de l'objet au sujet. La conscience religieuse, qui, comme conscience de soi pratique, pratiquée, de l'unité absolue du Soi humain et de l'essence divine, est en soi son contenu, a conscience, théoriquement, de cette unité, véritable

1. *Phgie E*, p. 845, 868.
2. *Ibid.*, p. 845.
3. *Ibid.*

*causa sui*, comme n'étant pas, en elle, par soi, mais par une cause autre ou étrangère, ce moment divin d'une telle unité religieuse à nouveau aliéné par rapport à celle-ci, dont il peut produire l'accomplissement dans un au-delà du présent. La réalité religieusement assurée de la réconciliation spirituelle totale est celle d'un au-delà, d'un à-venir, qui s'anticipe dans l'idéalité de l'amour réunissant, mais ainsi seulement idéalement, non réellement, le moment divin et le moment humain de l'esprit. Même dans sa dimension pratique – le culte vivant – unifiant et, par là, réalisant en une conscience de soi proprement dite ce que sa dimension théorétique déjà concrétisée dans la représentation sépare fixement comme sujet et objet proprement conscientiels d'elle-même, la conscience (au sens large) religieuse saisit encore sa conscience de soi (*stricto sensu*), où s'avère absolument l'esprit, sur le mode de la simple conscience (également au sens strict), objectivante et séparante. La représentation reste l'élément où sont plongés tous les moments de la conscience religieuse, même son moment supra-représentatif de conscience de soi du contenu absolu. Parce qu'elle est fondamentalement représentation, c'est-à-dire conscience, la conscience religieuse saisit bien, en tant que conscience de soi, sa vérité, mais comme non réelle, tandis que, en tant que conscience, elle saisit son objectivité ou réalité, celle du monde, comme manquant encore de sa vérité spirituelle : « Sa réconciliation est dans son cœur, mais encore scindée d'avec sa conscience, et son effectivité est encore brisée […] L'esprit de la communauté est ainsi, dans sa conscience immédiate, séparé de sa conscience religieuse qui, certes, énonce que ces consciences ne sont pas, en soi, séparées, mais c'est là un *en-soi* qui n'est pas réalisé ou qui n'est pas encore devenu de même un être-pour-soi absolu »[1].

Si la conscience religieuse est ainsi brisée ou scindée dans elle-même, c'est là une contradiction, ou un être dialectique d'elle-même, qui ne peut pas ne pas se nier dans et comme la présence à soi du contenu absolu sous sa forme adéquate. Une telle présence est la présence elle-même conceptuelle du concept qu'est en son sens le contenu absolu, auto-différenciation ainsi elle-même identifiée de son identité, cette présence conceptuelle consistant en ce que le Soi religieux se sache le Soi, pleinement identique à soi en sa différence, du contenu absolu lui-même, ou le savoir de soi de l'absolu, bref : le savoir absolu. Le problème est dès lors de savoir si le brisement ou la scission de la conscience religieuse, qui est bien tel en soi, donc, de toute façon, aussi pour le phénoménologue qui le dit précisément être, donc pour nous qui le disons avec lui, l'est aussi *pour la conscience religieuse elle-même*, non encore philosophante, voire : ne philosophant pas encore spéculativement, c'est-à-dire n'étant pas encore ce que l'auteur de la *Phénoménologie de l'esprit*, qui commence à parler explicitement de lui-même dans ce qu'il expose, dit qu'elle doit devenir.

La conscience religieuse accomplie est-elle elle-même, non seulement par elle-même, mais aussi pour

1. *Phgie E*, p. 869 *sq*.

elle-même, insatisfaite en raison de la scission affirmée en elle par le phénoménologue, laquelle scission, en tant que présence à soi vécue de la contradiction entre son contenu et sa forme, exigerait de façon pleinement immanente son auto-négation laissant place au savoir absolu ? En d'autres termes, l'ultime tournant du parcours de la conscience est-il du même type que tous ceux qui l'ont précédé, imposés qu'ils étaient par la dialectique de la figure même suivant laquelle, à chaque fois, cette conscience s'était posée ? Ainsi, pour n'évoquer, à nouveau, que le passage dialectique précédent, conduisant de l'« esprit » à la religion, le concept de la belle âme comme Soi totalisant tout être et tout sens en lui-même ne peut se réaliser qu'en se contredisant dans la contradiction des deux touts conscientiels exclusifs que sont la belle âme jugeante réduisant son agir à son juger et la belle âme agissante réduisant son juger à son agir, ce qui rend nécessaire, pour elles deux, leur réunion moyennant leur auto-négation totale, dont le sens réel est alors l'auto-position, à travers leur irréalité propre, de l'Un absolu, divin, de l'esprit. La contradiction motrice du développement poursuivi de la conscience est bien, ici aussi, ici encore, dans cette conscience même en tant que conscience qui est « esprit », et pour ladite conscience. Une telle contradiction n'est pas seulement affirmée, théoriquement, par le phénoménologue, comme étant dans la conscience en question, en soi, mais affirmée pratiquement, réellement, par elle, pour soi ; de même que c'est en tant que certitude sensible, que perception, qu'entendement, etc., que la conscience est pour soi contradictoire et donc –

pour autant, certes, qu'elle assume, présupposition de toute la phénoménologie hégélienne, sa quête de l'existence vraie – poussée à se dépasser. Il ne semble pas qu'il en aille véritablement de même dans le cas du passage qui doit conduire, selon Hegel, de la religion au savoir absolu. Si la dialectique *dans* la religion – par exemple celle qui fait passer de la « représentation », conscience objectivant, au sein du contenu religieux, la réconciliation perçue du divin et de l'humain dans la figure sensiblement séparée du Christ, à la « conscience de soi » de la communauté chrétienne pratiquant en ses membres le sacrifice christique – est bien une dialectique religieuse en son essence, en revanche la dialectique qui est celle *de* la conscience religieuse achevée dans cette communauté ultime ne semble plus être une dialectique proprement religieuse.

Le contenu religieux auquel croit la conscience chrétienne est un contenu réalisé par le Soi croyant dans sa pratique cultuelle, et donc identifié par ce Soi à l'identité qui est la sienne en tant qu'un Soi effectif, et, par conséquent, dans lui-même comme contenu, en dépit des différences maintenues au sein de la représentation du divin, laquelle, même quand elle vise l'essence trinitaire de celui-ci, si élevée au-dessus de la diversité originellement sensible, sépare les moments d'une telle essence comme des entités personnelles. Le culte, plus vrai, pour la conscience religieuse, que la simple représentation, dynamise en son processus vivifiant, par là unifiant, l'objectivité et opposition statique du divin représenté. Moment infini de la religion, il rabaisse le moment fini de celle-ci qu'est la représentation, et, par son action unifiante, il limite la portée de la représentation séparatrice que la conscience religieuse, baignant toujours comme telle dans le milieu, l'élément, conscientiel de la représentation, continue de se donner d'elle-même, alors qu'elle s'est concentrée spirituellement dans sa conscience de soi pratique. La conscience de soi pratique, dans le culte communautaire, de la religion toujours ancrée dans la représentation, fait s'élever, dans elle-même certes, mais quand même au-dessus d'elle-même, la représentation religieuse en tant que représentation, et ce parce qu'elle est religieuse, pleinement religieuse dans la religion accomplie. L'effectif réalisant, en son immédiateté ou identité à soi concrète, la concréité ou médiation identifiée à soi du concept, l'affirmation de l'unité de l'être et du penser constitutive du savoir spéculatif est déjà présente dans la conscience de soi de la religion en sa vérité. C'est pourquoi Hegel peut bien déjà faire de celle-ci le sujet du savoir absolu : « Dieu ne peut être atteint que dans le savoir spéculatif pur, et il n'est que dans celui-ci, et il n'est que ce savoir même, car il est l'esprit ; et ce savoir spéculatif est le savoir de la religion manifeste »[1].

Or l'affirmation d'une telle vérité spéculative du savoir religieux, dont le contenu est bien le contenu vrai, comme tel arraché à toute contradiction, signifie l'absence de contradiction aussi entre lui-même et la forme de sa présence conscientielle, la représentation, la forme étant bien déjà incluse dans le contenu

---

1. *Phgie E*, p. 842.

total qu'est le contenu vrai. L'inadéquation est entre le contenu vrai conceptuellement exprimé et son expression dans une représentation qui s'absolutiserait au sein du savoir en excluant de celui-ci la forme conceptuelle seule capable de dire ce contenu-là. Pour la conscience religieuse elle-même, une telle inadéquation n'est pas présente. Aussi bien, Hegel ne l'affirme-t-il pas et, *a fortiori*, n'en montre-t-il pas le devenir à l'intérieur de cette conscience. La scission affirmée dans celle-ci entre sa conscience de soi (la réconciliation de Dieu et de l'homme, de l'essence et du Soi, mais saisie comme non présente) et sa conscience (la réalité présente, mais saisie comme non réconciliée) a son lieu dans la conscience qui les englobe toutes deux et qui est ici, non pas une conscience de soi, mais une conscience (représentation d'elle-même, même en tant que conscience de soi), pour laquelle la différence maintenue en elle ne peut, puisqu'elle lui est essentielle, être vécue comme la négativité d'une scission. Certes, la satisfaction procurée par la réconciliation achevée du divin et de l'humain, de l'essence et du Soi, est à venir, car produite par l'essence divine et non pas par le Soi humain, encore séparés dans la représentation religieuse, mais le Soi humain religieux se satisfait, en tant que tel, de cette satisfaction non présente. Si « sa réconciliation est dans son cœur »[1], lieu accompli d'elle même, la conscience religieuse, qui s'est révélée être la vérité de toute autre conscience, ne peut éprouver négativement, donc comme telle,

---

1. *Phgie E*, p. 869.

sa scission d'avec sa conscience effective, celle de l'« esprit », dont parle le phénoménologue. Une telle scission ne peut être telle que pour une conscience *de soi* englobant la conscience religieuse alors relativisée et la conscience effective alors restaurée face à celle-ci, dans laquelle elle s'est, au niveau de la religion, résolue. Mais d'une telle conscience de soi englobante, il ne sera question, justement, qu'au-delà de la religion. Aucune dialectique *de* la religion prise en son ensemble, au niveau de sa forme totale et vraie, n'est déployée dans la *Phénoménologie de l'esprit*.

On peut, d'ailleurs, se demander comment il pourrait bien y avoir une telle dialectique *de* la religion en tant que religion, puisque, se manifestant elle-même à elle-même comme le contenu vrai, car total, de l'esprit en son apparaître, elle ne laisse rien en dehors d'elle qui, la faisant se rapporter à une altérité comme telle limitante ou déterminante, la rendrait, dans sa détermination même, au-dedans d'elle, autre qu'elle-même et contradictoire. Assurant l'être de tout ce qui, se montrant être par soi-même du non-être, a manifesté la nécessité de l'auto-position d'elle-même, reconnaissant donc libéralement ce qui n'est pas elle, le re-posant en elle ou se posant elle-même en lui tel qu'il est reconnu en son altérité, vivant elle-même de toute cette dialectique ainsi intérieure à elle – bien loin d'y trouver sa mort –, la religion peut se maintenir comme telle en son être absolu tout en faisant être en l'être relatif de lui-même son Autre spirituel également déployé en les divers moments du parcours phénoménologique. C'est pourquoi, revenant, au début du chapitre VIII consacré au savoir absolu, sur son passé phénoménologique assuré en lui-même comme religieux, pour relier à lui la position dès lors elle-même assurée du savoir absolu en tant que figure ultime pleinement vraie achevant la conscience, Hegel le mobilise, non pas en soulignant en lui une négativité, une auto-négation de lui-même, mais bien plutôt sa positivité. Et, dans cela même par quoi un tel passé phénoménologique, comprenant désormais aussi la religion, anticipe et nourrit ainsi le savoir absolu conceptuel apparaissant en tant qu'il relativise cette religion, c'est-à-dire dans le rôle décisif alors reconnu à l'Autre de celle-ci, l'esprit effectif, Hegel souligne la dette de ce dernier envers la religion qui se réalise en lui en le re-posant en elle. La religion est donc bien encore présentée comme étant, même indirectement, liée de façon fondamentalement positive au surgissement du savoir absolu. Ce qui confirme, dans la rétrospection par le savoir absolu, où s'égalisent désormais l'objet et le sujet du discours phénoménologique, des conditions de son surgissement, que celui-ci n'est pas dialectique, mais qui révèle aussi quel est son sens effectif. Loin que ce soit une négativité de son « avant » qui exige alors une nouveauté révolutionnaire du savoir absolu, ce savoir se présente, en disant son identité prédominante, sa continuité, avec cet « avant », comme un simple complètement de lui. Mais l'incomplétude n'étant posable comme telle, et donc à dépasser, que par la présupposition de la complétude comme une fin, c'est d'abord en raison de la positivité du savoir absolu, et non pas d'une négativité de la religion, qu'est nécessaire la transition de celle-ci à celui-là, une nécessité qui est ainsi ici proprement téléologique.

Frappante est l'insistance réitérée avec laquelle, dans toute la première partie du chapitre sur le savoir absolu, Hegel déclare que le passage à celui-ci – auquel il appelle ses lecteurs philosophes et dont la *Phénoménologie de l'esprit* veut être la justification scientifique – est déjà, pour l'essentiel, opéré. Au point que ces lecteurs, ayant donné leur accord au parcours déjà rationnellement reconstruit de toute la culture humaine et de sa culmination philosophique, ne peuvent pas, s'ils sont, comme ils doivent l'être, conséquents avec eux-mêmes, ne pas accomplir consciemment et volontairement, telle une formalité restante, le geste spéculatif, dont il leur est montré qu'ils l'ont pratiquement déjà fait, sans le vouloir et le savoir ! Le savoir absolu est déjà là, ou peut s'en faut, puisque ont été réunies ses conditions, la réunion des conditions d'une figure de l'esprit signifiant la naissance de celle-ci, comme Hegel l'écrivait à propos du surgissement de la religion chrétienne : « Toutes les conditions du surgissement de cet esprit sont présentes, et cette totalité de ses conditions constitue le devenir, le concept ou le surgissement étant en soi de lui-même » [1]. Tel est bien aussi le cas lorsque la conscience a achevé son développement religieux et, à travers lui, a réuni toutes les conditions du surgissement du savoir absolu.

---

1. *Phgie E*, p. 835.

D'entrée de jeu, Hegel déclare bien que, la religion manifeste saisissant le contenu vrai de l'esprit sous la forme, essentiellement religieuse, de la représentation, qui s'oppose son contenu comme un objet, « il ne s'agit plus que de supprimer cette simple forme »[1]. Davantage encore : cette suppression est, en réalité, déjà accomplie, et il ne s'agit donc plus que de l'actualiser, car la conscience, en son sens général, a déjà surmonté dans son parcours antérieur sa conscience au sens strict, à savoir la saisie de son contenu comme un contenu lui faisant face tel un objet : « parce qu'elle appartient à la conscience en tant que telle, sa [celle de la forme objectivante] vérité doit nécessairement s'être déjà dégagée dans les configurations de cette conscience »[2]. L'objectivité du contenu de la conscience, c'est-à-dire sa présence sous la forme de la représentation, s'est bien, en effet, supprimée, en la totalisation de ses aspects, hors de la religion – où est représenté le contenu absolu – et, phénoménologiquement parlant, déjà avant elle, dans l'ultime figure du contenu fini de l'esprit, dans le for intérieur, Soi qui se dit l'être en disant son agir qui les médiatise tous deux. Cependant, si le Soi effectif, mais fini, s'affirme ainsi être l'essence, c'est hors de l'absolu, de l'être véritable, dans une effectivité vide, d'où la dissolution du for intérieur qui, en tant que belle âme, s'est fixé à soi-même en voulant s'absolutiser. La religion prend bien alors la relève, quant à la réconciliation par le Soi de lui-même et de l'essence,

1. *Phgie E*, p. 871.
2. *Ibid.*

dans la réunion subjective du sujet et de l'objet, et elle paraît la réaliser effectivement à travers la conscience de soi pratique du Christ devenue la communauté des Soi effectifs ; mais, on l'a vu, cette conscience de soi continue de se *représenter* cette effectivité absolue, donc de la dissoudre en ineffectivité. La réconciliation de l'essence absolue et du Soi effectif se disloque de la sorte en tant qu'elle est, d'un côté, absolue mais non effective, et, de l'autre, effective mais non absolue. Elle est pourtant nécessaire pour la conscience qui n'est plus enfermée dans la seule religion, et elle est, selon Hegel, possible même à partir de ses deux dimensions alors coexistantes, la religieuse et l'effective, sans une négation de toutes deux qui serait portée par l'auto-position ainsi révolutionnaire en elles du savoir absolu comme savoir de l'unité de l'essence absolue et du Soi qui la sait. Le problème est dès lors celui de comprendre comment peut s'assumer pleinement le destin pour elle-même auto-fondateur – dont l'affirmation vérifie, en le précisant d'ailleurs, son statut déjà préalablement justifié – de la religion, assurée face à son « après » phénoménologique, le savoir absolu, dans le jeu qui la met aux prises avec son « avant » phénoménologique, l'esprit effectif, dans cette auto-confirmation d'eux-mêmes que doit être leur réconciliation comme savoir absolu.

La réconciliation, que le savoir absolu du phénoménologue pose explicitement comme son ultime contenu, de la réconciliation *effective* opérée, dans l'accomplissement de l'« esprit », par le Soi fini, et de la réconciliation religieuse seulement représentée comme opérée par l'essence absolue, ne peut être *effectuée* que par la première, l'action réelle du Soi effectif, du pour-soi humain, non pas moyennant l'idéalité de la seconde, la représentation de l'action de l'essence absolue, de l'en-soi divin. Le pour-soi, en tant que réflexion en soi, rapport à soi, différence d'avec soi, renferme en lui son Autre, qui est le simple en-soi, et il peut ainsi le réunir avec lui : « C'est pourquoi la réunion appartient à cet autre côté qui est […] le côté de la réflexion en soi, donc le côté qui contient lui-même et son contraire » [1]. Le Soi en tant que Soi effectif de la belle âme peut se remplir de son Autre, et Hegel montre comment, en assumant cette altérité, en se risquant à agir, il reproduit en lui le mouvement sacrificiel même qu'il se représente dans l'essence absolue en tant que Soi religieux : « Ce qui, donc, dans la religion, était contenu ou forme de la représentation d'un Autre, cela même est ici le propre faire du Soi » [2]. C'est bien le même mouvement d'auto-négation ou différenciation de l'identité à soi qui est représenté dans le contenu religieux et qui est pratiqué dans la forme du Soi, et ce mouvement est, en son sens universel, ce que Hegel appelle le concept, contenu et forme du savoir absolu. Ce concept ne se sait pas ici, mais il est et agit, il est en tant qu'il agit, et il n'agit que dans et comme le Soi efficient, effectif, non pas dans et comme l'idéalité de la représentation. Le concept est donc bien, « à même le côté de la conscience de soi, lui-même aussi déjà présent », même s'il y a encore « la forme consistant

1. *Phgie E*, p. 877.
2. *Phgie E*, p. 880.

à être une figure particulière de la conscience » [1], celle de la belle âme se remplissant de l'être universel.

Certes, le Soi de la belle âme n'a pas encore opéré sa réunion avec l'esprit religieux, il n'est encore que potentiellement une telle réunion, et, comme conscience particulière, il n'est encore qu'en soi le concept unifiant universellement. Certes, seul le savoir absolu est celui-ci pour lui-même. Mais il se dit tel – en Hegel se pensant lui-même dans cette clôture de la *Phénoménologie de l'esprit* – en minimisant son rôle, allant jusqu'à dire que la réconciliation des deux réconciliations était déjà inscrite en chacune d'elles et que son caractère conceptuel, pratiqué, était, par cette présence, virtuellement déjà présent à lui-même : « Ce que nous avons ajouté ici, c'est uniquement, pour une part, le *rassemblement* des moments singuliers, dont chacun expose dans son principe la vie de l'esprit tout entier, [et, ] pour une autre part, la fixation du concept dans la forme du concept, concept dont le contenu se serait déjà dégagé dans ces moments-là, et qui se serait lui-même déjà dégagé dans la forme d'une *figure de la conscience* » [2]. Tout le mérite du passage de la religion au savoir absolu reviendrait donc, non pas à celui-ci, ni non plus à celle-là, sa présupposition immédiate non proprement posante, mais à cette présupposition véritablement posante de lui-même que serait l'esprit effectif achevé dans la belle âme. Si bien qu'on a parfois cru pouvoir dire que la *Phénoménologie de l'esprit* était elle-même en soi

1. *Phgie E*, p. 878.
2. *Phgie E*, p. 881.

achevée à la fin du chapitre VI, la religion constituant de la sorte une parenthèse inutile entre l'esprit effectif et un savoir absolu qui ne serait lui-même qu'un simple prolongement de celui-ci.

Assurément, l'histoire confirme bien que le passage au savoir absolu n'a pu être opéré immédiatement, directement, à partir de et à l'initiative de la communauté chrétienne, même luthéranisée, et qu'il a fallu attendre, pour ce faire, l'époque de la belle âme romantisante, dont l'exaltation a marqué le temps de l'intervention hégélienne. Cependant, l'entrée dans la spéculation achevant le parcours phénoménologique n'a pas pu non plus résulter de la seule poussée du Soi romantique : Schlegel ne fut pas Hegel ! Or la reconnaissance de la médiation intervenue entre la figure de la belle âme qui s'est réalisée et la figure ultime, transfigurante, de la conscience se faisant conscience spéculative, est bien encore celle du rôle fondamental, s'il est alors indirect, de la religion. Celle-ci ne fournit pas seulement au savoir absolu son contenu vrai sous la forme de la représentation, mais, en réalisant concrètement et historiquement, sous son injonction propre, ce contenu, elle produit la conscience de soi qui osera, comme réelle, active, et pourra, comme idéelle, pensante, affirmer en elle, et en tant qu'elle-même, la forme efficiente, agissante, du savoir absolu. Hegel a montré comment le développement de l'esprit effectif (chapitre VI) renfermait en lui, parmi ses facteurs, la réflexion culturelle-mondaine de la dimension non encore examinée et justifiée comme telle (cela se fera au chapitre VII) de la religion, ainsi déjà indirectement agissante dans la production terminale de la belle âme. Mais, pour expliquer le passage de celle-ci au savoir absolu envisagé en sa forme, il redéploie le développement historique alors intégral de l'esprit chrétien lui-même qui se fait monde à partir de son achèvement religieux dans le protestantisme.

Celui-ci, en effet, après les Croisades échouant à trouver, dans la réalité sensible du tombeau vide, l'unité proclamée du Soi (humain) et de l'essence (divine), a bien intériorisé cette unité alors apte à assumer pleinement la forme absolue – pensante – du savoir, qui réunit en son universalité où ils s'engagent l'un et l'autre le sujet pensant et l'objet pensé, cette identité du pensant et du penser, cette réflexion en soi du penser s'accomplissant dans la philosophie. La forme antique de celle-ci retrouve bien son autonomie après son assujettissement médiéval au contenu chrétien, mais elle se nourrit toujours, en son émancipation moderne, de la liberté dite par ce contenu, en le pensant, dans son acculturation mondaine, de plus en plus radicalement ; Hegel retrace alors en deux pages d'une densité exceptionnelle cet approfondissement philosophique de la culture moderne en direction du savoir absolu qui s'introduit enfin en sa vérité dans la conscience humaine au terme de la *Phénoménologie de l'esprit*. Or, le sujet de cette rentrée en soi philosophique de l'esprit parvenant enfin au seuil du savoir absolu au moment où la conscience de soi réelle est elle-même devenue prête, dans la figure si sûre d'elle-même de la belle âme, au geste inouï de l'assomption d'un tel savoir, c'est bien « la communauté religieuse »[1]

1. *Phgie E*, p. 886.

du christianisme accompli. Ce sont donc toute l'« histoire effectivement réelle »[1], et, en son sein, toute l'histoire moderne de la philosophie, qui sont portées par la religion vraie dans leur élévation, pour la première, à travers l'homme réel, et, pour la seconde, à travers le penseur ou le philosophe, de la belle âme au savoir absolu. Ainsi, dans l'avènement du savoir absolu, la religion, loin d'être une simple parenthèse dans le parcours phénoménologique, joue en celui-ci un rôle positif faisant que le Soi effectif formé dans l'« esprit » socio-politico-culturel, devient capable, en assumant philosophiquement la vocation spéculative d'elle-même, d'accomplir l'acte absolu du savoir absolu. La continuité liant, selon Hegel, au savoir absolu sa double présupposition, alors présente comme vraiment posante, que constituent l'esprit comme tel et la religion, confirme bien le rôle de cette dernière, non seulement en tant qu'elle fournit à la science spéculative son contenu vrai, mais aussi en ce sens qu'elle contribue à former, dans l'esprit proprement dit, le Soi effectif qu'elle rend capable, au sein de la culture qu'elle fait alors s'approfondir et s'avérer philosophiquement, d'être l'acteur de l'ultime conversion de la conscience s'élevant au savoir absolu.

Si, donc, Hegel peut lire dans la conscience religieuse, ainsi toujours positive en tant que *religieuse*, la négativité d'une incomplétude, voire d'une contradiction, c'est bien qu'il considère la *conscience* religieuse pour autant qu'elle déborde son moment

---

1. *Phgie E*, p. 885.

religieux, qui a pourtant été justifié comme son moment total, par là réconciliant et satisfaisant. Or, elle ne peut le déborder que par un aspect des moments totalisés en celui-ci à travers l'« esprit », aspect qui n'a pas été résolu dans le moment religieux, mais contredit ce moment en tant qu'un tel moment est essentiellement le moment de la représentation. Tout le contenu de l'« esprit », résoluble dans la religion en tant que représentable ou que contenu de la conscience proprement dite de l'esprit, y a été sauvé de sa contradiction ou de son non-être. Et, parmi ce contenu, il faut compter aussi cette présupposition formelle du savoir absolu qu'est la philosophie : celle-ci a bien figuré à diverses reprises dans le parcours phénoménologique pré-religieux et même religieux, car la religion vraie, notamment, est une religion pensante et philosophante ; et c'est pourquoi on ne peut retenir ici, comme contradiction exigeant de dépasser la religion, le décalage ou le conflit entre une conscience religieuse fruste et une conscience mondaine cultivée, thème que Hegel traitera dans ses écrits et cours ultérieurs. S'il peut découvrir présentement dans la conscience religieuse achevée une contradiction entre elle-même comme religieuse et elle-même comme mondaine, et alors présenter comme dialectique le passage au savoir absolu, c'est pour autant qu'une telle conscience oppose dans elle-même à la religion par là rabaissée à un simple moment – même totalisant – d'elle-même, l'Autre rappelé, restauré, d'elle-même en tant qu'elle se vit dans l'élément idéel de la représentation. Cet Autre est, ainsi qu'on l'a vu, l'élément formel de l'*effectivité* de l'esprit, ou de l'esprit en tant que conscience de soi de tout le contenu qui est le sien et qui s'est résolu dans la conscience religieuse.

Mais dire que la conscience religieuse achevée s'oppose l'effectivité du Soi spirituel comme ce qui nie son existence alors simplement religieuse, représentée, et qui, puisque la conscience de soi est plus vraie que la simple conscience, représentante, objectivante, scindante, c'est dire qu'elle affirme comme la conscience absolument vraie, réconciliée, l'effectuation par elle-même du contenu avéré de la religion, c'est-à-dire de tout contenu. Mais une telle conscience de soi déployant par elle-même ce contenu, faisant se différencier en lui sa propre identité à elle, pleinement efficiente, c'est la conscience conceptuelle, comme telle supra-conscientielle, l'esprit s'instituant lui-même savoir absolu. C'est bien, par conséquent, en tant qu'elle n'est déjà plus seulement la représentation religieuse, mais l'attente positive, déterminée, la présence imminente, du concept spéculatif absolutisant le savoir, que la conscience religieuse peut éprouver son manque et sa contradiction, se dialectiser. Au fond, le savoir absolu n'est bien nécessaire que pour lui-même. La dialectique de la conscience religieuse ou la nécessité de son élévation au savoir absolu est l'anticipation de soi négative phénoménale de la libre auto-position de ce savoir absolu, qui transcende toute sa préparation dialectique et se précède lui-même – certes de fort peu, mais la différence est là, essentielle – en son acte décisif à travers l'*incursion* finale de lui-même comme *sujet* de la *Phénoménologie de l'esprit* dans le parcours objectif de celle-ci, qu'il fait se clore, en le réconciliant effectivement avec lui-même, par le savoir absolu que lui-même a désormais pour *objet*.

Si, toujours, le surgissement pour soi du positif totalisant ses conditions excède son surgissement simplement en soi dans leur négativité additionnée, quoi qu'en dise Hegel dans sa modestie pédagogiquement exploitable lorsqu'il s'agit du surgissement, à travers lui-même, du savoir absolu, la position ultime de celui-ci comme unité totalisant sans reste le contenu de la conscience transcende absolument ses conditions même les plus prochaines et, comme telles, en soi les moins négatives. Le savoir absolu, le tout se faisant et se disant tel de la conscience, ne surgit donc à proprement parler que de lui-même. Assurément – pour évoquer un langage théologique – il ne surgit que quand les temps en sont (dialectiquement) venus, mais c'est alors comme un avènement qui comble en surprenant et dépassant son attente achevée. Assurément, dira-t-on encore en anticipant un thème, celui-ci, politique, ultérieurement traité, il n'y a plus qu'à mettre le point sur le i, s'il est vrai, comme Hegel le souligne, que tout est déjà mis en place, mais, on le sait, mettre le point sur le i est un acte, en sa forme même, absolument décisif, Toute la nécessité dialectique n'est bien que l'apparaître justifiant progressif de l'esprit, qui la fonde en se fondant lui-même dans l'acte un, unifiant et unique, de son absolue liberté.

Que, parvenu au seuil du savoir absolu, le parcours phénoménologique laisse intervenir en lui, à la clôture de sa dialectique, son sujet, le savoir absolu du phénoménologue y supposant son ultime objet, le savoir absolu prêt à s'affirmer dans la conscience examinée, dont il fait alors apparaître l'insuffisance, cela n'a rien de surprenant si l'on regarde la *Phénoménologie de l'esprit* comme une rétrospection justifiante, incitant à la reproduire jusqu'au bout, de l'élévation de la conscience en quête de vérité au savoir absolu instauré d'abord en Hegel. La destination de l'ouvrage exigeait bien de son parcours qu'il allât jusqu'au savoir absolu, même dans une clôture spéculative intensifiée en son caractère supra-dialectique, en dépit de l'affirmation générale par Hegel d'une négativité de la conscience religieuse. Dans des textes hégéliens ultérieurs, cette négativité sera explicitement, pour le moins, atténuée. Non seulement Hegel insistera plus sur l'identité de contenu que sur la différence de forme entre la religion et la philosophie – car il parlera alors de « philosophie », mot qui n'apparaît pas dans le chapitre VIII de la *Phénoménologie de l'esprit*, tout en visant bien aussi son actualisation spéculative –, mais il ira même jusqu'à réintégrer, déjà dans la désignation, mais c'est significatif, de toute la sphère de l'esprit absolu comme religieuse, cette philosophie dans la religion vraie. Il soulignera que la religion satisfait pleinement l'âme populaire, alors que seule la spéculation achevée peut réconcilier en elle-même l'âme religieuse qui s'est vouée à l'exercice total de la pensée. Dans ce dernier cas, Hegel fera se conforter l'une l'autre la philosophie et la religion accomplies, déclarant notamment que sa philosophie spéculative l'avait affermi en son luthéranisme. Sans aller jusque là dans son propos phénoménologique, il s'y trouve bien déjà sur une telle voie, son allégation de l'insuffisance de la conscience religieuse s'inscrivant dans un contexte argumentatif qui fait qu'on ne peut fonder le surgissement nécessaire du savoir absolu sur une négativité propre du moment religieux de la conscience, moment en lui-même total de celle-ci. Il est vrai que l'articulation de ce *moment total* de la conscience qu'est la religion et du *tout* de la conscience qu'est, dans celle-ci qui se surmonte alors en elle-même comme telle, le savoir absolu, n'est pas non plus à l'abri de l'interrogation générale à laquelle on peut soumettre le rapport du moment total et du tout dans le processus spéculatif hégélien.

# DEUXIÈME PARTIE

# L'ÊTRE

## CHAPITRE VII

## HEGEL OU LA MÉTAPHYSIQUE RÉFORMÉE

Je crois que la signification totale de la philosophie hégélienne dénie tout sens à l'affirmation en elle, comme ayant le statut d'un moment, fût-il fondamental, d'elle-même, d'une métaphysique même pleinement renouvelée dans son contenu. Hegel me semble achever, aussi dans la signification négative du terme, la réforme – en un premier sens, du point de vue de la forme – de la métaphysique engagée par Kant à l'aube de l'idéalisme allemand. Cela, en tant qu'il donne à cette réforme achevée – en un deuxième sens, quant au contenu – ce qui fait d'elle une traduction philo-sophique, dans ses effets, de la Réforme religieuse accomplie par Luther. Ce qui l'amène à faire d'une telle réforme Réformée – en un troisième sens, eu égard à son statut – une réforme rayant des cadres, du cadre de la philosophie rationnelle enfin réalisée en son pouvoir totalisant, la métaphysique prise en elle-même, en tant que mode déterminé de la philosophie. Si l'on s'en tient – ce que je ferai ici – à la pensée pleinement constituée de Hegel, il n'y a pas pour moi de métaphysique hégélienne et, si l'on a pu désigner comme le métaphysique ce qui, chez l'homme, s'exprimerait dans la métaphysique, sa désignation complète, concrète, vraie, est tout simplement, pour Hegel, celle de la pensée en sa potentialité rationnelle. Hegel, dans un discours strictement rationnel, met fin à la métaphysique.

Il est vrai que des voix illustres ou authentiques ont caractérisé la philosophie hégélienne comme un accomplissement ou achèvement positif ou, au plus, très partiellement négatif, de la métaphysique traditionnelle. On sait que Heidegger voit en Hegel seulement le début de l'achèvement, non pas l'achèvement lui-même, de cette métaphysique, car il n'aurait pas réussi à saisir en son fond non métaphysique le problème directeur de la philosophie antique et occidentale (même Nietzsche ne parviendrait pas à dépasser non métaphysiquement la métaphysique). Un cadet fribourgeois de Heidegger, Bernhard Lakebrink – dont je me plais ici à évoquer la mémoire – a, dans son beau livre *L'idée européenne de la liberté, I : La Logique de Hegel et la tradition de l'auto-détermination*[1], et dans un recueil intitulé significativement *Etudes consacrées à la métaphysique de Hegel*[2], rattaché lui aussi, mais comme à la vérité, la métaphysique de la vérité exposée par la *Science de la logique*, à la métaphysique classique, antique et médiévale. Mais Fribourg, sans en être loin, n'est

---

1. B. Lakebrink, *Die Europäische Idee der Freiheit, 1. Teil : Hegels Logik und die Tradition der Selbstbestimmung*, Leiden, E. J. Brill, 1968.
2. B. Lakebrink, *Studien zur Metaphysik Hegels*, Verlag Rombach und Co GmbH, Freiburg im Brisgau, 1969.

pas Stuttgart et son immense penseur. Qu'il me soit donc permis de soutenir la thèse selon laquelle Hegel 1) nie totalement la métaphysique, qui n'existe pour elle-même que comme figure historiquement limitée de la philosophie, et 2) met à sa place une philosophie la contredisant à la fois par son statut, son contenu et sa méthode, et qui constitue, en sa positivité rigoureusement philosophique, le dépassement vrai de la métaphysique. Tels seront les deux moments de mon propos.

Je voudrais d'abord insister sur ce point, que – s'il a encore à Iéna, dans les premières esquisses de son Système, désigné comme la métaphysique la pensée de l'être se composant rationnellement en son sens de fondement, d'être suprême et d'esprit absolu – Hegel en vient bientôt à parler de la métaphysique négativement. Le hégélianisme constitué la traite comme chose du passé, qu'il s'agisse du passé ancien *stricto sensu*, voire antique, ou du passé moderne – la « métaphysique ancienne » n'est pas une espèce de la métaphysique, mais celle-ci même en sa qualité –, et non pas comme une chose actuelle et dont la permanence, même en ses transformations, pourrait manifester la positivité comme forme essentielle de la pensée. Le mot lui-même apparaît très rarement dans les grands textes doctrinaux publiés par Hegel, que ce soit la *Phénoménologie de l'esprit*, la *Science de la logique* ou l'*Encyclopédie des sciences philosophiques*. Une seule fois, le terme « métaphysique » désigne un moment présent de la philosophie vraie, lorsque Hegel parle de « la science logique, qui constitue la métaphysique proprement dite ou la philosophie spéculative en sa pureté » [1]. Ce passage se trouve dans la Préface de la première édition de la « Logique objective. 1 : La théorie de l'être » (1812) de la *Science de la logique*. Et c'est dans cette même Préface que figure un autre passage, qui semble révéler chez Hegel un jugement positif sur la métaphysique à travers une nostalgie de l'heureux temps de celle-ci ; c'est le célèbre passage où il est question du spectacle étrange d'un peuple sans métaphysique, analogue à celui d'un temple dépourvu de sanctuaire [2]. Mais, en vérité, la disparition, dans la culture actuelle, de tout socle philosophique vient de la négativité de sa version métaphysique passée, et ce qui est souhaitable pour Hegel, c'est la refondation de cette culture sur un socle philosophique plus vrai, non pas une impossible rétrogradation métaphysique. Car, si l'existence de la métaphysique a été, elle, nécessaire et donc positive, une telle existence positive du négatif qu'est essentiellement cette métaphysique n'est plus nécessaire actuellement, bien au contraire. Au demeurant, les deux passages évoqués n'ont pas été, significativement, repris dans la seconde édition de la *Science de la logique*.

Toujours, donc, à une exception près et qu'il faut tempérer, les rares occurrences, dans le texte hégélien, du mot « métaphysique », présentent en lui un sens affecté de négativité. La métaphysique, comme

---

1. Hegel, *Science de la logique – SL –* I : *L'être*, trad. B. Bourgeois, Paris, Vrin, 2015, p. 29.

2. Cf. *ibid.*, p. 27-28.

réalisation, pour lui-même, à titre de figure, d'un moment de l'esprit, doit être, dès qu'elle peut l'être, totalement évacuée de la philosophie.

La définition hégélienne du mot « métaphysique » est une définition étagée à travers des strates de significations conduisant, en l'homme, d'un pouvoir unifiant de la pensée – dit le métaphysique – à sa mise en œuvre philosophante – se disant la métaphysique – scindante. Un tel devenir de celle-ci est donc, dans une contradiction la vouant à sa disparition, la série des étapes du mésusage, par la métaphysique, d'un métaphysique ainsi dénommé par elle à tort.

L'homme se comporte dans son milieu naturel, physique, caractérisé par la diversité, non pas comme l'animal, en « physicien » rivé, aussi en son vécu, à la singularité, même répétée et généralisée, des situations, mais en « métaphysicien » répondant universellement à l'universalité lue en celles-ci par la pensée :

> De purs, de simples physiciens, seuls le sont en fait les animaux, étant donné qu'eux ne pensent pas, tandis que l'homme, en tant qu'il est un être pensant, est un métaphysicien-né [1].

Le métaphysique est d'abord le sens universel identifiant les singularités empiriques et faisant qu'elles sont comprises :

> Le terme de métaphysique ne signifie rien d'autre

---

1. Hegel, *Encyclopédie des sciences philosophiques – Encyclopédie –*, I : *La science de la logique – SL –*, 1830, Addition § 98, trad. B. Bourgeois, Paris, Vrin, 1970, p. 531.

que la sphère des déterminations-de-pensée universelles, pour ainsi dire le réseau diamanté dans lequel
nous insérons tout matériau, en le rendant par là,
pour la première fois, intelligible[1].

Or cette intelligibilité métaphysique du physique
lui fait perdre son unicité contraignante : son identification le différencie, et même de façon redoublée,
deux fois, de celle-ci.

D'une part, en effet, l'identification première des
phénomènes par l'entendement, premier moment
de l'identification, alors abstraite, simplifiante,
simplificatrice, qu'est la pensée, réduit, appauvrit la
richesse de l'être offert par l'expérience : la pensée
de l'être empirique ne comprend pas en elle cet
être à penser. D'autre part, cet appauvrissement est
lui-même contingent, différent d'avec soi en étant
différent de ce qui est à comprendre. Car, puisque
l'identification immédiate du divers physique est elle-
même nécessairement diversifiée, son intelligibilité
métaphysique réside dans des rapports catégoriels
eux-mêmes divers : cause-effet, force-manifestation,
moyen-but, etc. Mais il faut alors, à chaque fois, que
l'entendement qui les affirme choisisse entre eux
et, identifiant à elle-même cette pratique sélective,
en fasse une métaphysique explicative contingente
porteuse de la nécessité revendiquée par la physique.

Cette contradiction compromettant le développement de la physique ne peut être neutralisée qu'autant
que l'entendement métaphysicien, dans son opération

1. *Encyclopédie* II : *Philosophie de la nature – Ph.N –*, 1830,
Add. § 240, trad. B. Bourgeois, Paris, Vrin, 2004, p. 343.

d'identification différenciante de la différence empirique, maîtrise, en la soumettant à sa destination physicienne, sa pente à s'affirmer absolument. Ce qui exige qu'il prenne d'abord conscience de la dimension métaphysique de son intervention, que celle-ci s'inscrive dans une métaphysique matérialiste, atomistique (Dalton), dynamiste (Newton), etc. Une telle prise de conscience est nécessaire afin de ramener le physicien à la considération primordiale pour lui de la richesse de l'intuition empirique, si génialement cultivée par Goethe, que Hegel se plait à opposer à Newton, trop métaphysicien quoi qu'il en ait. Or l'activité métaphysique de l'entendement, dès qu'elle se connaît telle, chez le physicien, se modère en tant qu'un simple moment commandé par son orientation physique.

Il ne peut en aller de même lorsqu'elle se libère du contenu contraignant de l'intuition empirique toujours finie et détermine par elle-même le contenu seulement pensable du tout supra-empirique posé par la pensée totalisante qu'est la raison. Le métaphysique s'actualise alors pour lui-même dans et comme la métaphysique proprement dite, et ce changement de statut au sein de l'esprit suscite une réaction différente de la part de Hegel. Si celui-ci, face au métaphysique en tant que moment inévitable, en particulier, de la démarche scientifique positive, appelle à en mesurer et modérer l'intervention, il oppose, en revanche, à la métaphysique comme mode dépassable de la raison philosophante la philosophie véritablement rationnelle.

Car la métaphysique n'a pas toujours existé. La « période de la métaphysique »[1] exprimant « le point de vue de la métaphysique »[2] se situe, en son sens plénier, dans le premier tiers de la philosophie moderne, qui se déploie notamment de Descartes à Wolff. Son héros cartésien traduit ontologiquement la promotion religieuse puis théologique de l'intériorité ou subjectivité humaine opérée par le christianisme et restituée en son intensité par la Réforme protestante ; cela, en faisant du Moi pensant, qui s'assure de lui-même dans le doute, le responsable conscient de l'affirmation comme vraie des (autres) significations pensables de l'être. Alors, la pensée de l'être se fortifie et s'enhardit en pensée de l'unité, d'abord avérée dans le *cogito*, de la pensée universalisante et de l'être universel. Cependant, la généralisation audacieuse, dans et comme le discours métaphysique, du lien immédiat évident de l'être et de la pensée au sein de l'intuition du *cogito*, maintient dans celui-là, en le rendant problématique à ses propres yeux, la différence, non médiatisée, des termes ainsi réunis de façon seulement extérieure ou formelle. C'est bien comme entendement – identification irréelle des différences – qu'opère la raison – identification réelle ou totalisation des différences – qui se fait métaphysique. Contradiction principielle qui fait condamner par Hegel la métaphysique.

1. Hegel, *Vorlesungen über die Geschichte der Philosophie* [*Leçons sur l'histoire de la philosophie*] – *G.Ph* –, in *Hegel. Sämtliche Werke*, édition H. Glockner, t. 19, rééd. 1959, Stuttgart, Frommanns Verlag, p. 330.

2. *Ibid.*, p. 274.

La métaphysique manifeste cette opposition à soi en se différenciant d'emblée d'elle-même pour tenter de justifier son affirmation problématique de l'unité de la pensée et de l'être, lequel s'impose immédiatement à la pensée à travers l'expérience. Ou bien la pensée discursive de la métaphysique fait procéder d'elle-même l'expérience ou la physique qu'elle fonde : c'est la métaphysique de Descartes, Spinoza, Malebranche ; ou bien elle se fait procéder elle-même, à travers ses notions universelles, de l'expérience : c'est la métaphysique de Locke, qui fonde la physique comme la fondant. Cette scission de la métaphysique n'est pas surmontée par la tentative synthétisante de Leibniz. Elle ne peut l'être. Voici pourquoi.

Certes, chacun des contraires est en lui-même le lien de lui-même et de son contraire. Ainsi la métaphysique empirico-physique – « l'empirisme faisant de la métaphysique » [1] – exprime dans la forme présupposée du discours rationnel l'élévation de l'expérience à l'universel qui est constitutive des sciences positives, d'où la contemporanéité du développement de celles-ci et de celui de la métaphysique non seulement empiriste, mais aussi absolument métaphysique (le cas de Descartes est exemplaire). De même, inversement, cette dernière procède empiriquement : d'abord, elle présuppose dans son contenu, en les empruntant à la représentation, les trois totalisations, comme telles substantialisables, de l'expérience, que sont le Moi, le monde et Dieu, objets des trois métaphysiques spéciales chères à Wolff, pour, ensuite, leur attribuer

1. *Ibid.*, p. 423.

de l'extérieur et extérieurement les unes aux autres les déterminations universelles de l'entendement. Cependant, ces deux liaisons de la métaphysique et de l'expérience s'opèrent en sens inverse l'une de l'autre. La liaison métaphysique de la métaphysique et de l'expérience est une différenciation empirique de l'identité métaphysique, tandis que la liaison empirique de l'expérience et de la métaphysique est une identification métaphysique de la différence empirique. De la sorte, la métaphysique ne peut se réaliser comme l'identification de l'identification et de la différenciation que veut être la raison dont elle doit procéder, et cette contradiction ne peut qu'être niée par la philosophie véritablement rationnelle.

C'est bien là ce que vérifie le destin de la métaphysique dans l'achèvement auto-négateur de la relativisation encore métaphysique de la méta-physique opérée par Locke et simplement tempérée par le sursaut leibnizien et sa popularisation wolffienne. L'entendement métaphysicien ne peut résoudre la contradiction multiforme de la pensée identifiante et de la réalité différenciée. Il la fixe bien plutôt en logeant sa pseudo-solution dans un Dieu visé assurément comme la raison absolue, mais où s'annule en fait le discours, intelligible à soi-même, de la raison philosophante ici impuissante. La fidélité à soi de cette raison lui fait alors annuler une telle annulation dans l'intégration immanente, anti-métaphysique, d'elle-même et de l'expérience humaine au sein du bon sens le plus commun. L'identité à soi abstraite et transcendante du pensé est alors replongée dans le mouvement pensant où s'exalte le sujet effectif certain de lui-même qui se sait maître de ce pensé en sa forme engendrée – tel est l'apport du scepticisme idéaliste britannique (Hume) – et en son contenu révolutionné – tel est l'apport de la critique matérialiste française (Helvétius). La conscience de soi agissante, la « liberté subjective »[1], exige bien que le vrai, le juste, le divin lui soit présent, et présent comme cette identité vivante, mouvante, différenciante, par là concrète, qu'elle est :

> La venue au jour du concept du mouvement des pensées fixes en elles-mêmes consiste en ce que le mouvement qui tombe seulement comme méthode hors de son objet vienne en celui-ci même, ou en ce que la conscience de soi vienne dans la pensée[2].

L'auto-négation de la métaphysique est ainsi celle, radicale, de son contenu et de sa méthode.

Mais la disparition du contenu abstrait, séparé, de la métaphysique, et de sa méthode séparatrice, extériorisante, de traitement de ce contenu, implique d'abord l'heureux effacement du statut du philosophe métaphysicien. Car, s'abstrayant de l'expérience humaine concrète, le métaphysicien dogmatise en quelque sorte comme un prêtre sur l'être séparé, sacré, et ravale ainsi l'homme, en autrui, mais aussi en lui-même, au statut d'un laïc : « L'homme est un laïc à l'égard de lui-même en tant que métaphysicien »[3], mais la dignité de l'être pensant fait que « les

1. *G.Ph*, p. 525.
2. *Ibid*., p. 484.
3. *Ibid*., p. 508.

hommes ne doivent pas être en tant que laïcs »[1]. Pour reprendre la comparaison hégélienne, évoquée précédemment, de la métaphysique et d'un sanctuaire, c'est précisément comme désanctuarisation de la philosophie que l'auto-négation de la métaphysique est une heureuse fin de celle-ci. La transposition philosophique de la suppression protestante de la séparation entre les clercs et les laïcs fait ainsi place nette pour l'instauration rationnelle d'un mode non métaphysique de philosopher.

Il apparaît ainsi que, lorsqu'il traite pour elle-même de la métaphysique comme figure proprement historique de la philosophie, essentiellement dans ses Leçons sur l'histoire de la philosophie et l'Introduction non spéculative à la « Science de la logique » de l'*Encyclopédie* qu'est le « Concept préliminaire », Hegel dégage les contradictions faisant qu'une telle figure est vouée de par elle-même à se supprimer en son statut, son contenu et sa méthode intimement liés. Mais cette destination négative immanente ne se réalise que pour autant que la philosophie spéculative de la raison décidée à briser avec elle s'opère sans laisser place dans elle-même à quelque reprise ou quelque retour que ce soit de cette métaphysique. Je voudrais montrer que c'est bien le cas chez Hegel.

Nul ne contestera la différence essentielle entre la philosophie hégélienne comme œuvre de la raison concrète totalisante et la métaphysique comme œuvre de l'entendement abstrait séparateur. Tout les oppose

1. *G.Ph*, p. 516.

– je le rappelle brièvement –, qu'on envisage leur statut, leur contenu ou leur méthode.

A la sacralisation qui sépare la métaphysique de la pensée commune – le bon sens – et des sciences positives, et qui confère à la fondation et légitimation que la première propose des secondes un caractère dominateur, Hegel oppose la stimulation réciproque, dans l'existence humaine réconciliée *in fine* par la raison philosophante, de celle-ci et de l'entendement empirico-scientifique. Il souligne bien, par exemple, que « [la] métaphysique) a, sans contredit, été plus éloignée de la physique que ne l'est ce que nous entendons maintenant par la philosophie de la nature », et, au sujet du rapport de cette dernière et de la physique, que « toutes deux ne sont pas si distinctes l'une de l'autre qu'on ne prend d'abord la chose » [1].

Et, en effet, la philosophie proprement rationnelle et les sciences positives ont le même contenu, l'être en sa manifestation immanente stratifiée à ses niveaux de plus en plus concrets, prise, soit, par la première, en son sens universel, soit, par les secondes, en sa réalisation particularisée. Tandis que la métaphysique a toujours opposé, en le fixant en son abstraction, l'être en tant qu'être, en cela non sensible ou supra-sensible, purement intelligible – alors considéré comme universel (*ens qua ens*) ou comme singulier (l'âme, le monde, Dieu) –, au contenu sensible ou sensibilisable des sciences positives.

1. *Encyclopédie* II : *Ph.N*, 1830, Introduction, Addition, p. 335.

Enfin, à l'entendement métaphysicien, dont la démarche heurte l'entendement positif des sciences en subsumant arbitrairement, sans l'appui de l'expérience, le suprasensible présupposé, sous ses déterminations abstraites, comme telles elles-mêmes déjà contingentes, s'oppose la méthode de la raison spéculative. Car celle-ci mobilise l'entendement scientifique, alors fondé par cette insertion, dans la totalisation dialectique des déterminations en question, lesquelles, ainsi que les substrats qu'elles composent dès lors, sont justifiées absolument comme les moments nécessaires de l'auto-différenciation ou -détermination de l'être pensé.

Cette récapitulation de la divergence fondamentale entre la métaphysique et la spéculation hégélienne la fait apparaître, dans les trois grands aspects de sa manifestation : la vie, le contenu et la démarche ou méthode philosophiques, comme opposant, à l'unification transcendante abstraite, l'unification immanente concrète ou la totalisation de l'être pensé. La vie pensante et le contenu pensé se synthétisant dans la méthode ou démarche comme vie du contenu ou pensée de l'être, c'est essentiellement dans celle-ci qu'il convient d'examiner en quoi a consisté plus précisément la totalisation spéculative de l'être pensé, qui a, chez Hegel, éliminé totalement la pensée métaphysicienne.

Hegel lui-même a résumé en une proposition ultra-spéculative le sens non métaphysique de cette totalisation de l'être pensé en concentrant son Encyclopédie philosophique sous le sceau final de la grande pensée de la Métaphysique d'Aristote, à savoir que l'être absolu est intellection de soi de l'intelligible, pensée de la pensée. C'est dire que la totalisation sensée de l'être s'accomplit dans l'Encyclopédie spéculative par l'identification de la pensée de l'être et de la pensée de la pensée de la pensée. Assurément, Hegel ne réhabilite par là en rien au terme de l'Encyclopédie la métaphysique dont la répudiation a ouvert celle-ci. Pour lui, Aristote, comme, d'ailleurs, Platon et la grande philosophie antique, n'a aucunement pratiqué la métaphysique critiquée par lui : « Platon n'est pas un métaphysicien de ce genre, et Aristote encore moins, quoique l'on croie habituellement le contraire »[1]. Revenir à Platon, pourtant théoricien de l'intelligible, et à Aristote, théoricien, lui, de l'intelligible comme intellection de soi, ce n'est donc pas rechuter dans la métaphysique désormais, en vérité, disparue, et où l'esprit ne peut plus avoir son chez-soi :

> Cette métaphysique contraste extrêmement avec la philosophie antique, avec Platon, avec Aristote. A la philosophie antique, nous pouvons toujours faire retour ; elle apporte la satisfaction, au degré de développement qui est le sien[2].

La référence finale de l'*Encyclopédie*, bien loin, par conséquent, de montrer que Hegel reste métaphysicien dans sa critique de la métaphysique, confirme, par la bénédiction de l'auteur non proprement « métaphysicien » des textes désignés, il est vrai, après lui, comme « Métaphysiques », que c'est

---

1. *Encyclopédie*, *SL*, 1830, Add. § 36, p. 493.
2. *G.Ph*, p. 483.

seulement à travers la résolution de la pensée de l'être dans la pensée de cet être comme pensée de la pensée que la métaphysique est absolument révolue.

Or identifier l'être et la pensée de la pensée, ce n'est pas seulement changer le contenu de la pensée philosophante, qui devient alors, en lui-même identique à lui-même ; c'est faire s'identifier ce contenu avec la forme même de la pensée, qui s'emploie à identifier en son penser le pensant et le pensé, et, par une telle identification – dans cette manifestation de l'être qu'est le penser – de l'objet, du sujet, et du sujet avec l'objet de ce penser, réaliser absolument l'être comme identité concrète mais absolue avec soi. Penser l'être comme pensée de soi, c'est donc être l'être lui-même, en tant qu'il n'est pleinement tel qu'en s'achevant comme et dans la pensée philosophante accomplie au-delà de la différenciation multiforme caractéristique de la métaphysique. Cela implique que l'acte pensant soit parfaitement transparent à lui-même en tous ses côtés. C'est-à-dire qu'aucune pensée ou signification ne soit admise par lui simplement parce qu'elle est en lui, parce qu'il la trouve ou qu'elle s'impose à lui comme un fait, mais uniquement pour autant qu'elle est produite en lui par lui comme un moment de l'unique auto-différenciation totalisante du sens ; celle-ci partant du sens qui a pour contenu la pure identité à soi de sa présence originaire à lui-même exprimée par le mot « être ». Voilà en quoi consiste la conversion du penser – qui est en même temps, parce que l'homme, en tout, pense, une conversion de l'existence – par laquelle la philosophie rationnelle se libère de toute métaphysique. Hegel accomplit cette libération par le geste décisif et absolu qui lui fait achever le processus engagé par Kant et intensifié par Fichte, mais restant chez eux une mise en question encore métaphysique de la métaphysique.

La révolution copernicienne de Kant substitue, à la pensée rationnelle dogmatique de l'être constitutive de la métaphysique traditionnelle, la pensée rationnelle critique de celle-là ; la philosophie ne pense plus l'être comme tel, mais l'être comme pensé, la pensée de l'être. En ce sens, Kant, ainsi que le remarque Hegel, fait déjà de la métaphysique une logique [1]. Mais une logique qui continue de penser la pensée de l'être comme différant de l'être, pris en son phénomène sensibilisant, non rationnel, et en tant qu'être, que « chose en soi » ; elle se pense par conséquent elle-même comme une logique non objective, mais subjective, au sein d'un sens englobant qui reste celui de l'être et qui la maintient donc, au fond, comme une métaphysique. Les grands ouvrages doctrinaux de Kant s'intitulent bien encore des « métaphysiques » – de la nature ou des mœurs – qui exposent le fondement rationnel des savoirs positifs reliés extérieurement à celui-ci par une raison critique elle-même appelée par Kant déjà (ou encore !) métaphysique. Il est vrai que la pensée kantienne, qui ne réfléchit pas sur elle-même pensant la pensée naturelle ou scientifique, est pour elle-même un être dont les déterminations sont, de ce fait, trouvées en elle dans leur sens non médiatisé par ce qui serait son auto-détermination transparente à elle-même. La pensée de la pensée de l'être demeure

---

1. Cf. *SL* –, I : *L'être*, p. 58.

transie par l'être, la révolution copernicienne n'est qu'une réforme formelle de la métaphysique.

C'est ce que restera aussi l'intensification fichtéenne de la critique de la métaphysique de l'être. Fichte arme pourtant sa critique du grand principe de la conviction philosophique, selon lequel le pensant doit retrouver dans le pensé, lui-même, le penser du pensé. La pensée de l'être n'est identique à elle-même réellement, vraie, que si elle pense dans cet être la pensée de l'être, au lieu de le penser comme autre que la pensée, c'est-à-dire comme chose en soi. La philosophie vraie, ayant alors pour contenu non plus l'être, mais la pensée, le savoir ou la science de l'être, n'est plus une métaphysique, mais une « doctrine de la science ». Cependant, chez Fichte, l'être n'est pas totalement pensé comme posé par la pensée. Sans même évoquer sa seconde philosophie, qui sépare de l'être absolu, seulement vécu religieusement, le savoir se sachant à jamais simple phénomène de cet être, je rappellerai que, dans sa philosophie inaugurale, Fichte fait reposer l'être de l'objet sur l'objectivation du sujet pensant originairement séparé de lui-même dans les deux actes immédiatement opposés de la position par le Moi de lui-même et de sa position du Non-Moi. Le pensant s'actualise ainsi comme autre que lui-même, comme étant pour lui-même un *être*, dans sa pensée de l'être : l'être du sens détermine et limite d'emblée, et à jamais, le sens de l'être. La naturalisation schellingienne des deux premiers principes de Fichte conservera un tel héritage métaphysique, que Hegel, seul, va liquider.

Il substitue en effet, dans la pensée inaugurale, à la différence imposée des deux pensées opposées de la position de soi et de la négation de soi du principe lui-même déjà déterminé ou différencié qu'est le Moi ou la Nature, l'auto-différenciation ou détermination de la pensée indéterminée de l'être, qui se pose, en son identité à soi, différent d'avec soi. Hegel pense comme première pensée, impliquée par toute autre, celle de l'être présent à lui-même dans une indétermination qui le laisse se déterminer aussi bien comme être que comme non-être, donc comme une contradiction anéantissante – voilà la dialectique –, que son être fait se contredire dans l'unité relativisante de l'être et du non-être qu'est le devenir – voilà la.dialectique spéculative. Cette dialectique fera se déterminer l'être originel présent à lui-même, qui est par là en soi pensée, finalement comme pensée de la pensée et savoir spéculatif. L'unité initiale de l'être et du penser se déploiera, dans la continuité d'elle-même, jusqu'à sa justification encyclopédique absolue, qui couronnera la totalisation du sens réalisé. Ainsi, à chaque étape d'une telle totalisation des déterminations essentielles de l'être qui est pensée de soi, cet être est à lui-même son propre sens et se manifeste à lui-même sans qu'il soit besoin d'une herméneutique, de cette herméneutique qui a malheureusement envahi la pensée post-hégélienne. La dialectique spéculative de Hegel, témoin lucide et modeste de l'absolu qu'il sait d'emblée auprès de nous, le fait, de la sorte, se garder aussi bien de la naïveté du métaphysicien qui perd le sens dans l'être que de la vanité de l'herméneute qui perd l'être dans le sens.

Hegel me semble ainsi avoir élaboré une philosophie rationnelle dans laquelle la métaphysique ne trouve plus place, et ne peut trouver place du fait de la totalisation immanente de la pensée de l'être comme pensée de soi. L'après hégélien de la métaphysique se sait en cela restituer l'avant parménidien d'elle-même, par sa répétition de la pensée de l'identité du penser et de l'être. Mais cette répétition se fait dans la différence de l'identité immédiate ou étante du penser et de l'être, et de leur identité pensante, car médiatisée avec la première par la pensée métaphysique, pensée de l'être comme tel, différent du penser, mais s'identifiant, en sa détermination finale, dans lui-même, comme pensée de la pensée, et par là au penser même. On voit que la métaphysique pense, en l'insérant dans l'identité formelle pensée par Parménide, le contenu différencié, déterminé, du monde d'abord seulement imaginé, apparent, qu'expose la deuxième partie du *Poème*. La pensée concrétisante de Hegel réunit donc, en elle, avec lui-même, l'ambigu commencement parménidien. Mais le dépassement hégélien de la métaphysique apparaît alors, à cet égard, bien différent du dépassement que voudra réaliser d'elle Heidegger. Pour celui-ci, la métaphysique, pensée de l'être de l'étant en son entier, a bien été accomplie par Descartes, mais elle a déjà été développée par Socrate et Platon, en cette défaillance d'elle-même – née, au fond, avec la philosophie occidentale – qui consista à soumettre son moment poétique à son moment pensant. Leur juxtaposition, dans le *Poème* de Parménide, comme celle de la pensée vraie et du mythe trompeur, annonçait déjà un tel destin.

Puisque, pour Heidegger, la pensée est poème, la métaphysique comme réduction conceptuelle fixée du poème doit être dépassée dans la poétisation du concept. Mais celle-ci, comme ouverture du fermé, est toujours à venir, et donc l'est aussi le « trépas » de la métaphysique : « Ce trépas dure plus longtemps que l'histoire jusqu'ici accomplie de la métaphysique »[1]. Que Heidegger pense un tel dépassement, s'il est sans fin, ne suffit pas à libérer sa pensée même de ce qu'il veut dépasser. Le rationaliste insatisfait de la métaphysique préférera, au dépassement poétique, mais incertain, de celle-ci, prophétisé par Heidegger, son dépassement prosaïque, mais franc, opéré par Hegel.

---

1. Heidegger, « Dépassement de la métaphysique », dans *Essais et conférences*, trad. A. Préau, Paris, Gallimard, 1958, p. 81.

## CHAPITRE VIII

## DIALECTIQUE ET ABSOLU

Dans son article « Hegel et le problème de la dialectique du réel » publié en 1931 dans la *Revue de métaphysique et de morale*, Nicolaï Hartmann, parlant de la méthode dialectique hégélienne, écrit que « Hegel possédait cette méthode avec maîtrise, mais [que] lui non plus ne fut pas en mesure de dire en quoi elle consiste »[1]. Originairement et foncièrement « philosophe de l'esprit », Hegel aurait conçu la dialectique à partir de l'expérience de cet esprit, ou, plutôt, aurait transposé une telle expérience en une pratique dialectique conceptuelle dont il n'aurait ni pu ni, d'abord, voulu faire une théorie proprement logique, ce que Hartmann considère en effet comme un mérite, car seuls, à ses yeux, les épigones se préoccupent de théoriser ce que pratiquent leurs maîtres : « Toute réflexion excessive sur la méthode s'attarde dans l'accessoire, passe à côté de ce qui

1. N. Hartmann, « Hegel et le problème de la dialectique du réel », *Revue de métaphysique et de morale*, numéro spécial consacré à Hegel, juillet-septembre 1931, Paris, A. Colin, p. 14.

est fondamental, est un symptôme de décadence »[1]. L'ancrage de la dialectique hégélienne dans son objet privilégié, la vie éprouvée de l'esprit, expliquerait aussi l'artificialisme constructiviste en lequel elle se dégraderait dans son exercice purement logique. Bref, le hégélianisme n'offrirait ni une pratique logique authentique ni, *a fortiori*, une théorie logique explicite de la dialectique. Celle-ci n'aurait pas sa place au principe du système, dans la Logique spéculative qui, pourtant – et c'est ce qui rend bien aventureuse la lecture hartmannienne – a pour contenu ultime de son savoir alors absolu sa propre méthode, et ce, comme âme dialectique universelle de toute vie réelle, naturelle et spirituelle.

S'il est question de la dialectique dans tous les écrits et tous les cours de Hegel, le lieu essentiel de la pensée qu'elle prend d'elle-même est bien la *Science de la Logique*, et, dans celle-ci, sa clef de voûte, son ultime chapitre consacré à l'Idée absolue, où se récapitulent en leur sens accompli toutes les indications relatives à la dialectique présentes dans le cours du texte. Or, en cette concrétisation vivifiante d'elle-même – dans l'Idée s'avérant sujet –, la dialectique hégélienne se révèle dépasser complètement le caractère encore abstrait que la raison spéculative, s'apparaissant progressivement à elle-même, et dans son objet, et dans son sujet, tout en ménageant opératoirement son moment d'entendement, a pu sembler accorder à son moment dialectique, et elle affirme le sens et

1. N. Hartmann, « Hegel et le problème de la dialectique du réel », art. cit., p. 16.

l'agir total de celui-ci. Si bien que, à l'opposé d'une dé-logicisation de la dialectique, la théorie, il est vrai essentiellement logique, que propose Hegel de cette dialectique paraît opérer son intensification, voire, à certains égards, son absolutisation logique. Pour en juger, il convient, dans un premier temps, de rappeler trois traits fondamentaux, bien connus, de la dialectique hégélienne, puis, dans une deuxième étape, de constater et expliciter leur application à l'absolu, à travers l'idée logique de celui-ci, et enfin, troisièmement, d'examiner de façon critique la possibilité d'une telle dialectisation de cet absolu lui-même.

Voici d'abord trois rappels, qui concernent successivement le lieu, le mode et le statut de la dialectique dans la pensée spéculative de Hegel. – La discursivité – le mouvement ou processus – dialectique a son lieu dans tout ce qui a un sens ou/ et un être assignables, déterminés ; elle n'est pas seulement celle d'une subjectivité ou pensée qui, en son exercice empirique contingent (la sophistique antique) ou en son usage transcendantal nécessaire (Kant), éloignerait, en suscitant illusion ou apparence, de l'objectivité, de la réalité ou de l'être en son sens intelligible identique à soi, ni, non plus, inversement, celle d'un réel fluctuant, essentiellement par son caractère sensible, auquel s'opposerait la pensée en son pouvoir intellectuel d'identification à soi. Tout être et toute pensée sont dialectiques, et d'abord cet être qui est pensée ou cette pensée qui est être, et qu'on appelle l'expérience ou la vie. Hegel relativise, on le sait, en la faisant provenir de l'identité de l'âme et retrouver dans l'identité de l'esprit, la différence conscientielle de l'être et de la pensée, de l'objectivité et de la subjectivité ; pour lui, la pensée est, comme pensée de soi qui se fait être (le logique), l'alpha, et, comme être qui se fait pensée de soi (la Logique, comme principe de la philosophie spéculative), l'oméga de tout ce qui est et qui déploie sa discursivité dialectique dans le jeu de ces deux moments intimement mêlés de lui-même et non encore égalés l'un dans l'autre, que sont son être et son sens. Tout ce qui se trouve ainsi déterminé, limité, est de la sorte un exemple du dialectique.

Quant à son mode, la discursivité dialectique est la discursivité réellement telle, et non pas simplement formelle, comme forme d'un contenu demeurant identique réellement à lui-même, seulement transporté du même au même comme c'est le cas dans la discursivité déductive. La discursivité dialectique, intériorisation de l'affrontement dialogique, altère, aliène le contenu qu'elle exprime dans et par rapport à lui-même, elle l'annule en son être, le précipite dans son non-être en le mettant en contradiction avec lui-même. Tout ce qui a un sens et/ou un être assignables, déterminables, est ainsi dialectique car contradictoire en lui-même, n'étant pas en tant qu'il est, et par conséquent n'étant pas, car ce qui est contradictoire n'est pas. La contradiction dialectiquement mobilisée frappe toute réalité ou idéalité déterminée, c'est-à-dire finie, en tant même qu'elle est absolument identique à elle-même et se sépare ou s'abstrait ainsi du tout et donc de ce qui, en celui-ci, est autre qu'elle – contraire à elle ou même simplement divers par rapport à elle – et, par là, puisqu'elle n'a d'être et de sens qu'au sein de ce tout et dans sa relation à ce qui s'y trouve autre qu'elle, elle perd son être et son sens, n'est pas en tant qu'elle est, est non identique à elle-même en tant qu'elle est identique à elle-même, bref est contradictoire et, comme telle, n'est pas. On a fréquemment reproché à Hegel d'avoir, pour généraliser l'existence de la contradiction, édulcoré sa signification stricte en l'étendant à ce qui est seulement contraire, voire simplement divers : à tort, car, si, assurément, la contrariété et la diversité ne sont pas la contradiction, le fait, pour ce qui est fini, d'être essentiellement impliqué dans une relation de contrariété ou de diversité, et en cela non identique à son identité, le rend contradictoire et le soumet à la dialectique comme à ce qu'il a de plus propre, comme à l'expression logique de son destin.

La généralisation à tout ce qui a un sens et un être déterminés de la dialecticité comme négation immanente nécessaire de soi-même est cependant, pour ce qui concerne le statut de cette dialecticité, une relativisation d'elle-même en tant qu'un moment particulier du mouvement total réel, donc aussi, pour commencer et pour finir, positif, que ce moment anime, mobilise, et auquel, en raison du rôle moteur qu'il y joue, telle son âme, il a donné son nom et fait désigner comme la dialectique : le dialectique est, proprement, seulement le moment négatif moteur du mouvement de l'être, du mouvement ainsi lui-même, en son être, positif, constitué par la dialectique. Qu'il soit ici simplement rappelé que ce moment négatif de la différenciation de l'être d'avec soi médiatise entre eux les deux moments positifs de l'identité à soi se posant comme telle hors de toute différence ou détermination interne qui ferait écho et la relierait à une différence extérieure, et de l'identité à soi se composant de toutes les différences accueillies en elle et la concrétisant en une totalité comme telle seulement en rapport avec elle-même ou réfléchie en elle-même. Le premier moment, qui pose en l'identifiant à soi ou en l'universalisant un contenu séparé ou abstrait de toute différence ou particularité – et tel est d'abord le contenu absolument universel ou identique à soi qu'est l'être – est celui de l'entendement. Le troisième et dernier moment qui compose en un tout concrétisant l'identité positive initiale les différences au préalable dialectiquement suscitées en elle et la niant en sa négation du tout, est celui – puisque Hegel, à la suite de Kant, définit la raison par la totalisation – de la raison positive ; la « raison positive » pose le tout du sens ou de l'être, c'est-à-dire, suivant le même héritage moderne de Kant, ce qui peut être désigné comme l'Idée. Entre la positivité absolue immédiate de l'être pur et la positivité absolue médiatisée de l'Idée, la négativité dialectique qui nie la négation du tout qu'est l'être abstrait constitue la « raison négative » car anticipant l'auto-position de la raison dans la négation de sa négation.

Ce moment du dialectique ou de la différenciation d'avec soi de l'identique à soi pris en l'indétermination posée du commencement, se différencie lui-même en deux moments ou deux degrés de la négativité. Le premier négatif consiste dans la révélation ou position de l'identique A=A comme étant bien plutôt le différencié, lui qui est déjà en soi différencié de la différence, déterminé par la négation de la détermination : A est posé comme Non-A, qui n'est pas zéro, puisque la négation de A désormais déterminé est une négation elle-même déterminée, une négation qui est aussi une détermination, et une détermination ayant un être tout comme A, soit B. Or la positivité de B, le premier négatif, étant celle de son identité de lui-même et de A qu'il nie en le contenant en son sein, ne peut être assurée que s'il se nie lui-même en cette auto-négation qu'est sa contradiction interne ; cette seconde négativité frappe les deux termes A et B en lesquels B se réfléchit comme égal à lui-même en eux, et, donc, cette réflexivité elle-même, forme en attente d'un nouveau contenu véritablement positif, c'est-à-dire d'une unité nouvelle C s'auto-posant en s'appropriant comme ses moments A et B concrètement niés. Ainsi, le second négatif ou le deuxième temps de l'actualisation du dialectique, en niant les deux premiers moments de la dialectique – le moment de l'entendement et le moment de la raison négative, qui est le moment du dialectique lui-même –, fait place nette pour l'auto-position de la raison positive, totalité de l'être se reflétant sans reste, spéculairement, dans cette position d'elle-même par elle-même qui constitue le troisième moment, spéculatif, ou s'accomplit la dialectique hégélienne [1].

---

1. Sur la distinction et le rapport des deux degrés du dialectique médiatisant la positivité universelle et la positivité totale de tout développement du sens et de l'être, on se reportera

Récapitulons. L'universalité de cette dialectique, premier caractère souligné en elle, est celle de la contradiction motrice, deuxième trait retenu, d'un développement de l'être et du sens dont elle constitue, troisièmement, seulement le moment médian, celui de la différence d'avec soi, moment non absolu de l'absolu, lequel est fondamentalement l'identité à soi, qu'on la prenne en son affirmation initiale – l'universalité – ou en son affirmation terminale – la totalité – d'elle-même. C'est pourquoi, semble-t-il, à strictement parler, la dialectique ne vaut que de ce qui, dans l'absolu, n'est pas l'absoluité de celui-ci. L'universalité de la dialectique paraît bien limitée, par son mode et son statut, à ce qui, déterminé, limité ou fini, constitue le moment relatif de l'absolu. Et pourtant, force est de constater que Hegel parle aussi de la dialectique comme étant également celle de l'absolu lui-même. Cela moyennant une extension de son champ, de son mode et de son statut lui permettant de l'appliquer non seulement à l'être fini, mais aussi à l'être infini.

---

au dernier chapitre de la *Science de la logique*, consacré à l'« Idée absolue » : « Parce que le terme premier ou immédiat est le concept *en soi*, qu'il est donc aussi seulement *en soi* le négatif, le moment dialectique en lui consiste en ce que la *différence*, qu'il contient *en soi*, est posée en lui. Le deuxième terme, par contre, est lui-même le *déterminé*, la *différence* ou le Rapport ; c'est pourquoi le moment dialectique en lui consiste dans la position de l'*unité* qui est contenue en lui […] Le *deuxième* négatif, le négatif du négatif, auquel nous sommes parvenus, est une telle suppression de la contradiction » (*SL* – III : *Le concept*, trad. B. Bourgeois, Paris, Vrin, 2016, p. 312.

Sans doute faut-il prendre absolument la raison motivant l'éloge exceptionnel que Hegel fait d'Héraclite dans ses cours sur l'histoire de la philosophie :

> Héraclite appréhende […] l'absolu lui-même comme […] étant la dialectique elle-même […]. C'est là un progrès nécessaire, et c'est celui qu'Héraclite a accompli. L'être est l'Un, ce qui est premier ; ce qui vient en second, c'est le devenir, c'est à cette détermination qu'Héraclite est parvenu. C'est là le premier concret, l'absolu en tant qu'ayant en lui l'unité de termes opposés. C'est donc chez Héraclite qu'on doit rencontrer pour la première fois l'Idée philosophique sous la forme spéculative… Ici, la Terre est pour nous en vue : il n'est pas une proposition d'Héraclite que je n'aie reprise dans ma Logique [1].

Ainsi, Héraclite est loué parce qu'il ne s'est pas contenté de saisir la dialectique dans l'absolu, pris dans le moment fini que son infinité concrète contient en elle, mais a affirmé la dialectique de l'absolu en tant qu'absolu, qui n'est l'Un vrai que comme devenir. Assurément, Xénophane et surtout Parménide sont grands, pour avoir fixé l'être et la pensée – hors de la différence sensible et représentative toujours différente d'elle-même, flux désordonné interdisant tout discours cohérent et en cela vérifiable – en leur identité à soi absolue, mais il semble bien que le mérite des deux penseurs, aux yeux de Hegel, soit essentiellement

---

1. Hegel, *Leçons sur l'histoire de la philosophie*, trad. R. Garniron, t. I, Paris, Vrin, 1971, p. 151.

d'avoir par là institué le milieu spirituel permettant le déploiement rigoureux, la discursivité scientifique, de la pensée qu'est la dialectique :

> Dans ce que les Eléates énoncent comme l'essence absolue, ils appréhendent la pensée elle-même en sa pureté, et le mouvement de la pensée dans des concepts. Nous trouvons ici le commencement de la dialectique, c'est-à-dire précisément du pur mouvement du penser dans des concepts [1].

Hegel s'avoue certes ici parménidien, et il l'est certes. Alors même que, dans sa Logique, il dit identique l'un à l'autre absolument, originairement, immédiatement, donc sur le mode de l'être, l'être et le néant, il choisit bien, comme détermination originaire ou origine de la détermination de l'absolu, celle, indéterminée, de l'être et non pas du néant, de l'identité à soi et non pas de la différence d'avec soi : l'absolu est foncièrement être et non pas néant. Mais le contenu d'un tel être est son identité avec le néant, l'identité « étante » de l'être et du non-être qu'est le devenir, c'est-à-dire la dialectique en son principe. Pour Hegel, l'absolu n'est pas le néant en quoi il y a une position, émergence spontanée d'un être non identique à soi, mais l'être qui nie et, en son identité à soi, *se* nie, et ce, dans la maîtrise de son activité ou de sa négation. C'est pourquoi l'absolu hégélien n'héberge pas seulement en lui la dialectique, il se fait lui-même dialectique. La dialectique n'est pas seulement en lui l'auto-négation du fini, révélant *in fine* l'infini comme

---

1. Hegel, *Leçons sur l'histoire de la philosophie*, *op. cit.*, p. 112.

auto-position de lui-même, car l'absolu ainsi auto-posé n'est qu'à se faire lui-même dialectique en posant son négatif ou en se niant lui-même. Le savoir absolu qui s'est fait advenir au terme de la *Phénoménologie de l'esprit* est bien l'aliénation de lui-même dans la certitude sensible, et, dans le système encyclopédique de l'être, l'absolu accomplit son sens, l'Idée logique, en s'aliénant semblablement dans une nature. Quant à cet absolu pris en la réalisation achevée, spirituelle, de son sens, il s'exprime spéculativement par le renversement de la dialectique ascendante de l'esprit fini s'élevant à son principe dans la dialectique descendante de l'esprit infini reposant en lui, mais suivant le sens vrai de leur position originaire, toutes les conditions logico-naturelles de son incarnation dans l'esprit fini. La philosophie hégélienne comme promotion spéculative de la théologie chrétienne fait bien se fonder la dialectique ascendante de l'homme qui est divinisé sur la dialectique descendante du Dieu qui s'humanise. En un mot, la dialectique en sa vérité absolue consiste bien dans la dialectisation de l'absolu.

Une telle dialectique, dont le lieu ainsi potentialisé est l'absolu, voit également, tout en un, son mode, la contradiction mobilisée et mobilisante, développé en toute sa puissance en s'appliquant à lui-même comme contradiction de la contradiction, contradiction réfléchie en elle-même en tant que prédicat du Soi qu'est le tout absolu. Si l'absolu est vie, activité, et non pas l'être rigide de la mort, c'est pour autant qu'il est en lui-même la contradiction de lui-même. Même sa vie la plus éthérée et paisible, celle qui se maintient à l'intérieur de son identité logique à lui-même, est, au plus loin de la fadeur d'un simple jeu positif avec soi, animée par le travail du négatif. Celui-ci s'accomplit dans la négation par l'Idée logique, non pas de telle ou telle de ses déterminations encore inadéquate à elle-même, mais d'elle-même comme tout auto-suffisant, absolu, de ses déterminations, cette négation totale, cette abnégation sans réserve lui faisant créer, libérer d'elle, son Autre, d'abord la nature. Par son sens, qui la fait culminer dans la mort du vivant, la nature ainsi auto-négatrice manifeste comme sa vérité l'esprit qui la nie en son extériorité à soi et en sa contradiction de ce fait non susceptible de se réfléchir en elle-même comme dans un Soi où, s'appliquant à elle-même, elle pourrait se résoudre et se maîtriser. Telle est bien la puissance de l'esprit, dont la surabondance d'être s'avère dans le sacrifice qu'il fait de lui-même pour faire être son Autre. Il est bien inutile de restituer ici le thème tragique de la mort de Dieu qui, comme mort de la mort, annonce le triomphe de son absolue vitalité.

Ce qu'il convient de souligner, c'est que, en s'absolutisant ou s'infinitisant, la dialectique passe de son régime passif à son régime actif, d'une dialectique subie par l'être fini à une dialectique mise en œuvre par l'être infini, d'une dialectique de la nécessité à une dialectique de la liberté, d'une dialectique objective de l'être-contredit à une dialectique subjective du se-contredire. Tout est contradictoire sauf le tout, qui, ne pouvant comme tel être réfléchi en son activité ou négativité que dans lui-même, c'est-à-dire que se réfléchir en un Soi, se contredit lui-même.

On voit que l'extension ou l'infinitisation de la contradiction dialectiquement actualisée repose sur une intensification ou intériorisation d'elle-même. D'abord subie objectivement, dans la Logique objective de l'être, comme nécessité totalement extérieure du passage du Même à l'Autre, puis, dans la Logique toujours objective de l'essence, qui est sa négation, par intériorisation, de l'être, rivé en son extériorité à soi, comme nécessité réfléchie en soi, mais non réfléchie en cette réflexion dans un avoir d'elle-même où elle se résoudrait et dépasserait, la contradiction se maîtrise enfin, dans la Logique subjective du concept, comme un tel avoir d'elle-même par le Soi qui se l'approprie, en se contredisant, comme médiation de sa liberté. La contradiction de soi de l'absolument positif qu'est l'absolu accomplit bien en son sens vrai, qui est effectivement tout à fait positif, la contradiction de la contradiction, la négation du négatif que s'est révélé être le second négatif ou le dialectique achevé dont il a été question à l'instant. L'absolu s'avère en toute sa positivité à travers l'absolutisation de la négativité achevée du dialectique.

La présentation que fait alors Hegel du positif pleinement concrétisé, c'est-à-dire du spéculatif, comme résultant de l'auto-négation du négatif ou comme étant le dépassement proprement dialectique du dialectique paraît exprimer une justification plus essentielle, car plus intérieure, de la désignation, comme la dialectique, de tout le développement rationnel mû, en son centre, en son moment médian, par le dialectique. Elle signifie en effet l'idée d'une présence agissante de ce dialectique non seulement dans le moment médian du processus animé par celui-ci, moment où le dialectique est posé comme tel, mais aussi dans les deux autres moments, ses deux extrêmes s'affirmant comme positifs. Certes, les trois côtés de tout ce qui a sens et être : le côté d'entendement, le côté de la raison négative et le côté de la raison positive, ne constituent pas des « parties » de l'être et du sens, mais précisément des moments, c'est-à-dire des aspects, toujours présents et agissants dans leur totalisation constamment réitérée sous la prépondérance, à chaque fois, de l'un d'entre eux. Par exemple, l'entendement est bien ce qui fait de la dialectique tout entière un parcours réglé, un discours cohérent, identique à soi-même, aussi dans son moment dialectique et son moment spéculatif. Mais Hegel semble aller plus loin en étendant l'action prépondérante du moment médian dans les moments extrêmes, de départ et d'arrivée, de la dialectique.

Il souligne à l'occasion que la position initiale, par l'entendement, de l'identique à soi ou de l'universel comme tel, non encore différencié ou particularisé, est déjà le résultat d'une négation, celle de l'identité syncrétique du donné immédiat, d'abord sensible : « [l'esprit] est le négatif, ce négatif qui constitue la qualité aussi bien de la raison dialectique que de l'entendement – il nie ce qui est simple et ainsi il pose la différence déterminée de l'entendement »[1].

---

1. *SL* – I : *L'être*, Préface de la 1ʳᵉ édition, p. 30.

La position de l'identité comme telle, pure pensée, procède bien d'une négation de l'identité mélangée à la différence offerte par la conscience sensible ou représentative, et Hegel caractérise bien l'entendement comme pouvoir de distinction et séparation. C'est que toute activité change ce qui est, donc le nie, et l'activité posante initiale est déjà une négation. De même, l'activité posante terminale, proprement spéculative, est littéralement présentée comme l'effet direct de la négation du négatif, donc du dialectique achevé : « Cette négativité est, en tant que la contradiction qui se supprime, la *restauration* de la *première immédiateté*, de l'universalité simple ; car, *immédiatement* [nous soulignons], l'Autre de l'Autre, le négatif du négatif, est le *positif*, l'*identique*, l'*universel* » [1]. A quoi il faudrait ajouter que la totalité où se clôt positivement le mouvement dialectique n'est pas une totalité en repos, mais l'agir absolu, ou, en d'autres termes, la négativité se médiatisant avec elle-même. Le savoir absolu n'a pas sa vérité – comme Kojève l'affirmait étrangement – dans l'être, fixant et figeant son devenir, du *Livre*, mais dans la *lecture* sans cesse actualisée de ce Livre, en laquelle l'esprit intériorise son accomplissement. L'être absolu de l'esprit abrite son agir infini, agir sur soi alors constamment relancé et vivifié [2]. Le spéculatif, qui n'est, à proprement parler, que comme spéculation, subjectivité ou personnalité, non pas chose ou objectivité, même spirituelle, se dialectise

1. *SL* – III : *Le concept*, p. 313.
2. Cf. *ibid.*, p. 315.

de la sorte de part en part, puisque la « nature » de la « personnalité pure », parfaitement réfléchie en elle-même parce qu'elle réalise le sens total, est – ainsi que l'écrit Hegel – « la dialectique absolue » [1].

Les trois aspects qui viennent d'être examinés de la dilatation hégélienne de la dialectique en tant que, d'une part, celle-ci est appliquée à l'être absolu lui-même et que, d'autre part, elle est, en sa négativité, érigée en principe de tout le développement de cet être, ne risquent-ils pas cependant de lui faire perdre son sens strict et son caractère rigoureux ? Telle est bien la question qui se pose alors. Car la dialectique, entendue *stricto sensu et modo necessario*, est celle qui mobilise, non pas la négativité simplement formelle de tout agir en tant que tel, y compris de l'agir exprimant une surabondance d'être et de positivité chez l'être, par là infini, qui se nie, et ce, librement, mais la négativité réelle, qui, traduisant une insuffisance d'être et signifiant l'être nié de l'être en cela fini, rend nécessaire l'affirmation de l'être infini dans une discursivité par là scientifique. Or la libre synthèse de la dialectique absolutisée ne risque-t-elle pas de l'arracher à l'identification analytique nécessitante, présente dans la dialectique stricte du fini ? Mais alors, le souci hégélien de scientificité que celle-ci satisfait par sa discursivité à la fois analytique, nécessitante, et synthétique, enrichissante, ne fait-il pas limiter ou déterminer l'ouverture de la dialectique ascendante du fini à et sur la dialectique descendante de l'infini par l'expression de la dernière

---

1. *SL* – III : *Le concept*, p. 318.

à travers le seul cadre de la première? Et par là, indirectement, libérer l'auto-position prioritaire essentielle à l'absolu pris et considéré pour lui-même de tout impérialisme dialectique, au point même de faire porter, inversement, aussi l'affirmation de la dialectique stricte du fini par l'actualisation de cette libre auto-position qu'est l'absolu?

La dialectique descendante de l'absolu ne peut se déployer pour elle-même dans un discours scientifique. L'absolu, en sa totalité réfléchie en un Soi, c'est-à-dire en sa liberté, ne peut poser ses déterminations ou limitations dans une « émanation » ou une « création », que librement. Si la position de l'être de l'abstrait ou du séparé, comme tel contradictoire et donc sans être, requiert nécessairement la position, comme être capable de le faire être, du Soi concret qui le nie, en revanche la position de celui-ci, comme de l'être absolu, auto-subsistant et suffisant, n'exige par elle-même aucune position de quoi que ce soit d'autre. Assurément, l'auto-position de lui-même qu'est le Soi absolu est immédiatement celle de ce dont il est la totalisation, mais cette auto-position totale de l'absolu, en vérité immédiate, identique à soi, éternelle, ne peut s'analyser dans la finitude d'une discursivité, et d'une discursivité nécessaire, qu'en exploitant la vertu scientifique de la dialectique ascendante dont elle s'est fait provenir en son auto-manifestation précisément finie. C'est bien par une telle exploitation que les essais de lecture descendante de l'Encyclopédie hégélienne – songeons, par exemple, à celui de T. Litt – peuvent présenter leur discours comme non arbitraire. L'absence de scientificité est bien ce qui fait rejeter par Hegel toute exposition « émanatiste » de l'auto-développement de l'absolu. Pour lui, le savoir absolu ne peut se comprendre et justifier dans son actualisation de l'absolu qu'en se donnant pour contenu théorique son advenir fini à son éternelle infinité. L'absolu n'est proprement savoir de lui-même qu'en s'exposant non pas dans une émanation analysante, mais dans une « évolution » synthétisante de lui-même. A vrai dire, Hegel pense s'élever au-dessus de l'unilatéralisme auquel semble condamner une telle opposition, entre les termes de laquelle le philosophe devrait choisir, interdisant ainsi à la philosophie scientifique d'accomplir sa tâche réconciliatrice imposée par l'idée d'un savoir absolu. Si celui-ci, en effet, ne peut s'exprimer que dans la forme scientifique de la dialectique strictement dialectique qu'est la dialectique ascendante, il fonde en celle-ci, et comme son contenu ultime, l'affirmation de l'infini fondateur du fini, une affirmation dont la dialectique descendante veut être l'actualisation discursive, même si son actualisation adéquate ne peut guère être qu'intuitive, c'est-à-dire, à proprement parler, non véritablement dialectique.

En vérité, la dialectique hégélienne fait bien s'entrecroiser dans sa forme scientifiquement ascendante la dialectique ascendante ou évolutive et la dialectique descendante ou émanatiste.

> Chacune de ces formes est unilatérale ; elles sont simultanées ; le processus divin éternel [qui est lui-même et son Autre, temporel, humain, fini] est un

courant s'écoulant selon deux directions opposées qui se rencontrent et pénètrent sans réserve pour ne faire qu'un [1].

Le processus dialectique hégélien fonde sur l'auto-négation du fini l'auto-position de l'infini comme de ce qui se fonde lui-même en fondant le fini et sa négation :

> Le résultat se nie comme résultat, il est dans lui-même le contrecoup consistant pour lui à se présupposer [comme être, etc.] et à supprimer cette présupposition – parce qu'elle est en soi posée par le résultat – comme présupposition, et à la poser comme un être-posé [2].

De la sorte, l'immédiat se supprime non seulement par la marche ou la méthode du savoir absolu, qui se développe et médiatise bien lui-même en ses implications, mais surtout par le contenu vrai en lequel celle-là se déploie finalement, et qui est l'infini se posant lui-même comme le principe premier de tout : « Cette marche ainsi que sa suppression sont, chacune, un moment, une détermination dans le contenu absolu lui-même ; toutes deux ensemble constituent l'activité de Dieu dans lui-même » [3]. Ce que la « Philosophie de la religion » exprime en le logeant en Dieu, la Science de la logique le formule

---

1. *Encyclopédie* II : *Ph.N*, Add. § 252, trad. B. Bourgeois, p. 356.

2. Hegel, *Vorlesungen über die Philosophie der Religion* – *Ph.R* –, éd. G. Lasson – L –, I, rééd. 1966, Hambourg, F. Meiner Verlag, p. 174.

3. *Ibid.*, p. 175.

comme la vérité du sens absolu de l'être, qui est d'être le savoir absolu : la méthode dialectique où s'achève celui-ci « s'entrelace » dans le « cercle » de la fondation progressive, à partir du commencement, d'un résultat qui, fondé comme le fondement de ce commencement et de sa « détermination croissante progressive », désigne celle-ci bien plutôt comme la « fondation régressive » dudit commencement[1]. Cette implication du principe de la dialectique descendante, celle de l'absolu lui-même, dans l'actua-lisation concrète de la dialectique ascendante interdit d'absolutiser celle-ci comme épuisant la méthode spéculative et requiert bien plutôt de fixer le rôle en elle, à travers toute sa scientificité reconnue, de l'auto-position de l'absolu. Une telle relativisation de la portée de la négativité dialectique retient en particulier de considérer, ainsi qu'on a pu le faire ou être tenté de le faire dans diverses interprétations de sa mise en œuvre hégélienne, que l'auto-position de l'absolu, alors seulement prétendue, se réduisait en elle à l'auto-négation du fini, ou, en d'autres termes, le spéculatif au dialectique, qu'on s'en réjouisse ou qu'on le déplore. Par exemple, on ne saurait voir, dans la fondation nécessaire de l'affirmation de l'absolu, la négation de celle-ci comme auto-affirmation ou libre affirmation de lui-même, en arguant, dans un discours confondant les rangs des contenus affirmés, qu'une telle affirmation de la nécessité de l'existence de la liberté en niait l'exercice. Hegel a établi dialectiquement que l'être ne peut être arraché

1. *SL* – III : *Le concept*, p. 318.

à sa contradiction que s'il est au fond liberté : s'il n'était pas tel, mais seulement nécessité, il ne serait pas. La dialectique ne détruit pas la liberté, mais la fonde comme ce qui seul peut fonder tout le reste, y compris l'être et la pensée en leur nécessité, et *in fine* la nécessité encore présente à la cime dialectique de l'assomption pensante de l'être.

Si la dialectique, comme moment médian de la différence ou de la négativité dans la pensée de soi de l'absolu, est l'expression, dans l'élément de sa différence d'avec soi ou à travers sa finitude, de l'identité absolue ou infinie de l'identité avec soi, infinité ou positivité, et de la différence d'avec soi, négativité ou finitude, qu'est l'absolu, elle doit bien laisser celui-ci se manifester comme absolu aussi au cœur d'elle-même et, donc se faire porter, en toute sa négativité, par l'auto-position de la raison. En son début, la dialectique repose sur une telle auto-position de la raison en son être. J'ai déjà fait remarquer que Hegel, qui souligne que l'être et le néant sont toujours déjà, immédiatement, passés l'un dans l'autre ou sont d'emblée et sans reste, pris en eux-mêmes, identiques, choisit, décide pourtant, sans raison objective, tenant à un contenu ici absent, de poser leur identité comme étant en son fond être et non pas néant; l'auto-position pure, immédiate, porte l'auto-négation alors médiatisée. Décision confirmée au terme de l'auto-position de l'être en son sens, puisque celui-ci, l'Idée logique, re-pose immédiatement sa totalité réfléchie en un Soi dans et comme un nouvel être, et cela même si le contenu de cet être est la négativité naturelle.

Mais c'est tout au long du processus dialectique que l'auto-position de la raison en son être positif, c'est-à-dire comme identification, fixe la négativité dialectique qui la fait progresser vers elle-même. J'ai tenté autrefois de montrer que le sens positif de l'auto-négation du négatif, qui est toujours transcendant par rapport au contenu de celui-ci, est découvert, ou, plus fortement, inventé, en tant qu'unité concrète nouvelle donnant, en les réconciliant, un sens nouveau aux moments contradictoires en lesquels a éclaté le sens précédent de l'être[1]. C'est sur le socle d'un positif librement affirmé et réaffirmé que la négativité peut déployer sa nécessité. Bien loin, donc, que la négativité épuise l'absolu, c'est celui-ci qui, en tant que son auto-position excède son auto-négation, intervient pour assurer cette dernière au cœur même de la dialectique. Pour Hegel, la liberté absolue porte la nécessité en toute sa négativité. Certes, l'absolu n'est esprit que par sa négativité absolue, mais l'esprit n'est absolu, c'est-à-dire absolument esprit, que par son auto-position. La négativité infinie ou subjectivité où culmine la dialecticité ne peut remettre en cause l'affirmation infinie ou substantielle de l'absolu. La spéculation ne peut se réduire à la mise en œuvre de son moment dialectique, si important que soit celui-ci ; la subjectivité relative de l'absolu ne doit pas faire occulter l'absoluité substantielle du sujet.

---

1. *Cf.* « La spéculation hégélienne », dans *Études hégéliennes : raison et décision*, Paris, P.U.F., 1992, p. 87-109.

Il ne s'est aucunement agi, dans ces remarques sur le sens de la dialectique dans l'actualisation de l'absolu hégélien, de tempérer l'insistance de Hegel sur la vertu scientifique – et l'absolu est savoir de soi – de celle-là, dont l'ignorance, par Spinoza, lui a fait absolutiser ou substantialiser, sous le nom de Dieu, la nécessité naturelle purement positive de l'identification à soi, c'est-à-dire une simple abstraction de la nécessité. Contre la vogue des néo-spinozismes, au moins prétendus, de l'identité, voire des affirmations infra-spéculatives du savoir immédiat, Hegel a sans cesse réclamé la prise en compte de la négation véritablement telle, réfléchie en soi, constitutive de la subjectivité. Penser l'absolu comme sujet – ce qui exige la dialectisation de la pensée – a bien été son mot d'ordre constant. Mais sa condamnation, elle, intensifiée, du subjectivisme, affirmation tronquée d'un sujet n'accomplissant pas positivement son infinie négativité dans l'univer-salisation de sa particularité, est allée de pair avec le rappel lui aussi renforcé que l'absolu ou l'esprit absolu est d'abord son auto-position substantielle. C'est en sa substantialité ou positivité universelle que cet esprit absolu doit se faire sujet en assumant toute sa négativité singularisante, car « Dieu reste absolue substance et le reste en tout développement [de lui-même] » [1]. Certes, il doit se déterminer comme sujet – c'est ce que ne fait pas le Dieu de Spinoza –, mais en demeurant substance. Une telle exigence était bien contenue aussi déjà dans l'injonction adressée par

1. *Ph.R*, L, I, p. 194.

Hegel au savoir de soi de l'absolu, au plus fort de son combat contre la « philosophie de l'identité », dans un passage célèbre de la Préface de la *Phénoménologie de l'esprit*. Car il y présentait comme la tâche à ses yeux alors prioritaire, non pas celle de penser le vrai comme substance, mais celle de le penser « aussi » et « tout autant » » comme sujet, ce qui présupposait qu'il n'était pas du tout question de ne plus le penser comme substance. Être Héraclite oui, mais tout en étant préalablement Parménide ! Bref, inscrire le négatif dans le positif, l'auto-négation dans l'auto-position, la dialectique dans la spéculation satisfaisant d'abord à l'exigence d'identité, pour commencer : abstraite et pour finir : concrète, de l'entendement et de la raison positive, voilà ce qu'a été le mot d'ordre concret de Hegel.

## CHAPITRE IX

## HEGEL ET LES CHOSES

Nous préférons parler, dans le contexte contingent de cette réflexion sur Hegel, *des choses*, et non pas de *la chose* – ou, selon une coutume française de traduction, de la *Chose*, pour marginaliser *a priori* dans notre propos ce que l'allemand désigne par *Sache* et que son sens, totalisant, donc spiritualisant, établit comme un singulier; nous traiterons par conséquent essentiellement de ce que Hegel entend par *Ding* et qui s'applique exemplairement à l'extériorité dispersante et pluralisante, en cela naturalisante (*de natura rerum*), des choses. L'explication des raisons d'une décision qui peut paraître arbitraire au lecteur francophone et qui privilégie le domaine de la philosophie théorétique et – en un sens très général – spéculative, constituera le premier point, simple préalable, des considérations qui vont suivre. Il s'agira ensuite, dans un deuxième moment, de dégager les principes de la philosophie que Hegel a proposée de la choséité des choses et qui s'emploie à restituer à celles-ci, face aux abstractions de leur saisie courante ou savante, voire scientifique, et, donc contre les phénoménologies et

épistémologies partiales et partisanes, l'intégralité de
leur réseau signifiant. Enfin, dans un troisième temps,
il conviendra de souligner la portée philosophique
ou spéculative, selon l'acception stricte, proprement
hégélienne, de ce dernier terme, du statut fort subordonné que Hegel assigne à la catégorie de la choséité
dans son système de l'absolu, un tel caractère subordonné valant critique de toutes les philosophies qui,
en fait, quelque spiritualistes qu'elles puissent se
présenter, traitent l'absolu, non pas même – ce qui
serait encore très insuffisant – seulement comme substance, mais simplement comme une chose, fût-elle
dite en soi. La *Realphilosophie* hégélienne est une
philosophie du réel qui fait bien plutôt s'achever la
*res* dans le sur-réel ou l'idéel concret qu'est l'esprit.

Le thème chosiste est présent dans les grands
ouvrages spéculatifs de Hegel : la *Phénoménologie
de l'esprit* et l'*Encyclopédie des sciences philosophiques* – en sa première partie notamment, la
« Science de la Logique » – comme désignant, dans le
premier, un moment de l'expérience humaine, relative,
du sens de l'être, et, dans le second, un moment de
ce sens tel qu'en lui-même, en sa pensée absolue ou,
théologiquement parlant, divine, de lui-même. Dans
ces deux expressions, phénoménologique et théo-
ontologique, de la spéculation hégélienne, le thème sa
présente sous la double forme exprimée, en allemand,
d'une part, par la Chose (*Sache*), et d'autre part, par la
chose (*Ding*), et Hegel rapproche les deux formes en
question dans la caractérisation structurelle, positive
et négative, qu'il en donne.

La *Phénoménologie de l'esprit* consacre son deuxième chapitre à la perception, expérience de l'être sous l'aspect de la chose ou, mieux, des choses, choséité trouvée par la conscience en tant que proprement conscience, c'est-à-dire saisie de l'être qui, en sa visée du vrai, ne se réfléchit pas elle-même comme une telle saisie et s'ignore encore comme conscience de soi. Et elle retrouve la choséité ultérieurement, lorsque, dans sa quête de l'être pour elle vrai, elle dépasse le moment de la conscience de soi et examine la conscience réconciliant en elle elle-même comme conscience de la chose et elle-même comme conscience de soi, cette réconciliation la constituant comme raison, une raison qui s'avère dans la position, par le Soi alors actif, d'une choséité réalisant son agir en tant que tel et que Hegel appelle la *Chose même* (*Sache selbst*), la Chose comme être du Soi, réfléchie en soi, en elle-même. L'ultime Section traitant de la raison sous le titre : « L'individualité à ses yeux réelle en et pour soi » se conclut par l'étude de cette Chose même, et Hegel y compare lui-même le moment foncièrement pratique-actif de la conscience de soi rationnelle comme service de la Chose au moment théorique-passif de la conscience proprement dite qu'est la perception de la chose ou des choses : la raison pratique comme certitude agissante de soi se réalise alors en tant qu'« une essence objective, une Chose ; [c'est là] l'objet né de la conscience de soi, comme objet sien, sans qu'il cesse d'être un objet proprement tel, libre [c'est-à-dire auto-subsistant] », de telle sorte que « la *chose* de la certitude sensible et de la perception n'a désormais pour la conscience de soi sa signification que par elle, [et] c'est là-dessus que repose la différence entre une *chose* [*Ding*] et une *Chose* [*Sache*] »[1].

Mais, ajoute Hegel, la dialectique de la conscience de la Chose en question correspond à celle de la conscience de la chose ou des choses, à tel point que l'une et l'autre vont être présentées sous la même caractérisation limitative ou négative qui est, dans les deux cas, une négation intime de soi, une contradiction entre leur visée et leur résultat, qui fait condamner toute absolutisation de la conscience chosiste, première forme assignable de l'objectivisme, qu'elle soit théorique ou pratique. Très significative – on l'a peu fait observer – est l'intitulé commun des deux thématiques relatives à la conscience théorique de la chose et à la conscience au fond pratique de la Chose, qui, l'une et l'autre, affirment en leur objet – implicitement ou spontanément pour la première, explicitement et volontairement pour la seconde – la compénétration de l'individualité subjective et de la réalité universelle, c'est-à-dire leur vérité : percevoir, *wahrnehmen*, c'est prendre (*nehmen*) selon le vrai (*wahr*), et réaliser la Chose même, s'adonner, se dévouer à cette Chose principale, principielle, qu'on appelle aussi une cause la Cause (*Ursache*, c'est *Ur-Sache*, *ursprüngliche Sache* : Chose originaire), c'est, pour la singularité pratique, s'avérer en s'universalisant. En effet, le chapitre consacré au premier de ces moments a pour titre précis « La perception, ou la chose et l'illusion », et

1. *Phgie E*, p. 489.

la Section traitant du second : « La tromperie ou la Chose même », la tromperie étant bien l'illusion non plus subie par la conscience de l'objet non encore affirmée comme conscience de soi, mais produite par la conscience de soi qui pose son objectivité propre. Ni la chose ni la Chose ne sont le vrai.

Et pourtant elles l'intentionnent, théoriquement ou pratiquement, l'une et l'autre, en tant qu'elles visent en lui l'unité de la singularité subjectivement éprouvée : dans la certitude sensible du ceci réel, ou agissante : dans l'énergie sentie réalisante, et de l'universalité objectivée, unité qui identifie à soi la certitude dans la vérité d'un savoir ou d'une œuvre. – La chose perçue est bien la synthèse ou totalisation de la diversité purement sensible et de l'unité qui universalise celle-là, l'arrache à son évanescence subjective et la fixe objectivement. La chose est l'unité stabilisée d'une multiplicité de propriétés sensibles, l'*Un* d'un *Aussi*, le *Aussi* pris dans un *Un*, ce qui, par son contenu déterminé, différencié, met cet Un en rapport avec ce qu'il exclut, expression qui fait apercevoir la contradiction dans ce qui, en tant que vrai, doit pourtant être cohérent avec et dans soi-même. La conscience de la chose, qui, en tant que conscience, vit la chose comme autre qu'elle, comme objet, et, en tant que conscience en quête de vérité, vise cet Autre comme identique à lui-même, non autre que soi en soi-même, s'attribue alors à elle, à chaque fois, ce qui, dans l'Autre, nie l'un de ses aspects – l'Un ou l'Aussi – retenu comme objectif, et sauve un tel Autre de la contradiction. Mais l'alternance possible de l'objectivation des deux aspects également constitutifs de la notion même de la chose fait expérimenter cette objectivation, et donc son corrélat chosiste, comme en soi-même contradictoire. La tentative *sophistique* de sauvetage de l'unité de la chose échoue donc. C'est cette sophistique que Hegel souligne dans la perception, laquelle s'illusionne spontanément en prenant sur elle comme illusion ce qui contribue pourtant à faire de la chose le vrai comme unité visée, mais non réalisée, de la singularité ou unité et de la pluralité ou universalité. La conscience percevante, qui vise l'unité sensible, en cela extérieure à soi, juxtaposante, non totalisante, du sensible, ne peut, par conséquent, être le lieu du vrai.

Une semblable contradiction dialectise la conscience agissante qui s'objective, par-delà sa singularité pratique sensible, sentie, liée au désir, ou intellectuelle, consistant en sa spontanéité idéalisante, voire moralisante, en s'universalisant dans le service d'une Cause réunissant en elle la diversité des facteurs de l'action réelle : la nature subjective individuelle particularisante s'exprimant d'abord comme tendance, puis comme but, les conditions mondaines objectives, naturelles et culturelles, universalisantes, et l'agir singularisant subjectif qui est le moyen d'égaler celle-là à celles-ci dans la singularité objective totalisante de l'œuvre. Mais la Chose même conclue par cette œuvre n'est pas davantage un tout véritable que la chose perçue. Tous ses aspects – qui se ramènent, là aussi, fondamentalement, à la singularité ou individualité et à l'universalité ou communauté – coexistant dans le Soi agissant qui veut s'objectiver, celui-ci, au lieu de pouvoir réduire la Chose, affirmée elle aussi comme une, à l'un de ses moments, doit nécessairement assumer leur diversité successivement, en prétendant pourtant, dans un contentement à peu de frais, simplement idéalisant, la réaliser comme totalité à travers le moment qu'elle en actualise à chaque fois effectivement ; en quoi la conscience individuelle agissante trompe elle-même en trompant les autres, car elle ne réalise jamais effectivement la Chose même comme totalisation des divers moments de l'action.

C'est que l'objet – théorique : la chose, ou pratique : la Chose – ne peut constituer par lui-même en tout, le tout, c'est-à-dire l'unité vraie de l'unité et de la multiplicité, l'identité véritable de l'identité et de la différence. La chose perçue est bien visée – c'est là le sens qui la fait émerger dans la conscience en tant que l'être avéré, dicible universellement – comme ce qui est à la fois, unitairement, un (le moment du sens, subjectif) et divers (le moment du sensible, objectif). Mais l'unité chosiste, objective, sensible donc diverse, de l'un et du divers, se contredit elle-même, et c'est pourquoi la conscience en quête du vrai pose cette unité comme non sensible ou comme intelligible, dé-réalisant en son contenu l'objet, qui n'est plus proprement alors chose, mais la loi de l'entendement. Le tout, unité vraie de la diversité, ne peut avoir le statut de cet Autre de la conscience ou du sujet, qu'est l'objet purement objectif ou la chose. – C'est pour une raison analogue que la conscience se posant comme telle dans sa réalisation ou objectivation ne peut se totaliser, et par là se réconcilier parfaitement avec elle-même dans la Chose même. Certes, l'unité de celle-ci est bien subjective, donc, semble-t-il, possible comme totalité, puisque la Chose procède de la conscience de soi (elle est pour cette conscience la choséité en tant que sienne), mais la conscience de soi ou la subjectivité posant la Chose est encore la conscience de soi ou la subjectivité singulière, individuelle, c'est-à-dire l'un des moments de cette Chose, qui veut lui-même se faire le principe d'elle, mais qui, inégal à ce qu'il pose, le tout, a celui-ci comme objet, au lieu de l'être ; ce qui signifie que le sujet individuel, limité, opposé dans le tout à d'autres sujets, lors même que chacun se veut totalisant, est encore lui-même la subjectivité non transparente à soi, donc en fait encore un objet. L'unité concrète, la totalisation pratique de l'existence visée dans la Chose même n'est, de la sorte, comme l'écrit Hegel, que le « prédicat »[1] attribué extérieurement aux moments non véritablement unifiés en eux-mêmes dans un sujet total qui se différencierait en eux et, les posant, pourrait les déposer et nier en leur différence, un sujet vraiment tel qui n'aurait pas à se donner d'abord la *totalité* de sa réalisation comme un objectif ou un objet, une Chose, puisqu'il serait lui-même originairement le tout. Seul l'Un peut unifier, seul le tout peut totaliser, et l'Un total est, en sa vérité, le sujet pleinement tel, l'esprit pleinement tel. La *Phénoménologie de l'esprit* désigne bien par l'*esprit* l'esprit comme totalité ou communauté spirituelle,

1. *Phgie E*, p. 490.

dont la Chose même n'est que l'anticipation dans l'élément ou le milieu du Soi individuel qui, comme tel séparé et divers, relève encore de l'objectivité ou de la choséité, et, par suite, ne peut saisir l'esprit que comme la Chose. L'objectivisme ou le chosisme, même spirituel, nie l'esprit.

Puisque, à la cime de la raison en son premier surgissement – l'*identité* de l'identité et de la différence qu'*a*, sans déjà l'*être*, la différence ou individualité –, la Chose même reste marquée par l'objectivisme de son principe, le sujet immédiatement singulier, non médiatisé avec lui-même dans la transparence, la pleine présence à lui-même du sujet communautaire ou total, sujet absolument sujet, esprit entièrement esprit, la vraie conversion à l'esprit s'opère dans le passage de la raison simplement affirmée comme objet par un sujet lui-même encore objectif, à la raison s'affirmant elle-même dans et comme le sujet alors pleinement actualisé.

La Chose même est plus proche de la chose que de l'esprit, et la grande coupure de la *Phénoménologie de l'esprit* est celle qui sépare l'exposition de la raison immédiatement telle, encore chosiste, et celle de la raison se médiatisant avec elle-même et qui est plus que simplement raison, à savoir l'esprit : la vérité de la raison est d'être l'esprit. – Une telle limitation du (faux) tout constitué par la Chose se trouve également soulignée dans l'*Encyclopédie* lorsqu'il y est question, *mutatis mutandis*, de ladite Chose d'abord au début de la Logique de l'*essence*, moment second, en cela négatif, antithétique, critique, mais toujours moment, de ce que Hegel désigne bien comme la Logique « objective ». Ce n'est pas au niveau de la Logique de l'absolu comme objet que cet absolu se révèle à lui-même en son plein sens, alors même que l'intériorité à soi ou la réflexion en soi dans laquelle s'est nié l'*être* comme simple devenir ou extériorisation de soi ressurgit dans une extériorisation propre à elle, procédant d'elle, l'être en tant qu'*existence*. L'intériorisation essentielle de l'être achève bien son processus en s'extériorisant en retour dans l'existence comme la Chose [*Sache*] – prise ici en un sens ontologique –, mais la totalisation objective qu'est celle-ci reste limitée en tant que première négation de l'objet, donc comme ce qui est la négation même que l'objet opère de soi, une négation en cela encore objective et, par conséquent, incapable d'apporter la réconciliation de l'absolu avec lui-même, laquelle ne s'accomplira qu'avec le contenu de la Logique « subjective », celle du concept. Aussi bien, la vérité de l'absolu comme Chose se dit-elle dans son objectivation immédiate, offerte par le premier moment de la réalisation de la réflexion en soi essentielle de l'absolu dans un être ou une exté-riorisation de soi, une objectivation de soi propre à l'essence, désignée comme *apparition* ou *phénomène*, dont le premier stade est précisément l'existence, celle-ci se livrant d'abord dans la chose [*Ding*]. C'est de cette chose, dont les traits fondamentaux, originels, affectent toute idéalisation ou spiritualisation d'elle-même, toute totalisation (tentée) d'elle-même, qu'il importe d'analyser dans le traitement essentiellement objectif qu'en propose Hegel, et cela sans préjuger de la transfiguration par laquelle il s'emploiera à la sauver comme objectivation de l'esprit en tant qu'esprit, d'un esprit s'absolutisant précisément par un tel sacrifice de lui-même.

La détermination « chose » a son lieu dans la *Science de la Logique* ou son insertion, comme première partie, dans l'*Encyclopédie*. Cela signifie une double dé-réalisation de la notion de *res* ou de chose. D'abord, ainsi que c'est le cas de toutes les déterminations de l'*Encyclopédie*, même de celles qui relèvent des deux parties « réelles » de l'ouvrage, la « Philosophie de la nature » et la « Philosophie de l'esprit », la chose ne désigne pas directement une ou des réalités particulières, notamment naturelles, tel ou tel corps réel, mais une certaine *structure* de l'être, y compris réel, spécialement naturel, cette structure pouvant être présente alors avec d'autres, coexister avec elles dans un seul et même être réel, soit comme la détermination principale, soit comme une détermination subordonnée. Ainsi, les êtres organisés comportent en eux la structure chosiste, mais comme moment intégré dans une structure plus concrète, c'est-à-dire réunissant plus étroitement des différences plus fines que ce n'est le cas dans la structure définissant la chose. Ensuite, la chose n'est pas une structure proprement réelle des êtres réels, essentiellement ou aussi chosistes, mais une structure *idéale*, logique (ontologique), de tout ce qui, de quelque façon, peut être dit être, que cet être soit réel, d'abord sensible-naturel, ou non. C'est pourquoi on peut vouloir retrouver une telle structure dans un être sur-réel, supra-sensible, par exemple un esprit libéré de tout contexte sensible, infini, et c'est même dans un être de ce genre qu'on a pu croire actualisée parfaitement la notion de chose, ainsi dans ce qu'on a appelé la « chose en soi ». Pris en son sens pur, l'être comme tel ou l'absolu contient bien en lui, selon Hegel, la structure de la chose, plus vraie, car plus concrète que celle, par exemple, de l'être pur ou de ce que, en français, on nomme le quelque-chose (*Etwas*), car conjoignant mieux, en tant que relevant de l'essence, les deux moments de tout être ayant sens, donc susceptible d'être su : le moment de l'être ou de l'immédiat, non médiatisé, comme tel séparé, divers, et le moment du su ou de la médiation, relation ou unité, mais moins vraie, car moins concrète que d'autres structures essentielles, telle l'*effectivité*, ou que les structures conceptuelles, telle l'*objectivité* proprement dite, pour ne rien dire de la subjectivité. Cette signification idéale-logique de la catégorie « chose » laisse relativement indéterminée son assignation réelle, si bien que la conscience de soi humaine, finie, de la raison, sens de l'être, dont cette catégorie est un moment, l'emploie de façon assez large, surtout pour désigner le négatif d'elle-même, ce qui est pour elle autre qu'elle, indépendant d'elle, vraiment existant, et qui est, puisque la conscience est la visée de l'Autre, son contenu général, formel, constant. Mais la raison consciente de soi comme raison dans la spéculation philosophique accomplie s'élève au-dessus d'une telle phénoménologie de la chose et entreprend de spécifier ontologiquement comme un contenu précis du sens de l'être la détermination « chose ». Cette spécification doit dégager ce qui est essentiel à la chose et qui est à distinguer de notions apparemment synonymiques, mais qui relèvent d'un niveau plus abstrait, moins vrai de l'être – celui de l'être *stricto sensu*, telle la notion de « quelque chose [*Etwas*] » –, ou plus concret et vrai de lui – celui du concept, telle la notion d'« objet ».

La chose désigne l'être – comme tel immédiat, présupposé, posé comme *non-posé* – en tant qu'il est posé par lui-même, alors devenu médiation avec soi, intériorité essentielle de lui-même qui, dans le processus de son extériorisation, se fait être en fondant comme *ex*istence cet être *issu* d'elle. L'être est devenu (mouvement subi de dépassement de lui-même), en se révélant ne pouvoir être qu'ainsi, l'essence de lui-même, qui se pose (mouvement assumé maintenant dans lui-même) en se réfléchissant, même s'il le fait spontanément, sans y réfléchir, donc pas encore librement à la manière de l'être comme concept, dans lui-même, en se médiatisant avec lui-même ; mais, puisque la médiation *avec soi* se supprime en identité restauratrice d'immédiateté, l'essence se fait elle-même derechef être et extériorité, une immédiateté extérieure où elle réfléchit en autre chose sa réflexion en soi. Un tel être de l'essence, l'existence, conjoint ainsi en soi la réflexion en soi et la réflexion en autre chose, l'intériorité et l'extériorisation, l'en-soi et le pour-un-autre. Cet être-pour-un-autre, la différence ou la détermination, étant aussi en soi, est une unité qui, reliée aux autres, nie cette relation cependant présente et, donc, est une relation négative à elles, une unité excluant les autres. La chose est une identité à soi fixée de différences qui, tout en étant en elle et propres à elle, ses *propriétés*, la lient, même négativement, à d'autres choses. De la sorte, la propriété, différente de la chose comme identité à soi fixée, est ce qui, la reliant aux autres, assure sa continuité avec elles, si bien que la véritable identité chosiste est celle de la propriété, dont les choses sont des actualisations contingentes sous forme de différences précaires. Cependant, la propriété promue en ce sens dans son autonomisation comme *matière*, est, en sa détermination ou différence, elle-même liée négativement à d'autres propriétés, dont un tel lien *négatif* ne peut permettre leur coexistence indifférente simplement *positive*, sous la forme de l'Aussi, dans et comme la chose ; l'unité chosiste ne peut donc être elle-même que négative, une négation des propriétés autonomisées en matières qui s'identifient, s'interpénètrent (ce qui s'exprime dans la théorie des pores) en étant alors, par cette interpénétration, variables d'une chose à l'autre, propres à l'unité restaurée de la chose. Bref, celle-ci n'a son être que dans l'alternance contradictoire de ses identifications à chacun de ses moments immédiatement exclusifs l'un de l'autre, alternance qui exprime son non-être.

Le survol qui vient d'être esquissé des vicissitudes de la réalisation du concept de la chose comme unité du fondement essentiel et de l'être fondé, de l'intériorité unifiante du premier et de la diversité extériorisante du second, montre ainsi – puisque la réflexion en soi et la réflexion en autre chose ne peuvent, chacune, affirmer en elles toutes la choséité, la réaliser en son unité – que cette unité est, comme chosiste, une unité qui ne peut comprendre ou résoudre sa contradiction. De telle sorte que l'être essentiel, s'il est – et il ne peut vraiment être par soi-même que ce qui n'*est* pas contradictoire, mais *se* contredit, c'est-à-dire réfléchit sa contradiction en une unité, la résout –, ne peut être qu'une relation plus intime de la réflexion en soi et de la réflexion en autre chose. Si l'être n'était, en son sens, que chose, il n'y aurait pas d'être ; la chose n'est pas l'en-soi de l'être, l'être n'est pas la chose en soi.

La chose est ainsi pour Hegel l'identité immédiate, ne se médiatisant pas moyennant leur médiation réciproque, des deux moments de sa différence (l'identité à soi et la différence d'avec soi). Elle n'est (par autre chose qui a plus d'être) chose que comme cette contradiction maintenue venant de ce qu'elle est immédiatement à la fois unité et pluralité. Une simple *pluralité non unifiée*, qui par là ne peut se donner comme un tout, ne peut être dite une chose : un simple ensemble n'est pas une chose, la nature, par exemple, en son être-autre ou son extériorité à soi détotalisée ; lui aussi le monde, cet ensemble de l'être naturel et de l'être spirituel, échappe à la dénomination de chose. Inversement, mais semblablement, une *unité sans pluralité* ne mérite pas non plus une telle désignation : c'est notamment le cas des milieux ou éléments physiques des choses, l'air, l'eau, etc., tels

par leur simplicité apparente ; tout comme c'est le cas
des « composants » des choses, de leurs propriétés
autonomisées en des matières, qu'il est bien difficile,
observe Hegel, d'appeler des choses, et qui sont,
tout au plus, des « demi-choses », des « existants »
qui ne sont pourtant pas des choses. S'il y a ainsi,
vers la base de la choséité, de l'existant qui n'est
pas une chose, il ne peut qu'en aller de même vers
sa cime : les choses ne forment pas plus finalement
une unique chose qu'une chose n'est faite de choses
jusqu'au bout. Assurément, l'essence ne réalise son
sens vrai ou son concept comme réflexion en soi,
intériorisation de soi de l'être, plus précisément son
approfondissement en soi comme fondement, qu'en
se faisant une – la – *Chose*, mais celle-ci accomplit
sa médiation apparemment totalisante avec soi dans
l'immédiateté posée de l'existence, comme telle
extériorisante. La Chose n'est que dans et comme
les choses : l'extériorité à soi de l'être, qui affecte
sa première négation, la négation « essentielle »,
ne peut que se poser dans l'extériorisation de soi
« existentielle » de l'essence, et c'est pourquoi la
Chose, comme type de structuration de l'absolu, est
l'extériorité à soi des choses, du faux monde des
choses. Cette extériorité à soi s'exprime aussi bien
intensivement dans une chose, pseudo-totalité minée
par la contradiction non surmontée de son identité et
de sa différence, qu'extensivement dans la pluralité
non surmontée en une unité chosiste des existants. Il
n'y a pas plus un tout des choses que chaque chose
n'est un véritable tout : en régime chosiste, l'être
ne peut en son universalité être un tout, *la* chose, de

même que le tout chosiste ne peut être un universel véritable ; l'unité chosiste ne peut être que la fausse unité de l'*interdépendance* ou de l'*interaction*, au-delà de laquelle ne peut aller l'absolu en tant qu'essence. Et cette limitation de l'absolu « essentiel » est maximale et manifeste dans l'essence comme chose, si elle subsiste, mais moins apparente dans la détermination « supra-existentielle » de l'existence, celle de l'effectivité (l'absolu comme substance, cause et, finalement, l'interaction accomplie). Une telle limitation ontologique de la choséité en sa contradiction multiforme justifie l'insatisfaction de son appréhension spirituelle, comme telle avide d'unité, et l'auto-critique de la conscience de l'être comme chose, que présente, tout au long de son parcours, la *Phénoménologie de l'esprit*.

La conscience de l'être comme chose, qui constitue la *perception* ou la dimension perceptive de la connaissance, représente, certes, un progrès par rapport à la conscience sensible de l'être qui, comme *conscience*, pose identique à soi, universalise dans un sens – présent en ce sensible non sensible par origine, mais créé par l'esprit, qu'est le mot –, mais comme conscience *sensible*, entièrement réceptive, non créatrice de son contenu, ne peut dire, fixer, savoir ce contenu que dans l'indétermination ou l'indigence du sens « être », et, par conséquent, fait se recouvrir sans même les lier l'universalité ou identité et la diversité ou différence alors simplement *exemplifiante* de l'être visé. Car percevoir, c'est intégrer la diversité comme telle dans l'unité, le sensible dans l'universel alors conditionné et limité par lui, cette liaison, dans ce qui est su, de l'unité et de la pluralité étant précisément la chose. Mais l'immédiateté de ce lien, ne médiatisant pas ses termes l'un par l'autre, ne peut être affirmée que dans l'oscillation sans fin de la conscience qui vise l'être vrai comme identique à soi, et donc fait l'expérience, à chaque fois, qu'il y a dans les choses simultanément ce qui leur appartient (l'un des deux moments de la chose) et ce que la conscience ainsi illusionnée leur attribue alors que cela provient d'elle (l'autre moment). Chacun de ces moments pouvant être attribué alternativement par la conscience percevante à la chose ou à elle-même, l'expérience perceptive est que la chose, tout comme la conscience, peut être à la fois l'un et l'autre moment, que de tels moments ne font donc qu'un, et que la conscience doit se comporter autrement pour saisir une telle unité de l'être un parce qu'il est plural, plural parce qu'il est un. Or saisir le lien de l'identité, exigée par le sens, intelligible, et de la diversité, fournie par le sensible, comme n'étant pas que de simple juxtaposition, affecté de diversité, c'est-à-dire sensible, mais identifiant en lui-même, c'est-à-dire relevant de l'intelligence, c'est procéder comme *entendement*, la différence étant ainsi lue comme auto-différenciation ou auto-détermination de l'identité, ce qui s'exprime dans l'expérience de l'unité dynamique de la *force* ou le déploiement dominateur du sens dans la *loi*. Assurément, la dialectique de l'entendement, qui appréhende d'abord l'unité intelligible de l'intelligible et du sensible comme autre que lui, comme un objet, en tant que tel, par son statut, encore chosiste, va le conduire à dépasser le chosisme de la conscience, même intellectuelle, dans l'affirmation que l'être vrai est la conscience elle-même en tant que *conscience de soi*, unité vécue d'elle-même comme étant identique à elle-même dans sa différence d'avec elle-même (son objet est elle-même, le sujet). Cependant, le chosisme n'est pas dépassé véritablement pour autant. Car la conscience de soi, comme conscience, est encore position de la chose, ou de soi comme chose, même comme Chose (même divine), d'où son malheur seulement surmonté dans la pensée de la réconciliation du sujet en soi, universel, divin, s'exprimant dans le monde, et du sujet pour soi, particulier, humain, pensée qui fait s'actualiser la conscience comme compénétration de la conscience et de la conscience de soi, ou de leurs corrélats : l'être et le sens, c'est-à-dire comme *raison*.

La raison ainsi entendue, *stricto sensu* (comme étape du parcours phénoménologique par exemple), n'est pourtant pas le dépassement ultime du chosisme. L'unification de la conscience et de la conscience de soi s'opère, en effet – c'est la loi de toute synthèse, celle-ci ayant toujours pour agent l'un des moments synthétisés, qui s'affirme encore, et surtout sans doute, en se niant ou sacrifiant pour s'unir à son Autre – d'abord selon le régime proprement *conscientiel*. La réconciliation rationnelle se mobilise alors pour se *trouver*, telle une unité *qui est* du Soi et de l'être : l'agir qu'est d'abord de la sorte la raison est celui qui se nie en quelque sorte dans sa destination comme cette perception voulue, active, savante, qu'est l'*observation*. La raison veut se trouver, en son sens, dans et comme un être, une chose, les choses. C'est soi-même qu'elle veut trouver dans les choses, mais, en sa pratique immédiate de raison, même dans son exercice savant et scientifique, elle *est* plus raison qu'elle n'*a* la raison qu'elle est, et c'est pourquoi elle se comporte en tant qu'un « instinct de la raison » qui croit s'intéresser réellement et absolument aux choses. Aux choses en tant qu'il y a du sens, donc de l'unité, en elles, à ce par quoi le Moi peut se retrouver en elles, ce qui signifie, d'ailleurs, qu'il se vit comme n'étant pas lui-même un pur Moi abstraitement identique à soi, mais un Moi aussi déterminé, divers, comme le sont les choses. L'observation de celles-ci les vise d'abord en ce qu'elles ont de proprement chosiste, ce qui se livre le plus manifestement dans les êtres réels, essentiellement naturels, qui ne surmontent pas en eux la forme de la choséité. Tels sont les corps physiques, individualités immédiatement déterminées, unités aussi diversifiées, dans lesquelles donc l'identité à soi ne se fait pas elle-même, en se niant, différence, comme le font ces choses qui ne sont plus proprement des choses que constituent les êtres organisés, vivants, pour ne rien dire *a fortiori* des esprits, pourtant eux aussi traités comme objets dans l'observation psychologique. Une telle observation ne pourra pas ne pas se dénoncer comme contradictoire et exiger ainsi son dépassement.

Découvrir du sens dans les choses, dans cette perception intellectualisée qu'est l'expérience savante, voire scientifique, c'est d'abord les dire et, plus précisément, les *décrire* en généralisant, par comparaison et mémorisation, leur contenu, tel qu'il se donne dans ces entités sensibles circonscrites que sont les choses alors fixées à elles-mêmes. Ce contenu universel, significativement, est lui-même universalisé en étant inséré dans un « système » de choses, système extérieur consistant dans la juxtaposition d'ordres ou de classes. « Systématisation » descriptive et classification correspondent à la nature des choses comme entités fixées à elles-mêmes et prises dans des ensembles extérieurs, et, en vérité, ne produisent que des pseudo-systèmes n'identifiant pas réellement leurs éléments, eux-mêmes différenciés par des marques d'abord extérieures et arbitraires, choisies qu'elles sont par la subjectivité observante. La description ordonnée et la classification qu'elle permet ne revêtent une valeur objective, caractéristique des choses elles-mêmes, que lorsque celles-ci sont plus que de simples choses, en ceci qu'elles présentent une unité immanente à leur détermination, puisqu'elles se la donnent comme spontanéités s'opposant (par leurs dents, leurs griffes, etc.) les une aux autres et aux choses purement choses, à savoir des êtres vivants qui se distinguent ainsi par eux mêmes et déterminent eux-mêmes leur unité. Mais on voit bien alors que la description ordonnée, au lieu d'être le substitut d'une unification plus immanente et intérieure, donc plus réelle des propriétés parce qu'elle les produit ou les cause, à savoir de « l'explication », n'est elle-même accomplie que par celle-ci. L'explication, qui saisit la différence comme produite par l'identité devenue ainsi par elle-même synthétisante et totalisante, systématisante, et qui réalise pleinement, comme son effet, la description et classification objective, chosiste, profite de la puissance productive de l'unité, moment intelligible de la chose, qui pose son contraire, la diversité, comme et dans son propre moment. L'extériorité chosiste, réelle, originairement sensible, est dépassée dans l'affirmation de la loi – unification homogène des déterminations idéalisées – dont le pouvoir est réalisé dans la chose plus que chose qu'est le vivant. La loi est dès lors aussi recherchée dans le domaine des choses purement choses, dont l'échelle descendante – Hegel y insiste – est celle de la distension croissante des deux moments cependant indispensables de la choséité, sa réflexion identifiante en soi et sa réflexion diversifiante en autre chose ; alors la chose, dans la puissance aiguisée du moment de la différence ou extériorité à soi jouant le rôle d'un destin – la force des choses est la faiblesse de chaque chose –, est de plus en plus inégale à soi et différente de soi, et elle ne permet plus une description et classification ordonnée. L'ordre chosiste ne peut s'assurer lui-même, cette description et classification ne s'accomplissant que dans le dépassement intel-lectuel, légal, relationnel, de l'explication, manifesté réellement dans les supra-choses que sont les organismes.

Hegel montre alors que l'explication vivifiante exigée par la scientificité reste encore affectée par la choséité, même quand elle s'actualise dans son objet privilégié, la *vie*, tant qu'elle n'est qu'entendement, c'est-à-dire l'œuvre du seul entendement, qui inscrit son activité encore dans la démarche générale de l'observation, même davantage médiatisée. La vie, comme unification simplement objective de l'identité et de la différence, et même l'esprit en tant qu'observé, aussi par l'entendement scientifique, et, corrélativement, le rapport, donc l'idéalité, qu'est la loi niant la choséité immédiate, n'insèrent pas leurs moments ou termes dans l'identité qui se réfléchirait comme telle en s'affirmant dans sa présence à soi comme sens transparent à lui-même, existant comme sens, à travers chacun d'eux. Les termes de la loi restent extérieurs les uns aux autres dans leur identification, laquelle est elle-même extérieure à elle-même. La loi est la négation première, donc l'auto-négation, c'est-à-dire la dernière affirmation, de la choséité, bref : la négation *chosiste* de la choséité. Cette forme chosiste s'avoue et se confirme dans le contenu chosiste ultime de l'observation rationnelle de l'esprit lui-même, qui, mis en rapport avec la chose jugée la plus proche et indicative de lui-même, l'organe suprême de la vie lui-même ressaisi de façon chosiste dans son ossification crânienne : un tel contenu est, en effet, que l'esprit est un os. La science de l'esprit ou de l'homme, en tant qu'elle repose sur l'identification formelle d'un entendement qui prend le vrai et pose le sens dans l'altérité, pour lui, des choses, ne peut ainsi que nier l'homme et l'esprit. Elle nie par là sa destination en faisant se contredire son objet, ce qui est contradictoire étant comme tel sans vérité. Et même lorsqu'il se fait pratique, l'entendement s'affirmant tel dans la différence d'avec le vrai en identifiant un réel qu'il continue de distinguer de lui et brise donc comme un tout qui l'intégrerait comme moment de lui-même alors devenu l'esprit total, par là totalement esprit, reste prisonnier du chosisme, lors même – on l'a vu – qu'il s'élève à la Chose même. Celle-ci est le simple parvis de l'esprit, dans lequel seul la raison est le sujet de l'existence au lieu d'en être seulement l'objet, immédiat ou médiatisé comme instrument. Alors, l'esprit se conçoit et conçoit tout en se délivrant radicalement du chosisme. C'est la conception, auto-position du sens, qui élève au-dessus du chosisme immédiat de la perception ou du chosisme médiatisé de l'intellection ; son actualisation accomplie s'opère dans l'exercice de la raison spéculative, qui présente l'absolu, non plus comme la chose ou sa sublimation dans la loi, mais comme le sens où l'être se dit à lui-même en tant qu'esprit.

La réconciliation avec soi ou totalisation spiritualisante de l'existence, visée originairement par la conscience, ne peut se satisfaire du chosisme de la connaissance ou recueil théorique, même savant, de l'être en tant qu'ensemble détotalisé des choses, ni même de la pratique comme affirmation, par l'individualité rationnelle, de la vie bonne en tant que la Chose même ; elle requiert que la totalisation de l'être vraie et bonne s'actualise comme opérée par lui-même en tant que tout ainsi présent à lui-même, et dans son sujet, et dans son objet, une telle présence à soi suprêmement identifiante constituant absolument l'esprit. L'esprit présent à soi par-delà toute altérité chosifiante est le tout de l'absolu qui se sait l'absolu spirituel s'affirmant universellement en sa singularité alors sauvée. Le dépassement de la Chose même, perfection du chosisme, se donne comme la manifestation de soi de l'esprit tel qu'en lui-même, dont la présentation s'ouvre bien dans le chapitre VI de la *Phénoménologie de l'esprit*, intitulé par lui, et se déploie dans la vie éthico-politique avant de s'achever dans la religion vraie de la réconciliation chrétienne (l'unification divine de l'homme et de Dieu) et la philosophie spéculative comme savoir de l'être en tant que savoir de lui-même. Ce savoir sait alors toutes les déterminations de l'être en leur sens vrai, c'est-à-dire en leur pur sens s'auto-construisant dans la pleine transparence à soi de la pensée, et, parmi ces déterminations, il sait notamment la chose, et il la sait en la limitation qu'on a dite. Ce savoir vraiment rationnel, et non seulement intellectuel, de la raison, ce savoir de la raison par la raison qui, ainsi présente à elle-même, est l'esprit absolument tel, en maîtrise le sens, qui est le sens même de l'être, lequel se saisit, y compris en son aspect sensible, à travers le tout, non sensible, de lui-même, et, de ce fait, se libère du perspectivisme sensible qui nourrit le chosisme. La philosophie rationnelle de Hegel peut alors *critiquer* toutes les philosophies chosistes, même quand elles se veulent idéalistes ou spiritualistes, qui, pour n'avoir pas conçu concrètement, rationnellement, la choséité, ont pu y envelopper aussi l'Idée ou l'esprit même.

Le principe de cette critique est que la chose est le résultat fixant le processus par lequel l'essence identique ou intérieure à soi se fait tout entière, sans reste, existence ou s'extériorise, l'extériorité existante n'ayant pas plus de sens à part de l'intériorité essentielle que celle-ci n'existe à part de celle-là. La chose fixe l'unité, immédiate, de la réflexion en soi et de la réflexion en un Autre, l'en-soi et le pour-un-Autre, l'extériorité, de la chose. Voilà pourquoi on ne peut, comme Kant, séparer des choses extérieures, abandonnées à la pure extériorité ou diversité sensible, la chose en soi, qui serait l'être tel qu'en lui-même. L'absolu n'est pas la chose en soi, qu'on dit ne pouvoir connaître et qui n'est pas connaissable, en fait, parce que, pure identité à soi abstraitement absolutisée de la chose, elle ne donne rien à connaître, la connaissance étant saisie de l'identique à soi ou universel (comme tel dicible) en tant qu'en lui-même déterminé ou différencié. La théorie ontologique de la chose se présente bien, chez Hegel, comme une critique du kantisme. C'est une critique qui expose la genèse vraie de cette philosophie fausse et explique la contradiction kantienne qui sanctionne l'appréhension abstraite de la chose. Car l'affirmation ou la position du sens « chose en soi », objectivation de la pure pensée, pur contenu nouménal, interdit à la pensée toute connaissance, puisqu'il n'y a de connaissance, c'est-à-dire d'accomplissement de la pensée, que par l'apport de la diversité intuitionnée, reçue, extérieurement par la pensée, telle une chose proprement impensable. Le nouménisme kantien est inséparable de son phénoménisme : le moment idéal ou transcendantal et le moment réel ou empirique de la chose sont ainsi absolutisés en même temps, dans un excès contradictoire à la fois d'idéalisme et d'empirisme. Si la critique post-kantienne, fichtéenne et schellingienne, de l'absolutisation de la chose en soi est alors pertinente en refusant de faire du vrai – l'esprit ou la nature – la réalité morte d'une chose, tandis qu'ils sont l'un et l'autre une vie, elle chosifie pourtant formellement cette vie en la séparant en son sens, en tant qu'identique à soi dans soi, de son Autre, la différence de sa manifestation ou de son phénomène. Car c'est par un second principe que l'identité, dite vivante comme telle, inaugure sa différenciation de soi qui se déploie dans le monde des choses, dont le surgissement est ainsi absolutisé.

Ces philosophies en cela chosistes de la chose ou des choses ne comprennent pas qu'une réflexion en soi est en même temps réflexion en un Autre, que l'intérieur n'est qu'à s'extérioriser tout comme l'extérieur n'est qu'à s'intérioriser. Elles distinguent comme des choses les significations qui les concernent, ignorant le lien immanent et nécessaire entre celles-ci, qui fait que la réflexion en soi et la réflexion en un Autre sont intimement réunies, parce qu'un sens est lui-même et son Autre, identique à soi dans sa différence d'avec soi, bref ce qui constitue l'aspect *dialectique* de ce qui a sens et être. Une telle identité intime, originaire, de l'identité à soi et de la différence d'avec soi, est ce que Hegel appelle la raison et qui s'accomplit, à ses yeux, dans et comme l'esprit : celui-ci est bien, ainsi que le christianisme se l'est représenté, la réconciliation de sa scission propre, l'identification concrète de sa différenciation abstraite d'avec soi. La pensée hégélienne s'offre comme une saisie rationnelle ou, plus radicalement, spirituelle, aussi de ce qui s'exprime d'abord comme chose. A une vision chosiste de l'esprit, Hegel substitue une vision spirituelle de la chose, des choses.

Une telle vision consiste à appliquer à l'être en son immédiateté appréhendée comme telle dans sa réalité primaire, celle de l'existant ou de la chose,

unité en elle-même autre qu'elle-même et que l'esprit
pour lequel il y a des choses, le principe général de
la spéculation faisant concevoir l'altérité immédiate
comme médiatisée en tant qu'altération de soi de la
mêmeté, la différence donnée de et dans l'identité
comme issue de la différenciation de soi de cette
identité. Et cette conception véritablement rationnelle
ou dialectico-spéculative qui achève la philosophie se
sait elle-même la conceptualisation de l'expérience de
l'esprit comme singularisation de soi de l'universalité
concrète, ou de la communauté, bref : de l'esprit
comme totalisation de soi ou de l'expérience des
choses, ainsi que la *Phénoménologie de l'esprit* en
restitue le développement. Une telle théorisation
spéculative se sait réfléchir en la fondant la pratique
des choses comme dépassant la simple soumission
ou adhésion à leur cours destinal anonyme dans la
participation à leur production suivant la transparence
à soi de l'esprit alors personnalisé, Soi absolu qui
se maîtrise dans et par le concept de lui-même et du
tout qu'il comprend en lui. Le concept de la chose,
comme pleine présence à soi de son sens fondateur, ne
se contente pas d'affirmer, comme constitutive d'elle,
l'unité de sa réflexion en soi et de sa réflexion en un
Autre, d'elle-même comme intériorité de la chose en
soi et d'elle-même comme extériorité phénoménale,
ce que fait la raison conceptuelle de la spéculation en
tant qu'elle s'en tient à la fondation « essentielle »
des pensées restituées dans le lien nécessaire de leur
affirmation. Elle ne peut ainsi – et elle le sait – penser
fermement et avec assurance selon l'essence que parce
que, plus fondamentalement, elle saisit le lien interne

du contenu des pensées elles-mêmes et s'actualise dans l'auto-différenciation proprement conceptuelle du sens un et total, où la nécessité du lien des pensées est percée à jour dans l'auto-détermination par là libre de ce qui est pensé, et pensé comme se pensant soi-même dans la pensée philosophante achevée. La choséité est donc vraiment dépassée dans le sujet et l'objet de la pensée qui ne font absolument qu'un. Alors, la pensée peut s'accomplir en s'auto-déterminant dans la totalité des concepts, parmi lesquels prend place le concept de la chose, comme concept de ce qui est d'ordre encore simplement essentiel, et non pas déjà conceptuel.

Mais la conception spéculative de la chose – en tant qu'anticipation simplement essentielle de la vérité conceptuelle, qui comporte en elle l'objectivation proprement dite du sujet que s'est révélé être le fondement essentiel, seulement processuel, l'objecti-vation étant la chosification non plus nécessaire, mais libre, créatrice et non plus simplement productive – est, en même temps que ce qui limite son affirmation, ce qui la sauve comme moment lui-même nécessaire de la liberté de l'être. Ce sauvetage spirituel de la chose, des choses, s'exprime à *deux* niveaux dans le hégélianisme. *D'abord*, puisque l'essence existe et n'est qu'à se produire dans l'immédiateté des choses, où son sens se dépose en y totalisant ses médiations non encore transparentes à elles-mêmes en leur unité (la raison ne s'y affirme encore que selon un régime d'entendement), l'entendement savant, tel chez Goethe, se fait rappeler la limite de ses déterminations abstrayantes et en cela formelles en s'inscrivant toujours dans la perception cultivée des choses, qui offrent, certes dans leur immédiateté, la totalité, seule vraie, des médiations affirmées séparément, selon leur chosisme idéal partiellisé, par l'entendement en tant que tel. L'intuition géniale des choses, présence immédiate du tout du sens, s'élève alors au-dessus des abstractions de la science d'entendement, et l'on ne s'étonnera pas de l'éloge que Hegel – par exemple dans sa critique de l'entendement newtonien – en fait, comme d'une sorte de substitut non rationnel de la raison. Le contact perceptif avec les choses est, de la sorte, salutaire, non seulement à l'origine – rien ne vient à notre connaissance si ce n'est de façon extérieure – et à la conclusion du travail de l'entendement, mais aussi pendant le déroulement de celui-ci, comme l'auxiliaire même de la raison, dont il ne saurait cependant dispenser.

En *second* lieu, non plus épistémologiquement, mais ontologiquement parlant, Hegel sauve la chose en définissant l'être vrai ou l'absolu par l'activité de se faire chose, par la chosification de lui-même. Certes, il s'agit d'une chosification conceptualisée, car elle n'a plus son lieu au niveau subordonné de l'absolu comme essence. Désormais, les deux processus de l'intériorisation de soi de l'être et de l'extériorisation de soi de l'essence, qui sont conjoints dans la chose et que traduisent les deux propositions : « l'être est (devient) essence », et : « l'essence est (se pose comme) être », ne se font plus seulement *équilibre* comme *processus* immédiatement conjoints selon le lien toujours différenciant, en son immédiateté, de l'immédiateté et de la médiation. Ils se dépassent, en effet, dans les moments *hiérarchisés* de l'*activité créatrice* qu'est le concept : celui-ci est le sujet, lequel est l'objectivation de soi. Cependant, cette objectivation, qui se réalise dans l'actualisation de soi du sens absolu de l'être comme esprit, présent à soi pleinement dans la représentation religieuse chrétienne comme création de soi ou incarnation et dans le concept spéculatif hégélien comme savoir discursif systématisé, bien loin d'exprimer un quelconque objectivisme, témoigne de la signification absolue du sujet dont l'activité – supra-processuelle – culmine dans le sacrifice de soi. La chosification conceptuelle ou spirituelle est le rabaissement absolu de la chose néanmoins sauvée en tant que moment essentiel de l'absolu. C'est là ce qui condamne, parmi les interprétations du hégélianisme, celle d'un Kojève déterminant le savoir absolu comme ce qui épuiserait son être dans le *Livre* (de l'*Encyclopédie*), la Chose même promue en absolu, alors que l'absolu consiste bien plutôt dans l'acte par lequel il s'aliène dans l'*écriture* et la *lecture* du Livre, se fait cette Chose sublimée qu'est le Verbe. La philosophie spéculative opère bien la transfiguration de la chose et de la Chose en concevant l'absolu lui-même comme l'acte suprême de sa configuration identiquement universelle et singulière en toutes deux.

L'impitoyable et patiente traque et critique par Hegel du chosisme en toutes ses formes ne signifie donc aucunement une élimination abstraite de la notion de choséité. Elle consiste à penser radicalement celle-ci, c'est-à-dire à la penser en sa racine qui n'est pas elle-même, mais le concept, réalisé dans l'esprit absolument tel. La constante attention de Hegel au réel et aux choses, sa manière d'aller « aux Choses mêmes » s'est inscrite dans leur saisie créatrice ou re-créatrice à partir du principe absolument non chosiste de toute chosification, à savoir le concept. C'est au concept – on peut bien écrire le Concept, car il est un en son pouvoir totalisant – qu'il faut plus profondément aller, si l'on veut atteindre ce que sont les choses en ce qu'elle ont de plus réel et de plus vrai.

# Troisième partie

# LA NATURE

## CHAPITRE X

## L'IDÉE DE LA NATURE

Pour une philosophie qui, comme c'est le cas, à son apogée, de l'idéalisme allemand, comprend l'absolu comme sujet et, plus concrètement, comme esprit, ou, du moins, en esprit, c'est-à-dire dans l'identité à soi réflexive de son affirmation, la détermination de l'Autre même de l'esprit, à savoir la nature, constitue un problème, sinon le problème, fondamental. Car il s'agit alors de poser à partir de l'esprit en tant que tel, libéré de toute imprégnation naturelle, la nature en tant que telle, libérée, elle, de même mais inversement, de toute imprégnation spirituelle. De la difficulté d'une telle tâche témoigne précisément le développement du thème, de Kant à Hegel. Une brève évocation propédeutique de ce développement introduira le constat de la spécificité, de l'originalité, de sa clôture hégélienne.

L'objectivation kantienne de la nature comme légalité universelle des phénomènes renvoie, certes, à l'esprit s'exerçant comme entendement, mais celui-ci ne peut fonder la diversité essentielle à la nature, ni, non plus, l'altérité de cette nature par rapport à lui, puisqu'une telle altérité est éprouvée dans la différence, elle-même originellement naturelle, entre le sens externe et le sens interne auquel est lié factuellement l'esprit dans l'être raisonnable fini. Chez Kant, l'esprit comme tel ne peut poser la nature comme telle ; il s'impose bien plutôt à elle en la niant et, à l'intérieur de lui-même, il soumet normativement, dans un devoir-être (*Sollen*), à sa législation purement spirituelle – la législation normative ou pratique de la liberté –, la législation d'esprit fini ou naturé qu'est la législation théorique de la nature.

L'intégration fichtéenne de la réceptivité ou sensibilité naturelle à l'activité spirituelle, qui fait de la nature en sa diversité l'auto-limitation ou négation de l'agir un avec lui-même qu'est l'esprit, l'insertion de la position du Non-Moi dans le Moi, permettent la position spirituelle de la nature en sa diversité essentielle. Fichte déduit bien la lumière, l'air, etc., de la *Moïté* (*Ichheit*). Cependant, la différence irréductible entre l'agir par lequel le Moi se pose lui-même et l'agir par lequel il pose le Non-Moi ou la nature dans lui-même, et se nie donc lui-même, signifie que cette auto-négation, ne procédant pas de l'auto-position qu'est le Moi, est posée en lui mais non originellement par lui, et qu'il comporte ainsi au cœur de lui-même une passivité ou naturalité. Par rapport au kantisme, on a, dans le fichtéanisme, une nature plus radicalement spirituelle, mais posée par un esprit plus intimement naturel. L'intérêt de la philosophie fichtéenne de l'esprit se porte alors d'autant plus sur l'effort par lequel celui-ci combat pratiquement en lui cette nature qu'il héberge, en marginalisant l'intérêt théorique pour elle, qui n'est définie que comme l'être nié de lui-même.

La naturalisation schellingienne des principes fichtéens de la philosophie transcendantale de l'esprit (« le philosophe de la nature traite la nature comme le philosophe transcendantal traite le Moi »[1] – et d'abord de la dualité originaire, proprement naturelle en tant que subie, de la position de soi et de la négation de soi – identifie en leur structuration dynamique essentielle, simplement réalisée sous la forme différente du réel et de l'idéal, la nature et l'esprit au sein d'un absolu qui se fonde dans celle-là et s'accomplit dans celui-ci. La désignation de toute la première philosophie de Schelling comme philosophie de la nature exprime bien le primat, dans l'absolu, d'une nature qui se développe positivement en esprit ; reprise post-kantienne de la doctrine du « *Deus sive natura* », sauf qu'il s'agit désormais d'un « spinozisme de la physique »[2] et non plus seulement d'une métaphysique en fait mécaniste. Par-delà la relativisation marginalisante de la nature opérée par Fichte, Schelling absolutise donc celle-ci comme le principe métaphysique totalisant, objectif en son immanence, des phénomènes physiques, et réconcilie ainsi l'opposition kantienne entre la philosophie de la nature renouvelée comme métaphysique subjective

---

1. Schelling, *Erster Entwurf eines Systems der Natur-philosophie* [*Première esquisse d'un système de philosophie de la nature*], note des textes utilisés par Schelling pour son cours, in *Schellings Werke*, éd. M. Schröter, t. II, Munich, Beck'sche Verlagsbuchhandlung, 1927, p. 12, note 2.

2. Schelling, *Einleitung* [*Introduction*], *ibid.*, p. 273.

de la science de la nature et l'onto-cosmologie de la métaphysique traditionnelle non vérifiable physiquement. Une telle reconnaissance, dans le contexte de l'assomption idéaliste de la pensée philosophante, d'une métaphysique objective, ontologique, de la nature se fait cependant, dans la première philosophie de Schelling, à travers une surdétermination de cette nature, qui peut mettre en question la scientificité spéculative du rationalisme revendiqué.

Une reconnaissance déterminante ou limitante de la réalité métaphysique de la nature exigera l'insertion de celle-ci dans un absolu dont la détermination absolue se vérifiera telle dans et comme l'auto-détermination constitutive de l'esprit, mais de l'esprit absolu, lui-même tel par sa relativisation ou négation de soi le faisant se poser en posant la nature comme l'Autre ou le négatif de lui-même. Hegel va bien élaborer une philosophie dialectique de l'esprit absolu permettant de comprendre à partir de l'esprit pleinement tel la nature tout autant pleinement elle-même. A l'intérieur d'une sorte d'application à rebours de la loi comtienne des trois états au développement de la métaphysique idéaliste de la nature, celle-ci passe ainsi d'une métaphysique épistémologique de la nature, positive par son contenu, chez Kant, à travers – médiatisée par l'irritation fichtéenne – une métaphysique proprement métaphysique de la nature chez le premier Schelling, à une métaphysique théologique de la nature chez Hegel. – C'est une telle idée théologique rationalisée, ou une telle idée spéculative, de la nature dans la philosophie hégélienne, qu'il s'agit d'examiner, d'abord quant au *site*, puis quant au *statut*, enfin quant au *contenu* qui sont alors assignés à l'objet de la deuxième partie de la systématisation dialectique de l'absolu que constitue l'*Encyclopédie des sciences philosophiques*.

Que la nature soit d'abord saisie comme un objet spéculatif, comme une détermination immanente à la raison en tant que totalisation sensée, c'est-à-dire, en la transparence à soi achevée du sens, conceptuelle, de l'être lui-même, ne signifie pas – et ceci est valable tout aussi bien pour l'esprit – que Hegel aurait été inattentif à la nature comme contenu de l'expérience ; cela, d'ailleurs, même si, dans sa formation – et à la différence de Kant et de Schelling –, il s'est beaucoup plus intéressé aux manifestations de l'esprit : religieux, politique, économique…, qu'aux phénomènes de la nature. Qu'il me suffise de rappeler une fois pour toutes, ici – où il est question de l'idée, du sens objectif, de la nature, et non pas, pour elle-même, de l'étude ou de la philosophie de la nature chez Hegel –, que nul penseur ne s'est tenu, plus que le Hegel de la maturité, informé des pratiques et conquêtes des sciences de la nature. Le philosophe spéculatif sait bien qu'il ne sait quoi que ce soit que pour l'avoir d'abord découvert empiriquement, si son souci est d'élever à la détermination et justification conceptuelle, immanente à l'exercice souverainement libre de la raison, les données révélées par l'expérience, envisagée à tous ses niveaux, depuis la certitude sensible la plus naïve jusqu'à l'exploration la plus techniquement savante de la nature. Mais le vrai ne s'assure de sa détermination et n'obtient sa justification que par son insertion dans la totalisation ou systématisation rationnelle ou conceptuelle de l'être.

La spéculation hégélienne, on le sait, se prouve à elle-même comme la connaissance que prend de lui-même à travers elle l'être en tant qu'il a un sens, c'est-à-dire identifie en lui ses différences ou déterminations, ou qu'il est rationnel, la raison étant l'auto-différenciation de l'identité qui s'avère ainsi totalité ; cette totalité se réalise comme auto-production systématisée de toutes ses déterminations dans l'Encyclopédie des sciences philosophiques, et cela à partir de et au sein de la plus universelle, en tant que telle présente en toute autre et donc dite par le moindre discours, la détermination de l'être purement être. Un tel être qui, n'étant qu'être, c'est-à-dire simplement identique à lui-même, sans différence ou détermination interne, est, du fait de cette indétermination, bien plutôt identique au non-être et, par là, en lui-même contradictoire, ne peut, puisqu'il y a de l'être, que se nier en cette négation de lui-même ; sa dialectique ainsi redoublée le fait alors se poser comme un être véritable en accueillant en lui la différence, et, finalement, toutes les différences ou déterminations possibles à la mesure de l'être, donc universelles en leur sens, si bien que, ne pouvant plus être indéfiniment déporté de lui-même, il se réfléchit enfin en lui-même comme un *Soi* dans son tout alors saturé. Ce parcours nécessairement bouclé, fini, de l'être absolu en l'universalité de son sens (quel que soit ce qui est) est la loi de fer imposant son développement à tout être : qu'elle soit celle du sens ou de l'Idée ne la prive pas de la force réelle, bien au contraire. Son exposé constitue le contenu de la première partie de l'Encyclopédie, la « Science de la logique ». Mais que l'être boucle ainsi son sens dans la réflexion en un Soi de celui-ci signifie d'abord sa mise à distance de soi dans la différence de l'intériorité du sens et de son extériorisation ou aliénation sensible, différence constitutive de l'être comme nature, objet de la deuxième partie de l'Encyclopédie. Cependant une telle nature, dont le sens est d'être la différence de son sens logique et de sa réalité naturelle, contredit le sens absolu de l'être comme identité réfléchie en elle-même d'un Soi, une contradiction qui, la loi du sens absolu étant elle-même absolue, est nécessairement contredite, puisqu'il y a de l'être, dans la réalisation adéquate du Soi de l'être comme esprit, lequel esprit fait être réellement tout le reste.

La « Philosophie de l'esprit » accomplit de la sorte, comme sa troisième partie, l'Encyclopédie, et, en particulier, la relativisation du moment naturel de l'être, négatif, d'une part, certes, relativement à son premier moment positif, celui de l'Idée logique, mais aussi, d'autre part, à son dernier moment positif, celui de l'esprit. L'Encyclopédie ontologique de Hegel sauve ainsi la nature en la fixant comme un moment nécessaire de l'absolu, mais il la sauve comme son moment négatif, redoublé et par là confirmé en sa négativité. Puisqu'une telle ontologie négative, qui interdit à la fois tout naturalisme et tout spiritualisme abstrait, s'est saisie elle-même comme une rationalisation de la théologie chrétienne d'abord exprimée dans la circularité trinitaire et sa concrétisation à travers le dogme de la Création et de l'Incarnation divine, on peut parler, chez Hegel, d'une conception onto-théologique, ou, plus exactement sans doute, « théo-ontologique », de la nature. C'est à partir de cette dimension qu'il convient d'analyser la situation de la nature dans le système hégélien.

Précisons d'abord que la stricte distinction, à l'intérieur de la réalisation du sens, entre la nature, simple sensibilisation du sens, et l'esprit, sensibilisation du sens comme sens, disqualifie spéculativement – car la raison spéculative ne s'intéresse qu'aux déterminations du tout, elles-mêmes nécessairement totales, identités réelles des différences – le *monde* (*Welt*), pure somme ou collection de ce qui est naturel et de ce qui est spirituel ; le monde n'est pas une catégorie de l'Encyclopédie, et il n'y a pas de postérité spéculative de la cosmologie rationnelle traditionnelle. Certes, cela ne signifie pas que l'esprit exclut et rejette abstraitement tout ce qui est nature. Ontologiquement parlant, il re-pose en lui, comme son premier contenu théorique et pratique, les données naturelles dont l'insuffisance contradictoire ont rendu nécessaire sa propre position, et son premier niveau constitue bien ce que Hegel appelle un « esprit-nature [*Naturgeist*] » c'est-à-dire « l'âme ». S'étant lui-même complètement constitué comme esprit en sa subjectivité, l'esprit s'objective ontiquement à travers ses institutions éthico-politiques, en une seconde nature, qui se fera elle-même pleinement, absolument spirituelle dans les œuvres de l'art, le culte religieux et le discours philosophique. Une telle promotion spirituelle de la nature exprime le sauvetage ontologique primordial, par l'être en tant qu'esprit, de cette nature dont le non-être propre ne la laisserait pas venir à l'être dans l'absolu si celui-ci n'avait pas l'être plénier de l'esprit : s'il n'y avait que la nature, il n'y aurait pas de nature. Accueillant de la sorte en lui la nature, l'esprit ne peut que se retrouver en elle ; devant la nature, « l'esprit a la certitude qui fut celle d'Adam lorsqu'il aperçut Ève : « Voici la chair de ma chair, voici les os de mes os ! ». Ainsi la nature est la fiancée que l'esprit prend pour épouse »[1]. Cependant, la nature présente dans l'esprit, non seulement ontiquement posée, instituée par lui, mais aussi ontologiquement présupposée en son ancrage anthropologique (les dimensions cosmique, tellurique, physique, biologique de la vie de l'esprit comme âme), est une nature déjà spirituelle, qui agit désormais à titre de simple *condition*, non plus de *détermination*, de l'existence qu'elle affecte. L'animalité humaine n'a rien à voir avec l'animalité animale, l'esprit-nature est esprit, non nature[2]. Esprit et nature ne sont pas définis par leurs ingrédients, mais par le régime ontologique où ceux-ci prennent place, et les deux régimes de la réalisation du sens de l'être, la nature et l'esprit, sont radicalement différents. C'est donc de la nature ainsi comprise, strictement

1. *Encyclopédie* II : *Ph.N*, Add. § 246, trad. B. Bourgeois, p. 346.
2. Qu'il nous soit permis de renvoyer à notre étude : « Les deux âmes : de la nature à l'esprit », dans *De Saint Thomas à Hegel*, J. L. Vieillard-Baron (dir.), Paris, P.U.F., 1994, p. 117-151, reprise dans *Hegel. Les actes de l'esprit*, Paris, Vrin, 2001, p. 11-29.

naturelle, qu'il s'agit d'examiner le site négatif dans l'architecture encyclopédique.

Négatif est le site de la nature en tant qu'il est un site médian – entre Idée logique et esprit –, et que, d'une façon générale, le moment médian de tout développement spéculatif, comme moment de la différence menant de l'identité à la totalité, est nécessairement, en son sens radical, le moment de la différence d'avec soi, donc de l'opposition à soi, bref : d'une contradiction qui voue nécessairement un tel développement au non-être, puisque l'être est originairement identité. Or, l'identité n'étant vraiment qu'en ayant la différence dans elle-même, et non pas à l'extérieur d'elle-même dans une différence d'avec elle qui la renverserait en son Autre, donc qu'en étant aussi totalité, la nature, différenciation ou négation de soi de l'être, est négatrice, et de l'identité à soi idéelle de l'être, de son sens ou de sa logicité, et de sa totalité réelle, c'est-à-dire de l'esprit.

Un négatif ou un « *non-ens* » par rapport à l'Idée, à l'être comme pur sens, la nature l'est bien, à la fois en son essence et en son existence. En son existence, elle est posée, créée dit aussi Hegel en donnant une signification spéculative à la représentation religieuse chrétienne du rapport au monde (d'abord naturel) du Dieu trinitaire (pris en lui-même, en son intériorité absolue, anticipation culturelle de celle, conceptuelle, du sens ou de l'Idée logique) ; c'est bien, en effet, l'Idée logique qui libère comme réalité naturelle le moment de sa différence dans elle-même accomplie, en son ultime réflexion en soi, comme différence d'avec soi. Quant à son essence, la nature est l'intériorité à soi du tout du sens extériorisé par rapport à elle-même, le sens sensibilisé, l'Idée aliénée : le sens achevé de l'être, celui d'un Soi comme tel libre, s'avère en effet dans la libre position par lui, et comme libre, de son autre naturel. – Mais l'auto-position achevée de l'Idée à travers son auto-négation en une nature est niée par celle-ci en tant que nature dans la mesure où son idéalité est réalisée, c'est-à-dire niée immédiatement, sans que cette négation soit elle-même niée dans la réalisation de l'Idée comme Idée, réalisation constitutive de l'esprit. C'est pourquoi la toute-puissance de (qu'est) l'Idée – la loi du sens est invincible – ne peut pas ne pas faire se nier, en tant qu'un tel faire se réalise comme étant déjà celui de l'esprit, Idée pleinement réalisée telle qu'en elle-même, la nature comme réalisation simplement naturelle de l'Idée. La nature est donc ainsi également le négatif de l'esprit, au sens de ce qui ne nie pas – la nature n'a pas un tel pouvoir – l'esprit, mais est nié par lui, d'abord en tant qu'il agit par nature présupposée interposée, puis, une fois qu'il s'est posé comme esprit à travers l'auto-négation consentie à la nature, qu'il re-pose celle-ci en lui comme nature spirituelle.

La séquence : Idée logique – Nature – Esprit étant commandée par l'Idée logique (le sens de l'être est tel qu'il se réalise essentiellement, en sa liberté, comme nature et esprit), dont l'identité à soi libère cette Idée de toute différence, en particulier temporelle, d'avec soi, ce qui est absolument, en vertu de son sens, c'est l'être comme esprit, le tout de l'être comme sujet réel de lui-même. La relativité négative elle-même absolument vraie de la nature est, par conséquent, celle qui la lie à l'esprit et dans laquelle sa relativité négative à l'égard de l'Idée a sa place comme un moment relatif, en dépit du pouvoir absolu de cette Idée. Cependant, le tout hégélien s'actualisant à chaque fois en assumant les exigences propres, en vertu de leur dialectique immanente, à chacun de ses moments, sans les annuler abstraitement par un interventionnisme téléologique dissolvant sa libéralité ou bonté dans sa puissance, c'est en raison du sens logique présupposé par lui que l'esprit présuppose aussi en lui la nature et qu'il se pose lui-même moyennant l'auto-négation de celle-ci exigée par le sens, qui, en elle, se réalise, mais pas comme sens. Et cela, nonobstant le fait que l'auto-négation de la nature, qu'est la nature, n'a elle-même d'être que comme auto-négation naturalisante ontologique de l'esprit qui, seul, est réellement et fait être en quelque façon le non-être naturel. Au fond, la nature est bien posée par l'esprit, son non-être propre lui interdisant non seulement de poser l'esprit, mais de se poser elle-même ; toutefois, si l'esprit la pose, ce n'est pas directement, à partir de lui-même, tel qu'il se pose lui-même, comme son négatif abstrait (à la manière fichtéenne par exemple), mais, d'abord, à partir du sens (logique) de l'être (réalisé concrètement comme esprit), puis à partir de la réalisation naturelle de ce sens, c'est-à-dire à partir d'elle-même, de sa dialectique propre, celle du sens naturel de la réalisation du sens, qui révèle la nécessité finale de la réalisation spirituelle de ce sens. L'esprit triomphe d'autant plus qu'il laisse faire la nature en sa négation d'elle-même, tout comme il s'en est remis, pour la position d'elle-même, à la loi stricte du sens universel de l'être : « La liberté infinie de l'esprit libère la nature et représente l'agir de l'Idée à l'égard de cette nature comme une nécessité interne à même elle, de même qu'un homme libre est sûr du monde, sûr que son propre agir à lui est l'activité de ce monde » [1].

Comprise ainsi, la puissance réelle de l'esprit, par delà tout totalitarisme spiritualiste, peut bien être dite poser ou créer la nature, mais en tant qu'elle le fait à travers les médiateurs qu'elle se présuppose en la posant, celui, suprêmement actif et positif, de l'Idée logique, et celui, passif et négatif, de la nature. La médiation souveraine de l'Idée logique fondant par elle-même l'existence et l'essence de la nature, c'est à partir d'elle que doit être analysé d'abord le statut de celle-ci. Cette même médiation concrétisée spirituellement agissant à travers celle, passive, de la nature en tant que négation d'elle-même, qui est en même temps et plus fondamentalement l'auto-position de l'esprit réalisant absolument l'Idée logique, c'est un tel processus plus concret qu'il faudra ensuite considérer pour comprendre le développement du contenu naturel.

La position, spéculativement prouvée, de la nature résultant de l'auto-négation du sens (logique) dont le sacrifice témoigne de la surabondance ontologique de celui-ci (le sens du sens est de se faire l'Autre, alors réel, d'abord naturel, de lui-même), le statut de la nature se récapitule dans la formulation qui ouvre le

1. *Encyclopédie* II : *Ph.N*, Add. § 376, trad. B. Bourgeois, p. 721.

texte à elle consacré dans l'*Encyclopédie* : « La nature
s'est produite comme l'Idée dans la forme de l'être-
autre »[1]. Aliénation du sens qui se totalise, échappant
ainsi à l'extériorité d'un destin, en l'intériorité à soi
d'un Soi, la nature est donc en elle-même extérieure
à elle-même jusque dans son achèvement naturel, qui
la fait se surmonter dans la position de l'esprit. Cette
extériorité à soi est la réalisation sensible du sens,
et le sensible, c'est le divers, absolument tel comme
spatial, puisque la négation ponctuelle du divers est
la position de tous les autres points, c'est-à-dire, à
nouveau, l'être de l'extériorité réciproque. Dans sa
détermination spatiale originaire, universellement
constitutive d'elle-même, la nature nie absolument
son sens, qui est l'extériorité à soi de l'Idée logique.
Or, une telle auto-négation ou contradiction, signe de
non-être, ne pouvant être qu'en se niant ou contredisant
elle-même, la nature est la négation d'elle-même, et sa
première négation est la diversité temporelle, puisque
le point temporel, le maintenant, n'est que si tous les
autres maintenant, son non-être, ne sont pas (plus ou
pas encore), ce qui signifie son être singulier, lequel
fixe par là dans l'être, en chaque réalisation d'elle-
même, la diversité temporelle. Mais le temps nie
successivement son être, dans le retour immédiat de
la contradiction interne, retour qui affectera ultérieurement toutes les autres déterminations de l'être,
plus concrètement singularisantes ou totalisantes
de l'universalité extérieure à soi de la nature. Si
bien que même la ponctualité la plus synthétisante

---

1. *Encyclopédie* II : *Ph.N*, édition de 1817, § 194, p. 109.

naturellement qu'est l'organisme sera encore soumise en son être à la diversité essentielle, même sous sa forme la plus idéalisée ou irréalisée, à la nature. C'est pourquoi la nature est « la contradiction non résolue »[1].

Tout *étant* contradictoire sauf le tout, qui, lui, *se* contredit et, se réfléchissant ainsi en lui, s'identifiant à lui-même dans sa contradiction, supprime celle-ci comme différence absolue en en faisant *sa* différence, la nature est et reste une contradiction qu'elle ne peut résoudre et nier en tant que nature parce qu'elle ne la pose pas elle-même en elle, et cela, parce qu'elle n'est ni un tout ni un Soi, ce qui revient au même. La nature *est* la contradiction de son unité logique interne et de son extériorité à soi proprement naturelle, elle ne l'*a* pas comme ce qui lui ferait face telle une altérité qu'elle rejetterait alors de son identité à soi se posant du même coup pour elle-même par opposition à cette altérité posée par elle et l'affectant négativement, une altérité dont, en quelque sorte, elle souffrirait ; la nature supporte et tolère de la sorte sa contradiction interne et son être est donc celui de sa contradiction. Contradiction non résolue naturellement, la nature, prise pour elle-même, n'a par conséquent pas d'être véritable, et ce, parce que, étant par essence la différence de son identité à soi idéale, logique, et de sa différence d'avec soi réelle, proprement, naturelle, elle ne peut être l'identification vraie de ces deux moments d'elle-même, c'est-à-dire une

1. *Encyclopédie* II : *Ph.N*, édition de 1830, § 248, Rem., p. 187.

totalité. Naturellement, la nature n'existe pas. Elle n'est, en sa richesse infinie, une unité, une totalité, que pour et par l'esprit qui la pense, d'abord sur le mode de l'intuition ou du sentiment (romantique, par exemple), puis sur celui, *in fine*, de la philosophie spéculative qui la saisit, en son immensité éclatée, dans le concept qui l'unifie en son sens comme sens de ce qui ne peut s'unifier effectivement en son être naturel. Il n'y a pas, pour Hegel, d'âme du monde, l'âme étant la totalisation, se réfléchissant comme telle en elle-même, subjectivement, du corps ou de l'objectivité dont elle est l'âme. La nature, réalisation détotalisante de l'Idée, ne totalise pas sa dispersion indéfinie en un monde, en un cosmos. Elle n'est donc, en son-être originaire et définitif, que portée par l'absolu spirituel, qui la sauve véritablement en établissant philosophiquement son sens, comme sens de la réalité indéfinie, dans l'entre-deux du sens du tout idéal qu'est le sens ou le logique et du sens de la réalité totalisée de celui-ci qu'est l'esprit.

La dépendance ontologique de la nature à l'égard de l'être idéalement absolu de l'Idée logique et de l'être réellement absolu de l'esprit peut être exprimée à travers la notion, d'abord apparue dans la représentation (notamment religieuse) avant d'être promue conceptuellement (par la rationalisation spéculative de la théologie), de la création, sans, assurément, qu'il soit impliqué par celle-ci que la nature aurait eu un commencement dans le temps, puisque le temps est lui-même une détermination de la nature, une détermination d'abord indéterminée en son contenu, celui d'un temps indéfini ou infini ; le temps est dans la nature, non la nature dans le temps, ce qui fait parler d'une éternité de cette nature en tant même qu'elle est créée. Posée par l'esprit en vertu de son sens, réalisation du sens logique en son exigence souveraine, la nature a nécessairement du sens. Cela signifie que ses déterminations ou différences sont identifiées, chacune avec elle-même et les unes avec les autres, selon des régularités fonctionnelles, causales et finales elles-mêmes hiérarchisées et ordonnées entre elles suivant un sens fondamentalement conceptuel ou rationnel que la philosophie spéculative doit et peut restituer. La présupposition fondatrice de la spéculation hégélienne est bien qu'il y a un tel sens dans la nature et que l'esprit peut s'y retrouver en son exigence cognitive suprême ; c'est pourquoi j'ai placé en exergue de ma Présentation de la Philosophie de la nature l'affirmation orale de Hegel : « Dans la nature, le concept parle au concept »[1], par laquelle il clôt ses cours sur la deuxième partie de l'Encyclopédie. C'est ce sens conceptuel totalisant en lui l'immense règne détotalisé de la nature qu'il s'agit de penser par-delà les relations fonctionnelles, causales, finales, d'abord quantifiables et mathématisables, que l'entendement à l'œuvre dans les sciences positives a pour tâche de découvrir, et que la philosophie doit, certes, reconnaître et exploiter, mais que la raison spéculative doit, se nourrissant de toute l'expérience de la nature, dépasser en sa quête de relations qualitativement signifiantes. Cependant, le sens de la nature, comme sens naturel de l'aliénation du sens absolu qu'est

1. *Encyclopédie* II : *Ph.N*, Add. § 376, p. 721.

l'Idée logique, est un sens non seulement difficile à découvrir dans la profusion sensible, mais aussi et surtout limité par le caractère aliénant de celle-ci.

La limitation du sens dans la nature essentiellement prise en son extériorité à elle-même fait d'elle un « Protée » livré à la dispersion et à la variation, et qui semble se complaire à une sorte de bacchanale universelle. L'ordre naturel est en lui-même affecté de désordre. Ainsi, les lois naturelles sont une identification seulement formelle de contenus fixés à leur différence qualitative originellement empirique jamais vraiment surmontée, si bien que leur lien nécessaire est celui, extérieur à eux, de la contingence ; une telle contingence s'accroît d'ailleurs au fur et à mesure que l'on s'élève dans l'auto-négation de la diversité sensible, la totalisation ou concrétisation intensifiée de celle-ci impliquant son extension. Quant à l'organisation finalisée de la nature, dans sa différenciation en genres et espèces, elle est brouillée par l'existence de formations intermédiaires, atypiques, voire monstrueuses, qui semblent mettre en échec la souveraineté universelle du sens logique ou du concept œuvrant à l'intérieur de sa réalisation naturelle. En vérité, souligne Hegel, il n'y a aucunement là une impuissance du sens à maîtriser l'élément sensible, mais bien plutôt une impuissance de ce dernier à concrétiser en lui l'ordre du premier, souverain mais libéral, et dont le libéralisme est pleinement récompensé dans sa réalisation proprement spirituelle, l'esprit seul, l'Autre le plus libre du sens, pouvant témoigner pleinement de la liberté qu'est celui-ci en son accomplissement comme Soi. – La nature, en toute la négativité qui est la sienne relativement à l'Idée logique et à l'esprit, et qui limite la portée de son ordre, présente cependant en celui-ci des contenus conceptuels ou rationnels positifs en leur spécificité : la réalisation du sens logique se dépose dans un sens naturel en lui-même original. Les concepts exprimant les déterminations de la nature ont un contenu qui les distingue aussi bien des concepts logiques que des concepts spirituels, et cette différence interdit de les réduire analogiquement à ces derniers, comme la tentation en a existé par exemple dans certains discours, aussi philosophiques, sur la nature. L'affirmation hégélienne de la négativité de la nature en son statut essentiel ne signifie en rien, bien au contraire, la méconnaissance de la positivité de son contenu.

Le sens processuel de la position de ce contenu actualise une potentialité du sens logique lui-même. Le sens en tant que tel, auto-différenciation de l'identité avérée comme totalité, se construit dans l'articulation des trois moments de l'identité, de la différence, et de leur identification totalisante. Mais la différence prise absolument est différence en soi ou d'avec soi, c'est-à-dire position de deux différences, en sorte que le processus du sens est formé de quatre moments : l'identité, les deux différences, et leur totalité ; si l'on prend ainsi la différence plus au sérieux, la triplicité devient quadruplicité. Davantage encore : en s'installant à fond dans la différence, on doit la saisir, non pas seulement comme double, mais comme triple, car elle est celle de l'identité et des deux différences, si bien que l'on a en tout cinq moments : la quadruplicité se fait quintuplicité. Or la nature, en tant que l'être déploie son sens dans le milieu de la différence ainsi promu ontologiquement, réalise intégralement cette potentialité du moment médian du sens logique comme « moyen terme brisé » : il y a bien en elle, par exemple, quatre éléments et cinq sens ! Dans une sorte d'ironie à l'égard de Fichte logeant la quintuplicité au sein de l'esprit, Hegel l'applique au processus de la nature, alors que la triplicité régit le processus de l'Idée et celui de l'esprit. C'est la différenciation intensifiée d'avec elle-même de la différence médiatisant le processus du sens qui contribue à rendre impossible l'identification totalisatrice de la nature : car si la triplicité, en insérant la différence dans l'identité entre les deux modes, abstrait puis concret, de celle-ci, assure sa résolution dans le tout, la quadruplicité et, plus manifestement encore, la quintuplicité, en différenciant la différence d'avec elle-même, lui font comprendre l'identité, dès lors incapable de la totaliser. – Tel est le processus immanent à la nature, qui lui fournit son contenu, un contenu de plus en plus vrai, car totalisant, mais dans des êtres naturels comme tels différenciés et donc emportés, comme par un destin, par leur universel incapable de se faire lui-même une totalité qui sauverait ceux-là en les appelant à participer à son être absolu.

Il n'est possible ici que d'évoquer en son sens très général le contenu développé du concept de la nature comme Idée aliénée ou intériorité à soi réalisée dans l'extériorité à soi. Ce développement ne peut être que la négation immanente, donc elle-même extérieure à soi, et ainsi progressive, de l'extériorité à soi absolue originaire qu'est la nature. Dictée par le sens de celle-ci, la ré-intériorisation progressive de l'extériorité à soi naturelle est elle-même telle par son sens, et c'est bien la logique du processus de la nature qui définit conceptuellement ses trois degrés, désignés comme la nature mécanique, la nature physique et la nature organique. – Dans la nature mécanique, l'identification à soi de la différence d'avec soi d'abord absolue de la nature, existant alors comme pure matière, la mise en forme de sa réalité absolument extérieure à soi, est elle-même à chaque fois extérieure à celle-ci, qui ne peut que tendre vers l'instance unificatrice, le centre, qui agit en tant que pesanteur ou gravité ; l'unification mécanique s'accomplit dès lors dans le système solaire. Mais l'identité qui identifie en tant que différente de ce qu'elle identifie n'identifie pas, contradiction qui renvoie au non-être la nature mécanique. Puisque la nature est, l'identité informant la matière est nécessairement intérieure à chaque fois à elle, comme identité d'abord formelle fixant à elle-même une différence matérielle présupposée ainsi qualifiée ou déterminée dans elle-même : tel est le corps [*Körper*] physique. Cependant, le corps physique, déterminé dans et par soi à travers une qualité unique, exclusive, est immédiatement lié aux autres par cette opposition même et, donc, bien plutôt, déterminé négativement par eux. Une telle contradiction, un tel non-être, de la nature en tant que physique, s'annule pour autant que l'identité à soi de cette nature se confirme réellement en posant en son sein, pour s'y réfléchir comme en un tout, les multiples différences physiques alors organiquement idéalisées : tel est le corps organique [*Leib*], extériorisation de soi d'une intériorité elle-même réalisée comme telle naturellement. Mais la nature organique est dans la nature, qui, elle-même, n'est pas un tout, le tout, si bien que les touts organiques, baignant ainsi dans un milieu qui n'est pas le tout, auquel ils pourraient s'identifier en s'absolutisant, sont des touts relatifs, en proie à la détermination par l'extérieur, dans la persistance, donc, de la contradiction essentielle à la nature.

La stratification ontologique – selon des degrés décroissants de non-être – de la nature établit des différences conceptuelles, des différences de sens, comme telles irréductibles, entre le mécanique, le physique et l'organique ; des différences qui, elles-mêmes, s'articulent semblablement chacune à l'intérieur d'elle-même en des différences tout aussi irréductibles : ainsi, la nature organique se différencie comme géologique, végétale et animale. Ce qui interdit toute confusion des ordres et toute réduction d'un ordre à un autre, aussi bien du point de vue de son existence que du point de vue de son essence. L'organique ne peut se réduire au physico-chimique, ni l'un et l'autre au mécanique. Cela ne signifie certes pas une répartition exclusive de ces différents règnes entre des êtres naturels distincts : la philosophie hégélienne de la nature n'expose pas les degrés des êtres eux-mêmes, mais ceux de leurs déterminations essentielles, qui peuvent se rencontrer dans un même être, bien qu'elle ne parle de certains êtres naturels qu'à propos d'une seule détermination ontologique de la nature. Ainsi, les corps physiques sont bien aussi soumis aux lois de la mécanique, et les organismes aux lois de la mécanique et de la physique ; simplement, ces divers ordres de détermination sont distincts et leur co-présence en certains êtres fait que l'ordre ontologiquement plus concret limite l'effet de l'ordre qui l'est moins et rabaisse son pouvoir *déterminant* en pouvoir seulement *conditionnant*. Cependant, la hiérarchisation ontologique des ordres naturels est aussi celle des êtres en fonction de l'ordre supérieur auquel ils ont part. C'est le sens totalisant, et non l'immensité sensible de la nature, qui mesure à chaque fois son être : « Je fais plus de cas – déclare Hegel – d'une animalité ne fournissant même qu'une gelée, que d'une armée d'étoiles »[1], mais déjà le système solaire vaut mieux qu'une telle armée, et, à l'intérieur de ce système, les planètes sont supérieures en être au Soleil, la plus excellente de toutes les planètes étant la Terre, cet organisme objectif, non vivant, mais vivifiant, porteur de la vie vivante du végétal et de l'animal, pour ne rien dire de la vie supra-vivante de l'esprit, et de l'esprit absolu qui s'y est incarné. Ce *géocentrisme ontologique ou spéculatif* de Hegel, qui lui fait accorder plus d'être à la Terre, totalité non universelle, qu'à l'univers, universalité non totalisée, sait néanmoins lui-même se limiter, même au niveau de la nature, par la considération que la vie *dans* la Terre, celle des végétaux et des animaux, vaut ontologiquement plus que la vie, plus universelle,

1. *Encyclopédie* II : *Ph.N*, Add. § 341, p. 578.

mais singulièrement moins vivante, *de* la Terre, simple milieu vivifiant, mais aussi mortifère, où ils ont leur destin. On le voit, Hegel saisit et juge la nature, comme toute réalité, non pas selon son extension ou sa quantité sensible, naturelle, mais selon l'intensité de son sens, en compréhension, donc en esprit. *Son idée de la nature, quant au contenu de celle-ci, est bien une idée spirituelle.*

Idée spirituelle d'une nature dont est toutefois souligné le caractère radicalement non spirituel aussi dans son déploiement réel, qui est un être-déployé purement extérieur à soi, originairement spatial, de ses déterminations, non un se-déployer s'intériorisant en lui-même par cette réflexion en soi, s'identifiant donc à lui-même dans le présent seul à être d'un développement temporel. Si l'esprit est, dans sa différence d'avec soi maîtrisée par son identité à soi, d'abord temps, la nature est, en revanche, dans sa différence d'avec soi absolument libérée, d'emblée et à jamais spatialisée. Pas plus qu'elle n'est posée dans le temps, elle ne se développe temporellement. Comme nature – et dans ses déterminations générales, dont l'une, la deuxième, première forme de son auto-négation comme non-être immédiatement étalé dans l'espace, est précisément le temps – elle est intemporelle. Elle juxtapose donc spatialement ses déterminations, au lieu de les intégrer temporellement. Elle est tout d'un seul coup, même si son éternité, comme éternité de ce qui est posé et seulement posé, incite à se représenter sa venue à l'être, et la venue à l'être de ses déterminations de plus en plus concrètes, comme une position à partir de ce qui est alors qu'elle n'est pas, donc comme une succession, voire comme une évolution. Mais Hegel rejette au nom du concept cette représentation de la juxtaposition des formes naturelles comme succession et évolution. La dialectique de la nature – qu'il faut affirmer, n'en déplaise à Kojève ! – est une dialectique conceptuelle qui n'est pas réalisée temporellement : les genres et les espèces, dans la nature, ne se transforment pas les uns dans les autres, ils sont séparés, dans leur essence et leur existence, par des *sauts*. Au fond, contre tout évolutionnisme et transformisme, il faut s'en tenir à la doctrine mosaïque de la Création, qui a vu juste quant au *sens*, qui, ici comme partout, seul importe. – Et, dans la mesure où la nature en tant qu'univers atteint sa vérité, en perdant de son universalité, en se singularisant concrètement ou en se totalisant en la Terre, celle-ci, plus particulièrement, n'a pas non plus d'histoire. La géognosie doit savoir que sa représentation d'une histoire passée de la Terre, déduite du contenu de ses couches stratifiées, n'est qu'une *hypothèse* non exigée par le *concept* spéculatif de l'organisme terrestre, et qui réalise ce qu'on peut comprendre comme l'animation violente de l'esprit dormant et rêvant dans sa patrie terrestre, animation qui disparaît lorsque l'esprit, s'éveillant en la conscience humaine, dispose face à lui son objectivité naturelle comme le milieu paisible où il peut inscrire son agir proprement historique, seul objet, désormais, de son intérêt. Le temps hypothétique des catastrophes naturelles fait place au temps effectif, consigné dans le récit historique (*Historie*), de l'histoire faite (*Geschichte*) par l'esprit.

Il y a bien, sinon *de* la nature, du moins *dans* la nature, une développement temporel essentiel aux organismes individuels, dont l'existence singulière est une métamorphose, où le processus conceptuel se réalise comme tel empiriquement, mais une telle métamorphose n'est pas une métamorphose de leur sens, de ce qu'ils ont d'essentiel, et elle est donc contenue dans la répétitivité générale de leur genre. Certes, le temps naturel du développement organique totalise ses moments comme moments du développement d'un tout, et par là il va bien au-delà du temps mécanique, dont l'identité à soi répétitive immédiate est extérieure à l'existence de la matière, et du temps physique, plus immanent à la détermination ou différence du corps et dont l'identité se dilate alors en englobant celle-ci dans un processus : le temps organique est en effet celui d'un processus qui revient en lui-même comme auto-différenciation de son identité à soi. Cependant, l'insertion des touts vivants particuliers dans une nature ontologiquement moins avancée qu'eux en son incapacité à se constituer elle-même en un grand tout soumet leur auto-détermination, comme à la négativité d'un destin, à une détermination extérieure d'eux-mêmes par l'extériorité à soi de leur milieu universel détotalisé (un particulier n'est vraiment un tout que par son identification au tout que doit être son universel). Du même coup, le temps moins intégrateur de « la » nature absorbe en sa répétitivité les parenthèses temporellement plus intégratrices, à chaque fois recommencées alors telles quelles, que sont les temps singuliers des organismes vivants.

De telles parenthèses ne sont que des anticipations bien limitées et précaires – *dans* la nature plutôt que *par* elle, qui n'est pas réellement « la » nature – de la totalisation de la réalisation spirituelle du sens, notamment du temps qui devient le milieu fondamental de l'existence de l'esprit dans la mesure où celui-ci y réfléchit, à travers la synthèse présente à elle-même et donc maîtrisable des trois dimensions temporelles, son être (présent) identifiant en sa transition vivante son ayant-été (passé) et son à-être (futur)[1]. Or une telle intégration de l'existence temporelle de l'esprit ne s'effectue pleinement que dans la pensée, qui fait se réfléchir toute conscience comme différenciation de soi de son universalité. Et la subjectivité pensante, réalisation adéquate du sens, lequel est tous les sens comme auto-différenciation de son universalité, est elle-même le sujet universel, accomplissement du Soi et du tout alors eux-mêmes spirituellement identifiés. C'est parce que l'esprit pense et que la pensée fait s'intégrer le temps dans un présent dont le sens est de s'absolutiser dans l'éternelle présence à soi de l'être, qu'il totalise en lui celui-ci et, par là, est absolument. La nature ne pourrait se totaliser qu'en surmontant sa spatialité, sa dispersion, son absence de soi originaire, à travers une telle temporalisation éternisante d'elle-même, c'est-à-dire qu'en étant en elle-même l'esprit pensant ; ce serait bien alors, pour elle, changer absolument d'élément, passer de l'élément de l'extériorité à soi à celui de l'intériorité à

---

1. Cf. *Encyclopédie* II : *Ph.N*, édition de 1817, § 204, Rem., p. 118.

soi, se nier comme nature et se faire esprit, mais une telle réflexivité lui manque, à elle qui est sans cesse hors d'elle-même. Le développement de la nature confirme ainsi en lui-même la négativité qui affecte sa situation et son statut ontologiques.

Rompant avec toute exaltation romantisante, fréquente à son époque, de la nature, Hegel insiste toujours sur son caractère négatif. Elle n'est pas pour lui la puissance productive – la *physis* des Anciens –, elle ne produit que portée, sous l'injonction de l'Idée, par l'esprit, la puissance souveraine sur tout ce qui est. Si l'esprit est l'agir même, s'il est fondamentalement actif, donc spiritualisant, la nature, en revanche, est, en sa passivité originaire, seulement naturée, non pas naturante : il n'y a d'énergie que spirituelle. Et la manifestation réelle essentielle de cette énergie spirituelle consiste à se faire nature : la raison spéculative élabore bien conceptuellement le thème chrétien de l'Incarnation de Dieu, en faisant de l'absolu – en son concept ou en son Idée, et en sa réalité spirituelle – l'acte de se naturer, ce qui lui permet de s'affirmer absolument, comme absolu ou être vrai, en niant spirituellement cette négation naturelle de l'Idée logique. Philosophie de la naturation de l'absolu, et non pas d'une nature absolutisée, le hégélianisme ne peut faire fond sur la nature de quelque façon que ce soit. C'est pourquoi, lors même que, au terme de l'Encyclopédie, le savoir de soi du savoir absolu développé tout au long de l'ouvrage en récapitule le contenu selon un premier syllogisme présentant la nature comme le moyen terme élevant le sens logique à l'esprit (« Le logique devient la nature, et la nature l'esprit » [1]), il sait qu'une telle présentation de la nature comme médiatrice efficiente n'est qu'un paraître extérieur de son sens, lequel rabaisse cette nature à un simple point de passage négatif de l'esprit qui se fait procéder à travers elle, de son sens logique à sa réalité spirituelle. L'esprit en son absoluité –, ou, aussi exprimé dans le langage de la représentation hégélienne, Dieu – se fait nature, au lieu d'être lui-même nature. La spéculation spinoziste, par laquelle il faut bien commencer, ne doit pas seulement être changée d'élément (du réalisme à l'idéalisme), quant à sa forme, mais inversée en son contenu : le sujet spirituel n'est pas la position de soi de la substance naturelle, mais la substance naturelle est la négation de soi du sujet spirituel.

---

1. *Encyclopédie, Philosophie de l'esprit,* § 575, trad. B. Bourgeois, 1958, p. 373.

## Chapitre XI

# LA NATURE : PROMISE, PROMESSE ET PROMUE DE L'ESPRIT

Dans ses cours sur l'Encyclopédie, Hegel n'hésite pas à traduire dans le langage de la représentation, où se meuvent plus aisément ses auditeurs, le concept, dont l'aride condensation régit le propos du Manuel, de l'Abrégé publié par lui et qui lui sert de fil conducteur. C'est ainsi qu'il recourt à la représentation accomplie, la représentation religieuse, prise elle-même sur la voie biblique de son achèvement, pour exprimer – à travers la remarque d'Adam s'émerveillant de découvrir en Eve formée à partir de lui-même, son autre Lui-même, la chair de sa chair– le rapport de l'esprit à la nature. Hegel exprime lui-même dans le style de la représentation un tel rapport en disant que « la nature est la fiancée que l'esprit prend pour épouse »[1]. L'image du destin conjugal de la fiancée dit déjà beaucoup. En soi, virtuellement, promise à l'esprit dans une finalité qui la soumet à celui-

---

1. *Encyclopédie* II : *Ph.N*, Add. § 246, trad. B. Bourgeois, p. 346.

ci, la nature est, par l'esprit assumant et réalisant volontairement un tel statut en l'épousant, liée à lui en une communauté qui l'égalise formellement à lui. Or, dans la mesure où la relation de l'époux et de l'épouse est, dans l'*Encyclopédie*, élevée à son concept par Hegel lorsqu'il expose la vie éthique familiale, la représentation du rapport de l'esprit et de la nature comme analogue au rapport du mari et de la femme fait confirmer par le concept plus déterminé du second rapport le concept plus abstrait qui est proposé du premier rapport notamment au début de la Philosophie de la nature.

Le couple hégélien de ces deux rapports apparaît comme foncièrement différent du couple qu'ils constituent également chez les prédécesseurs de Hegel au sein de l'idéalisme allemand. Dans la philosophie transcendantale de Kant, et encore de Fichte, l'esprit domestique la nature fixée – en son altérité reçue ou même posée, rabaissant leur communauté à une simple interaction – à son rang d'instrument. Dans la philosophie romantisante de la nature, qui se met en parallèle avec la philosophie transcendantale de l'esprit, mais en s'avantageant elle-même par cette dualité, cette différence maintenue entre la différence ou diversité naturelle et l'identité du Moi, Schelling voit dans la nature la sœur aînée de l'esprit. Hegel rompt avec tout naturalisme, accepté ou revendiqué, dans sa conception pleinement spirituelle du rapport de l'esprit et de la nature, réconciliés dans l'intimité de leur véritable communauté. Ce qui ne signifie pas leur pure neutralisation l'un dans l'autre. Dans leur unité spirituelle concrète, Hegel accorde la primauté à l'esprit, qui porte et fonde la relation à lui-même d'une nature qui lui est destinée comme à sa fin, qui est pour lui, mais dont il reconnaît assez libéralement la spécificité pour se laisser conditionner en son existence par le dynamisme propre à elle. Elle est bien pour lui, sa fiancée, sa *promise*. Mais elle-même l'appelle d'elle-même à l'existence, elle est la *promesse* de lui-même. Et, en leur relation, elle-même, tout comme lui-même, est *promue* au fond par lui, qui est l'absolu en sa vérité. Tels sont les trois moments du rapport complexe, concret, de la nature et de l'esprit dans le système hégélien.

L'absolu hégélien, qui se manifeste absolument, est donc totalement présent dans chacune de ses manifestations, même si c'est à chaque fois selon une forme originale de la totalisation de son contenu, de ses diverses déterminations. C'est pourquoi la nature et l'esprit ne peuvent désigner des *êtres* radicalement différents, tels que le contenu de l'un n'aurait aucune présence, sous quelque mode que ce soit, dans le contenu de l'autre. Ils désignent bien plutôt des *régimes* différents de réunion des déterminations de l'être elles-mêmes alors modifiées, et dans leur qualité, et dans leur puissance, par leur totalisation spécifique. Ainsi, il y a une sensibilité naturelle et une sensibilité spirituelle, la première anticipant la seconde et celle-ci rappelant celle-là, l'esprit naturel-lement anticipé n'étant pas encore proprement esprit et la nature spirituellement rappelée n'étant plus proprement nature. Par exemple, la nature présente à même l'esprit, ce que Hegel appelle le

« *Natur-Geist* », l'« esprit-nature », le « naturel »
de l'esprit existant d'abord comme « âme », n'a pas
les mêmes aspects et la même force – il conditionne,
mais ne détermine plus – que la nature non intégrée
à l'esprit. Cependant, il n'en reste pas moins que
même la nature vraiment naturelle, du fait de son lien
originaire intime à l'esprit au sein de l'absolu comme
manifestation totale de soi, n'est pas ordonnée de
façon seulement extérieure, en quelque sorte malgré
elle, à la souveraineté absolue de l'esprit. *Mutatis
mutandis*, l'aristotélisme de Hegel lui fait déterminer
la nature comme désirant, pour ainsi dire, l'esprit,
cette finalité interne qui l'ordonne à lui la constituant
en son être même. Elle est bien, par elle-même, d'elle-
même, la fiancée de l'esprit, pour lui.

Elle est, dans son essence même, le moyen,
pour l'esprit, d'exister spirituellement, c'est-à-dire
identique à soi dans son existence qui, comme
toute existence, inscrit l'être, quel qu'il soit, dans
l'extériorité et le rapport discriminant à autre chose.
La nature, en tant qu'elle est le sens pleinement sens,
se totalisant en un Soi – l'Idée comme « personnalité
pure » dont traite la fin de la Science de la logique
– qui s'affirme, tout acte étant une négation, en
s'aliénant sensiblement, est fondamentalement l'extériorité à soi absolue de l'*espace*. Or, en étant ainsi
immédiatement autre qu'elle-même : l'être spatial
du point, c'est aussitôt l'être de tous les autres points
de l'espace, la nature s'offre à l'esprit comme ce
qui, immédiatement nié en sa fixation, peut être
nié par l'esprit, dont l'identité à soi ne peut tolérer
la différence naturelle. Telle est la base native de la

ruse par laquelle l'esprit peut, dans son agir, tourner la nature contre elle-même et la faire servir à ses fins à lui. Assurément, aliénation de l'Idée ou du sens accompli en l'intériorité d'un Soi, la nature ne peut qu'intérioriser, sous l'injonction de son principe, son extériorité à soi, et ce dans un étagement de structures synthétisantes allant du temps – chaque instant intègre tous les instants – à la vie, chaque vivant faisant se clore d'abord temporellement sa spatialité maîtrisée. Mais, en tout son développement, présent lui-même spatialement, la nature reste essentiellement spatiale, extérieure à soi : les vivants eux-mêmes se juxtaposent et se succèdent en leurs singularités incapables de se réunir en un grand vivant universel qui s'absolutiserait en rival de l'esprit. *La* nature, à proprement parler n'existe pas. La spatialité indépassable de la nature assure donc la puissance de l'esprit. La contradiction fixée par elle de l'universalité non singularisée de la vie et de la singularité non universelle des vivants, maintient la nature comme offerte à l'esprit, dont elle attend qu'il la sauve en l'accueillant dans son unité.

Si, en sa spatialité, première et dernière, dernière parce que première, la nature ne peut résister à sa maîtrise par l'esprit, elle fait plus, pour autant qu'elle va au-devant de lui en étant poussée par l'Idée, dont l'esprit est la réalisation vraie, à identifier à soi et à universaliser dans ses déterminations stratifiées sa différence d'avec soi originaire et destinale. Une telle identification universalisante de la diversité naturelle s'opère à travers des lois et des genres, que, certes, la nature ne peut respecter absolument, comme en témoignent ses contingences et ses monstruosités;

sa différence d'avec soi essentielle l'affecte en effet
d'une impuissance inéliminable à fixer pleinement
son ordre, car la puissance est identifiante. Mais elle
permet généralement à la régulation constitutive de
l'agir spirituel, universalisant en tant que pensant, de
trouver un répondant complice au sein d'elle-même. –
Mieux encore. L'esprit ne pouvant agir efficiemment
sur la nature que de façon immanente, donc naturellement, il faut que l'être spirituel comporte en lui
un moment naturel. Il faut que la nature, en tant
qu'elle peut agir sur toutes ses déterminations, c'est-
à-dire en tant que nature organique plus concrète
et totalisante que la nature mécanique et la nature
physico-chimique, et donc capable de les limiter, soit
présente et agissante dans l'être spirituel. Mais il faut
aussi que cette nature soit assumée spirituellement,
ou que sa propre limite et négativité naturelle soit
vécue comme telle dans le milieu englobant du Soi
universel car pensant, et alors incitée à se dépasser
non plus seulement dans elle-même car elle est à sa
cime naturelle, mais à se dépasser comme naturelle en
se faisant naturation ou incarnation de l'esprit même.
C'est bien ainsi que l'esprit se produit, en tant qu'en
lui la nature se voue à lui en se reconnaissant comme
sa promise. Elle se reconnaît telle qu'il la reconnaît.

Une telle reconnaissance commune, par la nature et
par l'esprit réunis dans l'« esprit-nature » ou l'« âme »,
moment inaugural de l'esprit, de la destination ou
finalité spirituelle de la nature, s'accomplira, une fois
que l'esprit re-posant d'abord en lui naturellement,

spontanément, une nature spiritualisée, se sera posé spirituellement, librement, comme esprit, dans la position par lui d'une nature nouvelle en son contenu. Ce sera la seconde nature, objectivant l'esprit lui-même, en son contenu spécifique, dans le monde des institutions juridico-socio-politiques, l'esprit objectif. Il aura fait alors véritablement de sa promise son autre Lui-même, son épouse. Et la naturation de l'esprit comportant, comme celui-ci lui-même, des degrés, s'achèvera dans l'objectivation de l'esprit en son absoluité transobjective, comme le Livre exposant le savoir absolu, expression conceptuelle de l'Incarnation religieuse du Verbe divin affirmée par le présupposé chrétien de la spéculation hégélienne. Mais une telle compréhension idéaliste-finaliste de la destination ou vocation spirituelle de la nature n'épuise pas, unilatéralement, le sens de la relation établie par Hegel entre l'esprit et la nature. Car, si la nature est, en sa vérité, la naturation de l'esprit, l'accès à celle-ci est un processus dans lequel l'esprit se fait procéder de la nature prise pour elle-même, en dehors de toute dimension finaliste. La liberté de l'esprit, aussi et surtout à l'égard de lui-même, son libéralisme absolu, lui fait reconnaître la position de lui-même par la nature elle-même, à partir d'elle-même, et dans l'abstraction de toute perspective la situant par rapport à sa destination ou à sa fin. Le développement de la nature, saisi et exposé comme purement naturel, fait d'elle comme telle la *promesse* d'un esprit posé par elle-même, prise en sa négativité même.

L'esprit, qui culmine dans le savoir absolu qu'est la philosophie spéculative élaborée par Hegel, se laisse bien poser par la nature en son auto-mouvement propre, dont le moteur est la négativité immanente ou la contradiction d'elle-même. J'ai autrefois souligné que, à la différence de la « dialectique » fichtéenne et schellingienne, la dialectique hégélienne n'est en rien téléologique, c'est-à-dire mue par ce que l'être n'est pas encore, par l'irréalité ou idéalité d'une fin dont il manque et qui, en son altérité par rapport à ce qu'il est à chaque fois, constituerait son véritable être, non lu en lui-même et, donc, contingent relativement à lui. Hegel, qui veut exposer l'être en tant qu'être, à partir de lui-même, en son identité à lui-même génératrice de nécessité, refuse une telle contingence, un tel arbitraire, et s'en tient à une dialectique rigoureusement telle, dialectique, car établissant l'être sans sortir de lui-même, qui sort bien plutôt lui-même de lui-même en tant que son être se renverse en son non-être, c'est-à-dire est contradictoire. Une telle contradiction, qui précipite l'être au non-être, ne peut, puisqu'elle est, qu'elle-même se contredire en posant comme être l'unité de l'être et du non-être, qui est elle-même un nouvel être, ainsi nécessaire, comme le montre le début de l'*Encyclopédie*. C'est donc la présence du dialectique – du renversement de soi en son Autre – dans l'être, dans tout être, qui fait se développer nécessairement celui-ci et causer sa propre fin, bien loin que celle-ci soit la cause de l'être en son déploiement. La finalité spirituelle de la nature exprime ainsi le sens d'un processus de causation de l'esprit par l'auto-négation de la nature. Cette auto-négation est la promesse de la position du négatif de la nature, c'est-à-dire de l'esprit. La liberté de celui-ci s'avérera bien dans l'assomption inaugurale en lui de sa nature se libérant d'elle-même. En son début comme en son commencement, l'esprit se saisira en tant que résultant de l'auto-négation en lui de la nature.

Une telle auto-négation de la nature en contradiction avec elle-même est pensée par l'esprit comme n'ayant rien, en son exécution, de spirituel : elle n'est pas présente à elle-même, elle n'est pas pour elle-même. Certes, à la cime vivante de la nature, où l'animal se sent lui-même, éprouve besoin et douleur, en intériorisant la différence entre sa singularité limitée et l'universalité générique de la vie ou générale de l'univers non vivant, la contradiction alors éprouvée le pousse à la faire cesser, mais en tant que contradiction *dans* la nature et non pas contradiction *de* la nature, cette dernière ne pouvant être vécue comme incitation à agir qu'au niveau de l'esprit. La nature, comme telle, *est* sa contradiction, elle ne l'*a* pas. C'est pourquoi elle la supporte ou tolère parfaitement, sans être mobilisée par elle : « Dans la nature, la contradiction est seulement en soi ou pour nous, en tant que l'être-autre apparaît comme forme en repos à même l'Idée »[1]. Dans le tout du sens – ce que Hegel appelle l'Idée – réalisé sensiblement, aliéné naturellement, la contradiction n'agit pas naturellement. S'il n'y avait que la nature,

---

1. *Encyclopédie* II : *Ph.N*, Add. § 247, p. 347.

et à supposer qu'elle pût être – ce qui n'est pas, puisqu'elle est en elle-même contradictoire –, elle ne pourrait pas ne plus être, puisque sa contradiction n'est pas présente et agissante naturellement. Le développement de la nature en ses strates universelles de plus en plus synthétisantes, en direction de l'esprit, n'est donc pas proprement naturel, même si, dans certaines de ses strates, telle celle de la vie, il y a un développement réel de leurs singularisations, ou – dit autrement – la nature ne se développe pas réellement. Elle est tout ce qu'elle est, toutes ses déterminations, d'un seul coup, simultanément en quelque sorte, et, à la limite, si l'on peut dire, en même temps que l'esprit ; bien connu est le refus hégélien de tout transformisme et évolutionnisme.

Combien, à cet égard, sont différents l'esprit et la nature ! L'esprit, le réel intérieur à soi qui, comme tel, n'est pas d'abord espace, mais temps, est un développement réel de lui-même, car, reprenant en lui la nature en la faisant être en dépit du non-être qu'elle comporte, il en assume la contradiction qui devient alors la sienne, mais en l'*ayant*, donc en ne la supportant pas, par là en se contredisant lui-même en cette contradiction marquant sa finitude ou relativité originelle. La nature, elle, est réellement d'un coup, dans sa contradiction générale, toutes ses contradictions stratifiées, et elle l'est tout en étant la contradiction surmontée principiellement comme nature de l'« esprit-nature », seul par lui-même réel. Elle n'est sa contradiction qu'en étant cette contra-diction résolue dans la non-nature qu'est la naturation de l'esprit. La série de la sorte simultanée, d'emblée totale, des contradictions ponctuant l'intériorisation de la contradiction qu'est la nature en la contradiction qu'a l'esprit se faisant immédiatement cette nature qui rend par là finalement intime à elle-même comme auto-contradiction sa contradiction dès lors dépassée dans l'esprit, démontre l'attribution de l'être immédiat de la réalisation du sens (logique), en raison même de son insuffisance naturelle, à l'esprit, seul capable d'assurer en tant que véritable être cet être qui, comme tel, exige sa réalisation vraie, spirituelle. L'esprit n'est bien démontré être qu'autant que l'être ne se démontre tel, dans sa naturalité négative, qu'en s'avérant comme esprit. Il y a bien une justification naturelle – par la négativité infinie, se niant elle-même, de la nature – de l'esprit. L'être du sens, le réel, établit par lui-même, en sa naturalité, qu'il est esprit. Dès qu'il y a un réel, qui n'est comme être que naturel, il promet cet être spirituel moyennant lequel seul il est, et qui est donc réalisé aussitôt que promis ; la promesse naturelle de l'esprit est la promesse absolument tenue.

Or, si la réalité de l'esprit est démontrée par la dialectique non réelle de la nature, c'est que celle-ci est, en vérité, la dialectique purement conceptuelle ou logique du sens total ou de l'Idée de l'être. Une dialectique dont le principe élémentaire est que ce qui est contradictoire n'est pas. Telle est la nécessité de fer qui voue au non-être la nature prise en elle-même, tel un destin qui se joue du repos en elle-même de cette nature tolérant parfaitement la contradiction qu'elle est ; c'est l'avoir de cette contradiction, se réfléchissant alors en elle-même dans un se-contredire, qui mettra sur la voie de sa maîtrise, et telle sera la destination de l'esprit. La Logique établit bien que le sens n'échappe à la contradiction le renversant en non-sens qu'en se totalisant en un Soi dont l'être s'accomplit justement en ce qu'il se contredit ou se sacrifie en posant son Autre sensible, d'abord comme nature, avant de se poser comme sens dans cet Autre sensible devenant alors l'incarnation de l'esprit. C'est en tant qu'esprit que le sens est réalisé comme sens et, réalité absolue, rend réel aussi le réel condamné au non-être par le sens qu'il ne réalise pas comme tel, c'est-à-dire le réel naturel. La souveraineté de l'Idée logique sur la nature posée et déposée par elle comme le milieu natif de sa réalité est donc, en vérité, celle de l'esprit lui-même, pleinement esprit, Idée effectuée comme Idée. C'est cet esprit qui *promeut* à l'être lui-même et tout le reste, et d'abord son Autre la nature.

La réciprocité qui vient d'être analysée entre la nature, qui est pour l'esprit, et l'esprit, qui est par la nature, même en tant qu'elle exprime, chez Hegel, et à la différence de ce qui a lieu chez Kant, Fichte et Schelling, une alliance intime entre eux dépassant toute extériorité – sous forme de simple parallélisme ou instrumentation – maintenue, ne sature pas leur rapport. C'est que la nature n'*est* pas simplement l'Autre de l'esprit, alors rendu lui-même fini à l'égard de la nature. Elle *est faite* telle par l'esprit en tant que, comme esprit infini ou absolu, il est le principe de la nature comme de lui-même et, par conséquent, de leur relation. L'esprit et la nature, ces fiancés devenus époux dans une union où le mari, tout libéral qu'il soit, en sa vérité, envers sa femme, reste – dans l'éthique hégélienne – le maître, doivent leur être à une même puissance créatrice qui est elle-même esprit. La nature n'est que créée, tandis que l'esprit est ainsi à la fois créateur et créature. La spéculation ne limite pas, chez Hegel, sa transcription représentative religieuse de la relation de la nature et de l'esprit à l'analogie d'Adam reconnaissant en Eve la chair de sa chair, mais elle évoque également la commune filiation de la nature et de l'esprit fini à partir de leur Père divin, l'esprit absolu, qui se fait chair.

Commune filiation, mais de deux enfants inégalement proches de leur origine et, puisque, selon la vérité, les deux font cercle, de leur fin spirituelle. « La nature – déclare ainsi Hegel – est le Fils de Dieu, non pas cependant en tant qu'un tel Fils, mais en tant que la persistance dans l'être-autre, – l'Idée divine en tant que fixée, pour un instant, hors de l'amour »[1]. Etant, comme on l'a vu, sans en souffrir, excitée qu'elle en est tout au contraire, sa contradiction qui la met hors de soi, la nature s'abandonne à la mauvaise infinité de sa bacchanale parfois catastrophique. Alors que l'esprit fini, car lié à un simple mode de cette nature infinie, est, comme esprit, toujours à quelque degré une image de l'esprit absolument tel, de l'esprit absolu, et, en unifiant et réglant son existence naturelle dont il ressent et, au fond, rejette la contradiction, échappe relativement à la négativité dont le menace la puissance pour lui empiriquement incommensurable d'une telle nature. Sinon victoire, du moins salut précaire, tant que l'esprit reste, et se sent rester, lié

---

1. *Encyclopédie* II : *Ph.N*, Add. § 247, p. 347.

à une portion de la nature, même s'il s'agit de la nature dont il crée lui-même le contenu, de la seconde nature comme naturation institutionnelle de l'esprit, puisque cette seconde nature conserve bien la forme limitée de la naturalité première. Certes, l'histoire, qui est le propre de l'esprit, transfigure la nature, mais l'esprit objectif demeure un esprit fini. C'est pourtant ce même esprit qui, d'emblée, est aussi capable de s'élever, dès les plus humbles commencements de la religion, et jusqu'au sommet chrétien de sa rationalisation philosophique, à la conscience de son union avec l'esprit absolument esprit. Un avec celui-ci, il n'*est* plus limité naturellement mais comprend et maîtrise en pensée – et la pensée est la puissance absolue – l'infinité naturelle, puisqu'il s'identifie avec ce qui crée ou *se fait* une nature, la nature.

De la sorte, suivant le langage chrétien que la philosophie spéculative s'emploie à concevoir, le Fils naturel libéré pour lui-même par le Père créateur, fait donc retour à celui-ci, par la médiation du Fils spirituel voué d'emblée, lui, à un tel retour. L'esprit religieux accompli dans le christianisme vit donc la nature comme reconduisant providentiellement, à travers l'esprit humain, à l'esprit divin qui l'a créée gracieusement. Ce que le philosophe spéculatif expose conceptuellement en démontrant le nécessaire retour de la nature, à travers l'esprit fini, à l'esprit absolu, dont l'acte essentiel consiste à libérer de lui, conformément au sens de l'Idée personnalisante qu'il réalise ou fait exister, le moment antagonique du sensible. Dans son identité à soi éternelle réelle, vécue religieusement ou pensée philosophiquement, l'esprit absolu fait se rassembler tout l'être, y compris tel qu'il s'est déterminé temporellement et historiquement, car le temps et l'histoire sont des contenus parmi d'autres du sens éternel. Il recueille en lui tous ses moments principaux – sens ou Idée logique, existence ou extériorité à soi naturelle de ce sens, esprit fini comme restitution engagée de cette extériorité à son sens – dans l'unité et unicité éternelle de son acte. Etant ainsi totalement présent à lui-même en tout son être, il peut se présenter à lui-même, aussi à travers sa culmination dans le savoir encyclopédique de lui-même, comme se construisant à partir de sa détermination la plus pauvre, la plus humble, de lui-même, le pur être, et – dans le registre du réel – le pur être sensible, naturel, le plus éloigné de son être accompli, et confier son affirmation à la seule dynamique de cet Autre de lui-même, tout en étant assuré du résultat. Sa libéralité mesure sa puissance et la certitude vraie de celle-ci : « La liberté infinie de l'esprit libère la nature et représente l'agir de l'Idée à l'égard de cette nature comme une nécessité interne à même elle, de même qu'un homme libre est sûr du monde, sûr que son propre agir à lui est l'activité de ce monde »[1].

L'esprit absolu, absolument sûr de sa puissance, ne se pose pas immédiatement lui-même en usant abstraitement et arbitrairement – l'autoritarisme ne dément-il pas la véritable autorité ? – de sa toute-puissance, en posant par là sans raison (lui-même, raison absolue, s'étant déjà posé), son sens, les vérités

1. *Encyclopédie* II : *Ph.N*, Add. § 376, p. 721.

éternelles, et la nature ainsi que l'esprit fini. Il se fait, il se laisse, bien plutôt poser par le mouvement propre du sens de l'être comme être, de l'Idée logico-ontologique, et, par la médiation première de celle-ci, qui s'achève comme le sens réfléchi en un Soi s'opposant, en tant que tel, une nature, par la médiation seconde, réelle et non plus seulement idéale, de cette nature en son mouvement également propre. Ces deux médiations, ainsi que leurs agents, obtiennent alors leur justification, leur raison d'être, d'être posées comme telles par l'esprit, de ce qu'elles opèrent la position de l'esprit fini se posant lui-même négativement comme esprit absolu. Ainsi, en posant en particulier la nature comme le posant, en présupposant donc cette nature libéralement comme ce qui, par elle-même, en tant que son Autre, le pose lui-même à travers l'esprit fini, l'esprit absolu fonde sa position de tout ce qui a sens et réalité, une position qui, en son absoluité ou immédiateté, est absolument libre. L'auto-position dialectico-spéculative, dans le savoir encyclopédique hégélien, de l'esprit exprime et accomplit la *nécessité* réellement naturelle – fondant et justifiant toute la réalisation de l'Idée, du sens de l'être – de la *libre* naturation, aussi dans l'esprit fini, en laquelle consiste l'acte, unique et total, qu'est l'esprit absolu, et qui est bien la vérité essentiellement spirituelle de la nature comme nature.

Je voudrais, en conclusion, précisément insister sur ce point, que c'est comme nature, c'est-à-dire en la négativité même qui est la sienne, que la nature est reconnue par l'esprit lui confiant sa réalisation absolue, la posant comme ce qui le pose en son absoluité même. Une telle reconnaissance fait de l'acte créateur qu'est l'esprit absolument tel, de sa libre décision de laisser aller hors de lui, comme autre que lui, son moment négatif, alors libéré en tant que nature, un sacrifice qui n'est pas purement formel. La totalisation spirituelle de l'être, son infinité vraie, laisse subsister la mauvaise infinité sans cesse extérieure à elle-même qui est essentielle à la nature et se marque dans la contingence naturelle et sa traduction, au niveau de l'esprit fini, par l'arbitraire et le mal. Celui-ci, qui a son libre jeu à l'intérieur du sens universel, ne saurait assurément menacer ce dernier, mais il affecte ses réalisations particulières et singulières et, par conséquent, l'esprit absolu lui-même, dont l'essence est de se manifester ou réaliser. Le libéralisme de l'esprit absolu créateur de la nature et de l'esprit fini lui fait donc accueillir en lui un mal qui ne peut compromettre la réalisation du bien, mais qui reste un mal, implication inévitable de cette réalisation du bien. L'esprit fini peut succomber, à travers la tentation naturelle, à ce mal qui n'est surmontable dans l'esprit absolu lui-même que par sa prise en charge d'un tel mal. Hegel a bien su reconnaître la présence de ce moment négatif lié à l'existence naturelle à tous les niveaux de l'esprit cependant souverain.

## CHAPITRE XII

## LE TEMPS

Dans sa célèbre Introduction à la lecture de Hegel[1], Alexandre Kojève déclarait que l'identification du temps et de l'esprit lui-même saisi comme absolu résumait toute la philosophie hégélienne ; et il expliquait une telle promotion ontologique du temps ainsi égalé à l'être lui-même par le souci qu'aurait eu Hegel d'élaborer une philosophie capable de penser aussi et d'abord l'histoire, cette intensification humaine du temps. Or, s'il est vrai que, avec Hegel, la philosophie moderne se spécifie, au cœur d'elle-même, comme philosophie de l'histoire, elle ne s'achève pas, en s'y réduisant, dans une telle philosophie de l'histoire. Car, en son dessein fondamental de rationaliser le mystère chrétien, celui d'un Dieu qui s'incarne historiquement, mais pour sauver éternellement le monde, le hégélianisme fait bien s'accomplir l'esprit objectivé socio-politiquement dans l'histoire à travers la rencontre avec l'éternel, laquelle est la destination de l'art, de la religion elle-même et de la philosophie.

1. A. Kojève, *Introduction à la lecture de Hegel*, Paris, Gallimard, 1947.

L'idéalisme hégélien se présente comme un idéalisme absolu en montrant que, dans l'absolu, tout ce qui a un sens déterminé, limité, fini, est idéalisé, privé de réalité, rabaissé à un simple « moment » qui n'a d'être que comme un aspect relatif limité, partiel, abstrait de l'être véritable, c'est-à-dire de l'être total pleinement présent à lui-même et, par là-même, éternel. Hegel loge le temps dans l'absolu – Dieu est histoire –, mais non l'absolu dans le temps – l'histoire n'est pas Dieu : reconnaissance absolue du temps, mais comme non absolu.

La philosophie moderne avait bien déjà fait du temps, comme de l'espace lié à lui par la théorie du mouvement, quelque chose de relatif, de non réel par soi-même, d'idéal. Ainsi, Leibniz ne le considère pas comme une réalité substantielle contenant en elle les choses qui viendraient s'y succéder, mais comme un simple rapport ou ordre de succession des choses présupposées par lui. Chez Kant, l'objectivité même d'un tel rapport est niée : le temps est, de même que l'espace, réduit à une forme subjective séparant l'esprit de la chose en elle-même, et ce à jamais puisque, forme de la sensibilité, réceptivité ou passivité du sujet en cela fini, elle ne peut être surmontée par son activité pensante. Forme universelle de la sensibilité – car même ce qui est spatial est appréhendé, en sa diversité, successivement – le temps est, comme sens interne, lié intimement au Moi qu'il fixe ainsi en son être en toute sa vie conscientielle. Les concepts eux-mêmes ne déployant leur contenu déterminé qu'en étant traduits temporellement par le schématisme de l'imagination, toute la pensée humaine est de la sorte soumise à sa condition temporelle. Le Moi ne prend même conscience de l'acte supra-sensible, libre, de la raison pratique, que comme d'un processus indéfini de libération.

L'idéalisme hégélien, qui dépasse l'opposition, pour lui simplement formelle, du sujet et de l'objet, ne lit plus l'idéalité du temps dans le *statut* prétendument subjectif de celui-ci. L'attention désormais essentiellement portée à son *contenu* signifiant, qu'il se présente objectivement ou subjectivement, comme temps naturel ou temps spirituel, en accuse cependant l'irréalité. Par son sens même, en effet, le temps, c'est ce dont l'être éclate entre l'être qui n'est pas encore et l'être qui n'est plus : l'être du temps consiste donc à n'être pas, il est ce qui se nie soi-même. Mais, en étant *identifié* comme une telle différence d'avec soi, le temps est sauvé dans la *pensée* de lui-même : le hégélianisme pense bien le temps comme un moment nécessaire privilégié du processus par lequel l'être se détermine absolument comme pensée de lui-même. La négation de soi qu'est le temps est pensée, chez Hegel, comme la manifestation encore inadéquate, car sans cesse différente d'elle-même, extérieure à elle-même, de la négation de soi s'identifiant à elle-même comme ce qu'*a*, possède, maîtrise l'absolu qui se saisit (*greifen*) de lui-même en se pensant, qui se conçoit (*begreifen*). La *Phénoménologie de l'esprit* situe ainsi le temps au sein d'un tel absolu par sa définition bien connue : « Le *temps* est le *concept* lui-même qui *est là* » [1]. Le concept – ce qui se comprend, s'identifie

1. *Phgie E*, p. 884.

à soi, s'intériorise – est là, a lieu, s'abandonne à l'existence, à l'extériorité, à la différence. Mais, parce qu'il est l'être en son absoluité, il fait d'un tel sacrifice de lui-même la manifestation d'autant plus éclatante de son triomphe.

Selon Hegel, la réalité de tout ce qui existe est mesurée par la non-contradiction de son sens. Ce qui est contradictoire n'a pas d'être en tant que tel et par lui-même. Il requiert par conséquent, puisqu'il y a de l'être, son insertion au sein d'un être tel qu'il maîtrise toute la contradiction alors insérée en lui, qu'il l'*ait* au lieu de simplement l'*être*, bref : qu'il s'identifie à lui-même dans son contenu contradictoire, qu'il *se* contredise, bien loin qu'il *soit* contradictoire. L'être est le plus contradictoire quand il est déterminé simplement comme être pur, sans autre qualification : c'est là, en vérité, une indétermination qui l'égale au non-être. Sa détermination progressive nécessaire, s'expose dans le Système hégélien. Elle s'achève lorsqu'il est déterminé comme auto-détermination, auto-différenciation, auto-négation, négation se rapportant à elle-même, négation de la négation ; l'être qui se pose ainsi en niant ce en quoi il s'est nié, qui se libère dans son aliénation même, c'est l'*esprit*. Cet esprit qu'est l'absolu oppose ainsi à son essence unitaire intime – la totalité de sens que Hegel appelle l'Idée –, et comme milieu même de son exposition ou existence, l'extériorité à soi constitutive de la *nature*. Celle-ci est alors d'origine, par essence, la « contradiction non résolue » : en effet, l'identité à soi de son sens (la totalité significative de l'Idée) existe comme la différence indéfinie du milieu sensible voué à l'extériorité réciproque. Mais, dans l'identité contradictoire de l'intérieur et de l'extérieur, de l'identique à soi et du différent d'avec soi, telle que la conçoit l'idéalisme hégélien, l'identité à soi a prise sur la différence, l'intériorité sur l'extériorité, l'idéalité sur la réalité. C'est pourquoi la nature ne peut pas ne pas être la négation de son extériorité réciproque ou de sa différence sensible et, puisque cette négation s'opère dans le milieu de celle-ci, une négation elle-même différente d'avec soi, différenciée, de la différence sensible. Une telle négation différenciée se réalise comme une échelle de structures naturelles à travers lesquelles la nature tente d'organiser en des touts sa dispersion originaire. Le temps est la première négation posée comme telle de cette dispersion naturelle.

L'extériorité à soi maximale de la nature est sa *spatialité*. En tant qu'espace, la nature existe à chaque fois hors d'elle-même à travers ses points, qui renvoient les uns autres en étant les uns à côté des autres. Certes, le point, en son identité à soi, est bien déjà, par son sens, une négation de la différence spatiale, mais une telle auto-négation de l'espace n'est pas alors manifestée, posée comme telle, puisque l'existence du point, ce négatif spatial de l'espace, c'est la coexistence de tous les points. Si un point est posé, tous les points sont posés, qui diffèrent les uns des autres en tant qu'indifférents les uns aux autres : un point n'est pas les autres points, mais son être ne signifie pas qu'ils ne sont pas. Cependant, une telle expression *positive* de la *négation* rend l'espace contradictoire, et fait donc que, si la nature n'était qu'espace, elle ne serait pas. Puisque la nature est, c'est que, nécessairement, sa négation s'actualise en elle comme négation : cette actualisation constitue d'abord le sens du temps.

La négation de l'extériorité réciproque sensible, qui s'exprime contradictoirement, donc se supprime, dans le point (spatial), est accomplie comme telle dans le pseudo-point (temporel), ce point qui n'en est plus un et qu'on appelle l'*instant*. Car, si l'être d'un point, négation finie de l'espace, c'est l'être de tous les autres points, l'espace posé infiniment, par contre l'être d'un instant, c'est le non-être de tous les autres. Mieux : puisque la diversification s'affirme encore en se bloquant ou fixant – en raison de la divisibilité à l'infini du sensible –, le non-être affecte le sens de *chaque* instant, *en lui-même* multitude d'instants. Le temps, qui n'est à chaque fois réel que dans l'instant, n'est donc en celui-ci qu'en n'étant pas : « Le temps est… l'être qui, en étant, n'est pas, et, en n'étant pas, est »[1]. Conceptualisant dès lors l'assimilation mythologisante, par les Grecs, de *Chronos* (le dieu du temps) et de *Kronos* (Saturne dévorant ses enfants), Hegel pense le temps comme l'auto-négation de la différenciation naturelle de l'identité à soi qui constitue le sens de l'absolu.

Un tel enveloppement négatif des instants du temps par chacun d'eux à travers l'équation redoublée de l'être et du non-être qui le définit – l'instant n'est pas en tant qu'il est, et il est en tant qu'il n'est

1. *Encyclopédie* II : *Ph.N*, § 258, trad. B. Bourgeois, p. 197.

pas – commande le double rapport qu'il entretient à l'intérieur de lui-même, à chaque fois, avec deux modes de l'instantanéité autres que lui. L'instant *présent*, en effet, se nie, d'une part, comme être qui n'est pas, devient non-être et se fait alors *passé*, d'autre part, comme non-être qui est, devient être, et se fait alors *avenir*. L'être négatif du temps est ainsi celui d'un présent dont le sens inclut en lui, comme constitutif de son propre être, son rapport au passé et son rapport au futur. Par une telle récapitulation, composition ou « synthèse » de sa multitude engendrée par l'immédiate différenciation de soi – en passé et futur – de son identité présente, le temps manifeste bien alors l'activité pensante. En effet celle-ci s'accomplit dans le concept, sens qui, en son identité à soi (le concept comme tel), se différencie (dans le jugement) et identifie sa différence (dans le raisonnement).

Mais le temps est le concept qui ne fait encore qu'être là, qui existe ou s'extériorise comme cette identification présente de sa différence interne (en passé ou futur) qui est toujours différente d'elle-même, sans cesse déportée hors d'elle-même : le présent le plus synthétique est constamment exclu comme présent passé par un présent futur. Les dimensions du temps (présent, futur, passé) sont intérieures les unes aux autres, mais cette intériorité est elle-même indéfiniment extérieure à elle-même. Une telle extériorité à soi, une telle différenciation d'avec soi, est, à son propre niveau, sans fin et ne peut par elle-même, pure forme répétitive sans contenu, se contredire, se maîtriser, se fixer, se déterminer qualitativement en se donnant un sens. Le temps ne peut se saisir de lui-même : il est le concept qui ne se conçoit pas lui-même, le concept comme non-concept. Si le concept comme concept est, pour Hegel, la puissance absolue, la puissance qui a puissance d'abord sur elle-même, le concept comme temps est la puissance comme *impuissance*, la simple apparence de la puissance.

Le temps, en son être ainsi plus négatif (passif) que négateur (actif), n'a même pas de réalité par lui-même. Il ne possède même pas celle d'un simple milieu dans lequel les choses, en y étant plongées, s'écouleraient : « Le temps n'est pas, pour ainsi dire, un réceptacle dans lequel tout est placé comme dans un courant qui s'écoule et par lequel il est emporté et englouti »[1]. C'est, tout au contraire, parce que les choses sont finies, en leur contenu même limitées ou niées, qu'elles revêtent la forme temporelle ; et c'est l'universalité de leur finitude – tout est fini sauf le tout – qui fait saisir le temporel comme une détermination particulière d'un temps universel par là même représentable, en son identité à soi à travers ses variations, comme un être réel. Il faut donc dire que « c'est parce que les choses sont finies qu'elles sont dans le temps »[2]. Si bien que le processus du temps ne fait qu'exprimer le procès, le jugement par lequel les choses se condamnent, ou plutôt, par lequel l'être absolu condamne à disparaître les êtres finis en lesquels il se manifeste, s'objective, s'oppose

1. *Encyclopédie* II : *Ph.N*, Add. § 258, p. 361.
2. *Ibid.*

à lui-même pour affirmer concrètement son identité à travers la totalité déployée, développée, de leurs différences. De telle sorte que ce que l'on se représente ordinairement comme la puissance du temps – tel un destin inexorable – sur les choses ne fait que traduire l'impuissance de celles-ci : « Le procès des choses effectives elles-mêmes fait ainsi le temps ; et si le temps est désigné comme ce qu'il y a de plus puissant, il est aussi ce qu'il y a de plus impuissant »[1]. Le temps ne fait rien ; ce sont les choses qui se défont en lui sous l'action négative de l'absolu dont elles sont les manifestations inadéquates.

Mais il y a processus et processus. Le processus passif du temps manifeste, au niveau de la finitude, le processus actif de l'absolu. La « Science de la logique », qui, à l'orée de l'*Encyclopédie des sciences philosophiques*, analyse le sens de tout ce qui est, qu'il s'agisse de l'être naturel ou de l'être spirituel, montre bien que le devenir est la condition première de l'être : l'être n'est qu'en n'excluant pas le non-être mais en l'accueillant en lui, c'est-à-dire, précisément, en devenant. Cependant, il y a deux types de devenir. Il y a le devenir compris dans l'être qui devient et dont l'identité à soi maîtrise en sa totalité, telle l'*éternité*, ce qui ne fait alors que la vivifier. Et il y a, à l'opposé, le devenir comprenant l'être qui devient et traduisant par là *temporellement*, dans l'échappement mortel à lui-même d'un tel être, sa détermination par le tout qui l'engloutit comme un destin.

1. *Ibid.*

L'éternité n'est pas relative, même négativement, au temps. Elle n'est pas avant ou après le temps ; elle n'est pas le temps infini, ni vers le passé ni vers le futur ; elle n'est pas ce qui serait hors du temps. Elle est ce qui, ayant toute la vie, tout le devenir, *dans soi-même*, est absolument identique à soi dans sa différenciation d'avec soi. Elle est ce qui est pleinement présent à soi, ce dont le présent, loin de s'absenter de lui-même en étant sans cesse emporté au-delà de lui-même comme le présent temporel, est intérieur à lui-même en chaque élément de sa richesse : « L'éternité est le présent absolu, le maintenant sans avant ni après »[1]. L'éternité du domaine du sens ou du logique – chaque signification singulière est la totalité signifiante, l'Idée singularisée – se confirme dans la réalisation spirituelle de ce sens comme sens, dans l'investissement du réel par le sens où s'accomplit l'esprit absolu. Si ce qui est naturel ou, de façon finie, spirituel, est temporel, par contre l'être-naturel, l'être-spirituel, l'être-temporel même, ou la nature, l'esprit, voire le temps, en leur réalité pénétrée par leur sens ou leur concept, sont éternels. Et l'acte par lequel l'absolu se pose en posant ses déterminations, y compris celle du temps, est, comme constitutif de cet absolu, un acte éternel. L'absolu, tel que Hegel le conçoit et l'expose dans l'*Encyclopédie des sciences philosophiques* comme le retour à soi spirituel – accompli dans le savoir conceptuel lui-même – de l'Idée ou du sens s'objectivant dans et comme la nature, est le sujet éternel de toutes ses déterminations : parmi celles-ci,

---

1. *Encyclopédie* II : *Ph.N*, Add. § 247, p. 349.

il y a le temps lui-même, qui est élevé à sa pleine réalité, sublimé ontologiquement, comme temps pensé dans le savoir de soi éternel d'un tel absolu.

Le devenir *temporel* est celui qui prend en lui, en le débordant, un être, en son contenu même – naturel ou spirituel –, fini et, comme tel, tôt ou tard soumis au changement qui le nie. Car un être fini a hors de lui, dans le tout, la cause de son devenir, qui est donc lui-même englouti dans le devenir universel produit par une telle cause. L'être individuel le plus exceptionnel par l'influence qu'il a exercée dans le monde – songeons à un Alexandre, à un César, à un Napoléon ! – est emporté par un destin temporel d'autant plus rigoureux. Une telle impuissance temporellement traduite des êtres finis interdit de leur attribuer une durée absolue, au sens d'une identité à soi totale sous la variation du temps. La durée – même quantitativement considérable – est, par essence, seulement relative. A l'opposé de l'éternité, elle ne peut abstraire du temps les êtres finis qu'en apparence, à savoir pour qui fait précisément lui-même abstraction de ce qu'ils sont pris dans un monde originellement déterminé selon le temps astronomique. Or un tel lien entre la durée et le temps fait que la durée est d'autant plus intérieure, donc essentielle, à un être qu'il est lui-même essentiellement affecté par le temps. Ainsi, dans la nature inorganique – les astres, les éléments, les montagnes, etc. –, l'unité – requise par tout être – ne cimente pas de l'intérieur une multiplicité complexe de déterminations extérieures, mais consiste dans la simplicité abstraite d'une telle détermination et s'étale donc en surface, spatialement ;

les choses inorganiques doivent alors à leur essence spatiale une durée quantitativement bien supérieure à celle des être vivants, mais qui leur est extérieure et qu'elles ne peuvent maîtriser en lui conférant une unité intérieure, qualitative, un sens, dont elles sont elles-mêmes dépourvues.

La philosophie hégélienne du réel – naturel et spirituel – présente l'intériorisation progressive – quant au sens des déterminations qui n'existent successivement que dans l'esprit – de l'extériorité à soi fondamentalement spatiale qu'est la nature. Le premier degré de cette intériorisation est le temps, mais, comme il a été vu, l'intériorisation temporelle de l'extériorité spatiale est elle-même encore extérieure à elle-même. L'impératif ontologique de l'unification impose au temps de surmonter sa tare originelle, ce qui s'opère dans la progression (quant au sens, redisons-le !) qui conduit, du temps mécanique, par le temps biologique, au temps humain, culminant dans l'histoire. L'être temporel, se révélant en lui-même, de la nature à l'esprit, de plus en plus un, se réfléchit comme l'existence même du sens éternel.

Le statut et le rôle du temps varient lorsqu'on passe de la réalisation *naturelle* à la réalisation *spirituelle* de l'absolu. Celui-ci se fait exister naturellement dans le milieu ou l'élément de l'extériorité à soi, qui est immédiatement l'espace, tandis que, comme esprit, il surmonte cette aliénation et se réconcilie avec lui-même dans le milieu ou l'élément de l'intériorité, où il ne peut déployer sa richesse que temporellement. La nature est espace, l'esprit est temps. Cela signifie

que le temps, dans la nature, est soumis au principe
spatial de l'extériorité à soi, alors que l'espace, dans
le monde de l'esprit, obéit à la loi de l'intériorisation
qui s'actualise d'abord dans le temps : ici, l'histoire
maîtrise la géographie.

Que le temps *naturel* soit encore soumis à la loi de
l'espace ou de la coexistence, c'est ce qui se traduit en
lui par le primat de la *simultanéité* – le présent – par
rapport à l'antériorité – le passé – et à la postérité –
le futur. C'est pourquoi la détermination immédiate,
primaire, de la nature la différencie en des règnes ou
des ordres – mécanique, physique, organique – qui,
en eux-mêmes et dans les formes qui les spécifient,
existent simultanément. Le progrès des structures
naturelles exposé dans la Philosophie de la nature,
est un progrès *idéal*, concernant seulement leur
*sens* : ce sont des structures de plus en plus unifiées
en elles-mêmes, totalisant de mieux en mieux leurs
éléments ; il ne s'agit pas d'une progression *réelle* qui
les ferait s'engendrer les uns les autres dans le temps :
Hegel rejette tout évolutionnisme. Selon lui, le temps
naturel s'annule bien plutôt lui-même comme facteur
d'innovation réelle. Ainsi, au niveau très abstrait de
la mécanique céleste, où le couple espace-temps (le
mouvement et ses lois) est déterminant, le changement
de lieu d'une planète est rivé à une trajectoire fixe,
dont chaque position fait retour à elle-même. Un tel
temps *cyclique* de la répétition prévaut encore au
sommet de la nature, c'est-à-dire au niveau concret
de la vie : les individus engendrent bien d'autres
individus, mais dont le type reste identique à lui-

même. L'unité plus forte de l'organisme animal rend, certes, possible sa maîtrise accrue de la multiplicité temporelle qu'il peut alors intégrer à son être ; d'une part, son présent retient son passé et s'en imprègne dans l'*habitude*, et, d'autre part, ce *nouveau temps* biologique limite l'influence du temps cosmique-physique, qui *conditionne* désormais sans *déterminer*. Mais une telle évolution se limite à l'*individu* vivant. Celui-ci, en effet, est englouti par la nature *universelle* qui, en elle-même, n'a rien d'un grand individu, d'un tout véritable intérieurement unifié – il n'y a pas d'âme du monde ; n'existant pas comme un tout, la nature est incapable de faire se totaliser les acquisitions des individus en un progrès général. La nature, qui n'a donc rien d'un sujet, ne peut maîtriser son temps objectif pour en faire une histoire ; à proprement parler, *la nature n'a pas d'histoire*.

L'*esprit* est l'être qui s'est intériorisé, qui est devenu présent à lui-même, « pour soi ». Son devenir temporel ne s'est pas seulement rassemblé, contracté, partiellement en son *être*, de son être passé à son être présent, à travers l'habitude. Il est devenu totalement présent à lui-même en ses trois dimensions, comme advenir de cet être à partir de son non-être – futur – ainsi privilégié dans la conscience du temps, donc dans une mise à distance idéalisante de lui-même. L'esprit assurera ainsi sa temporalité en la dépassant. Il est pour lui-même dans un temps qu'il a et sait en toutes ses dimensions spécifiquement saisies dans leur relation sans cesse renouvelée. L'attention au présent conquiert son réalisme en se rapportant à l'être du passé reconnu comme tel dans le souvenir, et elle mobilise son dynamisme en se projetant vers le non être d'un avenir attendu également comme tel dans l'espoir ou la crainte. Or une telle conscience du temps comme de ce qui s'identifie à soi-même en se différenciant de soi-même est la conscience même du Moi en sa forme immédiate : la réflexivité constitutive du Moi consiste bien pour celui-ci à se reconnaître comme Moi réfléchissant (sujet) dans le Moi réfléchi (objet).

Parce que le sens vrai du temps s'actualise ainsi dans le Moi, l'expérience du temps touche le Moi en son intimité première, ce qui explique notamment la puissance sur lui de la *musique*. Le son, qui disparaît aussitôt qu'il apparaît, qui est de la sorte l'auto-annulation du sensible ou de l'extériorité, a bien pour milieu ou élément le temps, et c'est pourquoi l'art musical émeut si intensément par ses rythmes l'intériorité vivante du Moi. Cependant, le mouvement vrai de la subjectivité dépasse l'émotion par laquelle elle répond, comme sensible, au rythme temporel : il s'accomplit dans la démarche de la *pensée*. Si le temps exprime la marche au néant, à l'indéterminé négatif, de tout être fini, délimité, déterminé, la pensée accuse le caractère fini de ce qu'elle pense en le définissant, c'est-à-dire en le dissolvant – puisque la définition rapporte un sens à un autre – dans le réseau total du sens, non proprement déterminé, en tant qu'il est, bien plutôt, ce à partir de quoi tout est déterminé par la différenciation ou négation. Écoutons Hegel : « Le temps est le négatif dans le sensible ; la pensée est la même négativité, mais la forme la plus intérieure, la forme infinie elle-même, en laquelle, par conséquent, tout étant en général est dissous, et d'abord l'être fini, la figure déterminée. Le temps est bien ainsi le corrosif du négatif, mais l'esprit consiste lui-même également en ceci, qu'il dissout tout contenu déterminé »[1]. Mais, si la pensée œuvre négativement comme le temps, sa négation s'exerce de façon *positive* et *concrète* : elle nie, en effet, le fini en le posant comme un moment de l'infini alors lui-même posé en sa riche totalité signifiante. Le temps lui-même est sauvé de sa négation en étant finalement posé dans son concept; tel un moment de l'absolu. La pensée a donc puissance sur le temps, comme la réalité concrète commande à son anticipation abstraite. La philosophie spéculative du temps dévoile alors la raison d'être éternelle de celui-ci en montrant que l'absolu ne peut-être qu'en se déterminant comme temps dépassé. Cependant, le philosophe qui s'identifie, par la pensée, au devenir éternel de l'être se pensant comme pensée de lui-même dans le savoir absolu hégélien, apprend du contenu d'un tel savoir que sa propre existence est conditionnée par le temps le plus concret qui soit : ce temps est celui de l'« esprit-du-monde » se constituant dans l'*histoire.*

Le temps spirituel le plus vrai, qui médiatise l'accès à la vie, par son sens, éternelle, du savoir absolu, est le temps de l'esprit communautaire ou universel, le temps de l'histoire. C'est au niveau de l'humanité – et, par conséquent, de l'individu qui a assimilé le devenir achevé de celle-ci, que l'esprit

1. *VG*, JH, p. 178.

réalise son essence, se pose comme ce qu'il est, est par soi ce qu'il est en soi, bref : fait retour en lui-même et jouit de sa réconciliation totale avec lui-même, ou de sa spiritualité même, puisque l'esprit est l'unité absolue. Le temps spirituel vrai est donc le *cercle* historique de ce retour en soi de l'esprit, un cercle parcouru une seule fois. Temps *circulaire*, mais *non cyclique* comme celui de la nature. Hegel se veut bien le théoricien rationaliste de la vision chrétienne des choses. Saisissant l'éternité de l'absolu ou de Dieu comme le principe vivant de tout ce qui est, il la voit se manifester dans une histoire originairement divine et qui a son centre dans l'Incarnation temporelle de l'Éternel ; la révélation du Christ est, pour lui, « le gond autour duquel tourne toute l'histoire du monde » [1].

L'histoire de l'humanité vérifie bien qu'elle repose sur un tel centre à travers le double fait de son commencement et de sa fin. En effet, ce que son centre manifeste, la réconciliation de Dieu et de l'homme et, par là, de l'humanité avec elle-même en tant qu'elle est instituée par le Christ en une communauté universelle, c'est cela même qui se traduit objectivement, dans le milieu essentiellement politique de l'histoire, par la fondation des États, début de l'histoire proprement dite, et par la réalisation accomplie de cette communauté réelle vraie, la monarchie constitutionnelle politiquement forte et socialement libérale, dont l'affirmation, selon Hegel, clôt l'histoire. Le temps, unification originellement encore multiple,

1. *WG*, L, p. 722.

s'échappant à elle-même, de la multiplicité naturelle, réalise sa destination comme histoire de l'esprit. Au fur et à mesure qu'elle s'avance, celle-ci se révèle de plus en plus unifiée, dès ses origines, par une finalité universelle, à savoir la réalisation de la liberté. Certes, sa fin ne réside pas dans la constitution d'un unique État mondial, puisque, dans le milieu de sa réalité objective, socio-politique, l'esprit ne peur annuler le principe de la différenciation : la seconde *nature*, celle du droit, est encore conditionnée par la dispersion naturelle. Mais l'histoire s'achevant dans l'institution des États rationnels se sait l'œuvre d'un unique esprit, « l'esprit-du-monde », qui a maîtrisé son socle géographique en l'unifiant dans son parcours continu d'est en ouest, du levant au couchant. Dans le temps de l'histoire, où l'esprit-du-monde s'est ainsi déployé selon *son* temps, le concept est là, s'est objectivé ou réalisé en son unité essentielle, c'est-à-dire comme concept. Dans l'histoire universelle, le temps a été élevé à sa vérité objective.

Cependant, dans le milieu de l'objectivité qui, même spirituelle, conserve sa base naturelle, un tel accomplissement du temps coexiste avec ses modes moins totalisants : le temps naturel – cosmique, physique, biologique –, le temps spirituel « subjectif », psychologique, où se développe l'individu humain, et enfin le temps collectif qui, dans l'histoire, n'engage pas le destin du sens universel de l'esprit. La fin de l'histoire universelle, histoire du surgissement temporel des structures rationnelles universelles de la vie socio-politique (exposées et justifiées dans les *Principes de la philosophie du droit*), ne signifie donc aucunement la fin des vicissitudes historiques particulières à travers lesquelles pourra se réaliser, ici ou là, cette forme à jamais indépassable de l'esprit objectif qu'est l'État politiquement fort et socialement libéral. Mais le contenu d'une telle histoire empirique, indéfinie comme l'est le temps psychologique, biologique ou cosmique, n'a pas à être maîtrisé par la raison philosophante ; celle-ci sait qu'un tel contenu ne saurait remettre en cause son affirmation que nulle structure fondamentale et nouvelle de l'esprit objectif ne peut désormais s'installer véritablement. Le temps unifié de l'histoire mondiale peut ainsi parfaitement coexister, selon la raison ; avec les modes indéfinis du temps qui le conditionnent simplement ; ils sont si éloignés de le déterminer que c'est lui qui, bien plutôt, en maîtrise, pour l'essentiel de l'existence humaine, les vicissitudes. Car le milieu socio-politique de l'esprit, lieu réel englobant de sa vie, limite et règle l'influence sur lui des séquences cosmiques, biologiques, et psychologiques.

Le destin du temps historique naît, par contre, de son rapport avec la vie supra-historique qu'il rend possible en sa vérité. La pleine réalisation – à la fin de l'histoire – de l'esprit objectif en fait apparaître la limite essentielle : l'humanité opposée à elle-même dans la nécessaire pluralité des États les plus rationnels, et justifie l'élévation de l'esprit à son existence absolue dans l'art, la religion et la philosophie. Achevé lui-même dans le savoir spéculatif hégélien, l'esprit absolu se vit comme l'identification du sujet de ce savoir et de son objet ou contenu, le processus éternel de l'être se saisissant en son concept et dont l'un des moments capitaux est la détermination du temps. Le hégélianisme relativise bien le temps en en faisant un moment essentiel de l'absolu présent à lui-même, en sa vie éternelle, dans le savoir philosophique. Mais c'est là, pour celui-ci, sauver absolument le phénomène qu'est le temps. Avec Hegel, la philosophie sauve l'histoire, mais au plus loin de tout historicisme ; elle introduit le devenir au cœur de l'esprit, mais pour confirmer celui-ci en tant que réconciliateur absolu. Bref, elle pense le temps, comme vie de la pensée qui le maîtrise.

## CHAPITRE XIII

## PENSÉE DE LA VIE ET VIE DE LA PENSÉE

Si l'on voulait citer un penseur de la vie, de l'être comme étant essentiellement vie, même dans sa pensée de lui-même, un penseur donc tel que la vie constituerait aussi bien le sujet que l'objet de sa pensée, bref un penseur vivant de la vie, ce n'est probablement pas Hegel qui se présenterait d'abord, du moins ici, en France, mais sans doute Bergson. Et il est caractéristique que ce soit bien, quant à la littérature hégélianisante française, le très bergsonisant Jean Hyppolite qui ait souligné l'importance du thème et de la dimension de la vie dans la pensée hégélienne, par exemple dès l'Introduction de son *Introduction à la philosophie de l'histoire de Hegel*, de 1948, où il présente comme un mot d'ordre pratique : « Penser la vie, voilà la tâche » [1] la simple définition théorique que le jeune Hegel donnait, dans *L'esprit du christianisme et son destin*, de la pensée de la vie pure : « Penser la vie pure est la tâche consistant à écarter tous les faits et gestes, tout ce que l'homme fut ou sera […].

1. J. Hyppolite, *Introduction à la philosophie de l'histoire de Hegel*, Paris, Marcel Rivière, 1948, p. 10.

Une conscience de la vie pure serait la conscience de ce que l'homme est » [1]. Et c'est à son tour en disciple d'Hyppolite que Jacques D'Hondt ouvre sa Thèse : *Hegel philosophe de l'histoire vivante* par un chapitre intitulé précisément « La vie », où il dépeint un Hegel qui, du début à la fin de son œuvre, a toujours, et dans le contenu, et dans la forme de son discours, pris, contre l'inertie dogmatique, la sclérose traditionaliste et l'ennui conformiste, « le parti de la vie » [2] : « Aucune philosophie, avant celle de Hegel, n'avait réussi à suivre de si près la vie, dans ses efforts et ses hésitations, dans ses peines et ses triomphes, dans son chef-d'œuvre, l'histoire » [3]. On ne s'étonnera pas que l'auteur de ces lignes inaugurales sur le penseur de la vie ait consacré l'un de ses derniers ouvrages à la vie de ce penseur [4].

Or s'intéresser à la vie du penseur, au point de s'employer à la penser dans une biographie philosophante, suppose qu'on la pense, peu ou prou, comme le sujet même de sa pensée, ainsi saisie comme réconciliée en et avec elle-même comme pensée de la vie au double sens, aussi bien subjectif qu'objectif, du génitif présent dans cette expression. Et c'est bien une telle réconciliation qu'on peut aussi, et même qu'on doit d'abord saisir comme le

---

1. *Hegels theologische Jugendschriften*, éd. H. Nohl, Tübingen, 1907, reprise Minerva Gmbh, Frankfurt am Main, 1966, p. 302.

2. J. D'Hondt, *Hegel philosophe de l'histoire vivante*, Paris, P.U.F., 1966, p. 18.

3. *Ibid.*, p. 36.

4. J. D'Hondt, *Hegel. Biographie*, Paris, Calmann-Levy, 1998.

sens essentiel que s'est assigné la pensée hégélienne elle-même, pensée vécue et vivante – pensée qui est elle-même une vie – de l'équation de la pensée de la vie et de la vie de la pensée. Par une telle réconciliation, Hegel achève la progressive et lente maîtrise philosophique de l'opposition de la pensée, ou de la philosophie en laquelle culmine celle-ci, et de la vie. Cette opposition, comme philosophique, c'est-à-dire affirmée dans l'élément même de l'esprit comme puissance de réconciliation à travers le discernement, ne pouvait être d'emblée qu'une opposition s'opposant à elle-même dans l'intimité ou identité avec soi d'une contradiction, mais une contradiction dont le dépassement philosophique, en tant que discursif, allait constituer la longue histoire de la philosophie. – Je voudrais, dans un premier moment de cet exposé, marquer les grandes étapes de la réconciliation spéculative de la pensée et de la vie, pour faire apparaître la spécificité de l'apport ultime de Hegel. Avant, dans un deuxième temps, d'analyser en lui-même cet apport comme l'assomption résolue de la contradiction d'abord subie, tel un destin, de la pensée par la vie, dans un se-contredire absolument actif, l'acte suprême du sacrifice de soi de la pensée, dans lequel la philosophie post-hégélienne n'a pas su se maintenir. J'évoquerai en conclusion la rechute, dans le destin de l'être-contredit, d'une pensée qui a perdu la puissance de se contredire et, toujours avide de se concrétiser, a voulu croire que le concret, la vie, avait un autre lieu que la pensée.

L'opposition antique du « *vivere* » et du « *philosophari* », au moins comme deux modes de vie exclusifs temporellement l'un de l'autre, les relie pourtant bien déjà l'un à l'autre. Elle pourra même s'intérioriser dans le philosopher se comprenant lui-même comme apprentissage, qui est pensée, de la mort, et – par cette négation pensante et, en tant que telle, éprouvée positivement, par là même vivifiante, de la vie – d'un philosopher pouvant se penser, soit, dans le registre d'une exaltation, comme l'anticipation d'une autre vie, plus vraie, car ayant traversé l'épreuve libératrice de la mort, soit, dans le registre de l'apaisement, comme l'actualisation ataraxique d'une vie rendue autre qu'elle même, niée en son agitation ou mobilité naturelle. La pensée philosophique de la vie réelle immédiate, telle quelle, est celle de ce qui n'est pas à penser et, de la sorte, laisse toute la place à la pensée de l'Autre, en sa forme, immobile, identique à soi, de la vie réelle, une telle pensée de l'Être non vivant, par opposition à celle-ci, se pensant elle-même comme non vivante dans la simple réception contemplative de cet Être. La philosophie pense l'Être à travers l'universalité identique à soi, simple, fixée à elle-même, de ses déterminations abstraites réalisées, pétrifiées, en substances, au plus loin du mouvement de la vie mélangeant concrètement toutes choses. Cette philosophie procède, selon Hegel, de l'entendement qui absolutise ses abstractions théorétiques, cognitives, et pratiques, éthiques, en les imposant dogmatiquement à la réalité, elle, simplement vécue en sa totalisation mobile privée de discernement. Lors même que, sous l'influence de la religion sublimant la vie, la philosophie donne à son abstraction suprême pour contenu la Vie, qui fait se mobiliser l'Être dans sa différenciation dans lui-même et d'avec lui-même, elle pense comme impensable cette vie sublimée abandonnée en son mystère à la vie religieuse. La philosophie est une pensée non vivante de ce qui n'est pas la vie.

Le héros inaugurant, en Descartes – suivant cette rétrospection à partir d'un Hegel déjà quelque peu présent ! –, la philosophie moderne, est tel aussi précisément en faisant se penser celle-ci comme une pensée plus vivante de ce qui est, pour une part, même encore limitée, la vie en sa réalité la plus immédiate. Pensée de la vie et vie de la pensée sont bien intensifiées corrélativement dans la philosophie : la première pour autant que la mobilité ou différenciation de la vie est fixée en une identité d'elle-même, la seconde pour autant que l'identité fixée et consacrée de la pensée est mobilisée en une différenciation d'elle-même. Descartes, en effet, promeut en une substance – en lui conférant donc une dignité philosophique dans le contexte de l'époque – une pensée humaine qui s'affirme comme vivante, non pas simplement en tant qu'abritée par l'âme, mais en tant même que pensée, sous la forme du « Je pense » se posant lui-même comme première vérité à travers la négativité de la vie qui l'imprègne d'elle-même dans le doute. Penser n'est plus seulement recevoir en contemplant, mais agir dans la limitation même du mouvement de la vie, c'est-à-dire, tout simplement, vivre. La pensée qui s'affirme ainsi vivante en disant comme vérité l'identité d'elle-même et de la réalité – une réalité alors elle-même en soi vivante, celle, d'abord, de la vie sublimée en la liberté divine –, se donne aussi pour soi comme objet la vie en sa réalité humaine immédiate, la réalité vécue de l'identité immédiate de la pensée et de la réalité comme union de l'âme et du corps. La vie la plus immédiate devient bien un objet de la philosophie restant substantialiste, en étant reconnue par celle-ci comme une sorte de substance, à côté de la substance pensante et de la substance étendue. Certes, la vie comme union de l'âme et du corps, de la simplicité et de l'extension, de l'identité à soi et de la différence d'avec soi humainement concrétisées, n'est encore qu'une *quasi*-substance, et l'objet fondamental de la philosophie est constitué par les substances distinctes pleinement pensables. Certes, la pensée philosophique en toute sa rigueur pense l'union de l'âme et du corps comme n'étant pas pleinement pensable en son statut et comme relevant essentiellement de l'usage de la vie. Mais sa reconnaissance se traduit bien dans l'étude philosophique que fait de son contenu l'auteur du *Traité des passions*. Le style alors si vivant de la pensée cartésienne consacre bien en sa forme cette reconnaissance de la vie comme l'un des objets – même s'il est plus vécu que strictement pensé – de la pensée s'accomplissant dans la nouvelle philosophie.

Le kantisme semble devoir accentuer la promotion philosophique de la vie en centrant toute la philosophie sur la question, concrète, de l'homme, lui-même renvoyé par elle, dans sa quête du vrai, du bien et du beau, à la conscience qu'il se fait de leur sens, par conséquent à l'activité en lui de sa pensée en tant que telle. Celle-ci, qui se saisit, à sa cime, comme liberté, se dit même philosophiquement en son activité la plus concrète et mondaine dans l'*Anthropologie pragmatique*, qui pense ce que l'homme, comme être de liberté, fait, peut faire et doit faire de lui-même. Une telle pensée de ce qui pourrait bien, semble-t-il, être nommé la vie se justifie philosophiquement en ce que, pour Kant, vivre, c'est essentiellement, déjà, penser[1]. Mais ce qui justifie la pensée philosophique de la vie est aussi ce qui en limite la portée et la place dans la philosophie kantienne : la philosophie anthropologique de Kant pense ce qui, dans la vie, est l'agir de la pensée, mais cet agir est celui de la pensée en son application pragmatique, non pas en sa manifestation principielle de pensée pure ou rationnelle normant tout agir du « Je pense » empiriquement conscient de lui-même. Or, on le sait ou on devrait le savoir, l'intérêt primordial du kantisme ne va pas à l'actualisation *factuelle* de la pensée, mais à la conscience de la *norme* validant ou objectivant, théoriquement ou pratiquement, cette actualisation. L'objet essentiel de la doctrine kantienne, c'est de penser les normes de la vie de la pensée, une vie dont toute la valeur vient de ces normes qu'elle doit appliquer, dans une application comme telle nécessairement contingente par rapport à cet objet essentiel de la pensée philosophante. Même la vie

---

1. *Cf.*, par exemple, Kant, *Metaphysische Anfangsgründe der Naturwissenschaft* [*Premiers principes métaphysiques de la science de la nature*], III, Théorème 3, Remarque, in *Kants Werke*, Akademie-Textausgabe, rééd., Berlin, Walter de Gruyter, 1968, IV, p. 544.

comme identification immédiate d'elle-même par une pensée alors immanente à elle et, de ce fait, la valorisant nécessairement, soit dans le sujet – esthétique – de cette pensée, soit dans son objet – téléologique –, ne réalise pas la pensée pleinement pensante, celle qui remplit sa destination comme pensée objectivante, déterminant par son identité ce qui est vraiment sa différence. Ainsi, la vie devient bien un objet de la pensée dans les êtres organisés, mais, d'une part, cet objet n'est pas, en son statut, vraiment objectif (il n'exprime que la régulation d'une pensée restant subjective) et, surtout, d'autre part, son contenu n'est pas la vie véritable, mais seulement un « *analogon* de la vie » [1]. Kant, qui emploie très rarement le terme de « vivant » pour désigner l'être organisé, entend par lui, plus que l'identification organique ou totalisation immanente des différences, leur totalisation mobilisée par l'identité totale présente à elle-même dans la représentation (animale) particulière et, mieux, dans la pensée (humaine) universelle. Une telle auto-différenciation de l'identité réfléchie en un Soi se réalise alors, à sa cime, chez l'esprit fini, dans la systématisation philosophique, mais celle-ci laisse toujours hors d'elle ce qui, dans la conscience, dans la pensée, ne surgit pas d'elle, mais est offert par l'Autre sensible d'elle-même. La vraie vie, comme auto-détermination totale de la pensée, comme auto-particularisation accomplie de l'universalité pensante, ou comme entendement intuitif, est celle de

---

1. Kant, *Kritik der Urteiskraft* [*Critique de la faculté de juger*], § 65, *Kants Werke*, V, p. 375.

la raison ou pensée infinie, surhumaine, divine, que la pensée humaine ne peut penser qu'en n'étant pas la pensée achevée en connaissance. Une telle pensée infinie n'est d'ailleurs pas même seulement pensable de façon positive, puisqu'elle ne peut rien avoir de commun avec ce que nous pratiquons comme pensée (Dieu ne « pense » pas à proprement parler). La pensée humaine philosophante, qui ne se pense pas comme une telle pensée vivante en son infinité, ne peut dès lors vouloir penser la vie comme son objet essentiel. Penser la vie ne saurait donc être l'objectif de la pensée philosophique révolutionnée par Kant.

La philosophie fichtéenne et sa naturalisation schellingienne se proclament, au contraire – à l'époque, il est vrai, de l'exaltation romantique de la vie du Moi et de l'essor des sciences et théories de la nature (comme) vivante – des philosophies vivantes de la vie. Alors, la pensée philosophique se pense, se veut et s'exerce comme vie et elle pense l'être comme vie ou produit de la vie, dans la conscience intensifiée de l'identité de la pensée et de la réalité. Fichte insère la diversité ou la différence sensible dans l'identité à soi pensante, qui se différencie alors d'elle-même comme un Moi ayant ainsi à concilier sans cesse en lui le conflit – en tant que tel générateur de vie – entre l'identification de sa différence et la différenciation de son identité. Une telle essence vivante de la pensée se fait elle-même exister dans l'assomption d'emblée culturelle d'une nature et d'un monde incarnant les déterminations universelles du Moi pensant. Ces déterminations donnent, de ce fait, un sens et une valeur originairement rationnels aux grands moments ou aspects de la vie humaine la plus concrète, et rendent ceux-ci absolument dignes d'être pensés tels qu'ils sont : l'existence technico-économique, socio-politique, historique, bref tous les modes de l'anthropologique sont accueillis au cœur de la pensée philosophante ; et ils y sont accueillis dans leur relation vivante puisque cette pensée est la pensée de la vie originaire qu'est la pensée en tant que Moi. La pensée philosophique comme pensée d'une vie dans laquelle elle se sait ancrée – la philosophie devient une philosophie concrète de la philosophie et le philosophe se sait philosopher d'abord en homme –, se fait en elle-même vivante en actualisant dans sa démarche la conjonction de la différenciation de l'identité – l'analyse – et de l'identification de la différence – la synthèse –, conjonction définissant pour Fichte la vie, qui imprègne bien la réflexion totalisante ou systématisante s'avérant dans la circularité de cette démarche. – Au demeurant, la vie – essentiellement jusqu'alors la pensée – étant conçue par Fichte comme une identité se totalisant dans une telle conjonction organique, l'être organisé peut lui-même, réciproquement, mais en conséquence, être désormais ordinairement désigné comme un vivant.

Une telle promotion pensante de la vie est cependant telle qu'elle fait s'absorber la pensée de la vie dans la vie de la pensée. Car la vie comme être ou fait de l'identité de l'identification à soi et de la différenciation d'avec soi de la pensée est la position immédiate de cette identité, dont les termes, alors non médiatisés l'un avec l'autre de l'intérieur de chacun d'eux, sont simplement juxtaposés et, donc, fixés en leur différence ; cette identité n'est pas pensée, si la pensée est d'abord identité à soi. L'hiatus qui sépare, chez le premier Fichte, dans le Moi, son acte de position de soi (le premier principe) et son acte d'opposition à soi (le deuxième principe), comme, chez le dernier Fichte, dans l'absolu divin, l'être de celui-ci et son apparaître, sa réflexion en soi, le savoir, interdit à la vie de la pensée de se penser elle-même ; la vie ne peut être que vécue, elle ne peut être pensée en tant que vie. Curieux peut donc sembler le reproche adressé par Schelling à Fichte et selon lequel celui-ci aurait péché par excès de pensée en sacrifiant la vie et la nature ; d'autant que Schelling – d'où ma discrétion à son sujet – reprend, en le logeant dans la nature, l'hiatus fichtéen démentant l'identité immédiatement affirmée, ici, de l'identité à soi et de la différence d'avec soi, de la duplicité, de la nature vivante et vivifiant la pensée.

Récapitulons : le mot d'ordre « penser la vie » ne peut devenir totalement positif pour la pensée philosophique que si celle-ci 1) se fait elle-même vivante en accueillant en elle la différence (d'abord vivante) tout comme elle reconnaît de l'identité (d'abord pensante) dans la vie, 2) fait de la vie et d'elle-même ce qui est à la fois identification de la différence et différenciation de l'identité, et 3) pense sa vie pensante et détermine ainsi l'identification vécue, œuvre de la différence, de l'identité et de la différence, par leur identification pensée, œuvre de l'identité. Or la pensée qui détermine ou limite en elle la vie, qui la nie en affirmant son Autre, la mort, c'est la pensée qui, en son exercice, dépasse toute naturalité d'elle-même et, dans cette spiritualité d'elle-même, comme vie de l'esprit, se pense elle-même comme se faisant vie. Telle est la pensée hégélienne, qui se pense absolument comme pensée vivifiante de la vie.

Qu'on me permette quelques rappels sur l'élévation vécue et vivante de Hegel à la pensée d'une philosophie telle qu'elle puisse exprimer sa destination essentielle comme celle de « penser la vie ». – La vie pensante du jeune Hegel lui fait d'abord penser la vie comme l'antithèse idéale d'une pensée devenue réellement morte et donc mortifère : telle est à ses yeux la pensée réflexive d'entendement, aussi kantienne, comprise comme simple identification extérieure et répressive, négatrice, de la diversité ou richesse sensible et sentie offerte par la vie. Celle-ci, qui est, pour lui aussi, essentiellement la vie de l'esprit, a existé dans l'antiquité grecque comme l'unité éthico-politico-religieuse des individus sacrifiant leur différence à l'identité du tout civique qui s'articule organiquement en eux : première illustration du sens de la vie comme union des deux processus de la différenciation de l'identité et de l'identification de la différence, et comme union non seulement vivante, mais vécue en sa dimension spirituelle. Cependant, l'accentuation, déjà présente dans le contexte objectivement différencié du paganisme antique, de l'identité totalisante par rapport à la différence individualisante va naturellement s'intensifier dans la pensée, par le jeune Hegel, de l'union plus subjective proposée par Jésus comme modèle de la vie chrétienne. La vie à laquelle appelle le Jésus revisité de *L'esprit du christianisme et son destin* est la vie pure de l'amour immédiatement unifié et unifiant, ignorant l'identification abstraite et formelle des différences fixées par la pensée réduite à l'entendement. Or, pour Hegel, déjà, une telle vie pure, qui n'est plus, sinon dans la pensée, ne peut être pensée comme réalisable, et la caractérisation qu'il donne de la pensée de cette vie montre que, loin d'être pour lui une tâche à entreprendre (comme pourrait le laisser entendre plus d'une traduction française du texte cité tout à l'heure, du genre : « Penser la vie, voilà la tâche »), elle est condamnée à rester une simple tâche, en tant qu'elle nie, et la pensée, et la vie. Car penser, c'est déterminer et délimiter l'identité réflexivement, et la vie ne peut être seulement l'identi-fication (subjective) des différences, mais comporte tout autant la différenciation (objective) de l'identité : elle est, comme l'écrit alors Hegel, « la liaison de la liaison et de la non-liaison »[1]. Une telle définition est celle-là même qui va être donnée, par Hegel devenant vraiment Hegel, de ce qui fait s'accomplir la pensée, à savoir de la raison comme identification de l'identification et de la différenciation du sens de tout ce qui est. Penser vraiment, c'est penser l'être en sa vérité, la vérité faisant s'identifier l'être et la pensée, dans leur commune actualisation de la vie qui est raison et de la raison qui est vie.

Mais la révolution hégélienne de la problématique de l'accomplissement de la pensée (philosophique) comme pensée de la vie consiste dans la décision prise quant à l'ultime différence – toujours la plus

---

1. *Hegels theologische Jugenschriften*, *op. cit.*, p. 348.

importante en régime hégélien – entre la pensée de
l'identité immédiate, non médiatisée en elle-même,
donc conservant leur différence, de l'identification de
soi et de la différenciation avec soi, et la pensée de
leur identité médiatisée avec soi, identifiée avec soi,
démontrée pour autant que l'identité se fait elle-même
différence, ou – en d'autres termes – entre la pensée
qui est, qui vit, son être-différencié, et la pensée qui a,
qui pense, son se-différencier. Si Fichte et Schelling en
restent à la première option, Hegel choisit la seconde,
qui fait vraiment de la pensée un sujet délivré de toute
substantialité, un esprit délivré de toute naturalité. La
pensée pense la vie organique ou absolue, la sienne, et
donc toute vie, comme absolument pensable. Puisque
c'est la raison qui s'effectue comme vie, toute vie
effective est rationalisable et c'est pourquoi la philosophie pense pleinement les déterminations les plus
concrètes de la nature et de l'esprit, qui trouvent leur
place, alors reconnue et justifiée, dans le contenu
encyclopédique qu'elle se donne. La vie la plus réelle,
concrétisation des déterminations les plus abstraites de
la vie, devient le contenu de la pensée philosophante :
on est loin de la relative pauvreté en contenu de la
pensée de la vie offerte par Fichte et par Schelling.
La pensée de la vie concrète se maîtrise elle-même
concrètement en sa vie, en laquelle se concentre et
s'achève toute vie. Il va de soi que c'est en tant que la
vie comporte un sens assignable, car l'excès du réel,
comme tel, sur son sens – il est rationnel qu'il y ait du
non-rationnel – se marque dans la présence elle-même
pensable d'un pur positif qui ne peut être strictement
pensé, d'un détail contingent, éventuellement très

lourd empiriquement, qui ne saurait cependant être pensé comme compromettant en son devenir le sens d'une effectivité où la pensée se sait chez elle pour l'avoir posée.

Mais on voit que, si penser la vie, c'est tout penser ce qui est à penser, la raison en est que la pensée pense elle-même comme étant au principe de la vie, et non pas la vie au principe de la pensée. Originairement, pour Hegel, c'est la pensée qui vit, et non pas la vie qui pense. L'Encyclopédie hégélienne, pensée de la pensée se réalisant en l'esprit à travers l'auto-négation de la cime vivante de la nature, contient bien la vie comme une détermination qui, en toutes ses puissances, n'est ni la première ni la dernière, qui n'est donc pas la détermination absolue de l'absolu. La vie prise simplement en son sens de structure générale de l'être, comme idéalité logique, n'est qu'un moment de l'Idée, totalisation de la pensée en un Soi qui se pense. Quant à la vie comme réalisation naturelle, immédiate, purement réelle, d'un tel sens – la vie *stricto sensu*, accomplie dans l'animalité, cime de la nature –, elle n'a d'être, en dépit de la contradiction interne anéantissant la nature prise pour elle-même, qu'autant qu'elle est présupposée par l'esprit, réalité absolue, comme anticipation de la vie qu'il re-pose, alors ontologiquement sauvée, en lui comme cette vie plus vivante que la simple vie, qu'est la vie spirituelle. Or la vie de l'esprit, même en son accomplissement comme vie du savoir absolu se déployant dans l'*Encyclopédie des sciences philosophiques*, s'achève en se concentrant, au terme de sa récapitulation à travers les trois syllogismes ultimes du Livre, dans la présence à soi, fondatrice de tout, du *Logos* ou de la pensée éternelle. Le dernier mot de l'esprit est ainsi celui de sa pensée de lui-même non pas comme vie, mais comme pensée se faisant vie, comme auto-vivification de la pensée.

Une auto-vivification qui médiatise nécessairement la réalisation de la pensée comme pensée dans la philosophie spéculative capable de la penser en tant que telle. La nature entière, élément originel de toute réalité, qui vient se condenser ou s'unifier, même si cette unification est relative et limitée puisque son élément est celui de l'extériorité réciproque, dans l'organisme animal, conditionne la vie plus unifiée de l'esprit, ainsi que l'analyse la première Section, anthropologique, de la « Philosophie de l'esprit »; l'esprit se développe et fortifie subjectivement dans la maîtrise concrète, immanente et par là efficace, car il s'y est aliéné, de ses conditions naturelles originelles. Mais sa vivification s'ancre ensuite dans la seconde nature qu'il se donne comme esprit objectivé dans son institution mondaine historico-culturelle, au sein de laquelle naît la pensée se pensant elle-même philo-sophiquement. La philosophie hégélienne s'est bien d'abord donné comme son premier contenu spéculatif publié l'advenir phénoménologique de la conscience naturelle au savoir absolu, et le dernier contenu de celui-ci s'expose bien dans l'élévation à lui-même de la conscience philosophique reparcourue en toute son histoire, une histoire elle-même réinsérée dans l'histoire générale de la vie culturelle du monde. C'est bien au cœur du spéculatif que prend place la philosophie de la philosophie comme son monde ou son temps saisi par la pensée. Le savoir absolu lui-même, en son essence en quelque sorte éternisée, confirme sa présupposition vivante multiforme, totale, en la posant, dans l'acte sacrificiel où il s'aliène sensiblement, dès son plus humble commencement et jusqu'à sa concrétion la plus intimement et intensément conditionnante, comme le contenu dont le parcours phénoménalement réitérable nourrit sa jouissance alors sans cesse justifiée de lui-même. Le savoir absolu n'est et sait qu'il n'est comme exercice de la pensée de la pensée qu'autant que le penseur assume tous les niveaux de sa vie réelle et, notamment, toutes les figures fondamentales, conduites à leur vérité, de sa vie éthique : familiale, sociale, politique, religieuse… Bref, la pensée de la vie totale qu'est l'absolu, en sa vie même de pensée absolue, se pense conditionnée par toutes les déterminations déjà pensantes (l'homme, comme esprit, est toujours déjà pensant), mais vécues comme plus vivantes que pensantes, de l'esprit. Il n'y a jamais de philosophisme chez Hegel.

Or, si l'esprit absolu se sacrifie ou se nie en reposant ainsi en lui sa présupposition conditionnante, c'est qu'il ne peut surgir, plus exactement se faire surgir, d'elle, qu'en la niant. Assurément, quand il veut souligner l'ampleur de sa novation, de sa révolution, dans le passage de la pensée d'entendement, qui identifie en différenciant, en séparant, en détotalisant, à la pensée accomplie rationnellement, qui identifie concrètement les différences en un tout, Hegel rapproche la raison spéculative irréalisant, idéalisant les différences fixées, de l'organisme vivant, dont l'entendement séparateur ne peut comprendre la réalité : « Il n'y a pas que la philosophie – dit-il – qui soit idéaliste : en tant que vie, la nature effectue déjà la même chose que ce que la philosophie accomplit sur son terrain spirituel »[1]. Et il est bien vrai que la vie, dès son origine et dans son essence proprement organique, anticipe la pensée idéaliste comme auto-position pensante du tout, par sa nécessaire réalisation dans un vivant en tant qu'individu total posant alors spontanément ce qui, dans lui et hors de lui, a sens et être pour lui. Alors que la nature pré-vivante est au plus, dans le chimisme, la juxtaposition de la scission du composé – la différenciation de l'identité – et de la combinaison des éléments – l'identification de la différence – qui, ne se recouvrant pas l'une l'autre dans un tout s'animant par là, tel un sujet, de leur contradiction, restent déterminées en leur contingence par l'extériorité naturelle, la vie est le processus – *stricto sensu* sans sujet – rendu pérenne par l'identification, en elle, de ses deux composants qui s'allument nécessairement l'un l'autre dans leur totalité auto-motrice ou spontanée. La vie naturelle est bien ainsi l'*analogon* de la vie pensante, qui se révèle en effet être, en son achèvement spéculatif, l'identification auto-active de l'analyse et de la synthèse du sens, lequel n'est qu'à se totaliser en se déterminant : « L'agir continuel de la vie est, par conséquent, l'idéalisme absolu »[2]. Cependant, si « la vie ne peut donc être saisie que spéculativement, car

1. Hegel, *Cours d'esthétique*, trad. J.-P. Lefebvre et V. von Schenck, Paris, Aubier, 1995, t. I, p. 164.

2. *Encyclopédie* II : *Ph.N*, Add. § 337, p. 553.

dans la vie existe précisément le spéculatif »[1], elle ne peut être saisie vraiment spéculativement que comme, justement, le spéculatif en tant qu'il ne fait qu'exister : elle est en soi ce que la pensée spéculative ne peut être que *pour elle-même*. La vie *est* la négation de la contradiction dont elle vit, elle ne l'*a* pas dans une identité avec soi qui s'opposerait, en la maîtrisant, la différence que demeure l'identification comme différence non encore identifiée de l'identification et de la différenciation de soi, et, par là, une identité qui se nierait elle-même comme simple vie, comme cette vie qui est leur identité sur le mode, insurmontable au niveau de la nature, de la différence prédominante. Le non-être de la vie, en tant qu'elle est la contradiction non résolue, signifie positivement l'être de l'esprit, qui nie cette vie dans la position comme identité – une identité alors auto-fondatrice – de l'identité des deux mouvements de la totalisation de soi également présents dans la vie et la pensée. C'est en tant que l'identité de l'identité et de différence est l'œuvre absolue de l'identité qu'elle dispose d'elle-même et, de simple *spontanéité*, vivante, du tout, se fait la *liberté* de celui-ci, et c'est là l'esprit, dont le noyau est la pensée.

Si la vie *est* elle-même, l'esprit *a* lui-même ; et d'abord lui-même en tant qu'il re-pose en lui la vie organique comme simple moment de lui-même, ce qui est bien la nier, en la pensant telle, comme réalité absolue. Il fait d'elle, dans une intégration de plus en plus intime à lui-même, d'abord son *support*, puis son

1. *Ibid.*

*instrument*, enfin son *expression*, et c'est même dans cette spiritualisation d'elle-même qu'il peut vouloir la nier en s'y niant lui-même comme esprit seulement vivant ; le thème est bien connu : la vie de l'esprit est celle qui regarde en face et supporte la mort. Mais l'acte propre de l'esprit, en son identité originaire avec lui-même – qui le différencie radicalement de la nature – ne peut consister qu'à se différencier de lui-même en son être immédiat toujours déjà différencié par sa vie, à le nier et sacrifier dans le pur agir de l'auto-totalisation de son identité présente à elle-même dans la transparence à soi de la pensée. Aussi n'est-il vraiment lui-même qu'en s'arrachant sans cesse à l'*être* du mouvement d'élévation à lui-même qui, en son actualisation immédiate, est la *culture*, comme *vie* de l'esprit. L'esprit se fait vie dans cette seconde nature qu'est la culture, une vie de la négation de la vie primaire, négation opérée elle-même sur le mode d'être de cette vie primaire, substantielle et spécifique (même ethique), non pas personnelle et subjective. Mais vivre l'esprit comme esprit, ou – puisqu'elle est son principe – la pensée comme pensée, c'est-à-dire philosopher, c'est donc ce qui ne peut venir à l'être, au cœur de la vie immédiate, comme telle aliénante, de l'esprit qu'est la culture, que par une négation de celle-ci, par conséquent une seconde négation de la vie, la bonne. Penser la pensée pure, en la libérant de son aliénation culturelle, voilà la tâche, qui est celle de la philosophie ! Celle-ci existe bien comme son temps et son monde saisis par la pensée, mais elle n'existe en tant que philosophie qu'en se dessaisissant de son être particularisé culturel dans l'acte universalisant du « Je pense » : *l'esprit du monde n'est véritablement esprit et mondial que comme l'esprit absolu philosophant.* La pensée s'accomplissant philosophiquement se pense bien comme naissant dans l'auto-négation, le vieillissement, de la culture, qui n'est toujours qu'*une* culture, mais en niant elle-même cette auto-négation culturelle, c'est-à-dire, à strictement parler, en se faisant naître d'elle-même. Elle se pense comme naissant, dans l'histoire concrète générale, de l'histoire, se médiatisant par celle-ci, de la philosophie, et, dans cette histoire de la philosophie dont il se nourrit, de l'acte absolu de la réflexion en soi solitaire mais universalisante du « Je pense ». Penser la vie, pour Hegel, c'est ainsi penser la puissance de la pensée – et de la philosophie – sur la vie – aussi comme vie culturelle – et, par là, changer la vie même en tant que ressourcée dans la pensée : « *Une fois que le royaume de la représentation est révolutionné, la réalité effective ne tient plus* »[1].

Or, si la pensée de la vie comme vie spirituelle ou spiritualité vécue la pense comme aliénation de l'esprit en son acte pensant originaire absolu, elle le fait dans un déploiement d'elle-même, une totalisation de cet acte un du « Je pense », qui est bien encore une vie. Cette vie proprement pensante (de la pensée de la vie) se développe dans un mouvement qui se présente bien comme la circularité d'un auto-mouvement du penser. Un tel auto-mouvement fait se

---

1. Hegel, *Lettre à Niethammer*, du 28 octobre 1808, *Briefe von und an Hegel – B –* [*Lettre de et à Hegel*], édition J. Hoffmeister – JH –, t. I, Hambourg, F. Meiner, rééd. 1961, p. 253.

rapporter la pensée spéculative au pensé, en la libérant des interventions ou incursions personnelles, en celui-ci, du pensant. Certaines lectures de Hegel tendent alors à dépersonnaliser son penser et à autonomiser le concept, réduit à un *processus* spirituel, par rapport à son *sujet*, le Soi qu'est le penser comme penser de lui-même. Et il est vrai que le souci systématique-scientifique qui préside à l'élaboration du discours hégélien se satisfait dans la présentation de l'auto-mouvement dialectique de son contenu : c'est bien l'*auto-négation* en laquelle se déploie une détermination de l'être qui rend *nécessaire* la position de la suivante, et ce déploiement a son principe dans l'analyse maintenant la pensée toujours à l'intérieur du mouvement d'auto-différenciation de son identité. Mais le cours total de la dialectique hégélienne n'est aucunement celui d'un automate spirituel, notion contradictoire dans les termes. Car l'auto-négation, manifestée au terme de son analyse, d'une identité déterminée de l'absolu, exige la position de l'identité qui la nie, mais dont le contenu, synthèse nécessaire des éléments disjoints de la première, donne à ces éléments un sens nouveau et ne peut donc être lue à partir d'eux, dans un cheminement continu de la pensée : le sens *positif* de chaque nouvelle détermination de l'être doit être *inventé*. Ainsi, l'identité en laquelle, toujours, la pensée a son fondement, doit être affirmée par elle d'un coup, dans un saut où elle s'arrache à son cours, à sa vie, pour relancer celle-ci par sa *libre décision de l'invention du nécessaire*. L'acte absolu d'identification de soi qu'est, selon Hegel, l'esprit en son principe de

Soi pensant, et qui porte toute sa vie, aux divers niveaux de celle-ci, comme auto-différenciation de lui-même, tout comme il se dit tel dans le contenu ultime de la philosophie hégélienne – le syllogisme final de sa récapitulation encyclopédique –, se vérifie effectivement aussi tel dans sa forme accomplie qu'est la diction dialectique de ce contenu. La philosophie hégélienne se pense bien comme la pensée, vivante et vivifiante en tant que pensée pure, de la vie comme incarnation progressive de cette pensée. Ce qui n'est que la formule développée du cours en soi circulaire du savoir absolu, dont le dernier mot est de se dire, en grec – revenons à notre commencement –, la pensée de la pensée.

La philosophie hégélienne illustre, en tout le développement de son sens, l'expression « penser la vie », et elle la pense de telle sorte que penser la vie ne signifie pas plus la dissolution de la vie dans la pensée que la dissolution de la pensée par la vie. Hegel pense la vie comme vie sans pour autant que la pensée renonce à elle-même. Et l'équation fondamentale, sur fond commun d'absolu, qui permet à la pensée comme pensée de penser la vie comme vie, ne fait cependant pas confondre la vie comme pensée vivante et la pensée comme vie pensante, parce que vie et pensée sont des déterminations hiérarchisées de l'absolu : *c'est la pensée qui fonde la vie*. Or l'expression « penser la vie » a incité plutôt, historiquement, et continue d'inciter plutôt, à fonder la pensée sur la vie. La thèse jacobienne de la philosophie comme ayant à dévoiler l'existence s'inscrivait déjà, à l'époque, dans une telle perspective, et l'après-hégélianisme a décliné sous toutes les formes l'appel à la concrétisation vivifiante de la pensée jugée inapte par elle-même à saisir le vrai et à prescrire le bien. Objectivisme et subjectivisme, matérialisme et spiritualisme ont constamment souligné les limites de la pensée pure et de la pure philosophie. Or, si l'expression « *penser la vie* » est entendue comme un appel, une injonction, elle ne signifie aucunement que c'est la *vie* qu'il faut penser, pour penser de façon plus vivante – car que peut-on penser d'autre aujourd'hui ? –, mais, bien plutôt, que, la vie, il faut la *penser*, pour la rendre plus pensante, par là plus universalisante, tâche urgente dans le contexte, pratique, des conflits culturels, et celui, théorique, de l'éclatement des savoirs positifs. Mais, pour satisfaire à cette exigence, il faut avoir confiance en la pensée : pour évoquer le thème spinoziste si souvent ressassé naguère, selon lequel on ne sait pas tout ce que peut le corps, et en prendre le contre-pied (mais on sait qu'il ne faut pas en rester à celui dont il faut partir, seulement partir !), on ne sait pas tout ce que peut la pensée ! Ce que nous rappelle alors le grand message de Hegel, c'est que nous devons toujours avoir foi en la puissance, au fond absolue car originaire, qu'elle détient, cette pensée, et qu'elle communique à tous ceux qui la servent.

# Quatrième partie

# L'ESPRIT OBJECTIF

## CHAPITRE XIV

# LE CONCEPT HÉGÉLIEN
## DE LA RECONNAISSANCE

Je m'en tiendrai ici au concept hégélien définitif de la reconnaissance, sans rappeler, par conséquent, son élaboration pré-phénoménologique dans les textes dits de jeunesse et, encore, dans les premières synthèses spéculatives de Hegel à Iéna. La *Phénoménologie de l'esprit* et l'*Encyclopédie des sciences philosophiques* (dans ses versions successives) présentent, à travers la différence de leur exposition également scientifique, la première, de la genèse, et la seconde, de la structure de la science ou du savoir de soi qu'est l'esprit, une seule et même théorie de la reconnaissance, parfaitement systématique, en ce double sens qu'il s'agit d'une théorie elle-même systématique – sans ambiguïté ni tension – de la reconnaissance comme telle systématique dans ses diverses occurrences au sein du processus spirituel.

Deuxième limitation de mon propos : en amont de la conception hégélienne, je ne comparerai pas celle-ci à ses antécédents immédiats, kantien et fichtéen, si ce n'est, à travers les brèves allusions qui suivent,

pour fixer corrélativement d'emblée, dans une anticipation bien générale, le *statut* assigné par Hegel
à la reconnaissance dans la vie de l'esprit. Kant,
philosophe non pas de la reconstruction réflexive
de cet esprit, mais de sa détermination véritative,
fait de la reconnaissance l'impératif catégorique de
traiter les êtres libres comme des fins. Fichte, qui
s'emploie à rapprocher le fait et la norme, la nature
et la liberté, dans son « histoire pragmatique de
l'esprit humain », fait conditionner l'impératif, en
lui-même déjà *objectivé* juridiquement, de la reconnaissance, moyennant l'obligation morale suprême
de l'accord avec lui-même (agir comme l'on sait)
du Moi *réel*, par la reconnaissance factuelle en tant
que conscience réciproque immédiate nécessaire
des Moi libres. C'est une telle assise fondamentale
de la reconnaissance, l'intersubjectivité agissante,
l'interaction originaire constitutive de chacun des
Moi, que l'on se plaît à célébrer comme la modernité
originale de Fichte. Hegel récuse aussi bien la
conception kantienne « pratique » (morale-formelle)
de la reconnaissance se prescrivant à elle-même dans
une liberté qu'elle fait se poser comme telle, que la
conception fichtéenne « pragmatique » (culturelle-
formante) de la reconnaissance se fondant elle-même
dans une liberté qui se rappelle à elle-même comme
le « fait-(inter)action » (*Tathandlung*) originaire de
l'humanité. Hegel ne voit dans la reconnaissance ni
essentiellement la fin, ni essentiellement l'origine de
l'agir alors constitué, également, mais dans l'unilatéralité ou l'abstraction, comme libre. Pour lui,
la reconnaissance est un moment nécessaire de

la réalisation progressive par l'esprit, d'emblée abstraitement conscient de soi comme réciprocité des consciences de soi, de la liberté concrète qu'il est en soi et, de plus en plus, pour soi.

Or, troisième et dernière restriction de cet exposé, en aval de la détermination de la reconnaissance telle que Hegel la conçoit : je ne puis assurément analyser toutes les modalités du moment spirituel de cette reconnaissance. Car elle est la forme que revêt la vérification (objective) de la certitude (subjective) où la conscience de soi est de ce qu'elle vise comme l'être vrai, toutes les fois que, dans sa quête de celui-ci, elle est amenée par sa propre dialectique, à privilégier, pour l'y ancrer, dans la relation, en elle, d'elle-même et de l'être, du sujet et de l'objet, le premier moment de cette opposition qu'est l'esprit comme conscience. Mais, la structure fondamentale de la reconnaissance demeurant la même dans sa concrétisation croissante, je pense être autorisé à la dégager de la seule considération de sa première et de sa dernière occurrence. L'existence de ces deux limites de la reconnaissance signifie, d'ailleurs et précisément, que celle-ci est un moment nécessaire *relatif*, circonscrit, fini, de la vie de l'esprit. Un moment qui, de ce fait, présuppose un avant qui n'est pas lui, lui qui est posé, dans la dialectique fondatrice, par un après qui n'est plus lui, mais l'esprit plus concret dont la relation à soi est une détermination plus vraie que la simple reconnaissance. La philosophie hégélienne – quoi qu'en ait dit Kojève, qui la baptisa superbement, mais faussement, telle – n'est pas une philosophie de la reconnaissance, modalité spirituelle de l'interaction où culmine l'essence, car seul le concept, qui n'est pas la différence s'identifiant, mais l'identité qui se différencie ou se détermine, peut présider à la réalisation absolument spirituelle de l'esprit.

Suivant son concept, ou en tant que moment du concept s'actualisant, comme identification de sa différence ou comme totalisation de soi, au niveau de sa réalisation spirituelle, la reconnaissance est l'opération par laquelle l'esprit fait affirmer par sa différence, par sa singularité comme telle excluante, par son Soi propre, en l'identifiant aux autres, sa vie totale, tout en un libre – être chez soi dans son Autre – et vraie – l'accord du sujet et de ce qui lui fait objection, de son objet. L'objet véritable immédiat du sujet singulier étant l'autre sujet, les autres sujets, son élévation à la vie totale, libre ou vraie, qu'il est en soi, consiste d'abord, préalablement à toute affirmation d'un contenu de cette vie, dans l'affirmation alors formelle, par chaque sujet, de l'unité des sujets libres. Et cette affirmation formelle qui ne peut être elle-même qu'une dans ses occurrences différentes ou singulières fait s'entrecroiser celles-ci dans une opération ainsi complexe et qui, comme telle, ne va pas de soi, et, du coup, peut ne pas assurer par elle-même son résultat : l'*être*-reconnu réel et simple des individus à l'intérieur d'une communauté par là disponible pour établir le contenu libre et vrai de son existence. En tout cas, et quelle que soit sa fondation, un tel *être*-reconnu, postérieur à la reconnaissance proprement dite en tant qu'*opération* de l'esprit subjectif (ici intersubjectif), n'est plus alors qu'une dimension héritée, et désormais autrement imprégnée en sa concrétisation, d'une vie de l'esprit dont la figure actuelle est autre que la reconnaissance se posant pour elle-même, en son abstraction native ; qu'il s'agisse de la figure juridique, morale ou « éthique » : familiale, sociale ou politique, de l'esprit devenu en sa vérité de tout concret objet à lui-même, de l'esprit objectif. Hegel a bien lui-même souligné la dimension plus concrète que revêt la reconnaissance interhumaine quand elle est devenue juridique, morale, sociale ou politique, sans que cela puisse signifier de sa part une remise en cause quelconque de sa théorie proprement dite de la reconnaissance en son opération basique abstraite.

Celle-ci n'est comme telle ni juridique, ni morale, ni sociale, ni politique, en son caractère moins déterminé et par là plus général d'affirmation volontaire originelle de la liberté essentielle à l'homme. L'homme s'y affirme, en sa *liberté*, comme *homme*, comme *homme tout court*, donc universellement, et, puisque cette liberté n'est pas seulement dans lui, sa *condition* humaine, mais aussi par lui, sa *destination* humaine – la liberté, toujours, à la fois, *est*, et, étant par elle, *doit être* –, la reconnaissance ainsi libératrice ne pourra être dite anthropogène au sens de l'objet d'une anthropologie réductrice. Car elle est bien humanisante, auto-humanisante, donc parfaitement dé-naturante, ou spiritualisante. Une telle reconnaissance s'opère cependant dans la spiritualité encore spontanée, naturelle – dans l'état de nature, dit Hegel – de l'esprit humain. Ou, pour dire la chose autrement, dans l'état non encore constitué, pré-institutionnel, de cet esprit, avant que celui-ci, pourtant pleinement à l'œuvre dans la reconnaissance, se soit donné un être, un état, comme esprit, se soit objectivé comme esprit, bref : soit devenu ce que Hegel appelle l'*esprit objectif*. Cet esprit objectif n'est donc pas en tant que tel le sujet de la reconnaissance. Celle-ci survient avant lui en sa figure la plus propre, et elle est reprise dans lui comme un moment où, en sa dialectique, il s'affirme formellement, en son individualité alors avide de s'identifier ou réunir dans sa différence par là ressurgie d'avec soi quand a été dissous chacun de ses contenus « éthiques » totalisants successifs ou, enfin, le contenu total accomplissant comme objectif l'esprit fini. On voit ainsi revenir la reconnaissance lors de la réalisation de l'esprit objectif dans les individus collectifs – les peuples étatiquement constitués – assumant leur interaction comme retour à l'état de nature et, de ce fait, soucieux de s'y faire reconnaître en leur liberté souveraine. La reconnaissance est la réaction du Moi humain à un monde naturel, d'origine ou de retour, où sa liberté ne peut s'avérer qu'en s'identifiant – en l'absence d'un tout assurant l'accord de ses membres – qu'en s'identifiant formellement aux autres libertés, dans une reconnaissance réciproque médiatisant négativement le surgissement d'une communauté spirituelle. C'est quand le Soi n'est pas encore ou n'est plus l'esprit qu'il s'adonne à la reconnaissance.

La reconnaissance inaugurale et prototypique est le moment central de la conscience de soi. Se rapportant à elle-même et, en cela, certaine d'elle-même face à l'objet lui-même le plus assuré en lui-même de la conscience, l'objet auto-subsistant qu'est le vivant, structuré en soi comme elle l'est pour soi dans son identification de sa différence ou sa totalisation, la conscience de soi peut assimiler l'objet vivant, tout comme elle veut ou désire le faire en confisquant son être ou son objectivité et en accomplissant ainsi sa certitude singulière en une vérité universelle. Mais la consommation ou négation réelle d'un tel objet, qui signifie le surgissement d'un autre objet inassimilé, laisse le Moi en proie à l'altérité se répétant à l'infini de son monde. L'être plénier du Moi requiert donc la présence d'un objet vivant subsistant, dans son assimilation alors idéale, à l'égal de ce Moi, à savoir d'un autre Moi. La conscience de soi n'est alors véritablement qu'autant qu'elle est conscience d'une autre conscience de soi d'emblée saisie ou connue comme telle : le même connaît originellement le même, connaissance immédiate qui, en tant que telle, n'est pas une vraie connaissance, mais pourra le devenir par une médiation où va intervenir précisément la reconnaissance. Celle-ci est bien, comme l'indique le français : re-connaissance, une nouvelle connaissance, destinée à surmonter la contradiction de la première, par laquelle je connais immédiatement le même (un Moi, comme j'en suis un) comme l'autre (le Moi que je ne suis pas), l'autre que je peux, le sachant tel, traiter comme tel, comme un objet, et qui peut, et je le sais aussi, me rendre la pareille. Le concept de la reconnaissance fixe le sens nécessaire – constituant une obligation pour chaque

Moi en soi libre – de l'opération assurant sa libération effective dans la relation elle-même nécessaire des divers Moi.

Or ce qu'exige la reconnaissance est facile à comprendre, mais difficile à réaliser. Pour le Moi, avérer sa certitude d'être libre, c'est nier l'*autre* Moi qui, par son altérité immédiate, le nie, mais, en même temps, se nier lui-même aussi, car cet autre, comme autre *Moi*, le renvoie à lui-même ; il se nie donc en tant même qu'il se pose en niant ce qui le nie. Mais, comme un Moi précisément, cet autre Moi ne peut être nié qu'en tant qu'il se nie, en même temps qu'il nie le premier en se posant lui-même. L'action de la reconnaissance se redouble ainsi, et cela de façon doublée, en ayant comme objet aussi bien que comme sujet, de manière intimement liée, les deux Moi : je dois faire sur l'autre ce que je fais sur moi, et l'autre doit faire sur moi ce que je fais moi-même sur moi. Or cette réciprocité – et c'est ce qui importe – est celle d'acteurs et d'actions qui se contredisent non seulement de l'un à l'autre Moi, mais au sein de chacun d'eux ; je me nie en me posant, et, plus précisément, je m'affirme libre (sujet) en m'affirmant naturel (objet). En tous ses aspects, la reconnaissance doit donc identifier des opposés et, par là, comme le dit Hegel, actualiser le *spéculatif* lui-même. Il faut que l'homme s'affirme libre, esprit, tout en s'affirmant naturel, corps, dans un acte qui unifie en hiérarchisant, car c'est l'esprit qui réunit le corps et l'esprit ; il lui faut affirmer le corps comme le conditionnant, donc en assumant son incarnation, mais en déterminant le corps par l'imposition d'un sens. Au plus loin, par conséquent, de la double abstraction faisant croire que l'on peut vivre en esprit, de façon pleinement humaine, soit en méprisant le corps et la nature, soit en se fixant en eux. Identifier spirituellement l'identité spirituelle et la différence naturelle : c'est là le programme même de la raison spéculative ! C'est bien le problème spéculatif – Hegel le fait observer – le problème le plus difficile de tous que devra résoudre théoriquement l'homme à son apogée, que doit résoudre pratiquement, à l'orée même de l'humanité, la reconnaissance. Or les agents de celle-ci – et, par suite, leurs actes – à savoir des Moi émergeant de la nature ou de la vie, des esprits niant immédiatement leur corps, par là encore toujours singularisés par ceux-ci dans l'unilatéralité de leur comportement, ne peuvent, chacun dans lui-même et, corrélativement, tous, entre eux, pratiquer la totalisation concrète de l'existence libre, qui est au fond l'objectif de la reconnaissance. Ils ne peuvent constituer un agent à la hauteur de l'action exigée. C'est cette limite *ontologique* de la reconnaissance qui se livre dans le destin, premier et dernier, de celle-ci.

Le sens concret ou total – le concept – de la reconnaissance, en sa difficulté, se répartit naturellement, c'est-à-dire avec contingence, entre les deux Moi, sous la forme de deux rôles réalisant abstraitement les deux moments de l'assomption des exigences hiérarchisées, mais toutes deux nécessaires, de la liberté et de la nature. Dans le combat à la vie et à la mort, seul capable de montrer le sérieux de la négation, par la liberté, d'une nature qui ne doit cependant pas disparaître, l'un des Moi – le maître – s'impose comme libre, en méprisant la vie, la nature, qu'il reconnaît dans l'autre Moi – le serviteur – qui, lui, s'attache à cette nature tout en reconnaissant la liberté du premier, auquel il se soumet dans le travail. Une telle répartition bilatérale, c'est-à-dire deux fois unilatérale, de la synthèse rationnelle pratique de l'existence humaine visée par la reconnaissance, rend celle-ci inégale ou relative, donc non réellement réciproque, ce qui la nie. Le concept de la reconnaissance n'est pas réalisé : le maître affirme la liberté en lui, mais pas dans le serviteur, et nie la nature en celui-ci, mais sans la nier en lui-même ; le serviteur fait l'inverse. Mais on ne se libère pas réellement sans nier sa propre nature par le travail, pas plus qu'on ne nie réellement sa nature en travaillant sans affirmer sa propre liberté. L'échec de la reconnaissance dans la disjonction du travail et de la liberté désigne alors la reconnaissance vraie comme le travail libre ou la liberté laborieuse. Une telle reconnaissance vraie naît assurément dans le contexte de la reconnaissance inégale, en cela manquée, mais en excédant, par la décision qu'elle requiert, la figure, la relation même de la reconnaissance comme telle, et elle signifie l'entrée dans l'activité même de la *connaissance* proprement dite. Pour évoquer, cette fois-ci, non plus l'étymologie française, mais l'étymologie allemande, la reconnaissance ne serait plus la reprise ou le redoublement (re-) de la connaissance, mais l'approche (*an-*, de *An-erkennung*) de celle-ci. Une telle relativisation, essentiellement ontologique, de la reconnaissance analysée par Hegel m'a autorisé à la dégager du pathétisme existentiel de la dramatisation, notamment kojévienne, dont j'admire, moi aussi, le caractère fulgurant. Puisse cet aveu de mauvaise conscience me faire pardonner cet écart prosaïque, pourtant si nécessaire !

La reconnaissance ne s'achève – ce terme a aussi un sens négatif – qu'en niant son inégalité par une nouvelle inégalité, qui est la part inégale que prennent le maître et le serviteur dans le dépassement du contexte de leur relation inégale au profit du maître qui a lutté et au désavantage du serviteur qui travaille, mais qui va être avantagé par ce fait même. Car le maître ne peut pas ne pas saisir de plus en plus sa dépendance naturelle – pour sa vie naturelle *abstraitement* mise en jeu dans le combat, mais conservée telle dans sa domination oisive – à l'égard du travail par lequel le serviteur empreint son Soi laborieux sur les choses et s'en libère en soi, ainsi que de sa nature, en le sachant de plus en plus dans son obéissance ainsi formatrice maintenue, et en le montrant de plus en plus au maître finalement ébranlé. C'est bien le travail servile qui est la potentialité réelle de la généralisation d'un travail réconciliant les deux Moi qui s'affirment dès lors l'un par l'autre tout en se niant l'un par l'autre dans la pratique égalisante et identifiante, au-delà même de la simple réciprocité cherchée, du libre travail. Mais ce libre travail, tel d'abord par son choix, donc pour soi, et non plus simplement en soi, dans son agir même, exige, de la part des deux Moi, une décision *personnelle*, laquelle insère leur interaction dans chacun d'eux alors *englobant* par rapport à celle-ci. Et ce nouveau site de l'achèvement de l'interaction, de la reconnaissance réciproque, incite chaque Moi à s'appliquer, au sein du travail, au moment désormais le plus humanisant qui fait se réunir en lui la maîtrise de soi qu'est la liberté et la discipline de la nature, la spontanéité la plus libre qu'est la pensée et la volonté la plus formatrice qu'est le travail. Le travail pensant ou intellectuel, où chaque Moi s'affirme à la fois en sa singularité et de façon universelle, est le nouvel élément, le nouveau milieu, où la conscience de soi, allant au-delà d'elle, doit réaliser l'objectif qu'elle s'était fixé dans son moment central de la reconnaissance. Ce milieu, en son sens positif nouveau pleinement développé, sera ce que Hegel appelle, dans la *Phénoménologie de l'esprit* comme dans l'*Encyclopédie*, en un sens plus strict, l'*esprit*.

Le thème de la reconnaissance réapparaît, au sein d'un tel esprit, suivant la *Phénoménologie de l'esprit*, dans les crises de l'objectivité ou substantialité spirituelle des totalités éthico-politiques, lorsque les individus désintégrés sont renvoyés à eux-mêmes et redeviennent alors manifestement, à travers leur interaction remobilisée, les agents du passage d'un tout de l'esprit à un autre. Ainsi, le Soi de la personne romaine se fait reconnaître en clôture de l'esprit antique, le Soi du citoyen terroriste en clôture de l'esprit objectif moderne, et le Soi moral post-révolutionnaire en clôture de l'esprit objectif enfin pacifié en sa limitation politique et de son auto-dépassement moral, c'est-à-dire du tout de l'esprit fini lui-même. Surmontant les contradictions du moralisme abstrait (kantien), l'agir concret qui procède alors du for intérieur réunit le devoir intériorisé en sa conviction et l'effectivité intériorisée en son discours, comme tel universalisant et par là faisant se reconnaître objectivement les Moi, le Soi de la belle âme peut s'absolutiser et diviniser. Mais le sens subjectivement totalisant d'un tel agir est nié par la moindre action déterminée réelle, comme telle extériorisante et différenciante. Les deux moments de l'en-soi idéal, qui juge l'action sans agir, et du Moi réel qui agit sans juger, ne pouvant, en leur contradiction, être assumés immédiatement par la belle âme certaine de son identité à soi absolue, se répartissent alors – derechef – dans deux Moi opposés. Or, en vérité, cette répartition est moins une exclusion d'un moment qu'une hiérarchisation opposée des deux moments ici nécessairement présents, qui les fait pratiquer, bien malgré eux, par les deux Moi se reconnaissant, du coup, l'un dans l'autre, mais – dans une telle contradiction de soi – comme *négatifs*. Le Moi agissant, qui, comme Moi, est bien témoin et juge de lui-même, se reconnaît le premier comme mauvais dans le Moi jugeant et s'avoue tel, en quête de pardon, à celui-ci, qui, lui, tarde à s'avouer mauvais en tant qu'agissant – car juger ne se donne pas d'emblée comme agir – jusqu'à ce que, réalisant que le Moi agissant a, dans son aveu, renoncé à son activisme égoïste, il constate qu'il l'a mal jugé et que la partialité de son jugement en faisait une action égoïste, ce qui l'amène à s'avouer mauvais en renonçant à soi. La reconnaissance alors réciproque dans l'aveu et le pardon n'est plus celle de la positivité – la spiritualité vraie – des deux Moi, mais celle de leur négativité – de leur spiritualité déficiente. La confession réciproque incite donc les

Moi à sortir de l'esprit dans lequel les incitait à entrer la réciprocité de la reconnaissance proprement dite. Un tel destin de la reconnaissance accuse ainsi sa limite dans l'accomplissement de l'esprit et confirme la thèse de la relativisation spirituelle de ce moment central de la conscience de soi, qui, même réactivée par l'esprit, ne fait pas par elle-même accéder, *a fortiori*, à l'existence absolue de celui-ci, dans sa communauté accomplie.

Le négatif, même en son achèvement comme négation de lui-même, ne constituant jamais, dans la dialectique hégélienne, le positif véritablement tel, la reconnaissance ne peut, en sa négativité propre, être le principe ou le fondement des déterminations plus concrètes et vraies de l'esprit, même de celles qui la réactualisent manifestement, telles les interactions sociales et politiques. Assurément, ces dernières se réalisent dans le contexte de la première – ainsi, les États, dans leurs rapports voués à rester toujours aussi naturels, naissent phénoménalement à travers leur combat pour se faire reconnaître –, mais la violence comme telle n'est pas la raison d'être du droit accompli dans l'État et dont l'essence rationnelle est de la nier. Bien loin que la reconnaissance réciproque originelle des individus puisse porter et vivifier, en y étant activée pour elle-même, les totalités socio-politiques, ce sont, bien plutôt, ces dernières qui assurent à leurs membres, en s'auto-différenciant institutionnellement en eux, leur être-reconnu réciproque, en ses strates étagées de plus en plus concrètes : non seulement leur être-reconnu réciproque comme agents sociaux ou citoyens, mais aussi, déjà, leur être-reconnu réciproque élémentaire – alors pour ainsi dire court-circuité en un moment intégré et idéalisé – comme hommes. La reconnaissance pure, abstraite ou formelle, la reconnaissance en tant que telle, proprement dite, ne peut produire ou promouvoir une communauté réelle, qui, seule, au contraire, peut la fonder absolument.

La remise spéculative – je veux dire fondamentalement hégélienne – à sa place de la reconnaissance s'intensifie encore à travers la constatation qu'elle n'est même pas l'apparaître ou l'anticipation, comme sa *forme* générale, du contenu concret ultérieur de la communauté spirituelle, d'abord objective, évoquée il y a un instant. Ce que Hegel présente comme « la forme de la substance de toute spiritualité essentielle, de la famille, de la patrie, de l'État, ainsi que de toutes les vertus, de l'amour, de l'amitié, de la bravoure, de l'honneur, de la gloire » [1] – et dont il marque, d'ailleurs, à cet égard, la limite, en tant que la forme non remplie du contenu vrai peut n'être qu'une vaine apparence – est, non pas le combat pour la reconnaissance, la reconnaissance comme opération réciproque, mais son résultat, la reconnaissance accomplie pas une opération *propre*, *singulière* de chaque Moi sur lui-même. Une opération qui, au surplus, va le faire se *connaître* lui-même, en l'engageant même dans une opération universelle de *connaissance* des choses.

L'opération en question consiste, en effet, pour chaque Moi, sortant du combat et même de

---

1. *Encyclopédie* III : *Philosophie de l'esprit*, édition 1830, § 436, Rem., trad. B. Bourgeois, p. 233.

l'intersubjectivité – dont l'échec ou la négativité, quant à l'objectif même de la reconnaissance, exige ontologiquement, sous l'injonction du concept libérateur, la négation –, à intérioriser le rapport intersubjectif dès lors pacifiable. Chacun s'affirme, non plus seulement naturel et non libre – tel le serviteur –, ou seulement libre et non naturel – tel le maître –, mais, tout en un, naturel et libre, toutefois dans la hiérarchisation organique, surmontant la contra-diction, d'une liberté se faisant nature, de l'identité se différenciant en soi, se réalisant justement comme auto-détermination. La reconnaissance s'accomplit bien, au-delà du processus qui la caractérise pour elle-même, dans la négation d'elle-même comme inter-action, par une action sur soi de ses protagonistes qui fait sortir de l'intersubjectivité et inaugure la nouvelle figure, vraiment objectivante, de la subjectivité.

Se singularisant ou différenciant en une liberté réelle l'identifiant aux autres – un seul n'est libre que si tous le sont –, la conscience de soi devenue ainsi universelle s'expérimente comme subjectivité identifiante capable de se retrouver en toute la diffé-rence objective (qui s'est accomplie comme la sub-jectivité autre), et, se vivant en tant qu'une telle identification de l'identité et de la différence, c'est-à-dire en tant que *raison*, délaisse l'intersubjectivité pour conquérir, dans une véritable connaissance, toute l'objectivité. La subjectivité ne se saisira en sa vérité de sujet total, par delà tout subjectivisme et intersubjectivisme, qu'en s'étant disciplinée, fortifiée et assurée par la connaissance de l'objectivité la plus aliénante ; sur ce point, Comte pensera comme Hegel. Et c'est la conquête rationnelle la plus développée des choses qui rappellera la subjectivité à elle-même pour autant que l'objectif de la raison ne se révélera pleinement réalisable que dans le monde humain, vrai sujet du monde entier. Alors, la subjectivité s'affirme à nouveau comme telle en réalisant en elle l'identité rationnelle, comme une totalité proprement spirituelle objective s'auto-différenciant dans des sujets conscients de fonder leur relation horizontale intersubjective, promue socio-politiquement, sur leur relation verticale, en qualité de membres, à une totalité originaire de l'esprit, au sens strict de ce terme. Bref, l'esprit objectif est le fondement qui assure en l'être tout ce qui le précède encyclopédiquement, y compris cette abstraite anticipation de lui-même qu'est la reconnaissance intersubjective ; il excède celle-ci et son pathos immédiat, par toute la médiation, si essentielle, de l'objectivation rationnelle de la subjectivité.

Enfin et surtout, l'impossibilité de faire, dans le hégélianisme, du moment de la reconnaissance, un principe – et même un modèle – spirituellement décisif, tient à ce qu'il caractérise l'esprit en sa finitude, et donc, n'est pas pertinent au niveau de l'esprit infini ou absolu, où le terme même de reconnaissance n'apparaît pas en son sens propre. Or l'esprit en son absoluité est présenté par Hegel comme ce dont l'affirmation nécessaire nie la négativité même de l'ultime intervention – comme auto-négation de l'esprit objectif, et, à travers lui, de l'esprit fini – de la reconnaissance réciproque déjà, ainsi que je l'ai souligné tout à l'heure, fortement idéalisée, et, du coup, fait seul être, en sa limitation par là redoublée, toute cette reconnaissance liée à la finitude de l'esprit. L'auto-position de l'esprit absolu se révélant effectivement à soi dans l'auto-négation de l'esprit fini qui s'emploie à assurer sa reconnaissance réciproque ultime s'illustre aussi bien – à travers des thématiques différentes – dans le destin encyclopédique que dans le destin phénoménologique de lui-même. Dans le premier, c'est en effet l'esprit absolu qui apparaît comme l'esprit du monde imposant leur droit vrai aux États en quête de leur reconnaissance réciproque. Je voudrais m'attarder davantage sur le second. Ici, l'auto-négation de la belle-âme, sublime culmination de l'esprit fini, à travers la confession alternante qu'elle-même, comme pur Soi différenciant (agissant), se fait à elle-même, comme pur universel identifiant (jugeant), et inversement, est sa différenciation première d'avec sa différence, en effet première, entre son identité elle-même première comme universalité pure et sa différence elle aussi première comme singularité pure. Mais cette différenciation première de l'esprit fini achevé ne peut, en tant que telle, être et se savoir que son auto-position comme identité à soi infinie se différenciant – se finitisant – dans et comme la différence des deux moments exhaustifs de l'esprit fini réalisés pour eux-mêmes par la conscience jugeante et la conscience agissante : « Le oui réconciliateur par lequel les deux Moi se départissent de leur être-là opposé est l'être-là du Moi étendu jusqu'à la dualité, qui, dans celle-ci, reste égal à lui-même et, dans sa parfaite aliénation et son parfait contraire, a la certitude de lui-même ; il est le Dieu apparaissant qui se trouve au milieu d'eux, qui se savent comme le pur savoir » [1].

Lorsque Hegel, peu avant ces lignes finales du chapitre consacré à l'« esprit » dans la *Phénoménologie de l'esprit*, et qui introduisent l'esprit absolu, d'abord religieux, parle de « la reconnaissance réciproque qui est l'esprit absolu » [2], il l'envisage, non plus dans son processus qui la promeut en un moment particulier devenu célèbre de la dialectique de l'être, mais dans son résultat accompli, et accompli même au-delà de l'esprit fini. Car la pleine identité des différents Moi n'est pas atteinte au niveau des totalités spirituelles objectives, comme telles toujours affectées, en leur sens même, par la différence naturelle présente en toute objectivité et, donc, ouvertes à l'interaction et, par là, à la reconnaissance réciproque, même ordonnée institutionnellement. En revanche, la communauté totale propre à l'esprit absolu dans l'art, la religion et la philosophie – si elle peut, certes, dans le relâchement de cet esprit, se dégrader en simple interaction – est en elle-même l'union complète, dans l'amour et l'amitié, de ses membres finis entre eux, par leur union à l'esprit infini lui-même déjà, et de façon fondatrice, uni à lui-même. Si la différence, par elle-même, ne peut s'identifier : « ce qui n'est pas originairement un ne peut pas être posé comme un » [1], l'identité *se* différenciant maîtrise sa différence en assurant d'emblée son identification. Dans l'esprit absolu, la reconnaissance réciproque, qui, jamais, à proprement parler, *n'est*, fait place à la *réconciliation* (*Versöhnung*), qui, d'emblée, *est*. Et c'est bien par la « parole de la réconciliation » [2], le « oui réconciliateur » déjà mentionné, que Hegel désigne l'ultime reconnaissance réciproque en tant qu'y intervient, pour achever son résultat, négation de l'auto-négation de l'esprit fini, l'esprit absolu se manifestant originairement comme tel dans et à cet esprit fini. Chez Hegel, l'anthropologie théologique fait bien porter la reconnaissance, humaine, par la réconciliation, divine.

Hegel renouvelle et enrichit à tel point la problématique philosophique et, plus largement, culturelle, que l'on se plaît à lui faire consacrer un traitement privilégiant des thèmes qui, tout flamboyants qu'ils soient chez lui, ne constituent pourtant que des moments subordonnés de son système. C'est pourquoi j'ai cru nécessaire de rappeler que la reconnaissance réciproque – qui doit être sérieusement assumée et sans cesse réactualisée – n'est cependant pour lui que la présupposition de soi abstraite de la communauté « éthique » et, plus profondément encore, de la communion

---

1. Hegel, *Vorlesungen über die Philosophie der Religion* [*Cours sur la philosophie de la religion*], éd. G. Lasson, I, 1, rééd. F. Meiner Verlag, Hambourg, 1966, p. 161.

2. *Phgie E*, p. 754.

essentiellement religieuse, mais déjà artistique et enfin philosophique. Plus manifestement encore que Kant, parmi les Modernes, Hegel n'est pas d'abord un philosophe de l'*unification*, mais un philosophe de l'*Un*, lequel, seul, fait réussir l'unification ; car il la pose en son exposition de soi. C'est ce que répugne à discerner notre époque, qui absolutise l'unification, que celle-ci se présente comme composition ou synthèse, comme concours ou interaction, comme concertation ou consensus par négociation ou discussion, mais toujours dans le primat accordé à la différence ou diversité. Assez curieusement, d'ailleurs, là où l'interaction de la reconnaissance est, de fait, indépassable, dans le domaine international, elle en fuit l'assomption dans l'idéalisation des nations unies, tandis que là où la communauté nationale confirme sa réalité, elle préfère un social – qui, comme Hegel l'avait bien vu, cultive l'homme en tant que tel, ce « concret de la représentation » – qu'elle veut ranimer en reconvoquant en lui l'agent abstrait de la reconnaissance réciproque. Elle ne voit pas, alors, que, ici aussi, le concret est plus vrai que l'abstrait, et que le social ne peut s'assurer que par la réactivation, suivant la direction opposée, de son rapport au politique reconnu plus concret que lui, bien loin qu'il puisse, dans la dissémination dissolvante du citoyen, en épuiser le rôle à travers des activités prétendument citoyennes. Voilà ce que Hegel rappelle aussi, de façon intempestive et salutaire, par sa théorie rationnelle systématique de la reconnaissance. Soyons lui en, il faut bien le dire : reconnaissants !

## CHAPITRE XV

## LA PERSONNE

Je ne serais pas surpris que l'on soit surpris de voir choisi pour nourrir, et même guider, une réflexion sur la personne humaine le penseur souvent dénoncé comme le porte-parole du totalitarisme théorique et pratique. Hegel n'est-il pas celui qui aurait soumis la liberté de l'esprit, dans tous les domaines, au carcan, à la nécessité de fer, de la rationalité dialectique systématique, et notamment, dans le champ de l'existence socio-politique, écrasé la spontanéité de l'homme et du citoyen sous la domination du « divin terrestre », d'un État à la prussienne ? Qu'attendre, au surplus, à cet égard, d'un philosophe dont Marx se présentait comme le disciple ? Que n'a-t-on pas répété à l'encontre d'une culmination, chez Hegel, de la raison totalitaire ! – Et pourtant, Hegel n'est-il pas celui qui a appelé de ses vœux la constitution d'un État où l'anonymat oppressant du pouvoir technocratique – nécessaire assurément – des fonctionnaires devait être limité par la double intervention des personnes, à la cime politique, dans la responsabilité décisive du prince, et, à la base sociale, dans l'auto-gestion des communes et corporations ? N'est-il pas celui qui a assigné comme tâche ultime à la philosophie de concevoir l'absolu non seulement comme substance, mais au moins tout autant comme sujet ? Celui qui a érigé en sens le plus vrai de l'être, le plus totalisant parce que le plus compréhensif, la personnalité elle-même ? Il clôt bien son ontologie, en sa quête laborieuse et rigoureuse d'un sens réconciliateur de tout l'être et pouvant par là à la fois constituer, et le principe, et la fin de celui-ci, d'un sens alors le plus concret – *cum-crescere*, c'est croître, se déployer, se différencier, mais ensemble, en s'unifiant, donc se totaliser – et le plus subjectif – car l'objet se fait objection à soi-même, se décompose –, par ces lignes : « Ce qui est le plus riche est ce qui est le plus concret et le plus subjectif, et ce qui se reprend en la profondeur la plus simple est ce qui a de plus de puissance et le plus d'emprise. La pointe suprême la plus aiguisée est la personnalité pure » [1]. Pour Hegel, l'absolu est la personne absolue.

Je voudrais préciser dans le hégélianisme quelques indications fortes aidant à charpenter un discours sur la personne désireux d'échapper à la mollesse intellectuelle parfois présente dans le personnalisme contemporain ; ce dernier n'évite pas toujours, en dépit de sa volonté de célébrer vigoureusement et concrètement la personne, de prendre appui sur une notion bien abstraite, édifiante mais lénifiante, de celle-ci. L'intérêt du discours hégélien sur elle, un discours en ceci discret, c'est précisément d'arriver

---

1. *SL* – III : *Le concept*, p. 318.

à la personne comme à ce dont le sens unifie, par là
fait être, la multitude des déterminations théoriques
et pratiques selon lesquelles se déploie l'expérience
aussi supra-mondaine du monde où l'on vit. Pour
Hegel, la personne en sa vérité est le Soi qui n'est
tel qu'à totaliser en lui le sens du monde et de la vie
dans celui-ci ; bien loin d'être dissoute dans le tout,
la personne vraie résout le tout en elle-même en le
transfigurant. Cela signifie que, aux yeux de Hegel, la
personne qui se fixe à elle-même en s'abstrayant du
tout, de tout, est la négation de la personne, elle n'est,
suivant le langage même : « personne », c'est-à-dire :
nul être, rien. Traitant avec sérieux l'ambiguïté que
le rire homérique exploitait dans la ruse d'Ulysse
trompant la vigilance du Cyclope en se désignant
comme « personne », Hegel veut remplir, accomplir,
le sens de la personne de façon que devienne caduque
la constatation rappelée dans la *Phénoménologie de
l'esprit*, à savoir que « désigner un individu comme
une *personne* est l'expression du mépris »[1]. Voilà
pourquoi Hegel peut être de bon conseil quand il
s'agit de réfléchir sur la notion de personne, dont il
a une claire conscience qu'elle peut dire aussi bien le
rien que l'absolu.

---

1. *Phgie E*, p. 564. Cf. *Grundlinien der Philosophie des Rechts*
[*Principes de la philosophie du droit*], § 35, Addition : « Ce qu'il
y a de plus élevé dans l'homme, c'est d'être une personne, mais,
nonobstant cela, la simple abstraction de la personne est déjà, en
son expression, quelque chose de méprisable … La personne est
donc tout en un ce qui est́ élevé et ce qui est tout à fait bas »,
trad. J.-Fr. Kervegan, Paris, P.U.F., rééd. 2013, p. 615.

Une réflexion hégélianisante doit se centrer sur le passage de la personne abstraite, irréelle en sa fermeture sur soi, sur sa « petite personne », à la personne concrète, réalisée par son ouverture au tout, qui, seul, est réel. Ce passage sera analysé en deux temps, d'abord comme développement concrétisant le sens même de la personne, puis comme réalisation de ce sens par la personne elle-même. – Hegel, dans sa reconstruction rationnelle du devenir de l'esprit fini en quête de sa réconciliation avec lui-même, qui ne peut intervenir que dans sa participation religieuse et philosophique à l'esprit infini, y rencontre à diverses reprises l'affirmation de l'homme comme personne, et cette affirmation ne s'absolutise pour lui qu'à travers l'idée des personnes divines vivifiant le Dieu chrétien. C'est donc par analogie avec la personne divine que peut se penser pleinement la personne humaine, bien loin que l'idée de celle-là soit une simple sublimation analogique de l'idée de celle-ci; fondation théologique clairement affirmée d'une anthropologie de la personne. Ce qui ne saurait étonner de la part d'un penseur dont le grand théologien du XX$^e$ siècle Karl Barth disait, dans la brève mais remarquable étude qu'il consacra à Hegel, que jamais la théologie chrétienne n'avait resplendi avec autant d'éclat que chez celui-ci, sauf – « peut-être » concédait-il ! – chez Saint Thomas. Retraçons donc rapidement, en explorant Hegel, la constitution culturelle de la notion de personne dans le devenir de l'esprit. Elle s'opère à travers trois étapes essentielles : grecque, romaine, chrétienne.

L'apport de l'hellénité a son lieu privilégié dans le théâtre grec, et l'on peut l'interpréter comme suit. La tragédie, essentiellement, met en scène l'homme qui revêt un personnage figuré par son masque (« *prosopon* », c'est figure, masque, personnage, puis personne ; « *persona* » dira ainsi le latin), c'est-à-dire fait vivre en lui un autre, fait qu'il est soi-même comme un autre, esprit divin ou semi-divin, héroïque, qui l'élève au-dessus de lui-même, qui l'*idéalise* en humanité. Cependant, l'auto-négation de l'individu réel à travers la personne idéale qu'il accueille en lui comme médiation, comme chemin vers ce qu'il se pressent être, une vie plénière, est encore limitée puisqu'une telle personne est elle-même, en son idéalité, toujours encore un individu particularisé (Oreste, et, à travers lui, Apollon), et, comme telle, reste soumise au pouvoir universel et sans visage du destin. Ce destin, pour Hegel, anticipe, en tant que puissance régnant sur tous les contenus de l'existence présente à la conscience, la souveraineté même, non encore aperçue, mais bien vécue, de cette conscience de soi ; le destin, disait le jeune Hegel, est la conscience de soi, mais comme d'un ennemi. L'exhaussement de l'individu réel, borné ainsi par et dans le personnage dont il se fait la voix, accomplira sa visée sous-jacente quand, au temps de la décomposition des cités grecques vouées aux dieux particuliers, il reconnaîtra dans le destin universel, personnage absolu, car absolument masqué, du théâtre athénien, la projection idéalisée de sa propre conscience de soi et affirmera celle-ci comme une véritable personne. Ce sera l'apport de Rome.

L'universalisation romaine d'une existence socio-politique désormais maîtrisable, non plus par les individus particuliers – dont la spontanéité animait jusque là, par son identité native, naturelle, avec chaque totalité, civique, leur réalisation mondaine –, mais seulement par leur sommation abstraite aliénante dans le maître impérial divinisé du monde, les fait se retrouver dans la seule réalité, aléatoire et morte, de la propriété chosiste qui les fixe et rabaisse à leur particularité ; ils sont alors renvoyés à leur conscience de soi intérieure, certes universalisée, mais dans le vide de toute détermination individuelle réalisante. La personne n'est plus l'idéal de soi d'un véritable quelqu'un, mais bien de personne. Toutefois, son irréalité frappe une notion dont le sens s'est enrichi. Car, privé de toute détermination sûre l'insérant dans la réalité, l'individu se dé-réalisant se pense, du même coup, en son idéalité, comme pure détermi-nation par soi, comme pure auto-détermination, c'est-à-dire comme pure liberté. Et cette pure réflexivité en soi-même d'un Moi retiré de tout ce qui peut particulariser, en l'opposant par là aux autres Moi, le fait se vivre comme identique à ceux-ci, tous les Moi pouvant alors s'universaliser dans un même Soi. Dans son néant d'être, la personne se saisit en son noyau signifiant comme le libre Soi universel. Le stoïcisme fera bien d'une telle idéalité, actualisée par la pensée s'abstrayant de toute réalité, l'accomplissement de l'existence, d'une existence qui est, il est vrai, la dénégation d'elle-même. Souffrant d'un tel déchire-ment d'elle-même, l'antiquité païenne ne pouvait dès lors être que l'attente de l'annonce d'une personnalisation réelle de l'individu, d'une réalisation plénière du sens désormais discerné de la personne. Une telle attente est comblée par l'incarnation individuelle de ce qui se révélera être la personne absolue ou l'absolu personnel, incarnation qui vaut offre d'imitation de cette individuation de la personne en son sens absolu par la personnalisation vraie de l'individu réel. Tel est pour Hegel l'accomplissement, chrétien, du sens de la personne.

La personnalisation chrétienne de l'individu, bien loin de faire abstraction, irréellement d'ailleurs, de celui-ci, s'opère au-dedans de lui-même pour le nier concrètement de façon à lui faire réaliser l'universalisation réconciliante impliquée par la notion vraie de la personne. Telle est la culture, fondamentalement chrétienne, réalisation mondaine du christianisme, qui vise à surmonter le fossé entre le Soi vrai et l'être divisé avec lui-même. Dans le parcours phénoménologique de cette culture, Hegel critique l'affirmation abstraite, scindante, « personnelle » au sens péjoratif d'individualisante, de la personne, que ce soit politiquement à travers l'individualisme révolutionnaire de 1789, ou moralement avec la présomption post-révolutionnaire romantique de la belle âme. Il est vrai que l'affirmation de la personne, cette réflexion en soi autarcisante, cette subjectivité certaine de sa liberté, peut se fixer à son immédiateté positive au lieu de se pratiquer d'une façon elle-même réflexive, impliquant une médiation avec soi, une prise de distance à l'égard de soi afin de mieux se maîtriser. Si la personnalité se fixe abstraitement à elle-même, sans se résoudre comme acte, particularisé, de l'universalisation, « on a le mal » ; et Hegel d'ajouter : « dans l'unité divine, la personnalité est posée comme résolue »[1]. Car c'est bien au Dieu chrétien qu'il applique le sens concret de la personne, en développant ce sens, de son abstraction possible à son effectivité concrète. Certes, « la personnalité est la subjectivité infinie de la certitude de soi-même, cette réflexion en soi dans la différence, qui, comme forme abstraite, est en même temps excluante à l'égard d'autre chose »[2] ; certes, elle « est ce qui se fonde sur la liberté, – la première, la plus profonde, la plus intérieure liberté, mais aussi la manière la plus abstraite suivant laquelle la liberté se fait connaître dans le sujet »[3]. Mais « c'est le caractère de la personne, du sujet, que d'abandonner son isolement », et « ce qu'il y a de vrai dans la personnalité, c'est précisément de faire gain d'elle-même en se plongeant, en étant plongée, dans l'Autre »[4]. La négation personnelle de l'individu natif doit être elle-même une négation non individualiste, et la personne s'accomplit justement dans l'affirmation universalisante d'elle-même ; ainsi, le répète Hegel, « la vie éthique, l'amour consistent précisément à renoncer à la particularité qu'on a en propre, à la personnalité particulière, à l'élargir en universalité ; et il en va de même dans l'amitié », bref : « dans l'amitié, dans l'amour, j'abandonne ma personnalité

1. *Ph.R*, L, II, 2, p. 72.
2. *Ibid.*, p. 61.
3. *Ibid.*, p. 80.
4. *Ibid.*, p. 81.

abstraite et je gagne, ce faisant, ma personnalité comme concrète »[1].

C'est à propos du Dieu chrétien, Dieu bon, Dieu d'amour et d'amitié, qui est bien en ceci présenté par Hegel comme réalisant en sa perfection la notion de personne, qu'est souligné qu'il ne s'affirme comme personne qu'en affirmant une communauté de personnes. Dieu n'est personne ou liberté absolue qu'en actualisant librement sa liberté, qui libère alors d'elle-même d'autres libertés. Si le Dieu de Spinoza, substance et non sujet ou personne, se produit, donc reproduit, en et comme la nature naturée, dans une identité immédiate avec lui-même, le Dieu chrétien pensé – je ne me prononcerai pas ici sur son orthodoxie – par Hegel crée, c'est-à-dire fait surgir de rien, des êtres autres que lui en leur libre affirmation d'eux-mêmes : la personne libre crée des personnes libres, tant il est vrai, pour Hegel, qu'être libre, c'est libérer d'autres, qu'on n'est pas libre seul, ni une personne seul ; il n'y a pas seulement une interaction seconde entre les personnes, mais elles ne sont qu'en communauté. Et le Dieu chrétien n'est pas seulement la personne créatrice des personnes capables de s'opposer à lui en s'isolant par rapport à lui dans le mal, mais il se fait de lui-même le Dieu trinitaire de la périchorèse, de la circumincession, des personnes divines. Laissant de côté là aussi toute appréciation de la conception hégélienne de l'existence trinitaire de Dieu par rapport aux débats théologiques post-christiques, je me contenterai de souligner que, pour

1. *Ibid.*

Hegel, dans la personne divine, chacune des trois personnes s'affirme absolument en affirmant ainsi les deux autres, en une triple et une affirmation. Que la trinité divine soit une trinité de personnes fait d'elle, aux yeux de Hegel, pour l'entendement humain, la « contradiction la plus rude »[1], car la personne est l'Un qui, se réfléchissant en soi-même, s'absolutise en se libérant de tout rapport à autre chose : « Alors, l'être-pour-soi est poussé à sa cime extrême, qui n'est pas seulement un Un, mais la personne, la personnalité. Alors, la contradiction semble poussée si loin qu'aucune résolution … n'est possible »[2]. Mais, observe Hegel, c'est précisément l'identité à soi absolue de la personne qui la fait triompher dans sa différenciation d'avec soi. La dialectique de la liberté est ici à sa culmination : identité absolue et différence absolue s'identifient. Mais une telle réalisation concrétisante, totalisante, réconciliante de la personne n'est-elle pas exclue de sa condition humaine, finie ? Car la parfaite circulation les unes dans les autres des personnes divines, dont chacune est soi-même en tant qu'elle est aussi les autres et, par là, la totalité une des trois personnes, n'est possible qu'autant qu'aucune n'est par nature, par naissance, fixée à un être individuel qui limiterait leur mouvement les unes dans les autres. Dieu n'est pas un individu, ni comme Père, ni comme Fils, ni comme Esprit. Telle n'est pas la personne humaine, qui est née, fixée à un individu dans et par lequel il lui faut s'affirmer, donc dans une

---

1. *Ph.R*, L, II, 2, p. 61.
2. *Ibid.*, p. 71.

affirmation toujours limitante, jamais totale. – Telle est la conception de la personne que, en Hegel, le penseur du christianisme fait sienne.

Mais, la pensée, au sens accompli, rationaliste, du terme, du message chrétien ne peut pas ne pas infléchir le contenu de celui-ci par une dialectisation spéculative de lui-même. La « pensée » religieuse, d'une façon générale, relève pour Hegel de la « représentation », et celle-ci – comme « *Vor-stellung* », place devant, objecte, oppose, sépare ce que la pensée achevée en tant que raison identifie, car la raison identifie les différences qu'elle fait procéder plus fondamentalement de l'identité, le dialectique qui est son moment moteur étant l'altération, la différenciation de soi de l'identité. La religion chrétienne, qui dit Dieu comme le Dieu qui se fait homme, l'infini qui se fait fini, l'identique qui se différencie, nie, de la sorte, par son contenu chrétien, sa forme représentationnelle de religion, qui juxtapose au lieu de réunir intimement ce qu'elle dit un. Hégélianiser, c'est donc alors totaliser ou concrétiser ce que le christianisme dit de la personne, et proposer une réalisation concrète de celle-ci au niveau de son existence finie, humaine.

Je ne peux ici qu'évoquer quelques aspects d'une philosophie concrète, à la manière de Hegel, de la réalisation de la personne. – L'affirmation de l'homme comme conscience de soi réfléchie purement en elle-même, libre, ne peut être une affirmation elle-même seulement réfléchie en soi, immédiate, inconditionnée, et, par conséquent, libre. Elle est, au contraire, strictement conditionnée par le milieu géographique et historique, naturel et culturel, ainsi que Hegel a bien inséré dans le patient cours de la nécessité historique le surgissement des idées de plus en plus concrètes de la liberté et de la personne ; la personne juridique romaine et la personne prototypique chrétienne se présentèrent « quand les temps furent venus », comme réponse à l'attente d'une humanité alors réceptive à elle, même lorsque celle-ci surpasse toute attente. Un tel excès de la liberté donnée par rapport à la liberté attendue, exigée, nécessitée, manifeste bien son originalité absolue, à elle qui se fait alors conditionner historiquement, en justifiant par là un tel conditionnement et la prise en compte de celui-ci. Voilà pourquoi, si tout homme a vocation à être une personne – comme, d'ailleurs, à actualiser en lui toutes les déterminations de l'esprit dont l'Encyclopédie hégélienne est la fondation systématique –, et s'il faut l'appeler à le faire au plus tôt, c'est en comprenant que l'injonction morale kantienne ne suffit pas (d'ailleurs, elle-même est venue à son heure) et qu'elle requiert toute une préparation anthropologique. C'est le même ancrage essentiellement culturel qui particularise l'élévation universalisante à la personne ; celle-ci ne peut pas ne pas concrétiser en la marquant encore de son empreinte la négation qu'elle opère d'elle-même et qu'elle préserve ainsi de toute abstraction. Un tel enracinement historico-culturel de l'affirmation de la personne est pleinement reconnu par l'auteur de *La raison dans l'histoire*, laquelle montre tout autant l'histoire dans le développement de la raison qui pourtant, ainsi qu'elle le fait de tout, la fonde.

Face aux dérives idéalistes, facilement moralisantes, de l'affirmation de l'idéal qu'est la personne, Hegel rappelle qu'une telle affirmation n'a de valeur qu'en tant qu'elle suppose et enveloppe, comme auto-négation de l'individualité attachée naturellement à elle-même, la force même de celle-ci. Il faut déjà être quelqu'un pour que soit sérieuse la volonté d'être une personne : la vigueur de l'individu fait celle de sa maitrise de soi personnalisante, au plus loin de tout moralisme velléitaire. C'est pourquoi, si la réalisation de la personne a son lieu au niveau de ce que Hegel appelle l'esprit objectif, c'est-à-dire de l'esprit qui est devenu objet de lui-même, un objectif pour lui-même ainsi devenu son propre but, valeur ou idéal pour lui-même, elle est conditionnée par la construction de lui-même comme un sujet, cette construction de l'esprit dit subjectif le faisant se concentrer en un individu capable de vouloir. Un des moments décisifs en est la rencontre des consciences de soi et leur affrontement – c'est là le célèbre thème de la lutte du maître et du serviteur – en vue de leur reconnaissance réciproque, largement pré-morale, mais qui assure par avance naturellement son dépassement moral culturellement fondateur : « L'individu qui n'a pas risqué sa vie – écrit Hegel dans la *Phénoménologie de l'esprit* – peut bien être reconnu comme une personne, mais il n'a pas atteint la vérité de cet être-reconnu, qui est d'être reconnu comme une conscience de soi subsistante-par-soi »[1]. On ne peut, dans l'interaction négative de l'affrontement des individus humains,

1. *Phgie E*, p. 268.

devenir vraiment une personne du seul fait que les autres nous reconnaissent et nous accordent des droits, mais seulement si nous voulons nous-mêmes et méritons activement ces droits en même temps que nous les revendiquons pour les autres, qui les réclament et obtiennent pour eux-mêmes. Ce qu'on peut encore exprimer en disant que l'affirmation du Soi n'est forte dans les Moi que de la force de ceux-ci, qui sera aussi celle de leur négation. L'avenir de la personne se joue déjà dans l'advenir encore naturel de l'esprit à lui-même, pris en charge dans la formation et éducation proprement spirituelle au sein de l'esprit objectif, qui contribue de la sorte à faire se constituer l'esprit subjectif conditionnant la réalisation de ses propres déterminations.

La personne est l'une de celles-ci, mais, si elle est la première, la plus abstraite, immédiate et superficielle de toutes, elle n'est vraiment assurée dans l'être qu'en se fondant sur les déterminations plus concrètes et plus totales – seul est, pour Hegel, le tout –, qui font système avec elle et la portent vers son accomplissement à la cime de l'esprit absolu, lequel réalise bien le sens ultime, l'Idée, de l'absolu comme personnalité, dans le croyant chrétien voué à se penser rigoureusement, c'est-à-dire conceptuellement, dans le hégélianisme. – Je parlais tout à l'heure de la relative discrétion de Hegel au sujet de la catégorie de personne qui, jugée sur sa présence manifeste et son pouvoir structurant explicite dans le Système hégélien, est fort éloignée d'en être une catégorie maîtresse. Elle n'apparaît guère que pour désigner le sujet du « droit abstrait », comme tel pris hors du contexte concret, éthico-socio-politique, de son administration et application dans la justice, affaire proprement sociale et de garantie étatique. Mais, dans la mesure où elle inaugure, comme première détermination de l'esprit objectif ou du « droit » au sens large, l'affirmation de l'homme comme idéal objectif universel de lui-même, elle se pose comme le principe dont tout le développement de l'esprit objectif et absolu, de l'esprit qui se veut esprit, sera la réalisation, et ce jusqu'à ce que cet esprit s'actualise finalement comme réalisation plénière de la « personnalité pure » qu'est l'absolu en son Idée ou sens total et fondateur.

C'est pourquoi toutes les figures de l'esprit vivant spirituellement, du début de l'esprit objectif au terme de l'esprit absolu, sont des conditions de l'existence de la personne absolue, et, par là des modes de réalisation de celle-ci. Leur ordre de succession apparente, qui mène des plus élémentaires et abstraites, en cela universelles et absolues, mais les moins solides en leur être pris pour lui-même, aux plus concrètes, en cela profondes et fondatrices, fait limiter celles-là par celles-ci, et donc dépendre la personne, en son affirmation juridique primaire, de toutes les suivantes, apparemment moins personnelles. Cela, de la personne morale – que Hegel ne désigne justement pas par le mot « personne », contrairement à une pratique encore consacrée par Kant, mais par celui de « sujet » le sujet étant la personne se réfléchissant en soi-même, s'approfondissant en soi-même –, puis de l'agent social – l'homme en son être concret, l'« homme » tout court, concrétisation de la personne juridique et du sujet moral, individu solidaire sur une base égoïste, jusqu'au citoyen, et enfin au fidèle d'une religion ainsi qu'au philosophe. Une telle limitation affecte, par exemple, les droits de la personne juridique et du sujet moral, et ce par la prise en compte des exigences de l'homme, social d'abord, et du citoyen, dont l'être, plus consistant, garantit bien l'être plus fragile de ceux-là. Aussi Hegel a-t-il été régulièrement accusé de soumettre la personne aux impératifs sociaux et politiques. Il convient pourtant de faire observer que, toujours, à quelque niveau que ce soit, l'État hégélien, gestionnaire ultime, même à travers sa retenue –sa puissance lui permettant d'être libéral –, fait respecter en leur réalité concrète les droits de la personne et les requisits du sujet moral, de l'agent social et du citoyen lui-même. En ce sens, d'ailleurs, il me semble plus « humain » que, par exemple, l'État kantien, pourtant ordonné directement et explicitement au respect de la personne plus abstraitement envisagée. C'est même par la satisfaction des exigences, conciliées hiérarchiquement, de toutes les dimensions de la personne, que celle-ci peut se réaliser en son cœur religieux-spéculatif qui en fonde absolument l'existence concrète. Hegel ne se dit pas personnaliste, mais sa philosophie synthétisante de l'absolu comme personne fait droit, loin de tout personnalisme abstrait se retournant comme tel toujours contre la personne effective car concrète, au vœu profond de celle-ci.

Si Hegel fait s'achever l'existence vraie, libre et heureuse dans la vie chrétienne, plus précisément luthérienne en tant même que – dans le développement culturel de la conscience profane que le christianisme, en son essence rationnelle, a lui-même suscité – elle ne peut pas ne pas se penser spéculativement, cette figure accomplie de l'esprit qu'il désigne comme le « savoir absolu » n'est pour lui réelle qu'autant qu'elle assure, pas sa vertu réconciliatrice et synthétisante, toutes les autres figures de l'existence : sensible, intellectuelle, scientifique, pratique, morale, juridico-socio-politique. Si, en effet, la limitation et la contradiction de ces figures exigent le savoir absolu, c'est-à-dire la conscience absolue en sa pensée d'elle-même, comme la clef de voûte de leur édifice, qui fait se tenir celui-ci, lui confère un être, en dépit du non-être affectant ses composantes, – réciproquement, en s'actualisant dans la fondation avérante de celle-ci, le savoir absolu se préserve de toute abstraction qui le condamnerait au formalisme et à l'arbitraire. Seul peut penser en vérité l'être celui qui l'assume réellement dans tous les aspects systématiquement liés de sa manifestation de soi : il n'y a aucun philosophisme chez Hegel, même si l'existence ne s'accomplit, dans le milieu de la culture, qui a été portée par le christianisme, qu'en se faisant aussi philosophante. C'est bien, par-delà les rencontres, les échanges, toujours trop superficiels, des cultures, l'assomption critique, philosophante, de celles-ci, qui les fait, seule, converger, à travers leur façon originale de dépasser leur originalité, fermée sur elle-même, dans et comme l'affirmation de l'homme universel ; alors, satisfaction est donnée à l'exigence d'universalisation concrète essentielle à la personne.

Je terminerai en soulignant que la vie spéculative elle-même, à l'intérieur d'elle-même, est une vie intégralement personnelle. Transposant rationnellement l'engagement religieux lui-même confirmé par là – « Je suis un luthérien – écrivait Hegel – et, par la philosophie, aussi bien pleinement affermi dans le luthéranisme »[1] –, la démarche constitutive du savoir absolu réunit dans un acte sans cesse à réactiver l'énergie du Soi singulier et la vie du sens universel. Le savoir absolu n'est pas figé – comme Kojève le lisait à tort chez Hegel – dans le Livre hégélien, Bible spéculative moderne, mais il est l'actualisation, par l'esprit singulier s'arrachant à la pseudo-originalité d'un subjectivisme arbitraire, de sa participation à la vie manifestée, révélée, de la raison universelle. La personne s'adonnant à l'activité suprême du savoir absolu est bien, pour Hegel, la réalisation de la « personnalité pure » en quoi consiste, à ses yeux, le sens plénier de l'absolu.

---

1. *Lettre à Tholuk*, du 3 juillet 1826, *B* – JH, IV, p. 29.

## CHAPITRE XVI

# LE DROIT

Le président François Terré considérait que l'ouvrage de Kojève *Esquisse d'une phénoménologie du droit* était le plus grand texte sur le droit produit par le XXᵉ siècle; je crois qu'il l'est, en effet, par sa radicalité et par son ampleur. Mais on sait que le même Kojève tenait pour le plus grand de tous les philosophes, dans tous les temps, pour la seule « grande vedette » de l'histoire de la pensée universelle, celui dont son inspirateur, aussi dans le livre à l'instant cité, il s'agit de Hegel, n'avait été pour lui que le « satellite », à savoir Kant. Hegel, satellite de Kant, tout comme, pour compléter, dans le quatuor philosophant suprême de l'humanité, le couple moderne par le couple antique, Aristote fut le satellite de Platon. Les astres philosophiques, en Platon et Kant, bouleversent, révolutionnent, le monde réel par la lumière nouvelle qu'ils répandent sur lui, dont ils l'enveloppent en l'idéalisant, c'est-à-dire, au fond, en niant sa réalité. Leurs satellites, Aristote et Hegel, plus modestes, moins hautains, font davantage la part des choses, tempèrent par leurs réalisme prudent attentif aux situation singulières l'idéalisme universaliste critique dont les astres de la pensée frappent ces situations. On pourrait le vérifier en ajoutant encore un couple aux deux couples retenus par Kojève, en intercalant entre le couple Platon-Aristote et le couple Kant-Hegel, le couple Descartes-Leibniz. L'évocation de Leibniz, comme moyen terme de la séquence Aristote-Hegel ne peut alors que m'inciter – il fut en effet non seulement philosophe, mais juriste professionnel – à spécifier le sens de la différence fondamentale qui affecte la position ou la posture du philosophe à l'égard du réel, en la concentrant dans le domaine du droit.

Or ce domaine du droit – c'est là sa particularité – ne peut pas ne pas appeler la philosophie, et précisément sa divergence ou ce partage d'elle-même en idéalisme et réalisme. Car le droit, ainsi que Leibniz, justement, le définissait, est une « puissance morale », identifiant, en tant que telle, ces différences ou ces opposés que sont, d'un côté, la puissance, l'efficience, la causalité caractéristique de toute réalité, et, de l'autre côté, l'idéalité essentielle à ce qui est moral, la normativité. Ce mixte qu'est le droit, cette intimité des opposés qui le constitue, c'est sa contradiction. Il n'est, lui dont la destination est d'égaliser ou de concilier, en son actualisation juste, les différends, les conflits, les contradictions, qu'en assumant, et à jamais, sa contradiction essentielle, et dans sa théorie, et dans sa pratique de lui-même. Assumer cette contradiction, non pas la supprimer, soit dans un droit moral dont l'idéalité absolutisée détruirait fanatiquement le réel, soit dans un droit socio-politique dont le réalisme chasserait toute idéalité, c'est-à-dire, en l'un et l'autre cas, dans la suppression même du droit : d'un côté, Robespierre, que Hegel rapprochait d'ailleurs de Mahomet, de l'autre – pour m'en tenir aux plus nobles et grands représentants – Comte (qui, au nom des devoirs sociaux, raye de son catéchisme le nom même du droit) et Marx (qui dans ses droits réels, nie la réalité même du droit). Une telle suppression serait aussi, au demeurant, une suppression de la philosophie. Celle-ci, bien plutôt, est appelée par un droit qui veut simplement maîtriser, contenir, sa contradiction afin d'accomplir sa destination, et qui, alors, est amené à réfléchir sur lui. La philosophie du droit le fait se comprendre et pratiquer dès lors selon l'alternative de sa version idéaliste et de sa version réaliste. La première *soumet* la réalité plurielle à l'unité ou universalité idéale du droit comme au *principe* qui la commande, et l'on a Platon et Kant (Descartes se gardant d'ébranler les grands corps juridiques par sa critique). Dans la seconde, la totalité réelle *intègre* à elle l'idéalité du droit comme la *base* qui la porte mais qu'elle relativise et dépasse, et l'on a Aristote, Leibniz et Hegel. Je me propose d'examiner dans son orientation générale – que j'ai essayé de situer dans la problématique globale du rapport entre le droit et la philosophie – le traitement par Hegel de la question du droit, toujours en question dans lui-même en raison de sa contradiction que le philosophe s'emploie à maîtriser sans se contredire lui-même, à un deuxième niveau, en la redoublant et l'aggravant.

J'évoquerai d'abord la conception que Hegel se fait de l'*être* du droit, de son *statut*, à travers son ancrage socio-politique. Puis la manière dont il envisage l'*acte* du droit, son *exercice*, à travers sa réalisation juste, et judiciaire, de lui-même. Dans ces deux moments, et pour mieux faire ressortir le sens et la portée de l'apport de Hegel sur le droit, je renverrai en amont, vers son grand interlocuteur kantien, et, en aval, vers nous-même, qui pouvons encore l'avoir aujourd'hui pour interlocuteur précieux, dans notre embarras à penser et réaliser le droit actuellement.

Les deux plus grandes philosophies modernes du droit, celle de Kant et celle de Hegel, le libèrent de son lien traditionnel avec la nature ou la surnature, dont l'homme tient son être reçu et qui déterminent ou limitent son agir, son interagir, alors orienté par la sensation ou le sentiment vers un bonheur et un bien qui l'intéressent. Le droit n'est plus, comme le disait Leibniz et le pensait encore tout le XVIII e siècle, le pouvoir de faire ce qui est juste en tant que celui-ci est le publiquement utile, donc désirable, ainsi naturel. Kant et Hegel encadrent la prise de conscience par l'homme qu'il est lui-même, un Soi réfléchi seulement, et par là autarciquement, en lui-même, dans son vouloir capable de s'arracher à toute détermination donnée et de s'auto-déterminer comme vouloir radicalement libre à l'égal de tout autre homme. L'affirmation à portée ainsi universelle d'un tel Soi libre – la personne – en chaque individu humain se réalise alors dans le monde pour autant que celui-ci est fait, non seulement techniquement, naturellement, mais aussi humainement, spirituellement, par la reconnaissance mutuelle garantie des libertés et, pour chacune d'elles, un monde *sien*. Une telle réalisation extérieure, dira Kant, objective, dira Hegel, de la liberté alors garantie par la force des libertés accordées entre elles, c'est le droit. Le droit est ainsi défini dans son nouveau principe comme la liberté se donnant la force d'exister. Il est tel à travers une sorte d'argument ontologique pratique faisant de lui ce dont l'essence enveloppe l'existence, mais appliqué à l'esprit fini, à l'esprit humain, comme tel divisé, même dans sa communauté, en lui-même ; le droit avoue de la sorte sa contradiction essentielle au cœur de son nouveau principe : la liberté en tant qu'elle assure le droit peut forcer la liberté en tant qu'elle est assurée par lui. Or la gestion d'une telle contradiction dépend du sens même, et, plus précisément, du statut même qui est assigné à la liberté au sein de l'existence humaine, et, donc, du statut assigné au droit qui doit la réaliser.

Kant distingue de façon abrupte le réel, naturel, présent en moi dans la sensibilité, de l'idéal, le normatif, l'impératif catégorique, la raison en sa source, qui m'impose de me penser comme un être en soi libre : je dois, donc je peux, immédiatement, toujours. En tant que la norme ou la loi qui, universalisante, réunit, fait coexister les individus libres, régit leurs actes, leur interaction sociale, elle constitue le droit. La liberté réalisée comme droit fondamental se diversifie dans les droits essentiels de l'homme, d'abord le droit de propriété, puis le droit de contracter, etc. Ces droits peuvent être pensés et voulus par tout homme en tant que, raisonnable, il a le sens de l'universel.

Mais si le droit n'existe que dans cette actualisation individuelle, privée – comme « droit privé » dit alors Kant –, son existence est précaire, et sa réalisation, donc son être de droit, livrée à l'arbitraire et à la violence. Le droit exige par conséquent, comme droit, un sujet ou agent de son exercice qui soit à la mesure de l'interaction sociale des individus, capable de régler celle-ci, et telle est leur communauté instituée en État. Le droit ainsi public, d'abord par son exercice, est donc le moyen s'assurer l'existence du droit dit privé, du droit en son noyau de droit. Ses dispositions propres – le droit public par son contenu – qui régissent sa propre existence comme société aussi bien civique, politique, que civile, car Kant absorbe encore la société qu'on appellera civile dans l'État, expriment bien la subordination essentielle de celui-ci au droit. L'État kantien fait bien encadrer le pouvoir proprement politique, l'exécutif, qui n'est qu'un exécutant, par les deux pouvoirs traduisant politiquement le droit envisagé en son principe et en sa fin : le pouvoir législatif et le pouvoir judiciaire. Une telle juridisation de la politique lui fait fléchir le genou devant le droit en renonçant à tout réalisme utilitariste ou opportuniste. « *Fiat justitia, pereat mundus !* », car un monde de coquins ne mérite pas d'être. Voilà pourquoi le droit politique, par lequel seul tout le droit existe, est aussi le droit le plus strict et impitoyable. En sa rigueur suprême – les crimes contre l'État sont les plus sévèrement châtiés –, il rappelle à l'exercice du droit la justification de celui-ci, à savoir que la liberté que le droit réalise ne s'affirme en toute son absoluité qu'à l'écoute de l'impératif catégorique qui retentit en sa pureté originaire dans l'intériorité éthique. Certes, pour Kant, un peuple de démons calculateurs de leur intérêt en viendrait à se faire républicain, mais le droit que la république accomplit n'existe solidement que s'il existe au moins, à la cime de l'État, un vrai républicain, voulant le droit (la raison pratique) pour lui-même, c'est-à-dire intérieurement moral ; c'est bien là un minimum. Il est très significatif que Kant désigne l'ensemble de l'éthique ou moralité et du droit par le terme même de « morale », marquant bien par là que, s'il distingue la moralité et le droit, l'ultime fondement du droit est pour lui un fondement moral-éthique, qui impose par son intransigeance la gestion rigoriste du droit et, à travers lui, de l'État.

Il en va autrement chez Hegel, qui, non moins significativement, appelle « droit » l'ensemble de la morale et du droit. Sa *Philosophie du droit* – premier ouvrage à porter ce titre – comprend bien en elle, dans son milieu, la moralité. Certes, chez Hegel aussi, le droit est la liberté réalisée, l'esprit objectivé (il parle d'« esprit objectif »), dans un monde qui est une seconde nature. Mais Hegel élargit le sens de la réalisation de la liberté : ainsi, en fait partie l'existence subjective, intérieure, morale de la liberté, en tant même qu'elle modifie son existence extérieure ou objective. Une telle liaison de l'intérieur et de l'extérieur, du subjectif et de l'objectif, de l'esprit et de la nature, implique alors une conception nouvelle de la liberté rendue par là plus immanente à la réalité. La substitution, à la théologie kantienne du Dieu créateur comme législateur s'adressant aux hommes sans médiateur (le Christ n'est que l'homme absolument moral), de la théologie hégélienne du Dieu créateur qui s'incarne et s'humanise se traduit bien dans la substitution, à la liberté convoquée d'un coup en sa plénitude dans le surplomb de l'impératif catégorique, d'une liberté exigeant au cœur du monde sa réalisation processuelle de plus en plus totale. Si être libre, pour Hegel, c'est « être chez soi » dans le monde, une telle existence réconciliée ne s'accomplit que progressivement ; la limitation, la négation, la contradiction subsiste d'abord en elle, mais la contradiction se contredit elle-même car elle est comme telle du néant, alors que l'homme veut être. Le non-être d'un niveau du droit, au sens élargi du terme, fait qu'il ne peut être que porté et sauvé par l'être du niveau plus totalisant, par là plus libre, et donc constituant un droit supérieur. Ainsi le droit proprement droit, accord extérieur, donc contingent, du vouloir personnel avec l'universalité de la loi, ne peut être restauré que par le vouloir intérieur, moral, de celle-ci chez le juge. Mais l'universel n'est nécessairement voulu que s'il est déjà voulant, dans l'ancrage préalable de l'individu au sein d'une communauté, déjà familiale, mais plus largement sociale et, plus fondamentalement, nationale-étatique. Le droit politique fait bien être tous les autres, et d'abord le droit juridique, en les englobant, les dépassant, et, par là, en les relativisant. On comprend que la *Philosophie du droit* de Hegel ait pour sous-titre « Droit naturel et science de l'État ». Mais on comprend moins bien, si l'objet du droit *stricto sensu* est intégré dans l'objet de la politique, pourquoi leur tout ainsi hiérarchisé s'expose dans ce qui n'est pas appelé une « Philosophie de l'État » mais une « Philosophie du droit ».

Car il est bien vrai que le droit que Hegel désigne comme droit abstrait ou formel, celui de toute personne sur toute chose et toute personne, quelle que soit leur si diverse et inégale réalité, ne peut exister que portée par les régulations spécifiques de la sphère plus concrète de la société civile, distinguée par Hegel de l'État, et dont l'universalité, foncièrement libérale, est le lieu tout indiqué de l'administration judiciaire du droit. La justice est bien une fonction sociale, civile, non une fonction étatique, un pouvoir politique. Il n'en reste pas moins, pourtant, que les conditions de son exercice civil sont fixées par l'État et que son contenu, en tant que droit juridique et que droit social, est à la fois complété et limité par le droit supérieur, réalisant plus totalement la liberté, de l'État. Rien, dans l'État, ne peut se faire sans lui, et son abstention même est sans doute l'activité la plus haute de celui que Hegel appelait le « divin terrestre », image du vrai Dieu, dont l'acte suprême est de se sacrifier. Mais justement, au plus loin de tout totalitarisme politique, le droit total de Hegel s'auto-limite, en sa force assurée, pour faire être tels qu'ils doivent être à leur propre niveau le droit socialisé et, d'abord, le droit *stricto sensu*. Il n'est pas leur instrument, mais leur garant, aussi éloigné de les dissoudre que de les absolutiser. Si l'État doit veiller à ce que le droit originairement et proprement droit demeure, sans les ajouts socio-politiques qui le concrétisent, lui-même, en sa rigueur abstraite. En tant que tel, il constitue, non pas le fondement, assurément, de l'État – fondement qui est bien plutôt au-delà qu'en deçà de celui-ci –, mais ses fondations, sa base, non-autosuffisante, mais prioritairement nécessaire, dont la maintenance conditionne la solidité de tout l'édifice qui la limite et la dépasse. Tout le droit *lato sensu* n'est ce qu'il est que par le droit *stricto sensu*, et c'est pourquoi l'expression de « Philosophie du droit » est pleinement justifiée chez Hegel. Il faut rappeler cette justification dans un temps et dans un lieu où l'État semble s'égarer en voulant assigner à la justice, actualisation occasionnelle négative du juste, une tâche incombant à ce que Hegel appelle la « police », activité sociale plus concrète constante de promotion positive de la sécurité et du bien-être des citoyens. Le droit est utile, non pas en jouant les utilités, mais en restant le droit. Sa concrétisation hégélienne se fait strictement conditionner par lui tel qu'en lui-même.

C'est un même trait général qui est vérifié dans l'administration, juridictionnelle ou judiciaire, du droit, telle que Hegel l'expose comme fonction sociale-civile. Je voudrais brièvement l'analyser d'abord quant à la forme, puis quant au contenu de la décision de justice. – Rappelons, en quelques mots, sur le premier point, la position kantienne. De même que le législateur – qu'il soit un, plusieurs ou tous les citoyens – est le souverain de l'État, de même la justice rendue sur lui-même par le peuple des justiciables n'est, en son exercice, que la pure auto-application de la loi. Un droit qui ne peut être fixé dans une loi – c'est le cas du droit d'équité – ne doit pas se traduire judiciairement : l'expression « tribunal de l'équité » enveloppe une contradiction. La justice ne doit pas dépasser dans et par elle-même la législation qui la commande, et, pas plus que le législateur ne doit se faire juge, le juge ne doit se faire législateur dans une jurisprudence alors indûment promue en source du droit. Ce sont, au fond, les ennemis de la justice qui brandissent la sentence : « *summum jus, summa injuria* ».

Hegel, lui aussi, exalte la loi (*Gesetz*), qui est le droit posé (*gesetzt*), exposé en des pensées abstraites, comme telles à la fois simples, par là saisissables par tous, et universelles, par là applicables partout, donc aptes à faire se réaliser le droit. Certes, il sait que la détermination légale, abstraite, des situations réelles, toujours concrètes, ne peut les égaler qu'en multipliant ses abstractions dans un progrès législatif virtuellement infini, *les lois* risquant de tuer la vertu de *la loi*. Il sait aussi que la singularité de chaque cas d'application de la loi requiert du juge – qui *doit* juger, toujours – qu'il assume la contingence nécessaire de sa décision par rapport aux lois, c'est-à-dire le moment jurisprudentiel inévitable de l'acte de justice ; il réintroduit de même dans la justice le moment de l'équité et admet, lui, l'existence d'une cour d'équité. Mais, comme Aristote et Leibniz, Hegel limite le plus possible l'excès juridictionnel de l'équité et de la jurisprudence relativement à la législation, en les soumettant à l'esprit de celle-ci. Un esprit que fait se créer, en synthétisant les lois, cet acte de justice alors lui-même juste qu'est leur codification, le plus grand bienfait offert aux peuples selon l'admirateur du professeur de droit régnant impérialement à

Paris. Cet esprit des lois se réalise lui-même en une sorte de spontanéité juridique préservant des effets anti-légalistes à l'instant évoqués de l'inflation judiciaire, en tant qu'il s'ancre dans les institutions socio-politiques comme celles que créait Napoléon, accomplissant le vœu exprimé par Saint-Just pour qui nous avions trop de lois et pas assez d'institutions. C'est donc bien le triomphe de la loi qui, selon Hegel, est assuré par la concrétisation de la justice en la forme de son exercice.

La même leçon se dégage de la conception hégélienne du contenu de la décision de justice ; je prendrai l'exemple du jugement pénal. Repartons une dernière fois de Kant. Pour Kant, la peine doit être un mal subi qualitativement et quantitativement égal au mal infligé criminellement, et cette application stricte de la loi du talion est un impératif catégorique, notamment dans le cas de la peine de mort sanctionnant un meurtre : Kant dénonce comme un pur sophisme la critique beccarienne de cette peine. Il rejette absolument toute considération anti-juridique d'un bien ou d'une amélioration à produire dans le criminel ou chez les autres par ce criminel puni alors utilisé comme un moyen déshonoré en sa personnalité innée. Un peuple se dissolvant ferait injure à l'humanité en violant l'exigence absolue de la raison juridique, s'il n'exécutait pas dans sa prison, avant de se séparer, son dernier condamné à mort !

Hegel, qui ne fait pas du droit *stricto sensu*, et d'abord des droits de l'homme, le principe du droit total socio-politique, propose une théorie de la peine manifestement plus humaine. L'intégration dans ce droit total du droit proprement juridique signifie, en effet, la prise en compte, dans la sanction judiciaire, des effets sociaux-politiques supposés de celle-ci, une prise en compte qui, dans le contraste favorable d'une diminution de la dangerosité sociale du crime en rapport avec le renforcement des institutions civiles et étatiques, incite à la modération des peines. Hegel y consent. Il souhaite en particulier la raréfaction de la peine de mort. Sans pour autant rallier Beccaria et son humanisme de l'intérêt. Car il ne fait pas siennes les théories modernes de la peine comme moyen de préserver et promouvoir l'existence de la société et de ses membres par son utilité négative préventive (la dissuasion) ou positive curative (amendement). La peine n'est du droit que si elle est d'abord elle-même juste. Et juste, elle ne l'est pas directement en tant qu'un second mal exigé par un premier mal (le crime) qu'elle ne peut effacer réellement. Elle l'est comme annulation réelle de la volonté criminelle annulant le droit, un droit qui, en soi rationnel, par là non annulable empiriquement, réellement, impose la peine. Mais cette peine, le criminel se l'impose aussi à lui-même, en tant qu'il est un être raisonnable. Comme tel, en effet, il agit nécessairement sous le signe de l'universel, donc en érigeant en loi et droit valable sur lui-même comme sur les autres la négation d'autrui qu'il opère dans le crime. Dans la peine de représailles, il est donc traité et se traite, il est honoré et s'honore, comme homme. La modération utilitaire de la mesure de la peine ne peut ainsi que moduler de façon contingente la nécessité conservée de sa détermination originaire par le droit *stricto sensu*. En sa cime pénale, la concrétisation hégélienne du droit confirme bien la rigueur du droit abstrait, du droit proprement dit, comme sa base, dont l'ébranlement compromettrait l'existence de tout l'édifice de l'esprit objectif.

Je dirai donc, pour conclure, que Hegel, en intégrant le droit proprement et strictement droit, comme son moment primaire, dans l'existence socio-politico-culturelle, l'a fondé en tant que base à respecter absolument de celle-ci : reconnaissance de la justice par l'État qui l'insère en elle, primat de la législation dans la justice qui l'excède, souci prioritaire du juste en sa rigueur dans la pratique humaniste de cette justice. L'abstrait est plus solidement fondé quand c'est le concret, le tout – seul, véritablement, capable d'être – qui le fonde à partir de lui-même. Le message de la philosophie du droit de Hegel est donc que la prudence aristotélicienne sauve, en l'exigeant, le courage platonicien, la sagesse leibnizienne l'héroïsme cartésien, et, finalement, l'absolution hégélienne le tranchant kantien. Ce message de la dernière très grande philosophie qui ait existé et à travers laquelle seule peut ainsi se penser radicalement notre époque, me semble particulièrement précieux pour celle-ci, qui a trop perdu le sens de la norme ou de la loi, c'est-à-dire du droit comme réalisation rigoureuse, en pleine rigueur, de la liberté.

## CHAPITRE XVII

## LE TRIBUNAL

Kant érige le tribunal en pouvoir suprême de la raison, laquelle, en Dieu lui-même, accomplit l'esprit, d'abord puissant législateur, puis bon gouverneur du monde, comme étant finalement son juge infiniment sage en ses arrêts. Une semblable promotion métaphysique du tribunal ne se retrouve pas chez Hegel. Car celui-ci oppose, à la philosophie du jugement, qui consacre le « partage originaire [*Ur-teilen*] » mais aussi dernier des existences, une philosophie de la raison syllogistique réconciliant toute vie avec elle-même dans la totalité de l'être. Dès ses premières réflexions théologico-politiques, Hegel souligne bien, contre un kantisme à ses yeux trop judaïsant, la rupture et le dépassement que constitue l'Evangile chrétien : Jésus n'est pas le simple schème achevé d'une moralité déchirée par le dualisme de la loi et de la nature, mais l'incarnation du Dieu d'amour, le réconciliateur absolu. Assurément, dans la totalisation encyclopédique de l'être, la réalisation ou objectivation de l'esprit se déploiera dans une sphère désignée comme celle du droit, ainsi plus englobant que ce que Kant, dans le champ pratique, entendait, lui, rigoureusement, par ce terme. Mais c'est précisément au prix d'une relativisation du droit strict significativement appelé, par Hegel, « abstrait », une abstraction surmontée dans la pleine effectuation de l'exigence même qu'il contient. En voulant faire déterminer par le droit *stricto sensu* sa concrétisation judiciaire dans l'État – qui, seul, peut lui assurer une réalité non précaire ou « provisoire », mais « péremptoire » – Kant, selon Hegel, ne voit pas que cette condition politique de l'*existence* du droit strict entraîne aussi l'incarnation *essentielle* de son contenu. Or la concrétisation réalisatrice du droit abstrait lui-même, comme tel, en son principe également constitutif de l'être, signifie la prise en compte, conjointement avec l'universel identique à soi, de la différence particularisante et singularisante, puisque le concret ou total réunit, identifie en lui l'identité et la différence, l'universalité et l'individualité. C'est comme l'agent d'une telle concrétisation individualisante, personnalisante, humanisante du droit dans le cadre extrajuridique, car socio-politique désormais, de son application, que Hegel conçoit l'institution du tribunal.

Dans une *première* suite de considérations, je rappellerai que, instance judiciaire publique de l'administration du droit, le tribunal, chez Hegel comme chez Kant d'ailleurs, restaure le droit qui a été nié – au plus loin de toute vengeance – suivant le droit lui-même, qui obéit alors à un principe simple limitant, en tant que tel, la détermination arbitraire d'une décision de justice par là destructrice de l'universalisme essentiel au droit. Ce principe simple est exprimé dans la loi du talion, qui égalise, par exemple dans la justice pénale, le crime commis et la sanction prononcée, la négation première du droit et la négation seconde, identique à elle, de cette négation-là. Mais l'interprétation hégélienne d'un tel principe est telle qu'elle permet au tribunal de l'appliquer d'une façon plus libérale et humaine que ce n'est le cas chez Kant. C'est là ce que j'analyserai dans le *second* moment de l'exposé. Il en ressortira que la philosophie du tribunal élaborée par Hegel peut être appréciée, à ce qu'il me semble, comme ayant été et restant une réponse adéquate aux attentes subjectives et aux exigences objectives de notre temps.

Objectif aussi bien hégélien que kantien, la soumission de la pratique, en particulier judiciaire, à la raison assumable par l'homme requiert de déterminer le sens de la sanction de façon à préserver la décision d'un tribunal, gérant public de la justice, de toute négation de l'universalisme à l'affirmation duquel il est ordonné comme à sa raison d'être. Ce qui interdit de rapporter ce sens de la sanction, alors dégradé en simple moyen, à une fin extérieure à elle, c'est-à-dire à sa relation, constitution d'elle-même, au crime dont elle doit être l'effet nécessaire. Car la contingence, par rapport à cette relation, d'une telle fin et, donc, du choix de celle-ci, conférerait au tribunal un pouvoir excédant le respect du droit justifiant sa nécessaire institution, en dissolvant l'application rationnelle du droit dans l'indétermination d'une justice peut-être bien intentionnée mais qui oublierait sa destination essentielle. C'est pourquoi Kant dénonce l'eudémonisme judiciaire qui voit d'abord dans la peine ou dans l'homme par elle souffrant un simple moyen – destructeur de sa dignité d'être libre – en vue de son propre amendement ou de la préservation des autres hommes, dissuadés par son exemplarité de sombrer dans le crime; la loi pénale est un impératif catégorique, non un dispositif utilitaire, et la sanction ainsi obligatoire ne peut, aussi en son contenu, être déterminée que par son lien substantiel au crime qui a violé le droit à restaurer. Hegel, de façon analogue, rejette les théories judiciaires extra-juridiques de la peine, profondément irrationnelles parce qu'elles mélangent les usages de la raison conceptuellement organisée en elle-même. C'est bien d'un tel mélange du juridique avec le moral, mais aussi avec l'objet théorique de la psychologie et de ce que l'on appellera plus tard la sociologie, que procèdent les doctrines de la peine comme amendement du criminel, intimidation d'autrui, arme de défense sociale, etc., dont le subjectivisme et probabilisme interdit toute détermination objective et catégorique de leur contenu. Que la justice, dans sa détermination ultérieure, s'emploie à être aussi humaine, Hegel en conviendra, mais, en son humanisation, elle doit rester ce qu'elle doit d'abord être : juste. Ce réquisit primordial s'imposera à l'institution du tribunal, toute sociale qu'elle soit pour l'auteur des *Principes de la Philosophie du droit*.

La sanction judiciaire juste, comme telle liée substantiellement au droit en tant qu'il a été nié, c'est-à-dire au crime, objectivement défini, et par là elle-même déterminable, est également célébrée par Kant et Hegel contre toutes les dérives modernes subjectives de la justice, illustrées entre autres par Beccaria, qu'ils critiquent tous deux sévèrement. Mais la raison hégélienne n'est pas la raison kantienne, que Hegel rabaisse au simple entendement, qui est incapable de s'élever à la raison vraie ou au concept, identité intime car originaire des différences, et qui s'en tient à l'identification extérieure de celles-ci, ou à leur simple égalité. L'aiguille verticale ou droite dans la balance de la justice manifeste une telle égalité des deux plateaux chargés par le mal du crime et le mal de la peine : l'outrage fait, dans, le crime, à autrui, on se le fait, à travers la peine, à soi-même. Mais lors même que l'égalité des maux est, dans l'inégalité objective des situations et conditions, celle de leur valeur intérieure subjectivement éprouvée, elle demeure, comme simple égalité, un lien extérieur. Elle n'est que le *phénomène* de l'identité *ontologique* de la peine et du crime présentée par Hegel comme le principe fondateur de toute justice.

Ce principe ne se fixe pas tout d'abord seulement au lien entre le crime et la peine saisis pour eux-mêmes comme deux maux, à travers l'opération contradictoire consistant à poser en premier, donc comme existant positivement, le premier mal, par essence négatif, qu'est le crime, dont on ne voit pas alors pourquoi il faudrait lui ajouter un second mal ou négatif, la peine, existant également de façon tout aussi positive ; on serait en pleine contingence. Le principe vrai de la justice, de façon ici pleinement cohérente, pose en premier, comme existant positivement, le droit par essence positif, puis le crime, par essence négatif, comme un existant négatif puisqu'il nie la positivité existante du droit. Le crime qui nie la détermination de l'absolu qu'est le droit, détermination en cela elle-même absolue, par conséquent non niable, est ainsi dans son vrai sens, en lui-même, et d'abord en soi, nié, du néant, et cet en-soi nul, puisque l'être est manifestation de soi, se manifeste ensuite comme annulé dans et par la peine. Telle est la justification proprement hégélienne, radicalement ontologique, de la loi du talion : la nécessité de l'identité de la peine et du crime est médiatisée par l'être absolu du droit auquel cette identité est rapportée. La fondation rationnelle objective, régissant sa détermination également telle, de la représaille, est bien la connexion absolue, en leur sens vrai, du crime et de sa sanction, « suivant laquelle le crime, en tant que volonté nulle en soi, contient de ce fait, au-dedans de soi, son anéantissement, qui apparaît en tant que peine », et c'est là « l'identité interne qui, à même l'être-là extérieur, se réfléchit pour l'entendement en tant qu'égalité »[1].

Il convient de s'attarder quelque peu sur les conséquences judiciaires de la novation hégélienne de cette fondation ontologique du principe de la justice, car ses conséquences détermineront la tâche du tribunal mettant en œuvre un tel principe dans le contexte socio-politique de l'interaction humaine. La représaille établie sur la simple affirmation *contingente* de l'égalisation *subjective* des deux maux

---

1. *PPD*, § 101, Rem., trad. J.-Fr. Kervégan, p. 253.

*empiriquement*, par là diversement, appréhendés dans le crime et la peine, ne peut, affectée qu'elle est ainsi par cette triple indétermination, elle-même déterminer, donc délimiter la décision judiciaire d'un tribunal au surplus sollicité par l'extrême variété des situations à juger. Il n'en va pas de même dans la conception hégélienne de l'identité de droit entre la peine et le crime. L'idée catégoriquement normante de cette identité assure en son existence la décision de justice ainsi arrachée à toute hésitation et discussion. Elle fixe aussi son contenu essentiel, que le tribunal n'aura qu'à concrétiser. En effet, le crime nie dans le droit l'objectivation de la volonté libre présente, ainsi que tout moment de l'être, comme une totalité organique de déterminations – ici des fonctions et actions – différentes, et par conséquent est lui-même une négation déterminée graduée de cette volonté libre dans une existence empirique singulière d'elle-même ; ce qui fait que la négation pénale de cette négation graduée du droit qui demeure réelle dans et comme la volonté criminelle est elle-même une punition objectivement déterminée et graduée de celle-ci. Ainsi, l'articulation ontologique de la trinité constitutive de la justice accomplie pénalement : droit-crime-châtiment, fonde sur sa nécessité conceptuelle une détermination réelle catégorique de l'acte du jugement.

Cet acte sera toujours à concrétiser par les « cas » de sa réalisation dans la complexité infinie de l'existence, mais, déjà dans son sens universel, il est déterminé concrètement par la théorie spéculative de la justice ; la raison ne peut être dans la vie historique si elle n'est pas déjà dans le concept de celle-ci, que la philosophie doit s'employer à dégager. C'est pourquoi la philosophie spéculative de la justice justifie l'existence du tribunal en son activité concrétisante allant à l'infini, mais en même temps prédétermine ou limite *a priori* cette activité par sa concrétisation proprement conceptuelle, absolument totalisante et en cela finie. La raison, identité différenciée, qui, comme telle, exige un droit lui-même systématisé, puis, en conséquence, une systématisation, d'abord des crimes, ensuite des sanctions elles-mêmes. Aussi, Hegel dénonce-t-il le principe de la peine unique, la mort, appelé par l'idée également abstraite de la liberté criminelle ou juste. Il se réjouit de la réduction historique de la peine capitale. Mais son attachement progressiste à la gradation des sanctions ne modère en rien son affirmation d'une négation absolue de la volonté meurtrière. Cette négation absolue de la volonté meurtrière réelle par la peine capitale effectivement exécutée est la seule sanction possible du crime qui, en tant que meurtre, a nié en autrui la volonté libre en sa détermination la plus élémentaire ou simple, par là la plus générale, à laquelle aucune autre ne peut donc être substituée. Au meurtre répond nécessairement la peine de mort. Car, puisque la vie est : « l'étendue entière de l'être là, le châtiment ne peut consister en une *valeur* [équivalente] (il n'y en a pas en ce cas précis), mais à son tour seulement dans le retrait de la vie »[1]. De la sorte, le développement immanent du concept même de la justice détermine

---

1. *PPD*, Add., § 101, trad. J.-Fr. Kervégan, p. 639.

de la façon, en tout sens théorique et pratique, la plus rigoureuse, la détermination pénale où elle s'accomplit prototypiquement, face à la négation criminelle absolue du droit, le meurtre, dans son principe rationnellement compris et justifié de la loi du talion. Le concept spéculativement restitué de la justice, qui va imposer l'institution du tribunal, impose donc également à celui-ci sa tâche comme celle, prioritaire, d'appliquer sans faiblesse, mais désormais en sa vérité, ce qui fut sa loi originelle.

Cette vérité que le principe de la justice tient de sa rationalité se réfléchissant elle-même dans et comme la philosophie spéculative doit comme telle être reconnue en fait par tout homme assumant sa nature d'être raisonnable, et notamment par celui qui répugne le plus à accepter une telle vérité en tant qu'il est la victime de sa rigueur, à savoir le criminel lui-même ; mais c'est son accord seul qui peut faire se boucler sur elle-même et, par là, être pleinement, la pratique judiciaire. C'est un remarquable thème hégélien que celui selon lequel la justice n'est vraiment que reconnue, en quelque sorte co-prononcée, par celui même qu'elle anéantit en le traitant comme être raisonnable, comme homme, dans l'acte même par lequel elle l'anéantit comme criminel. Il lui a donné lui-même ce droit – qui est donc ainsi *son* droit – de lui appliquer le châtiment suprême par son action criminelle elle-même. En effet par son action, comme telle motivée ou se donnant une raison, qui universalise, c'est-à-dire légalise, formellement son sens, il se subsume lui-même sous une telle loi, reconnaissant pratiquement, réellement, que tuant, il doit être tué. Le talion exigé par le concept en soi du crime l'est ainsi par la volonté pour soi du criminel en tant qu'être raisonnable ou homme : « C'est la nature du crime tout aussi bien que la volonté propre du criminel [qui veut] que l'infraction qui en procède soit abolie »[1]. Une telle théorie et pratique de la justice honore l'homme dans le criminel durement mais justement châtié : « Que la peine soit considérée comme contenant *son* propre droit, en cela le criminel est honoré comme un être rationnel. Cet honneur ne lui est pas imparti lorsque le concept et l'étalon de sa peine ne sont pas tirés de son acte même ; il lui est tout aussi peu imparti lorsqu'il est seulement considéré comme une bête nuisible qu'il faut mettre hors d'état de nuire, ou lorsqu'on donne pour fins à la peine l'intimidation et l'amendement »[2].

Si le principe rationnel de la justice fonde et détermine de manière ainsi tranchante la décision d'un tribunal, c'est, réciproquement, comme décision d'un tribunal que sa réalisation est elle-même parfaitement rationnelle et juste. Car le consentement accomplissant du criminel en tant qu'homme à sa condamnation, surtout lorsqu'il y va de sa tête, n'est possible que si le juge prononçant la peine n'est pas un individu ou un groupe privé, *a fortiori* victime du crime et, par là, naturellement porté à considérer comme infinie une lésion qui ne l'est pas, et à faire ainsi du jugement une vengeance, engendrant par son excès éprouvé comme injuste une nouvelle vengeance,

---

1. *PPD*, Add., § 100, trad. J.-Fr. Kervégan, p. 637 *sq.*
2. *Ibid.*, Rem., p. 251.

dans la négation sans fin du droit. La volonté jugeante instituée par la volonté universelle réelle de la société organisée en État, et dont l'intérêt est celui, universel, de l'auto-réalisation socio-politique du droit à travers un tribunal, est seule capable de faire s'accomplir la justice. Mais les conditions et les finalités d'une telle réalisation socio-politique, nécessaire, d'abord, juridiquement parlant, de la justice, ne peuvent pas ne pas la concrétiser, sans, il est vrai, compromettre l'absoluité rigoureuse de son principe juridique. C'est bien le concept strict de la justice que concrétise la gestion socio-politique de celle-ci dans le tribunal.

Le tribunal qui établit le droit incertain ou rétablit le droit violé dans la situation réelle de l'interaction humaine soumise, au-delà du droit proprement dit, aux exigences de la raison morale, puis de la raison – au sens hégélien du terme – « éthique », essentiellement, au niveau de la généralité de cette interaction, socio-politique, ne peut pas ne pas tenir compte de ces exigences, plus hautes car plus concrètes, que celles du droit strict ou abstrait. D'autant que, à ce niveau, l'agent, alors réellement universel, du droit exprime la société et l'État qui insèrent dans le droit et sa réalisation les exigences propres d'eux-mêmes ainsi que celles, présupposées par eux comme conditions de leur auto-position accomplie, de la moralité et de l'éthique d'abord familiale. Mais déjà le droit abstrait lui-même, qui assure la vie et les biens de l'homme comme simple personne pré-civile et pré-civique, revêt une valeur notamment sociale et politique, faisant que la négation criminelle d'un tel droit est *ipso facto* la négation criminelle de la société et de l'État, et, donc, que la négation pénale de cette négation criminelle a aussi un sens socio-politique. Car la sécurité de la vie et de la propriété est la base même de l'existence sociale, d'abord économique, et attenter à elle, c'est menacer la société ; et, puisque l'être plénier du droit abstrait comme celui de la société sont assurés seulement par la puissance de l'État, qui les présuppose réciproquement pour se poser lui-même en son sens vrai, les nier, c'est aussi s'en prendre à lui. Cependant, le contexte socio-politique de la justice n'ajoute pas seulement à la dimension proprement juridique de celle-ci une dimension sociale et politique : celle-là *est* déjà celle-ci elle-même, puisque le caractère public de la sanction frappant par son contenu, dans le justiciable, la seule personne soumise au droit abstrait, rend cette sanction pour lui honteuse, c'est-à-dire en fait déjà une sanction atteignant en lui aussi l'homme social et le citoyen. Une telle intégration pénale du socio-politique, comme honneur blessé, à la négation, par là accrue, du justiciable, qui est requise par le seul principe fondamental de la justice, illustre bien l'imbrication judiciaire du socio-politique avec le juridique, et, en conséquence, la complexification et la difficulté, qui en découlent, de la tâche incombant au tribunal.

La juste gestion de la détermination compliquée de la sanction par le tribunal ne peut alors, sous prétexte que les cas jugés sont empiriquement singularisés, être totalement abandonnée au juge. Car la réalisation singulière du droit doit *elle-même* être conforme au droit, puisque la raison d'être du droit est bien la justice, ce qui signifie qu'elle doit obéir à des principes, et à des principes clairement composés, unifiés entre eux. Il faut donc articuler entre eux selon un principe juridique suprême le principe fondamental de la justice – celui de l'équation.de la peine et du crime –, immédiatement juridique, et les principes juridiques d'origine socio-politique qu'on vient d'évoquer et dont le droit concret doit tenir compte puisqu'ils sont impliqués par sa réalisation judiciaire, même et d'abord en tant que droit abstrait, c'est-à-dire primitif. Une telle articulation unifiante ou réconciliante est d'autant plus nécessaire que ces principes plus concrets peuvent ne pas s'accorder avec le principe fondamental du droit, en ce sens que leurs orientations respectives sont fort différentes. Ainsi, la société, et l'État qui, dans la justice publique, se fait son chevalier, peuvent, au nom de leur propre défense, aggraver pour lui donner une valeur exemplaire intimidante prévenant d'autres crimes ou faire d'elle une mise hors d'état de nuire définitive du criminel, la sanction déjà exigée par le principe rationalisé du talion, en rompant l'égalité ontologiquement justifiée de la peine et du crime. On punira de mort un simple vol. Une préoccupation, au fond, de police – au sens actuel courant du terme – viendra s'ajouter, en le niant en fait, au premier principe de la justice. Il est vrai aussi, que, inversement, une autre préoccupation de police, au sens, cette fois, plus ancien, et hégélien, de protection, par la famille universelle qu'est la société et par son gestionnaire politique, de leur membre composant même dévoyé et qu'on honore déjà en le considérant comme co-responsable de la sanction, pourra inciter le tribunal à modérer ou adoucir celle-ci en faisant d'elle, dans un souci moralisant concret, un moyen d'amendement et de rachat. Ces deux tendances opposées, de durcissement ou d'adoucissement de la peine, sont, en réalité, liées à la faiblesse ou force, effective ou imaginée, de la société et de l'État. L'histoire montre bien que leur renforcement rationnel progressif a fait prévaloir la modération socio-politique de la justice. Mais si, comme il a été dit, Hegel se félicite de ce qui est bien pour lui un progrès de la raison, notamment quant à la raréfaction de la peine de mort, il souligne plus encore que ce progrès ne doit pas conduire à la confusion injuste des motivations de la justice et à l'oubli par celle-ci de son principe absolu.

Celui-ci – il faut, certes, y insister – prescrit une égalité non simplement immédiate, sensible, matérielle, d'ailleurs irréalisable, même déjà civile- ment, et surtout pénalement, mais de sens ou de valeur, entre la volonté lésée – le délit et le crime – et la volonté lésante à son tour lésée – la peine. Car l'homme vit dans la sphère de la pensée et de la réflexion, c'est-à-dire de l'universel, et cet universel, qui médiatise les réalités sensibles les unes avec les autres, libère – aussi, naturellement, en la libéralisant – l'application de l'égalité entre le délit ou le crime et leur sanction de sa primarité à tous égards inhumaine. Une telle acceptation du principe fondamental de la justice lui permet, sans se renier, de faire droit aux préoccupations de la vie morale et éthique, socio-politique. Mais une modalisation de la peine, orientée par le souci moral, social et politique, ne doit pas annuler la réalisation du principe imposant la négation effective de la négation elle-même effective du droit, c'est-à-dire de l'humanité en sa présupposition objective élémentaire, inconditionnée. L'humanisme absolu de la sanction ne saurait être sacrifié à une relativisation humanitaire du délit ou du crime. Le respect du droit de l'homme, qui est d'abord le respect du droit dans l'homme, exige la réalisation inconditionnée du principe de la justice ; sur ce point, et en dépit de sa conception plus concrète du droit, Hegel est aussi rigoureux que Kant. C'est pourquoi, là où la justice ne permet pas la substitution intellectuelle d'une peine conservant en vie un criminel qui a commis véritablement un meurtre et a par là nié la réalisation empirique totale d'une volonté en soi libre, la peine ne peut être que la mort. Maintenir en vie le meurtrier ce serait laisser valoir la négation de la vie libre, scandale que ressentent bien ceux qui s'identifient à la victime. Ce qui, cependant, ne signifie pas que l'application de la peine capitale n'ait pas à reconnaître l'humanité subsistant en soi dans tout homme, y compris le condamné ; Hegel refuse ainsi, par exemple que l'on confie à un simple mécanisme (la guillotine) la négation de ce haut bien qu'est la vie humaine. Bref, une pratique humaine de la rigueur : telle est la tâche du tribunal.

Mais, si la justice doit être rigoureuse, la rigueur doit être juste, c'est-à-dire permettre la réconciliation du droit avec lui-même dans toutes les volontés libres, y compris celle du justiciable jugé. Celui-ci doit, en tant que, en soi libre et raisonnable, il reconnaît le droit, « s'y retrouver » dans la décision du tribunal. Or la chose ne va pas de soi dans la mesure où il y a une différence entre le *droit en soi*, visé en ses principes universels et posé en ses déterminations légales et procédurales elles aussi universelles, et le droit *existant* toujours singularisé du cas jugé. Le premier, qui est à *connaître* mais n'est pas nécessairement connu, en raison de sa multiplicité complexe croissante, par le justiciable, est la forme justifiant le second, qui, alors prouvé, est à *reconnaître* aussi par l'homme jugé, pour que justice soit, aussi pour lui, et donc à lui, vraiment rendue. Cette justification n'est plénière qu'autant que l'arsenal juridique est totalisé, c'est-à-dire concrètement unifié, de façon à recouvrir la singularité du cas. Et cette totalisation singularisée de la forme juridique, qui excède toujours, car par nécessité essentielle, la systématisation en elles et entre elles des lois et des règles par des codes comme tels généraux, est l'œuvre d'un *raisonnement*, qui se récapitule dans et comme une *intuition* pratique où s'affirme la subjectivité du juge, même le plus strict quant au respect des formalités. La distance irréductible entre la construction discursive de la formalité justifiante et l'intuition du cas en sa justice concrète fait que le souci du droit réel conduit, à juste titre, le juge à aller au-delà du respect du droit formel posé et codifié. La justice réelle dépasse ainsi la justice formelle en se faisant, par rapport à celle-ci, *équité*; ici Hegel rompt absolument avec Kant. Il faut, d'ailleurs, observer que le justiciable appartenant à l'état social pris dans la substantialité simple de la vie éthique s'intéresse essentiellement au contenu de l'intuition pratique du juge, et non aux formalités savamment composées auxquelles tiennent particulièrement les membres de l'état social parvenu à la réflexion éthique. La nécessité rationnelle de faire se réconcilier *tout* justiciable avec le droit peut donc faire souhaiter la création, à côté du « tribunal du droit » proprement dit, d'un « tribunal de l'équité »; de même que, avant d'en venir au procès strictement entendu, qui peut rebuter pas sa longueur et ses frais, les parties devraient se voir imposer de tenter leur conciliation devant un simple tribunal d'arbitrage, de même un tribunal d'équité devrait pallier l'insuffisance du tribunal se fixant au droit formel et n'atteignant pas alors le droit réel. Mais – et quelle que soit la relative indétermination du propos hégélien sur la cour d'équité – le moment de l'équité, c'est-à-dire, au fond, de l'intervention, à la cime de l'activité du tribunal, de la subjectivité décidante du juge, est présent dans tout jugement. Hegel fixe alors les réquisits de sa rationalité réconciliatrice du droit avec lui-même à travers la justice.

Les limites de la compétence juridique et la partialité judiciaire du justiciable lui imposent de se *confier* au juge et cette confiance n'est elle-même possible que si la décision du juge lui semble universelle et, par là, *la* sienne même, en tant qu'être raisonnable, sur lui-même en son existence empirique. Cette décision clôt, dans la justice achevée pénalement, un processus finalisé par deux objectifs déterminant les deux *fonctions* d'un tribunal : 1) établir le fait à juger et fixer son sens de façon qu'il soit qualifiable juridiquement (X a commis, dans telles circonstances objectives et subjectives, un meurtre…), et 2) subsumer l'acte qualifié juridiquement sous la loi restaurant le droit à travers la peine. Ces deux fonctions qui aboutissent, la première, à un jugement théorique de fait, la seconde, à un jugement pratique de droit, doivent être remplies par *deux autorités* différentes, car une fonction n'est bien exercée que par une autorité toute ordonnée à elle, et, si le produit de l'une : ici l'établissement du fait juridique, doit fonder objectivement le produit de l'autre : ici le traitement judicaire de ce fait, elle doit être remplie à part de l'autre. – L'établissement, non juridique, du fait juridique est à la portée de tout homme cultivé, mais la vérité des aspects objectifs et subjectifs de l'acte qui le constitue doit ressortir de la critique, subjective, de témoignages, eux-mêmes déjà subjectifs, portant sur lui. Une telle certitude de certitude ne fait pas nécessairement une vérité. Et même l'aveu de l'accusé, où cette certitude réfléchie en elle-même semblerait pouvoir se confirmer en une vérité, peut être faux. Son adhésion, en tout cas exigée par une justice rationnelle, au jugement factuel d'innocence ou de culpabilité qui détermine directement, en vertu du talion, la sanction, est, pour Hegel, la mieux assurée par l'institution du jury d'assises. L'accusé ne peut que faire sien le jugement de gens de sa condition (sociale), élus par lui pour leurs qualités morales, et qui, en leur pluralité – garantie d'une objectivité approchée – majoritaire ou, mieux encore, unanime, peuvent ainsi énoncer un jugement universalisable, comme l'exige le droit, et assumable par le justiciable, dont les jurés expriment bien « l'âme », comme l'exige la justice. – Quant à la détermination de la sanction, jugement proprement judiciaire réservé au juge professionnel, elle peut également être reconnue comme son droit par l'accusé pour autant que 1) la conduite du procès par le juge est manifestement, par la publicité des débats, juste, 2) le juge agit indépendamment de tout pouvoir social et politique, donc dit la justice en sa pure exigence d'universalité, 3) reconnaît l'intérêt et la liberté, le droit concret singulier de l'homme jugé, au plus loin de toute préoccupation policière, et 4) se confirme en disant universellement la justice universelle comme juge collégial s'exprimant dans une pluralité d'instances ou de tribunaux qui satisfont le droit d'appel.

On le voit, le tribunal tel que Hegel le conçoit, en concrétisant dans le contexte réel, notamment socio-politique, le principe primordial de la justice comme égalité requise de la négation du droit et de la négation de cette négation, en respecte la rigueur ontologiquement fondée et, en cela, absolument vraie, tout en s'ouvrant aux requêtes essentielles de la liberté dans la modernité aussi post-hégélienne. De ce point de vue, la rationalisation spéculative de la justice et de son instrument le tribunal peut encore nous guider dans le questionnement le plus actuel à leur sujet.

L'humanisme rigoureux qui préside à la détermination hégélienne du tribunal et la rend, pour nous encore, exemplaire, en marque aussi la limite dans l'accomplissement spirituel de l'existence humaine. Et cela, à travers même ce qui semble être son apothéose, là où le préteur physique incarnant, dans le tribunal réel, au-dessus des parties, la justice qu'elles doivent faire leur, et où apparaît, achevant en tous sens l'esprit objectif ou le droit, le métaphysique « esprit du monde » qui siège à ce tribunal du monde qu'est l'histoire universelle. Le jugement dernier de cet esprit universel qui se dit finalement en sa vérité dans la philosophie spéculative de l'histoire et, en elle, particulièrement, de l'histoire même de la philosophie, absout les esprits singuliers des peuples, qui ont d'abord voulu s'affirmer absolument dans l'histoire, en les reconnaissant comme des moments relatifs de son omnitemporalité, dont le droit est bien ainsi leur droit. Mais, précisément, l'esprit du monde est l'apparition encore mondaine, objective, de l'esprit en soi absolu qui se manifeste en sa plénitude dans la vérité de l'art, de la religion et de la philosophie. Or, dans cet au-delà, quant au sens, du droit ou de l'esprit objectif – de l'esprit objecté à lui-même dans la différence présupposée de sa singularité ou différence et de son universalité ou identité, différence qui limite leur réconciliation à leur égalisation extérieure où la première, en la justice, paie sa dette à la seconde –, l'esprit absolu est l'esprit universel qui pose en son identité dès l'origine les différents esprits singuliers et leur redonne leur part de lui-même lorsqu'ils se sont mis à part de lui-même et, par là, les uns des autres. Le tribunal est, certes, en sa vérité, le lieu de la réconciliation par un rachat, mais la réconciliation vraie est celle qui est offerte dans le pardon où l'esprit communie avec lui-même.

## CHAPITRE XVIII

## SOCIÉTÉ, ÉCOLE, CULTURE

Il peut paraître étonnant de confronter ces trois notions, dont le statut philosophique, dans le discours hégélien, est fort différent. La société – ou société civile – est le contenu d'une véritable catégorie ontologique de l'absolu se déployant encyclopédiquement : elle est une détermination essentielle, constante, de l'esprit en sa réalisation objective, et sa vérité est définitive. La culture et l'école, elles, désignent, ou bien un moment déterminé, mais passager, non constant, de l'esprit communautaire (situé, dans la *Phénoménologie de l'esprit*, entre l'esprit éthique antique et l'esprit post-révolutionnaire moralisant) ou de l'esprit individuel (dans sa formation enfantine ou adolescente), ou bien un moment qui peut être constant (si l'on prend le mot école, notamment, dans un sens large lui faisant inclure la vie universitaire) mais surdéterminé en un quasi-monde idéal (la culture) ou idéalement réel (l'école) de l'esprit : or le monde n'est pas une catégorie de l'absolu. Mais, puisqu'il faut bien que toute manifestation spirituelle de l'absolu ait un lieu dans le parcours encyclopédique de celui-ci, Hegel insère la culture et l'école dans une catégorie de l'*Encyclopédie des sciences philosophiques* : ce lieu est la société civile. La première partie de cette communication aura pour objet la localisation fondamentalement sociale de la culture et de l'école. Cependant, en raison de leur caractère globalisant, la culture et l'école débordent la stricte existence sociale et réfléchissent, au sein de celle-ci, son rapport à d'autres déterminations de l'esprit objectif, notamment à l'autre détermination collective de cet esprit, celle de l'État. Une seconde partie examinera donc, dans la culture et, surtout, l'école, la concrétisation de l'articulation hégélienne de la société et de l'État, profondément novatrice à son époque, et dont le sens a conservé, dans le nôtre, toute sa valeur.

L'*Encyclopédie* et les *Principes de la philosophie du droit* assignent explicitement comme lieu à la culture la société civile et, si le premier texte est muet au sujet de l'école, celle-ci est bien, elle aussi, située par le second, il est vrai très rapidement (au § 239), dans la société civile. La raison d'une telle assignation est que la société civile, en tant que moment de la vie éthique scindée en elle-même et perdue en ses deux extrêmes de l'universalité et de la singularité, les libère alors pour eux-mêmes, de telle sorte que leur unité puisse ultérieurement se déployer en une synthèse objective accomplie – ce sera la synthèse politique –, au lieu de demeurer, comme au niveau de la vie familiale, une immédiateté simplement syncrétique. Ni le tout étroitement limité de la famille, ni le tout objectivement achevé de l'État, lui-même encore borné – puisqu'il y a *des* États, à jamais – ne peuvent favoriser l'épanouissement simultané de la singularité et de l'universalité, c'est-à-dire l'égoïsme et le cosmopolitisme, l'affirmation plénière du « Je » et du « penser », dont le développement poussé à son terme, dans leur contradiction même, permettra seul l'émergence de leur lien intime, dans cette culmination de la culture qu'est le « Je pense » philosophant. La famille enchaîne, en lui imposant l'obéissance, et en le séduisant par l'amour, un Moi ainsi éloigné, par l'emprise du sentiment négatif ou positif, de l'exercice, individualisant et universalisant en même temps, de la réflexion. Quant à l'État, il tend à réduire l'homme au citoyen, comme tel attaché à une raison qui est bien souvent une raison d'État. Que ce soit donc par en bas, du côté de l'intuition, ou par en haut, du côté de la raison, la réflexion de l'entendement, qui distingue, discerne, juge, bref : critique, est limitée en son exercice. Seule, la société, déjà en son socle économique, arrache l'individu aux solidarités naturelles ou spirituelles qui l'emprisonnent, en le précipitant dans la division du travail qui, à la fois, le fait se séparer des autres en le livrant à lui-même, et le lie à eux pour la satisfaction de ses besoins correspondant aux travaux autres que le sien propre. Le travail social singularise ainsi tout en universalisant, mais cette simultanéité est généralement tout autre chose qu'une conciliation, l'individu contribuant à la production d'un système économique qui nie son intérêt propre et le condamne à la misère de l'aliénation. C'est bien aussi par ce caractère aliénant que la vie sociale se manifeste comme le lieu originaire de la culture.

Car la culture est toujours définie par Hegel, que ce soit dans la *Phénoménologie* ou dans l'*Encyclopédie*, comme une aliénation active de l'existence. Dans la *Phénoménologie*, elle constitue bien, en tant que principe dominant de cette existence, la deuxième grande époque du développement de l'esprit. Dans le monde éthique de l'antiquité grecque, la totalité d'une Cité mêlant encore, avant leur libération moderne, le social et le politique, imprégnait complètement l'individu alors nourri dans une relation positive, comme naturellement, de l'esprit public consacré par la religion et diffusé par l'éducation : l'éducation grecque, affaire du politique, ne cultivait pas à proprement parler. Au contraire, le monde romain dissolvant les cités dans l'Empire, qui prive l'individu de son chez-soi civique et, le livrant formellement à lui-même (dans le droit), l'écrase réellement par son universalité abstraite dévoyée dans l'individu impérial, fait se remplir positivement une telle universalité, désormais rendue identique à eux, de l'auto-négation, par les individus, du désir naturel qui les oppose et les fait se nier les uns les autres. La prise de possession, dès lors, par sa négativité, culturelle, de l'universalité est, cependant, l'occasion d'un individualisme du second degré qui fait s'exalter les volontés au point qu'elles entreprennent pour finir, ne se contentant plus de le remplir en son contenu, de poser en sa forme même ce qui est alors originairement *leur* universel : telle sera bien l'entreprise de la Révolution française.

L'échec de celle-ci ne détruira pas l'individualisme se voulant positif et, donc, post-culturel, mais le fera s'actualiser dans la conscience moralisante s'imaginant illusoirement maîtriser immédiatement, sans aliénation, le monde. Dans toute la période de la culture, l'État qui se reconstruit peu à peu dans le contexte de l'affirmation de soi de l'individu, ne cultive pas en tant qu'État, mais en tant que se déploie en lui le moment de ce que Hegel appelle alors la « richesse », c'est-à-dire de la société en son socle économique. La Grèce elle-même ne fait éclore le miracle de la culture que dans la disparition de la pureté de la Cité, à travers le mélange, surtout athénien, des « cultures » au sens des esprits des peuples, voire des continents, la vie politique initiale, de type familial-ethnique, cédant la place à une vie politique de type social, c'est-à-dire désormais déterminée par la relation, en elle, d'un moment proprement politique et d'un moment social. Quant à l'État post-révolutionnaire, où la culture va devoir, dans le contexte moralisant, s'intérioriser, s'identifier à elle-même en se limitant et dépassant elle-même en sa différenciation ou aliénation essentielle, il favorisera, par sa relativisation consciente de lui-même à la suite de l'échec de son absolutisation révolutionnaire, qui est pour lui aussi la prise de conscience de la vérité fondatrice de l'esprit absolu, et au sein de la société civile elle aussi relativisée, l'auto-dépassement proprement philosophique de la culture, culmination de l'esprit absolu.

En attribuant à la société civile, qui *est* déjà l'affirmation simultanée de l'universalité et de la singularité que la culture veut *produire* en chaque homme, la responsabilité de cette culture, Hegel récuse aussi l'exclusivisme naturel, et à la famille, et à l'État, en tant que totalités fermées, jalouses par là de toute instance concurrente, surtout quand il s'agit, avec la formation des futurs hommes, de leur propre destin. Hegel, sur ce point, se distingue notamment, quant au rôle de la famille, de Arndt et de Schleiermacher mais aussi de Pestalozzi, qui, pour des raisons diverses, voyaient en elle le foyer de l'éducation et voulaient exclure l'État de l'entreprise pédagogique. Il se sépare tout autant du Fichte des *Discours à la nation allemande*, soucieux d'arracher l'enfant à sa famille pour le faire éduquer par l'État en tant qu'il s'élève, comme nation, au-dessus de sa tâche administrative, pour régénérer l'homme en sa totalité spirituelle. Si, pour Hegel, la société civile doit être le lieu central de l'éducation, c'est pour autant que, par son ouverture essentielle, elle peut admettre que la famille et l'État participent, eux aussi, à éducation. La famille, unité immédiate, donc affective, de l'universel et du singulier, peut amener naturellement le dépassement culturel de la nature, en le préservant ainsi de toute abstraction préjudiciable à la vie ; l'éducation familiale, en cet aspect originel sentimental de l'éducation, est particulièrement l'affaire de la mère. Mais, à l'autre bout de l'éthicité, l'État, lui aussi, prend part à l'éducation, en tant qu'il est, en sa vérité, l'objectivation de la *raison* : la formation permanente du citoyen et, dans celui-ci, de l'homme lui-même, est bien l'une des préoccupations majeures de l'État, requise par l'importance d'un patriotisme humainement assumé. – Il est, toutefois, un moment de l'éducation qui, en sa spécificité, est de caractère fondamentalement social, et c'est le moment capital de l'*école*.

Si l'éducation n'est que l'une des diverses fonctions de la famille, de la société et de l'État, que Hegel d'ailleurs, ne mentionne comme détermination propre de l'esprit qu'à propos de la famille (elle en est le troisième moment), elle définit fonctionnellement par elle seule l'institution scolaire. Or le milieu de celle-ci est la société civile, c'est-à-dire le milieu général de la culture. Cependant, au sein de la culture, l'école est en quelque sorte l'Autre de celle-ci et, de ce fait, elle mobilise pour sa gestion les deux autres moments de la vie éthique. Mais, avant d'envisager la mobilisation scolaire de toutes les puissances éthiques, examinons la situation de l'école au sein de la vie socio-culturelle. Si l'école ne constitue pas une catégorie éthique, elle est présentée par Hegel comme une « *situation éthique particulière* », insérée, dans le milieu englobant des familles qu'est la société civile, « famille universelle », « entre la famille et le monde effectif », d'abord social. Cette situation statiquement intermédiaire est dynamiquement médiatrice, puisqu'elle assure, pour commencer, chez l'enfant, le passage de la famille au monde social effectif. Milieu déjà social, toutefois clos et inégal non par la différence contingente de la richesse, mais par la relation nécessaire maîtres-élèves, de plus ordonné à l'apprentissage volontaire de l'universel médiatisé par le maître, mais pris pour lui-même, et non pas à une soumission indirecte et passive à cet universel comme à un destin anonyme, l'école n'est pas, dans la société, une mini-société. L'élève apprend bien, face à ses camarades, à compter sur lui-même et à affronter l'objectivité la plus redoutable, celle des autres sujets, et, qui plus est, dans le respect de règles constituant une objectivité tout aussi rugueuse. Cependant, l'école est, dans la société, une préparation non sociale à la vie aussi sociale, mais également méta-sociale. L'Université ne fait ici qu'accentuer cette destination méta-sociale de l'institution qu'elle couronne. L'universel, dont l'école cultive et la théorie et la pratique, et dans son activité d'instruction, et dans celle, plus large, d'éducation, est l'universel libéré de sa particularisation sociale utilitaire. Elle est bien, en cela, par essence, tout entière orientée vers son accomplissement philosophique. Ce qui signifie que, si l'école est un moyen terme entre la famille et la société, elle en est aussi un autre entre cette société même et ce qui réalise l'universel d'une façon plus vraie, en sa destination supra-intellectuelle, à savoir proprement rationnelle.

Le rôle de l'école est de surmonter la simple juxtaposition des trois instances que sont la famille, la société et l'État, juxtaposition qui briserait aussi l'éduqué dans lui-même, en dépit de la prégnance supérieure de la société. L'école organise vraiment la coopération socialement animée des trois instances. Par son œuvre ainsi synthétisante, elle renforce, en modérant, sinon en supprimant, leur méfiance et contestation réciproque, la valeur éducative de chacune d'elles : c'est l'école qui fait que chacune remplit mieux sa destination. Mais elle le fait en les ordonnant, à l'intérieur d'elle-même, à la réalisation de la tâche culturelle, tâche d'entendement, même si cette tâche essentiellement apparentée à l'activité sociale s'opère dans un contexte tempéré, en son abstraction, par l'attention familiale, et contrôlé, en son indéfinité, par l'intervention étatique.

Hegel souhaite, dans la vie à l'école, une collaboration étroite des maîtres et des parents notamment pour ce qui concerne la formation éthique du caractère : « C'est seulement par l'agir commun et concordant des maîtres et des parents que l'on peut, dans le cas de fautes importantes, en particulier de fautes morales, œuvrer efficacement »[1]. Mais l'école doit sans cesse rappeler à la famille qu'elle n'est pas l'autorité suprême en elle, comme si les maîtres n'étaient que des employés au service des parents. La société civile a bien plutôt le droit de surveiller l'éducation dispensée par les parents que la famille n'a le droit de décider de ce qui se fait dans la salle de classe : « Dans ce caractère de *famille universelle* [qui est le sien] elle a, face à l'*arbitre* et à la contingence des *parents*, l'obligation et le droit d'avoir un contrôle et une influence sur l'*éducation* »[2]. Les maîtres doivent, en particulier, résister aux critiques que les parents dirigent contre l'abstraction – dans la

1. Hegel, « Discours de distribution des prix du 14-9-1810 », trad. B. Bourgeois, dans *Hegel. Textes pédagogiques*, Paris, Vrin, 1978, p. 99.
2. *PPD*, § 239, trad. J.-Fr. Kervégan, p. 401.

difficulté et l'exigence – de l'enseignement, lequel est à dispenser analytiquement, et de la conduite, laquelle est à soumettre à la rigueur des règles. La concrétion de la vie familiale ne saurait vouloir s'imposer à la discipline scolaire.

C'est cependant la relation du social et du politique qui détermine de façon principale l'activité scolaire. Le social est, certes, général, mais c'est une généralité sous-jacente, souvent cachée dans son immanence au jeu apparent des particularités égoïstes, non publiques, tandis que le politique est l'institution et organisation manifeste, publique, de l'universalité éthique par là maîtrisée et soumise aux volontés réunies dans la volonté générale, effective en tant que volonté princière et gouvernementale. Hegel souhaite l'extension du service public à la vie scolaire tout entière. Il considère que le service public d'enseignement est pédagogiquement plus efficace – en multipliant et concentrant en un seul lieu la relation alors elle-même universalisée entre un maître et un grand nombre d'élèves, chacun de ceux-ci profitant de l'exercice des autres – que ne l'est tout enseignement privé. C'est pourquoi l'État, support efficient de toute la vie éthique, dans laquelle rien ne peut se faire, au fond, que par lui, qui détient la puissance maîtresse du reste parce qu'elle est d'abord maîtresse d'elle-même, doit assumer lui-même la responsabilité de la tâche scolaire. Il libère les maîtres de toute autre préoccupation que celle de servir l'universel en instruisant de celui-ci les élèves, pour autant qu'il les a auparavant formés et rendus aptes à un tel service, qu'il les paie et qu'il unifie les programmes en les fixant. Il lui faut contrôler la manière de servir des maîtres et, sans crainte démagogique, éventuellement sanctionner les défaillances, n'en déplaise à un Fries. Cette intervention de l'État relève du troisième et ultime moment de l'existence sociale, le moment dépassant la réalisation purement immanente, obscure, destinale, de l'universel dans la vie économique, ou sa réalisation quasi transcendante dans l'imposition judiciaire du droit : un tel moment consiste dans une incarnation concrète d'un universel soucieux du bien même des individus, c'est-à-dire dans ce que Hegel désigne comme la « police ». L'école est ainsi une institution sociale où le social, toujours prédominant, l'est par l'action en lui et pour lui de l'État. Cette régulation politique du social consolidé n'est pas encore une activité (de contenu) proprement politique.

L'État au service du social qu'il contrôle en quelque sorte, pour son bien, même malgré lui, telle est la « police » scolaire, qui se situe en amont de l'activité spécifiquement politique de l'État. Car celui-ci, en sa vérité, ne doit pas vouloir faire de l'école le lieu d'une instruction politico-civique partisane, il ne doit pas vouloir endoctriner politiquement la jeunesse, sacrifier la culture à un utilitarisme égoïste soucieux de l'intérêt, nécessairement à court terme, de l'État et de ceux qui le représentent. L'État rationnel s'emploie, en chevalier de la culture, à laisser « fleurir de façon indépendante [...] le libre règne de la pensée »[1]. Il sait, par sa mémoire historique, que tout utilitarisme

---

1. Hegel, « Allocution pour l'ouverture des cours de Berlin, le 22 octobre 1818 », dans *Textes pédagogiques*, *op. cit.*, p. 145.

étatique, dans la formation du futur citoyen, d'autant plus attaché à l'État dans les temps modernes qu'il y est satisfait comme homme, se retourne contre l'État, et que son auto-limitation est ce qui lui est le plus bénéfique, en tant que lui-même vit de son ancrage fondateur dans l'esprit absolu culminant dans le savoir philosophique, cime de l'instruction scolaire. L'autorité responsable et vigilante de l'État doit donc s'exercer au plus loin de tout totalitarisme, de l'école à l'Université. L'État, qui ne peut, certes, tolérer l'anarchisme et le laxisme académique, doit cependant reconnaître la vraie liberté académique, dont il ne peut lui-même que profiter, tant le sort de la philosophie où s'accomplit l'école et celui de la politique sont liés, dans leur réunion non pas abstraitement neutre, mais concrètement hiérarchisée à travers l'intégration de l'esprit objectif à l'esprit absolu.

La théorie hégélienne de l'école, foyer déterminant de la culture, en tant qu'elle est l'élévation à la raison par l'exercice systématique de l'entendement, illustre de la sorte le grand thème hégélien de l'articulation, au sein de l'esprit effectif ou objectif, de la société et de l'État. La reconnaissance du plein droit de chacun de ces moments est tout autant celle de leur heureuse tension, à sauvegarder absolument contre toute politisation (totalitaire) du social et toute socialisation (anarchisante) du politique, mais aussi à organiser comme l'auto-limitation sociale – milieu du libre arbitre – du politique – lieu de la puissance. La traduction politique du Dieu chrétien, qui n'est qu'à se sacrifier en s'humanisant, c'est ce « divin terrestre » étatique qui libère l'homme, dont la réalité concrète est l'individu social et qui revendique essentiellement des droits, dans le citoyen, individualisation abstraite de la puissance de l'État, et qui, comme tel, a d'abord des devoirs. C'est cette articulation du social et du politique qui régit la vie de l'école, où s'anticipe donc, dans la formation des humains, la vérité définitive, selon Hegel, de l'existence objective achevée de ceux-ci.

Il y a bien, chez Kant et chez Fichte notamment, comme chez Hegel, une théorie de la culture et une théorie de l'école. Kant oppose la culture ou la civilisation à la moralisation, comme la seconde *nature*, où règne l'impératif non catégorique de l'habilité et de la prudence, à la *sur-nature*, où règne l'impératif catégorique de la raison politique. Mais, à l'intérieur de la culture, il ne distingue guère la société et l'État. Il ne reconnaît pas de société positive autre que la société politique, et c'est pourquoi, récusant dans sa théorie de l'école l'influence des parents et celle de l'État, toutes deux allant à l'encontre de la libération des enfants, il n'arrive pas à concrétiser l'école en lui assignant un support ou lieu positif distinct. Le même lien entre théorie de la culture et de l'école et théorie du rapport entre la société et l'État obère semblablement la doctrine scolaire et la doctrine socio-politique de Fichte. L'oscillation fichtéenne entre l'affirmation de la société et celle de l'État, chacune étant positive quand l'autre est négative, interdit à Fichte d'élaborer une doctrine consistante de l'éducation et de l'école. Hegel, le premier, nous offre une théorie pleinement positive et concrète du rapport de la société et de l'État, et une théorie à tel point accomplie de la culture et de l'école que, à beaucoup d'égards – au niveau, qui importe, du concept –, on peut et doit, de nous jours encore, et dans la crise que traversent ces institutions, méditer son apport, ici aussi, décisif.

## CHAPITRE XIX

## LE DROIT INTERNATIONAL

L'accomplissement politique du droit, selon Hegel, se manifeste avec le plus d'éclat et se prouve de la façon la plus universelle au-delà de la sphère particulière et fermée de l'État ou de ce que le vocabulaire hégélien désigne comme « le droit étatique interne ». C'est à savoir d'abord dans le domaine du « droit étatique externe », droit des relations entre les États, droit international ou – comme on disait traditionnellement – « droit des gens », puis, surtout, de manière absolue ou quasi divine, puisque y règne l'esprit du monde, esprit absolu qui s'est fait monde, au niveau de l'histoire universelle. Qu'un État soit vrai, il le montre en tant qu'il l'emporte, au moins à la longue, sur les autres États, parce qu'il est, en sa forme, une totalité comme telle plus forte, et qu'il marque, en vertu de son contenu, qui est la liberté, une histoire mondiale tout entière ordonnée à la réalisation de celle-ci. L'illustration prototypique en fut la victoire de quelques Grecs, unis dans leur attachement à la liberté, sur l'immensité dispersante du despotisme perse. Mais le droit ainsi célébré en sa toute-puissance par la vie synchronique internationale ou la vie diachronique supra-nationale est essentiellement, en son contenu pleinement juridique, le droit intérieur de l'État. Car, aux yeux de Hegel, seul ce droit intérieur de l'État, communauté humaine effectivement soumise à sa propre unité souveraine se déterminant à travers ses institutions et lois universelles, vérifie de façon pleinement objective le sens vrai du droit, qui est d'être la détermination à la fois rationnelle et effective du vouloir, la raison objectivement pratique, bref : la liberté réelle par quoi il se définit. En revanche, la volonté souveraine universelle de l'esprit du monde réalise historiquement un tel droit, mais par une activité dont l'effectivité humaine, heureusement instrumentée par sa ruse, n'est pas celle du droit s'objectivant comme tel ; la philosophie hégélienne de l'histoire, en son si riche contenu, ne propose pas le moindre programme de droit proprement dit. Quant à la théorie du droit international, considérant l'impossibilité de l'existence effective d'une volonté juridico-politique universelle, supra-nationale, elle abandonne le heurt des volontés des États à des règles apparemment rationnelles mais non effectives, ou effectives mais non rationnelles, et donc, en vérité – puisque le rationnel et l'effectif, en bon hégélianisme, ne font qu'un – ni rationnelles ni effectives, n'exprimant donc pas le droit en sa vérité. C'est pourquoi, si la philosophie de l'histoire mondiale offre un immense contenu, la philosophie du droit international est, chez Hegel, de teneur bien légère. Dans l'*Encyclopédie des sciences philosophiques*, seul un menu paragraphe lui est consacré.

Cette limitation du droit international, chez un penseur connu pourtant pour l'intérêt qu'il portait à la vie du monde et à la politique, a été souvent interprétée comme dénotant de sa part un mépris du droit, envers d'une exaltation de la force, non seulement dans le champ des relations entre les États, mais aussi déjà à l'intérieur de l'État. Qu'on songe, par exemple, aux diatribes contre Hegel, le philosophe de la brutalité prussienne, entendues en France après la défaite de 1870 ! – Je voudrais, alors, dans un premier moment de ce propos, fixer la *teneur* de la limitation hégélienne du droit international, avant d'en analyser, dans un deuxième temps, les *raisons*, et d'en apprécier, dans une troisième et dernière partie, la *portée*, certes pour Hegel, mais également, pour nous, dans une actualité qui, sur ce point aussi, me semble être, pour une large part, encore hégélienne.

Hegel a pris pleinement au sérieux le principe, posé par Kant, suivant lequel le droit, sans aucunement être défini par elle en son essence, était cependant mesuré en son existence par la puissance ou la force qu'il détenait d'assurer sa réalisation. Nul n'a de droit sur moi s'il n'a pas le pouvoir effectif de garantir mes droits, et le droit d'un État est limité par la portée de ses canons. La définition kantienne du droit comme législation rationnelle extériorisable – à la différence de la législation éthique – de l'agir alors saisi en toute son effectivité, impliquait bien un tel principe, si l'on entendait ce caractère exté-riorisable en son champ entier. Car celui-ci ne saurait être borné à l'extériorisation simplement discursive, encore intérieure, d'une législation alors objectivement déterminée en son contenu matériel, mais il s'accomplit dans l'extériorisation extérieure, la vraie, dans la réalisation objective du droit, sa mise en œuvre effective. La raison d'être du droit public, dans son ensemble, est bien, pour Kant, préalablement à l'existence de conditions rationnelles de la coexistence des libertés, qui excèdent par leur contenu le droit privé, la réalisation non seulement « provisoire » ou précaire, mais absolue ou « péremptoire », de ce droit privé, que seule peut assurer la puissance d'un État. Mais Kant, qui ne croit pas en la possibilité, ni même à la rationalité, d'un État universel capable d'imposer la mise en pratique des principes rationnels d'une coexistence pacifique des États – comme l'État le fait pour la coexistence pacifique des individus –, élabore néanmoins un droit international présenté comme étant, dans ses institutions et ses lois, essentiellement un droit. Il reconnaît, il est vrai, que son applicabilité dépend du droit politique interne : la constitution républicaine pallie seule l'absence d'une puissance étatique universelle et peut assurer une effectivité au droit international, et il distend l'application alors jugée possible de ce droit dans un progrès à l'infini de la réalisation du républicanisme pacificateur. Tel est le prix payé par le kantisme pour sauver l'essence objective du droit au niveau de ce qu'il peut alors présenter comme un « droit » international.

C'est là, pour Hegel, un expédient reposant sur l'identification de la réalité et de la réalisation à l'infini, une modalité objectivante, au fond, de la contradiction subjective générale du kantisme, récapitulée dans l'affirmation comme pensée absolue de la pensée relative. Le penseur de la fin de l'histoire ne peut faire sienne une conception infinitiste de l'histoire comme histoire du droit : le droit international est un droit kantien, mais ce n'est pas un droit pleinement droit, un droit *vraiment réel*. Ce qui ne condamne pourtant pas la réalisation de la raison dans la vie universelle de l'humanité, puisque l'histoire, en elle-même, est soumise à une raison qui agit dans l'esprit objectif pris en l'achèvement de son sens, mais qui, dans ce moment du passage de l'esprit objectif en l'esprit absolu, est elle-même justement la raison déjà absolue en son anticipation objectivante, une raison qui agit dans le droit, mais n'est plus la raison comme droit. Pour Hegel, le moment du droit international libère la vie de l'humanité du règne absolu du droit pleinement droit dont le lieu est l'État rationnel. Il est, en vérité, le moment négatif ou dialectique qui révèle la limite réelle d'un tel droit et appelle ainsi, en justifiant son existence et l'affirmation de celle-ci, l'action, déjà dans la sphère encore objective de l'histoire universelle, d'une raison qui s'insère en elle, et donc, se manifeste comme droit, mais en tant qu'elle est plus que simplement objective ou de l'ordre du droit, car elle est la raison absolue. L'Encyclopédie hégélienne salue bien l'esprit du monde au moment même où il se pose comme tel en se révélant être la mondanisation de l'esprit absolu lui-même, qui vient déjà au jour à travers cette incarnation de lui-même.

On voit ainsi que, chez Hegel, bien loin d'être l'aveu de l'apparence d'un rationalisme qui n'aurait été qu'une justification mensongère du règne de la force, la réduction du droit international est une exigence fondamentalement ontologique de la raison se libérant, en vue de son accomplissement absolu, de toute absolutisation, elle, irrationnelle, de l'une de ses nécessaires manifestations, incapable, du fait de sa limitation, de s'affirmer absolument même dans son propre champ. Cette incapacité doit être reconnue, pour éviter tout dogmatisme déraisonnable, et théoriquement, et pratiquement, qui se retournerait contre le service vrai de la raison. La conception hégélienne du droit international témoigne de cette reconnaissance de son caractère modéré et précaire, qui, comme telle, incite à accentuer, là où il peut efficiemment et doit donc essentiellement le porter, l'effort de rationalisation, par le droit, de la vie politique. En quoi, dès lors, consiste, précisément, cette précarité du droit international?

Un droit, comme universalisation réelle de l'interaction réelle des hommes, n'est, pour Hegel, possible qui si ceux-ci, qui constituent son *objet*, se font aussi et d'abord son *sujet*, c'est-à-dire leur unité dès lors forte et par là capable d'unifier ou universaliser effectivement à travers lui, qu'elles disent et imposent, les lois de l'interaction de ses membres; l'universel ne peut être posé que par lui-même, qui se présuppose ainsi pour se poser, ce que fait le droit à travers l'État. Ainsi, un droit international ne pourrait se réaliser comme droit que si les États dont il doit assurer la cohabitation paisible se constituaient en un

État universel des États, c'est-à-dire que s'il était lui-même un droit étatique interne de deuxième degré. Or le fait que l'on continue de parler, à son sujet, de droit *inter*national révèle qu'on ne le considère pas comme un droit *intra*-national ou que l'on ne regarde pas comme réalisée une union des nations lui permettant d'être pleinement un droit. Hegel va encore plus loin en tenant qu'une telle union est irréalisable et que, par conséquent, le droit international ne sera jamais un droit réel, et par là réellement un droit. Il est, à ses yeux, condamné à rester un droit qui doit être, un « devoir –être » du droit, un droit qui a « la forme du *devoir-être* parce que le fait qu'il soit effectif repose sur des *volontés souveraines distinctes* »[1]. Pourquoi une telle limitation ?

Qu'il existe un droit international, le philosophe du droit le reconnaît et s'en réjouit tout comme les États, surtout les États rationnellement constitués, peuvent et doivent l'admettre. Ce droit a donc une place dans la philosophie du droit, tout comme le droit politique en son développement réel. Or c'est précisément ce qui va limiter son essence de droit qui exige son existence comme droit limité, à savoir la puissance souveraine des États. En effet, l'État rationnel, dont l'unité concrète, la totalité, s'affirme comme telle, en sa souveraineté, à travers son prince ou son chef, de façon privilégiée vis-à-vis de l'extérieur, c'est-à-dire dans le contexte interétatique, veut être reconnu en tant que tel par les autres États. Mais l'exigence

1. *PPD*, § 330, trad. J. Fr. Kervegan, p. 535.

de réciprocité, qui préside à la reconnaissance des États comme à celle des individus, fait s'identifier les volontés étatiques dans une volonté universelle alors conduite à établir des institutions internationales lui permettant d'élaborer son contenu et la mise en œuvre de celui-ci, suivant des règles fixées par elle et constituant un droit international positif. Cependant, le caractère concret de chaque volonté étatique, grand acquis du droit politique interne, qui lie intimement ce qu'elle affirme sous la forme universelle, et par là pérenne, du droit et le contenu matériel nécessairement particulier auquel elle tient, son « bien propre » (*das Wohl*) soumis à la contingence historique des situations, rend précaires les institutions et les droits qui déterminent la reconnaissance réciproque ou la volonté universelle des États dans le droit politique externe.

Certes, la reconnaissance réciproque des États et le droit international à travers lequel elle se détermine ne peuvent disparaître entièrement sans compromettre leur coexistence élémentaire. Même sa négation violente dans la guerre se limite nécessairement – puisque celle-ci ne peut être permanente sans compromettre les objectifs pour lesquels on la fait – de façon à rendre possible, entre des hommes continuant de se reconnaître positivement comme hommes à travers les ennemis qu'ils sont devenus, une réactivation de leur reconnaissance pacifique et des droits plus concrets qu'elle implique. Le droit élémentaire qui se maintient ainsi dans le non-droit de l'état de nature où la violence fait retomber l'homme est un droit lui-même naturel, par son contenu et son origine, qui peut, certes, être ultérieurement posé comme droit, mais ne doit pas son existence de droit pratiqué à sa position théorique comme droit. En revanche, le droit international, en tant qu'il excède ce droit élémentaire et qu'il doit d'abord être dit comme droit pour exister comme tel en son contenu non immédiatement naturel, est originairement précaire et tel qu'en lui est toujours inscrite la possibilité de sa négation par la guerre.

Il repose, en effet, entièrement sur les traités, promotion politique du contrat au niveau des individus étatiques. Mais sa solidité ne peut être assurée par celle des traités si cette dernière ne repose elle-même que sur le grand principe traditionnel du droit des gens, qui est le principe purement formel du respect des traités. Un tel principe abstrait ne saurait, d'ailleurs, être le principe réalisant d'un droit qui, en sa vérité, selon Hegel, est le droit foncièrement concret dont il a été question il y a un instant. Il y a là une contradiction essentielle. Car, fixant ainsi abstraitement le traité dans une situation historique foncièrement mobile et que la conclusion même du traité contribue à faire évoluer, il le met en opposition à la nouvelle situation et à la nouvelle égalisation, qu'elle implique, des biens propres des co-signataires de ce traité, donc à ce qui constitue le nouveau contenu concret de leur droit alors à renouveler. Le droit international doit bien plutôt, aussi à travers les traités, s'assurer dans sa réalité concrète elle-même. Or il ne le peut s'il en reste à son statut immédiat de diction et de réalisation par les individus étatiques eux-mêmes pris en leur réalité immédiate. Car le caractère nécessairement concret du droit ne peut – à la différence de l'universel abstrait sur lequel on s'accorde aisément parce qu'il est vide – être déterminé et appliqué que de manière diverse par les individus étatiques réels, qu'il s'agisse du bien propre consacré de chacun et des autres, ou de l'égalisation des biens propres respectifs. Il y a ainsi une contingence subjective et intersubjective absolue de la saisie et de la réalisation par les volontés étatiques du droit international.

Celui-ci est, par conséquent, soustrait à la nécessité qui le fixerait dans l'objectivité et lui donnerait la réalité exigée par l'essence même du droit, et cela en raison même de l'intersubjectivité de son origine et de son support. Dans ce domaine comme en d'autres, l'objectivité qui doit régler la subjectivité ne peut résulter de la simple intersubjectivité ; on ne fait pas de l'objectif avec, seulement, de l'intersubjectif. C'est pourquoi les États ont été amenés à médiatiser leur interaction avec un droit alors assuré en son être en tant qu'identique à lui-même, un en lui-même, par l'institution de l'accord occasionnel de leurs volontés en une volonté elle-même une en sa permanence, à laquelle ils délégueraient leur pouvoir souverain de dire et appliquer un droit les concernant tous. Un droit véritablement tel au niveau international se dirait et ferait à travers des institutions communes, fédérales ou confédérales, voire encore consistant en de simples alliances (plus ou moins) permanentes, comme celles envisagées par Kant, que Hegel cite alors. Il est vrai, pour réduire leur rôle parce qu'il réduit leur statut, en quoi il s'oppose à Kant.

Celui-ci, en effet, les célèbre comme des agents efficaces d'un droit international rationnel parce qu'elles ne sont pas la production d'un État universel des États, jugé par lui dangereux par son inévitable despotisme, et qu'elles émanent des États singuliers, par là limités en leur force, mais capables de dépasser leur particularisme pour affirmer réellement un droit universel international, car, puisque le singulier doit affirmer l'universel, il le peut, suivant l'absolu pratique kantien. Le caractère formel de l'universel kantien, notamment du droit, permet sa pleine affirmation – seul le même affirmant absolument le même – à travers le support de l'État singulier, dans le support matériellement différent qu'est le rapport des États singuliers : le droit interétatique est autant un droit que le droit étatique – Il ne peut en aller de même chez Hegel, pour qui l'universel réel en tant que concret ou total ne peut être affirmé comme droit plénier, au lieu du droit interétatique, que par un État aussi total que lui, qui est la totalité des États singuliers, l'État universel ou mondial des États, mais – puisque deux totalités dans le même champ s'excluent – des États niés alors comme États. La relation des États à leur unité posée par eux ne peut être, si cette unité est vraie, qu'une relation négative, c'est-à-dire, pour eux, d'auto-négation ; si elle reste positive, alors ils subsistent assurément, mais nient leur unité capable d'élever leur interaction à un droit plénier. Car, alors, le droit international reste à la merci des volontés souveraines des États qui, puisqu'elles excluent comme telles toute volonté supérieure réellement souveraine, feront prévaloir, dans le cas du conflit essentiellement possible entre leur bien propre et le bien plus général également propre – contenus concrets, s'excluant comme tels, de tout droit –, le droit étatique sur le droit interétatique. Hegel souligne bien qu'« il n'y a pas de préteur entre les États, tout au plus un arbitre et un médiateur »[1] : arbitre et médiateur qui représentent leur pseudo-unité, c'est-à-dire dépendent en fait de chacun des États, alors qu'un préteur véritable siégerait au-dessus d'eux, dans l'unité réelle de l'État dont ils ne seraient plus que des régions. Il n'y a de droit objectif plénier qu'au sein d'un État ; le droit international n'est pas un tel droit.

Puisque le droit international ne peut alors échapper à la précarité, reviviscence, au niveau du droit comme vie éthique [*Sittlichkeit*] politique, du droit pré-éthique que constituent, chez Hegel, le « droit abstrait » du contrat abandonné à la singularité contingente et la « moralité » du simple devoir-être de l'universel formel, ou rechute de la vie étatique dans la vie pré-étatique de l'état de nature dont elle a fait sortir, sa pratique ne saurait se déterminer par des principes organisateurs ou totalisants objectifs, concrètement, c'est-à-dire véritablement, rationnels, à travers des institutions et des règles par là universelles et permanentes, définitivement vraies, dès lors dignes de figurer dans une philosophie spéculative du droit. D'où la minceur de la philosophie hégélienne du droit interétatique. – Mais cette minceur même, peut-on

---

1. *PPD*, § 333, Rem., trad. J.-Fr. Kervégan, p. 537.

et doit-on s'interroger, n'est-elle pas elle-même encore de trop ? Pourquoi faire une place, dans la philosophie spéculative, à ce pis-aller non spéculatif qu'est le droit international, affaire de l'entendement politique, non de la raison de la politique ? Pourquoi ne pas abandonner sa pensée à la préhistoire de la raison politique, une préhistoire destinée à s'annuler dans ce qui deviendrait l'unique contenu de la raison se réalisant politiquement, et donc l'unique objet d'une philosophie rationnelle alors saturée de la vie politique achevant l'esprit objectif ou le droit – sans qu'elle ait à attendre cet achèvement de l'histoire mondiale portée par un esprit du monde en soi déjà absolu et non plus seulement politiquement objectif –, en tant que philosophie du droit étatique interne avéré absolument lui-même comme droit de l'État des États ou de l'État international ou mondial ? La justification rationnelle de l'hébergement spéculatif du droit international est que pour Hegel, un tel État mondial est impossible.

Alors que Kant – dont j'ai rappelé qu'il n'en tire pas du tout les mêmes conséquences pour ce qui est du statut à accorder au droit international – rejette l'idée d'un État mondial ou universel au nom de la raison pratique : un tel État ne doit pas être, car il serait nécessairement despotique, et non pas au nom de la raison théorique, en ce sens qu'il ne serait pas possible en fait, Hegel, parce qu'il identifie l'effectif et le rationnel, porte une condamnation complète d'une telle idée. Je ne puis ici qu'en évoquer rapide-ment les attendus. Ils sont étagés, comme l'être hégélien lui-même. Ils sont d'abord d'ordre logico-ontologique : l'être n'est être, identique à soi, que s'il est, non pas objet – qui se fait objection à soi-même – mais sujet ; c'est pourquoi la nature, contradiction non résolue, n'est pas en elle-même un tout, et c'est pourquoi aussi le sujet ou l'esprit encore objectif, même en sa culmination politique, ne peut se totaliser en un État universel. Une telle nécessité ontologique se concrétise dans la nécessité historico-politique de la formation même de l'État. Car l'unification juridique de celui-ci n'est effective que comme confirmation de l'existence d'une communauté lentement soudée par la géographie et par l'histoire – c'est-à-dire par la première nature et la seconde nature, appelée « éthique » chez Hegel – qui la prépare réellement. Une telle unité politique ainsi naturée ou native est la *nation*, dont la totalité vivante dynamise et autonomise en même temps le bien propre qui donne réalité à la souveraineté exclusive de l'État. C'est bien le caractère concret, total, absolu de la nation qui fait obstacle à la composition (déjà la bi-nationalité, verticale ou horizontale, ne peut être que symbolique) et à la réunion des nations – déjà à une échelle continentale, songeons à l'Europe, et *a fortiori* à l'échelle mondiale ; Hegel la juge ici et là impossible. L'histoire et le concept conjuguent en lui leur absolue négation d'un État-nation universel, qui justifie l'affirmation de la précarité définitive du droit interétatique, mieux dit : international.

Si l'on veut alors déterminer une gestion hégélienne – celle de Hegel et de qui croit pouvoir le suivre encore de nos jours – d'un tel droit international, il faut d'abord souligner que la limitation de sa portée ne signifie aucunement un mépris de ce droit, et même seulement une indifférence à son égard. Son statut précaire, qui exclut d'abord une différenciation théorique de lui-même en des principes concrets universels et permanents constituant un organisme rationnel comme celui du droit étatique intérieur, exposable dans une philosophie spéculative du droit, n'incite nullement l'auteur ou le sectateur de cette philosophie à considérer que le sujet effectif du droit, l'agent politique rationnel, fondamentalement attaché à la réalisation de la liberté concrète des hommes, n'aurait pas à le reconnaître pratiquement. Car il est un moment nécessaire de la raison juridico-politique réelle, requis par le droit étatique intérieur lui-même, quelque auto-suffisant que soit ce dernier en son essence, comme conditionnant, dans le contexte pluri-étatique, son existence la mieux assurée ; au surplus, dans cette destination, qui est d'assurer l'existence totale de l'essence totale qu'est la raison, il est même supérieur à la rationalisation simplement locale du droit qu'est d'abord le droit d'un État pris en lui-même. A cet égard, il convient de dissiper l'opinion selon laquelle un Hegel belliciste aurait vanté pour elle-même la négation guerrière du droit international en tant qu'elle redonnerait, par l'abnégation rassem-blante exigée des citoyens, la santé à un État qui, oubliant sa mission totale, se serait enfoncé dans la putridité pacifiste de la seule quête, notamment économique, du bonheur individuel. La guerre est assurément positive par ce qu'elle exige des citoyens, non par elle-même, dont la négativité est devenue incommensurablement plus grande et, d'ailleurs, suspend la vie concrète ou totale de la nation, nie son bien propre, dont l'État se nourrit et a la charge. La santé de l'État-nation peut et doit se fortifier dans bien d'autres combats que celui de la guerre, tellement plus bénéfiques pour lui, des combats dont l'avenir empirique de l'époque de Hegel a beaucoup enrichi le tableau, qu'il s'agisse de lutter contre les dangers que les hommes attirent sur eux-mêmes directement dans la multiplication mondialisée de leurs échanges, ou indirectement à travers une nature qu'ils peuvent provoquer contre eux. Que les États se renforcent ainsi les uns les autres par une coopération internationale accrue, conduite à travers des institutions collectives et réglée par un droit international vigoureux, c'est aussi hégélianiser que de le vouloir et de s'en réjouir. Le souci qu'a l'État de son bien propre, non seulement le permet, mais, en bon hégélianisme, le requiert.

A condition, toutefois, que, dans une telle affirmation active du droit international, l'État se confie d'autant plus à celui-ci que, et seulement si, il augmente sa propre force et reste donc maître de la fixation et mise en œuvre d'un droit dont la réalisation repose sur la seule force, multipliée par la coopération, de chacun des États. Renoncer, pour l'État, à sa force, pour se confier, par naïveté, impuissance ou lâcheté – toujours en se libérant en fait de l'effort qu'exige l'entretien, pas seulement militaire, de cette force –, aux instances collectives, ce serait nécessairement se faire absorber, en sa force restante, par d'autres États ou, dans la diffusion d'un tel renoncement, par l'État des États, lequel, non préparé par le long et problématique processus national dont j'ai parlé précédemment, ne serait qu'une apparence institutionnelle vouée à disparaître. L'histoire passée et actuelle offre les exemples du destin négatif d'une semblable gestion, non nationale, c'est-à-dire pluri-nationale, du droit international. – Qu'on ne se méprenne pourtant pas ! L'assomption consciente et résolue du principe au fond ontologique du droit international hégélien, tenant que l'existence de l'organisation internationale repose sur la volonté singulière forte des États, ne signifie pas que ceux-ci ne veulent pas que cette organisation soit elle aussi forte ; elle ne les empêche pas de médiatiser, ce qui est pour une part aliéner, leur volonté forte à travers la volonté également forte, comme telle aussi singulière, de l'institution collective. Aussi, dans la définition et la réalisation de l'objectif commun, le poids inégal des États coopérants doit-il à la fois, pour permettre leur accord, être reconnu, mais aussi savoir se modérer, se pondérer, afin que chacun y juge satisfait, compte tenu du contexte interétatique de la puissance, son bien propre, qui intègre aussi celle-ci. Ici, comme partout, et déjà dans le domaine étatique intérieur, où l'État doit se montrer le maître libéral de la société civile, la force se confirme dans son aptitude à se sacrifier, expression de sa grandeur essentiellement spirituelle. Ainsi, en dernière instance, et prise en cet apogée spirituel d'elle-même, c'est toujours la force des divers États qui, à sa mesure, décide du destin général de leur coopération. Si, du moins, on reste dans le cadre nécessairement non supra-national du droit international.

Il est donc insensé de combattre, au nom du droit international – ce droit rationnel en sa relativité reconnue et maintenue, mais déraisonnant en son absolutisation – le souci, qui doit animer l'État, de cultiver sa force, qui gagne à la coopération interétatique dont elle constitue la seule force. Ce souci doit lui faire maintenir ses institutions propres ancrées dans son bien propre qu'elles contribuent aussi à enrichir et à faire se développer, tant qu'elles sont vivantes en lui. Le droit international ne peut, de et en lui-même, sans assumer son nécessaire enracinement dont le lent devenir des diverses communautés nationales, vouloir s'intensifier en un droit communautaire au service d'un projet continental et même, au-delà, mondial, décidé abstraitement en étant promu sans doute pour de fort bonnes raisons. Le volontarisme institutionnel ne suffit pas à faire se créer une communauté (supra)nationale nouvelle, même s'il peut être aussi un facteur de l'advenir espéré de celle-ci. C'est pourquoi, il est bien aventuré de fragiliser les institutions nationales existantes, n'appelant pas d'elles-mêmes leur changement, en les adaptant de force, c'est-à-dire, en fait, en les assujettissant – ce qui est les détruire en détruisant leur tout concret – à des institutions dites communautaires en vérité purement anticipées, au nom du principe, comme on dit aussi, de la préférence communautaire. Ces dernières institutions ne peuvent avoir de force qu'en conjuguant les forces des États-nations à rassembler institutionnellement, dont elles détruisent pourtant la réalité, sans pouvoir par elles-mêmes la remplacer par une réalité commune (nationale) effective dont elles seraient la simple – quelque importante qu'elle soit – confirmation étatique. Les difficultés de l'actuelle entreprise d'une construction politique de l'Europe expriment cette contradiction fondamentale, dont l'ignorance ou négligence obstinée, liée à une vision confuse du droit politique, entraînera une crise générale de ce droit. Une gestion hégélianisante du droit international serait bien, en ce sens, salutaire.

Je m'en suis tenu, il est vrai, dans cette brève élaboration d'une telle gestion, à la considération critique du *statut* attribué au droit international, en évoquant, dans le cadre de cette considération, de façon simplement occasionnelle, le *contenu* de ce droit, conformément à ce que fait Hegel lui-même. Or, si le statut du droit international ne permet pas – comme il a été dit – qu'un tout organique de son contenu, en ses « lignes fondamentales », en soit proposé par la raison spéculative, celle-ci offre néanmoins, dans sa conception générale du droit politique, les principes d'une détermination historique circonstanciée de son contenu. Hegel énonce ainsi, au début du court développement consacré, dans les *Principes de la philosophie du droit*, au droit étatique extérieur, le grand principe du traitement rationnel des États les uns par les autres, comme tels, c'est-à-dire d'abord souverains, qui conditionne ce traitement par leur reconnaissance réciproque comme de tels États. Celle-ci, qui ne saurait être immédiate ou abstraite, est elle-même conditionnée par la situation concrète interne de chaque État, dont la légitimité, alors, qui interdit qu'on s'immisce dans ses affaires intérieures, peut n'être pas reconnue. L'État, dont la raison d'être est de réaliser concrètement et effectivement la liberté consubstantielle à tout homme, s'annule en soi lui-même s'il écrase la liberté de ses membres, et, se mettant de la sorte hors du droit, peut être traité comme tel par les États fondant leur reconnaissance sur l'affirmation de la liberté ; l'ingérence est alors un droit parce qu'elle est elle-même d'abord un devoir. L'affirmation de la liberté ne peut, en effet, être réelle, dans l'interaction universalisée des groupes humains, que si elle est elle-même universelle. On voit que, même là, mieux : surtout là, où cette interaction semble rechuter à l'état de nature, c'est-à-dire au niveau du droit international, la raison hégélienne arme de façon précieuse le défenseur de la liberté concrètement voulue, non seulement quand il s'agit du statut essentiel à reconnaître à ce droit, mais aussi lorsque son contenu est à déterminer dans l'existence historique des hommes.

## CHAPITRE XX

# VÉRITÉ POLITIQUE
# ET VÉRITÉ SCIENTIFIQUE

La détermination du rapport entre vérité politique et vérité scientifique dans la pensée hégélienne requiert d'abord celle du sens que cette pensée assigne à chacune des deux vérités. D'une part, Hegel considère, traditionnellement, que la vérité politique est une vérité pratique, c'est-à-dire l'adéquation de la prescription d'un acte ou actualisation d'une prescription au sens pratique universel qu'est le bien, mais une vérité pratique objectivée dans une totalisation historique de l'esprit avérant toute chose, qui lui confère un sens proprement hégélien. D'autre part, à l'intérieur même de l'idéalisme allemand lui-même caractérisé par la promotion strictement scientifique de la métaphysique ou la fondation métaphysique des sciences existantes, Hegel élabore une conception originale de la vérité scientifique. Celle-ci se définit par l'articulation rationnelle, faisant droit, et à leur différence, et à leur lien, des sciences positives et de la science spéculative, qui étend une telle vérité, de son adéquation positive à la diversité sensible, moyennant le travail de l'entendement, à son adéquation spéculative au sens totalisé de l'être, moyennant le travail de la raison.

Il conviendra alors de préciser, dans un premier temps des brèves considérations qui suivent, la signification de la vérité politique en la situant au sein de la continuité totalisante de plus en plus vraie de l'esprit, de son immédiateté sensible à la médiation spéculativement accomplie avec soi de son sens, qui, comme médiation avec soi ou avec le même, donc médiation supprimée, est l'immédiateté ou absoluité désormais pleinement avérée ; la détermination de la médiation en tant que telle, prise dans la différence, étant plus problématique, c'est bien la vérité politique située dans cette médiation, qui constituera l'objet central de la présente étude. Dans le deuxième moment de celle-ci, on montrera ainsi que, selon Hegel, la vérité politique ne se réalise que pour autant que l'agir politique qu'elle exprime se détermine en se conformant d'abord, en s'en informant autant que faire se peut, au contenu des sciences positives, puis à celui de la science spéculative traitant des conditions, aussi infra-et supra-politiques, de la vie politique, et du processus même de celle-ci. Il restera alors à souligner, dans une troisième et dernière étape, que la vie politique excède l'être de ses conditions, maîtrisables théorétiquement, en sa forme pratico-objective originale par rapport à elles, et se réfléchit en une vérité proprement politique justifiée en tant que telle par la vérité scientifico-spéculative suprême – en particulier de la politique – comme ce que ce qui s'affirme dans cette vérité suprême se présuppose pour se poser en tant que position absolue de tout ce qui est.

La philosophie hégélienne, en tant qu'encyclopédie rationnelle de tout ce qui a sens et être, est en particulier une philosophie du politique et de la politique comme contenu saisissable dans un discours rationnel s'accomplissant en une vérité scientifique : il y a une science de la vie politique. Cette science s'établit telle philosophiquement en s'insérant dans le discours philosophique établissant que l'être – le sens le plus universel et le plus inévitable de tout discours – ne peut être en s'identifiant à soi, au lieu de se renverser de façon alors insensée dans le non-être, que s'il est, entre autres déterminations, aussi l'être politique, détermination qui survient à un moment donné de son auto-position, identique et donc nécessaire, comme être. L'existence et l'essence de la vie politique sont donc elles-mêmes nécessaires, puisqu'il y a de l'être. Les conditions de l'être comme être, en tant que limitations, délimitations ou déterminations de cet être, lequel est la détermination la plus universelle, la plus indéterminée qui soit, sont ainsi des déterminations de plus en plus déterminées de lui-même, jusqu'à la détermination qui ne peut plus être déterminée par une autre parce qu'elle est la détermination par soi, l'être dès lors recourbé sur soi ou totalisé d'un Soi. Un moment déterminé de l'être qui est un Soi est, par conséquent, à chaque fois, la négation de l'être qui est en amont de lui, ce qui signifie que cette négation est relation à cet être alors présupposé par elle, donc le Soi d'un tel être, et non pas n'importe quel Soi arbitraire, et qu'elle est elle-même présupposée par le Soi plus vrai qui assure par son être plus vrai l'être même, moins vrai et plus précaire, de sa présupposition en le faisant s'accomplir en sa vérité. La spéculation encyclopédique hégélienne, comme auto-position progressive immanente et nécessaire en sa dialecticité du sens de l'être, fonde donc en son existence et en son essence, en particulier, la vie politique alors insérée, ce qui la relativise, dans l'advenir de la vérité absolue. Il y a une vérité absolue de l'affirmation de la vérité relative de la vie politique au sein de l'être absolument identique à lui-même en tant que tout qui est un Soi, ou en tant qu'esprit.

Une telle affirmation est celle de la science ou du savoir absolu en lequel s'accomplit cet esprit : il y a donc une vérité scientifique de la politique, au sens de la science suprême qui se fonde elle-même en fondant tout le reste, objet et sujet également relatifs de tout autre savoir, théorique et pratique, de l'être, ici de l'être politique. La science spéculative de la politique, exposée notamment dans les *Principes de la philosophie du droit*, en établit les déterminations proprement rationnelles, qui, elles-mêmes, servent bien de principe aux sciences positives de cette vie politique ainsi elles-mêmes justifiées philosophiquement, c'est-à-dire absolument, en leur caractère relatif. Comme toutes les sciences positives, les sciences politiques en tant que sciences de la politique saisissent l'essence rationnelle du politique en son incarnation sensible dans l'extériorité à soi ou la contingence d'un réel empirique qui doit être recueilli et reçu par la pensée ou la raison elle-même aliénée sensiblement. Cette pensée aliénée applique alors son identité devenue purement formelle à la différence ou diversité non plus posée, mais présupposée, par cette identité comme détermination purement factuelle : telle est la pensée d'entendement, en quête de lois simplement empiriques, qui est à l'œuvre dans les sciences positives de la politique. La science spéculative de la politique justifie rationnellement la non-rationalité proprement empirique de l'objet et la non-rationalité proprement intellectuelle du sujet des sciences positives de cette politique. Il y a bien, pour le philosophe spéculatif hégélien, aussi une vérité scientifique, au sens des sciences positives, du discours portant sur la vie politique. Bref, Hegel affirme, à ses yeux, scientifiquement, au sens de la science spéculative suprême, la vérité scientifique aussi bien spéculative que positive de la politique ; celle-ci est un objet de la science, et de la science envisagée en tout son empire, de sa relativité positive à son absoluité spéculative. Que la politique soit ainsi objet de la science signifie l'existence en elle d'une nécessité, aussi bien démontrée rationnellement que vérifiée empiriquement, qui limite le volontarisme en lequel elle s'exalte et a raison de s'exalter comme affirmation de soi objective de l'esprit.

Les déterminations du vouloir politique sont conditionnées, dans l'atteinte de leur vérité rationnelle, par exemple quant à l'articulation constitutionnelle intérieure de l'État, par toutes les déterminations pré-politiques, qu'elles soient naturelles ou spirituelles. La géographie et l'anthropologie limitent dans son contenu la volonté politique qui, comme Soi objectif communautaire, a pourtant, prise sur leur être présupposé, et, plus encore, l'esprit se libérant culturellement, déjà dans la vie proprement sociale, au cours de l'histoire, se déploie dans des mœurs et institutions qui conditionnent son organisation étatique. Ainsi, la constitution politique fait se totaliser un contexte géographico-historique dont la méconnaissance entraîne l'échec d'une réforme ou révolution volontariste de l'État, comme Napoléon en fit l'amère expérience en voulant imposer une constitution rationnelle à une Espagne qui ne pouvait culturellement la recevoir. Une structure politique étant ainsi conditionnée par les structures pré-politiques dont elle est la négation concrète ne peut accéder à la vérité rationnelle que lorsque ces conditions d'elle-même sont parvenues à leur propre vérité. L'État rationnel suppose le plein épanouissement de la vie socio-culturelle qu'il fixe en son être. C'est la vérité des conditions pré-politiques de la politique, dites dans la science spéculative et les sciences positives achevées, qui permet la réalisation de la vérité politique. De même, cette vérité politique ne peut s'établir que lorsque les déterminations post- ou supra-politiques qui la fondent en la présupposant sont elles- mêmes développées en leur vérité : l'État de la raison ne peut se réaliser qu'une fois que la religion vraie ou absolue du christianisme s'est installée. Et la Réforme elle-même, plus efficace politiquement que la simple Révolution pourtant directement politique, ne peut produire tous ses effets politiques qu'assurée dans sa conscience philosophique d'elle-même, dont le lieu privilégié est l'Université, que l'État accompli doit favoriser pour son propre bien. Hegel a insisté sur le rôle politique majeur de la pensée et de son achèvement philosophique : Socrate a bien été un héros de l'histoire mondiale, essentiellement politique, et il a rappelé que, « une fois que le royaume de la représentation est révolutionné, la réalité effective ne tient plus »[1]. Il apparaît de la sorte que la politique a une vérité médiatisée par la vérité de ce qui la précède et de ce qui la suit dans le déploiement encyclopédique de l'absolu, et que cette vérité ainsi totale est dite dans un discours vrai aussi bien positivement que spéculativement, c'est-à-dire totalement. La vérité politique est un moment de la vérité de l'être qui n'est que comme savoir absolu de lui-même ou de la vérité scientifique qu'est, en sa plénitude, l'absolu hégélien.

Une telle résolution de la vérité politique dans l'unique vérité scientifique exposée en sa totalisation constitutive d'elle-même dans l'*Encyclopédie des sciences philosophiques*, vérité qui est en particulier une vérité *de* la politique, fait cependant abstraction de l'*affirmation proprement politique* de cette vérité absolue de la politique. Affirmation proprement politique qui est pourtant elle-même un contenu de cette vérité. Car c'est un leitmotiv hégélien que tout le

---

1. Hegel, *Lettre à Niethammer*, du 28 octobre 1808, *B* – JH, I, *op. cit.*, p. 253.

monde de l'esprit et de la culture, également dans leur achèvement philosophique, se fait historiquement dans le milieu objectivement réalisant de l'État ; à la différence, notamment, de la vie sociale, berceau de la culture par sa vocation naturelle à l'universalité, l'État est l'universel réel, en cela déterminé ou limité, qui se maîtrise volontairement – au lieu d'être l'universalisation spontanée d'un processus s'imposant comme un destin –, et par là est capable de se fixer dans les étapes d'un développement historique ordonné spirituellement, pour lui-même sensé. C'est par l'État que l'histoire se fait comme une telle totalisation de soi maîtrisée de l'esprit. La reconnaissance, à l'instant évoquée, du rôle politique de la philosophie n'a aucunement la signification d'un philosophisme revendiqué, puisque la philosophie spéculative reconnaît d'abord la dynamique universelle de la présupposition de soi politique et étatique de sa position comme clef de voûte de tout l'édifice de l'être. Le discours rationnel vrai – exposé spéculativement – de l'être sur lui-même se sait ancré dans son devenir vrai originellement politique. Il y a ainsi une vérité originelle proprement politique, non seulement de la politique, mais de l'être en sa totalité, qui se totalise absolument dans et comme le savoir scientifique de lui-même. C'est cette vérité politique de la politique, et de tout l'être dont celle-ci est un moment, qu'il s'agit d'analyser, pour y découvrir la part qu'y prend, dans les acteurs proprement politiques de l'histoire de l'esprit, l'activité scientifique envisagée en ses deux degrés et aspects, celui de la science positive et celui de la science spéculative. En d'autres termes, il faut examiner le rôle de la science ainsi entendue dans l'agir politique s'assumant comme tel, dans sa vérité pratique spécifique, au sein de cette histoire dont la raison spéculative, parvenue à son terme, a fait, en son sens, un moment essentiel d'elle-même.

L'agir politique historique – ces deux adjectifs formant pléonasme puisque l'histoire est le devenir de l'État tout comme l'État est l'être de l'histoire – est, puisque la raison est dans l'histoire, un devenir rationnel, obéissant à une nécessite sensée. Mais cette nécessité, tout autant, parce qu'elle est celle du devenir spirituel, n'a d'être que portée à chaque moment d'elle-même par cette liberté qu'est par essence l'esprit, et qui s'affirme comme origine et fin de l'histoire. De son origine : la négation de soi de la nature comme liberté, à sa fin : la position de soi de la liberté comme nature, la liberté s'accomplit à chaque fois librement. Cette identification, dans l'agir historique, de sa singularisation libre et de sa totalisation nécessaire conjoint l'énergie individuelle de la première et la puissance de l'universalité populaire qui assure la seconde ; une telle identification, active et donc singularisante, en cela libre, du Soi libre et du tout nécessaire, une telle identification elle-même libre de la liberté et de la nécessité signifiant la maitrise novatrice par l'action politique de ses conditionnements totalisés dans l'esprit du peuple portant l'histoire. On évoque ici le thème bien connu de la réunion, génératrice de l'histoire effective, de l'Idée rationnelle et de l'instrument que, dans son détour rusé, elle se donne, à savoir la passion efficace, car

concentrée, limitée, ponctuelle, singulière, des héros
du cours mondial des événements essentiellement
politiques de l'existence humaine. Or ce qui se
réalise éminemment dans la figure du grand homme
de l'histoire est présent de façon plus modeste dans
tout acte politique : singulier par son point d'insertion
dans la chaîne de la nécessité, cet *acte* est le fait d'une
singularité ou individualité, mais, comme *politique*,
c'est-à-dire par son sens ou son but collectif, général,
universel, il doit mobiliser effectivement son contexte
plus ou moins universel. C'est dire qu'il suppose déjà
une connaissance de ce contexte, dont le pouvoir est
mesuré par sa scientificité. A vrai dire, c'est même
surtout dans l'agir politique ordinaire, organisant une
vie politique non plongée dans la désorganisation
des grandes ruptures révolutionnant la face du
monde, que le savoir scientifique est mobilisé tel
qu'en lui-même ; car, dans les bouleversements
politiques décisifs, les héros de l'histoire mondiale,
récapitulant en leur âme universalisante les attentes,
les exigences de l'humanité en avance sur elle-
même, se laissent conduire par la totalisation intuitive
géniale où s'anticipe et pressent la raison à l'œuvre
dans le monde. Cependant, si les savoirs proprement
scientifiques sont par là relativisés, ils n'en gardent pas
moins ordinairement leur place dans l'organisation et
la gestion, par l'*entendement* politique, des situations
où se trouvent les divers États.

Selon Hegel, les deux totalisations, en cela
rationnelles, l'une théorique, du sens qui est être,
l'autre, pratique, de l'existence, que sont, la première,

l'activité philosophique, la seconde, l'activité politique – le jeune Hegel rapprochait bien le *philosophein* et le *politeuein* [1]– libèrent et justifient l'exercice de l'entendement, dont le champ est celui des sciences positives et de leurs applications techniques. On connaît l'ouverture constante de la spéculation encyclopédique hégélienne à la richesse infinie de l'expérience, élaborée intellectuellement dans la positivité scientifique ; la raison philosophante fonde assurément en déterminant catégoriellement leur sens vrai les principes des sciences positives, mais elle sait aussi qu'elle n'a pu les élaborer conceptuellement qu'à partir de la réception empirique extérieure et de l'information par l'entendement du contenu sensible de ces sciences. C'est dans le même esprit que Hegel intègre à la préparation de la décision politique le travail positif de l'entendement technico-scientifique. Sans édulcorer le moins du monde la différence entre le projet politique hégélien et le projet politique comtien, radicalement distincts comme une politique avérée spéculativement, donc dans la relativisation du positif, et une politique se définissant par sa positivité, positiviste, on doit néanmoins souligner chez Hegel l'assomption politique de la culture et, notamment, celle des sciences, dont le développement a son lieu, tout comme l'école qui en établit les bases, dans la vie sociale, que Hegel désigne significativement comme

---

1. *Cf.* Hegel, *Des manières de traiter scientifiquement du droit naturel*, trad. B. Bourgeois, Paris, Vrin, 1972, p. 63 – Hegel évoque à ce propos le thème platonicien du philosophe-roi, d'après *La république*, V, 437b *sq*, VI, 484a *sq*.

l'« État de l'entendement ». L'État doit profiter de sa présupposition sociale culturelle. Non seulement au niveau des pouvoirs législatif et gouvernemental-administratif, mais aussi et d'abord au niveau du pouvoir politique suprême, alpha et oméga de la vie de l'État rationnel, celui de la décision princière. On sait l'importance, aux yeux de Hegel, de l'existence d'un corps de fonctionnaires savants et experts, qui doivent intervenir, au moins tout autant que le peuple, dans l'œuvre même de la législation. Et il n'est plus nécessaire d'insister sur le rôle essentiel, auprès du prince constitutionnel, et en quelque sorte comme corps intellectuel de celui-ci, d'un cabinet de conseillers objectivement informés capables de préparer rationnellement, par leur maîtrise du contexte naturel et historique de la vie de l'État, les décisions où s'accomplit à chaque fois celle-ci. C'est bien là une justification politique immédiate du soin avec lequel l'État doit traiter l'institution scolaire et universitaire en respectant dans l'exercice de cette institution, dont il sait que le destin et son propre destin sont intimement liés, l'indépendance culturelle à l'égard de lui-même, qui en profite d'autant plus. C'est par cette intervention de l'*entendement* scientifico-technique ainsi pleinement libéré en son exercice que la prise de décision politique *rationnelle* se libère elle-même de l'extériorité *intuitive* des arguments prophétiques et oraculaires traduisant l'obscurité d'un destin et intériorise sa motivation dans la compétence intellectuelle des savants et experts. Les vérités scientifiques positives sont bien des ingrédients de la réalisation de soi de la vérité proprement politique.

Quant à cette exploitation féconde des vérités scientifiques positives par l'action politique, elle s'opère à travers leur insertion dans une finalité qui apparaît comme la transcription pratique de la vérité scientifique spéculative exposant le sens même de l'advenir historique de la raison. L'acteur, ordinaire ou exceptionnel, de l'histoire exprime bien l'esprit du monde, lequel n'est pleinement lui-même, l'esprit objectif présent à lui-même en toute son universalité, qu'en tant qu'esprit qui s'absolutise, et ce, à son tour pleinement, que comme savoir philosophant accompli dans la spéculation hégélienne. C'est lorsque l'humanité est parvenue à celle-ci, qui est la fin – dans les deux sens du terme : but et terme – de son agir universel, que se réalise en toute sa vérité l'équation du *politeuein* et du *philosophein*. C'est d'ailleurs pourquoi la politique doit alors, tout particulièrement, non seulement assurer le libre exercice de la spéculation, qui ne saurait restreindre et compromettre le pouvoir de l'État rationnel, puisqu'une seule et même raison régit plus manifestement que jamais, et le *philosophein*, et le *politeuein*, mais écouter l'avis et le conseil du philosophe. Il est vrai qu'on peut se demander si, alors précisément, n'est pas achevé le temps de l'action au sens plénier d'elle-même comme négativité ayant une portée universelle ou absolue, l'œuvre restant à accomplir consistant, dans les deux domaines, à actualiser empiriquement dans une répétition singularisante, les principes acquis de la raison, avec cette différence qu'une telle actualisation n'est une re-création continuée, toujours difficile – et, pour chacun, captant par là tout l'intérêt – que dans le domaine non objectif ou politique, mais absolu, et fondamentalement philosophant, de l'esprit. Avant cette fin de l'histoire mondiale et de l'histoire de la philosophie, donc tant que l'action politique conserve sa valeur absolue dans la sphère de l'esprit objectif, la vérité philosophique et la vérité politique ne coïncident pas. Alors, la vérité politique apparaît comme ne pouvant s'identifier à la cime, philosophique, de la vérité scientifique, hiatus intra-rationnel qui ne peut lui-même qu'intensifier la différence formelle inévitable entre les données théoriques des sciences positives et leur mise en œuvre pratique par la raison politique en une différence réelle entre l'unique finalité déterminante incertaine de cette raison et la pluralité des séquences causales, de ce fait contingentes, lisibles sous cette finalité dans la positivité scientifiquement comprise. La vérité politique apparaît ainsi comme ne pouvant s'identifier à la vérité scientifique qu'elle mobilise : elle dépasse dans sa mise en œuvre la vérité scientifique positive et elle est dépassée par la vérité scientifique spéculative. Ce qu'elle est vraiment, en tant que politique, est une actualisation sensée du sensible, qui, comme sensée, excède la vérité sensible positive et, comme actualisation, n'est pas à la mesure de son sens accompli comme sens. C'est cette irréductibilité de la vérité proprement politique à la vérité scientifique aussi bien spéculative que politique qu'il convient de préciser pour terminer.

La raison proprement politique engagée dans l'histoire ne saurait se réduire à la vérité scientifique qui est l'œuvre de l'entendement, ni se hisser à la vérité scientifique spéculative qui est l'œuvre de la raison devenue totalement présente à elle-même en son sens éternel. – La vie politique comme vie dans une communauté à laquelle le citoyen participe à travers l'intuition éthique qui l'ancre concrètement en elle ne peut être une simple application de l'entendement objectivant, détachant de lui-même, son contenu abstrait. Même prise en son intention de résoudre le plus objectivement ou universellement possible le problème posé par chaque situation concrète de l'existence du peuple, la décision politique excède toutes les connaissances positives, mobilisées par la fin générale poursuivie, qui peuvent la motiver. Hegel a souligné que tout le travail objectif du gouvernement et de l'administration publique, également celui, de statut plus privé, des conseillers du prince, laissaient entière la responsabilité suprême de celui-ci, qui est de trancher entre les raisons pour et les raisons contre qui peuvent être alléguées en faveur de tel ou tel prolongement à donner à la situation présente objectivement explorée et analysée. C'est en ce sens que le choix décisif du prince, pour formel qu'il soit – mettre le point sur le « i » – est toujours risqué en sa liberté subjective cependant non arbitraire, car toujours appuyée sur des raisons. Chaque décision politique, en dépit de toute la technicité, application des sciences positives, qui la prépare, est en elle-même supra-technique : elle relève de l'*art politique* lui-même orienté par la finalité propre à la vie éthique

(*Sittlichkeit*) achevée étatiquement. La politique vraie repose donc sur le choix toujours libre – procédant du génie inégal de l'homme politique ou de l'homme d'État, voire, à sa cime, du héros de l'histoire mondiale que se révèle être celui-ci – de l'action qui traduit l'exigence rationnelle dans le contexte historique à chaque fois donné. Elle actualise la maîtrise immanente de la situation particulière du monde par un esprit singulier – l'esprit du peuple singularisé – auquel cette situation est présente comme dans sa propre « âme ».

A son sommet, l'action politique manifeste la présence à soi du dynamisme rationnel du monde dans un héros qui exprime « l'esprit du monde » véritablement tel quand il s'achève en sa spiritualité et en son universalité, en se révélant dans la simple génialité, par exemple napoléonienne, de « l'âme du monde » aperçue par Hegel au moment de la bataille d'Iéna. La raison agie par les grands individus de l'histoire leur est bien présente. Ils savent ce qu'ils font et c'est pourquoi ils ont voulu ce qu'ils ont fait et qui est l'exigence universelle du monde présent dont ils ont pressenti en leur intuition pratique le contenu : « Les individus de l'histoire universelle […] savent et veulent leur œuvre, parce que le moment de celle-ci est venu. Elle est ce qui est déjà présent dans l'intérieur. Ce fut leur affaire que de savoir cet universel, le degré nécessaire, suprême, de leur monde, que de se le donner comme but, et que de placer en lui leur énergie […]. Ils sont les clairvoyants : ils savent ce qui est la vérité de leur monde, de leur temps, ce qui est le concept »[1].

1. *VG* – JH, p. 98.

Mais ce savoir politique suprême du concept du devenir en soi rationnel du monde n'est pas lui-même un savoir conceptuel : « Ce concept est propre à la philosophie. Les individus de l'histoire universelle ne sauraient l'avoir, car ils sont pratiques »[1]. Leur agir vrai, tel absolument, qui est l'actualisation du concept de l'histoire politique, ne peut se dire dans un discours conceptuel qui serait vrai, c'est-à-dire dans le discours spéculatif définitif, car, lorsque ce concept actualisé, agi, pratique, sera saisi lui-même conceptuellement, il constituera, dans sa nouvelle forme d'existence, un contenu aussi nouveau, celui de la philosophie spéculative. La vérité théorique, spéculative, de la vérité politique en tant que telle, aura un autre contenu que celui de celle-ci, le contenu constitué par la vérité philosophique de la vérité politique. C'est bien dans l'entre-deux dynamique de la vérité scientifique positive et de la vérité scientifique spéculative de la politique que se situe la vérité politique incarnée par Alexandre, et non par Aristote, ou par Napoléon, et non par Hegel. Affirmation qui est elle-même une vérité scientifique spéculative sur le rapport entre vérité politique et vérité scientifique en général.

La systématisation hégélienne de l'être exploré en tout son sens et en toute sa réalité insère concrètement en elle, sous la juridiction absolue de la philosophie parvenue à la scientificité suprême, la vérité politique, mais en consacrant de son autorité la spécificité de cette vérité ; illustration exemplaire de l'affirmation que la philosophie de l'identité qui veut et doit être

1. *Ibid.*

une philosophie de l'absolu conçu comme auto-développement systématique de lui-même doit être toujours attentive à marquer la différence de ses divers moments. La vérité politique est clairement située, dans l'esprit objectif, entre la vérité scientifique d'entendement, logée dans la culture essentiellement élaborée au sein d'une société civile que l'État, puissance absolue de toute réalisation, confie à elle-même dans son autorité vigilante mais libérale, et la vérité scientifique rationnelle, qui, elle, relève de l'esprit absolu, lequel se sait et veut redevable à l'État de ses conditions optimales d'exercice effectif. Elle est donc tellement justifiée philosophiquement en sa spécificité aussi bien eu égard à la science positive qu'eu égard à la science spéculative dont elle profite autant que toutes deux profitent d'elle, qu'elle ne doit redouter l'impérialisme d'aucun scientisme, qu'il s'agisse d'un positivisme ou d'un philosophisme, pas plus que la science positive et la science philosophique ne doivent craindre un empiètement sur elles d'un totalitarisme politique. La juste mesure hégélienne préserve autant la vérité relative de la politique qu'elle interdit son absolutisation.

## CHAPITRE XXI

## LE JUGEMENT DE L'HISTOIRE

L'identification schillérienne – dans le poème « Résignation » – de l'histoire mondiale (*Weltgeschichte*) et du tribunal jugeant de façon ultime le monde (*Weltgericht*) baptise, dans la philosophie du droit de Hegel, l'accomplissement de ce droit et de sa réalisation, la justice, dans l'histoire universelle. Dans l'histoire universelle, c'est-à-dire dans le devenir qui écrase et engloutit de la manière la plus massive, infiniment, l'affirmation, au fond, moralement responsable, par les individus singuliers et les groupes particuliers qu'ils constituent, d'un droit qui se présente d'abord à eux, en son contenu, comme la norme idéale des situations historiques. L'histoire en son effectivité totale se jugerait elle-même dans ses activations les plus volontaires en imposant à la liberté idéalisante qui se croit responsable de celles-ci le sens positif ou négatif réel que leur conférerait la nécessité immanente se jouant d'une telle liberté. On a souvent dénoncé chez Hegel l'idée d'une justice ainsi toute immanente qui qualifierait par l'immédiateté factuelle de l'événement, par son succès ou son échec, la valeur des entreprises, notamment politiques, de l'humanité : on ne saurait être à la fois juge et partie, et la chose n'est vraiment jugée que dans le surplomb d'elle-même.

Mais, qu'une justice immanente ne soit encore de la justice qu'autant que son immanence se surmonte, se transcende elle-même, c'est-à-dire se sépare d'abord d'elle-même, c'est ce que Hegel n'ignore lui-même aucunement, lui qui renvoie bien toujours le mot allemand « juger [*urteilen*] » à son sens étymologique de partition [*Teilen*] originaire [*ur-*], de mise à distance de soi, de réflexion en soi idéalisante ou irréalisante. Le thème hégélien de l'équation : histoire mondiale – jugement dernier du monde comporte bien l'affirmation d'une telle différenciation ou médiation animante, spiritualisante, du jugement que l'histoire universelle porte sur son propre développement. C'est pourquoi il convient de libérer ce précédent rationnel, chez Hegel, de la reconnaissance d'un tribunal de l'histoire, de son exploitation unilatérale ultérieure par telle ou telle forme du réalisme historiciste. Le marxisme, par exemple, a bien été l'une de ces formes, lui qui définissait le bien, en l'occurrence le communisme, comme le pur résultat du développement de l'histoire en son effectivité matérielle : « Le communisme n'est pas pour nous un état qui doit être institué, [c'est-à-dire] un idéal d'après lequel l'effectivité a à se juger. Nous nommons communisme le mouvement effectif qui supprime l'état présent » [1].

---

1. Marx-Engels, *L'idéologie allemande*, éd. bilingue, Paris, Éditions sociales, 1972, p. 110, traduction modifiée.

Les remarques qui vont suivre veulent rappeler que le hégélianisme n'a rien d'un tel historicisme du contenu pratique juridico-éthico-politique : celui-ci se définit et justifie par lui-même, chez Hegel, comme l'objectivation de la liberté ou comme le droit, dont l'histoire universelle n'est elle-même qu'un moment – fût-il le moment suprême –, un droit qui, au surplus, n'est à son tour qu'un moment de l'esprit dont l'être absolu dépasse, en la portant, la sphère de l'histoire et du droit. Un retour discriminant sur l'apport hégélien peut, de ce fait, par la maîtrise synthétisante qu'il doit ménager, contribuer à clarifier la complexité problématique du thème de la relation entre justice et histoire, en son actualité même, encore redevable théoriquement à l'auteur des *Principes de la philosophie du droit.*

Il s'agit, tout d'abord, de comprendre la promotion hégélienne de l'histoire mondiale en juge suprême de la pratique humaine, individuelle et collective, en la totalité de sa manifestation intérieure et extérieure. Et, pour ce, de reconnaître que la justification d'une liberté qui s'actualise, se réalise ou s'objective, bref : s'assume dans le champ du droit au sens large significatif que Hegel donne à ce terme, celui d'être l'objectivation de la liberté en un monde, n'est entreprise, en premier lieu par elle-même, à travers un jugement de responsabilité, que dans la considération de ses effets importants quant aux relations inter-humaines. Or, pour Hegel, l'assomption d'une éthique de la responsabilité lie la pensée de celle-ci à l'immersion de l'agent dans le contexte étatique.

Car c'est la communauté structurée de l'État qui permet à une action d'être vraiment telle, d'exprimer donc essentiellement son auteur en neutralisant les obstacles extrinsèques, en disposant pour lui autour de lui un ordre pacifiant les rapports interindividuels alors eux-mêmes intensifiés et développés. Pour Hegel, la condition fondamentale de tout agir libre, conscient de sa responsabilité en même temps que de sa dimension collective, c'est bien l'État, et ce, quel que soit l'accent dominant de cet agir : politique, mais aussi social, également moral, et, tout autant, religieux ou philosophique. Moment objectif total de tout contexte spirituel, l'État fait exister effectivement tous les autres moments de celui-ci, même ceux qui le dépassent par leur contenu supra-objectif, à savoir ces figures de l'esprit absolu que sont l'art, la religion et la philosophie. Ce qui veut dire qu'une détermination de l'esprit d'où l'étatique est absent n'existe que par une abstention de l'État, c'est-à-dire par son agir et, sans doute, son agir suprême, celui de se limiter ou sacrifier lui-même ; il faut vraiment beaucoup d'État pour contenir et réduire effectivement l'étatisme ! C'est vers une telle prise de conscience de l'implication politique du jugement de responsabilité que l'histoire conduit l'esprit. Et cette prise de conscience est, puisque le lieu de l'affirmation de l'État, essentiellement face aux autres États, est l'histoire universelle, celle de l'implication historique d'un tel jugement.

L'éthique hégélienne de la responsabilité pleinement assumée, quelle que soit la visée de l'acte, dans l'insertion étatique de l'agent est ainsi une éthique historique. Le Bien n'est pas un simple idéal facilement opposable par l'arbitraire subjectif à l'effectivité historique, mais ce qui a la force de se réaliser en celle-ci. Un tel Bien, assurément, fait s'absoudre l'histoire universelle d'une multitude de maux physiques et moraux endurés par les individus, les peuples et les États eux aussi, limités par leur particularité. Mais, il faut le souligner, cette absolution historique ne signifie nullement, de la part de Hegel, la disqualification de tels maux : il ne cherche aucunement à présenter ces maux comme des biens, ainsi que le fait l'optimisme immédiat, non dialectique, de Leibniz. Autrement dit, les valeurs – morales ou religieuses par exemple – dont l'histoire annule la proclamation, restent absolument des valeurs : « Ces forces spirituelles sont sans réserve justifiées… La religiosité, l'éthicité d'une vie limitée – d'un berger, d'un paysan – ont en leur intimité concentrée et en leur limitation à des Rapports réduits et tout à fait simples de la vie, une valeur infinie » [1] ; la même valeur, donc, que celle des singularités historiques remplies du contenu universel de l'histoire, qui sont celles des grands individus – Alexandre, César, Napoléon – de l'histoire mondiale. Car « ce centre intérieur, cette région simple du droit de la liberté subjective, le foyer du vouloir, de la décision et de l'agir, le contenu abstrait de la conscience morale, ce qui renferme la responsabilité et la valeur de l'individu, son *tribunal éternel* [souligné par nous], reste hors d'atteinte et est arraché au tumulte bruyant de l'histoire universelle » [2].

---

1. *VG*, JH, p. 109.
2. *Ibid.*

Et Hegel y insiste : une telle affirmation de la justice idéale en son éternité est intouchable, non seulement de la part des « vicissitudes extérieures et temporaires » de l'histoire du monde, mais même de la part des grands tournants que comporte « l'absolue nécessité du concept de la liberté »[1], pourtant eux-mêmes plus élevés que tout ce qu'il y a de plus noble et de justifié comme tel – dans le monde. Comment, alors, peut-on penser l'affirmation de la valeur inentamée du Bien qu'on peut qualifier d'idéal et d'abstrait, dans sa subordination maintenue au Bien concrétisé dans l'accomplissement de l'histoire universelle ?

Une telle affirmation n'est possible que par la pensée de l'identité finale, téléologique, de l'idéal moral et de l'effectivité historico-politique, du Bien en tant qu'il a à être et du Bien en tant qu'il est, thème central du hégélianisme. Cette identité ne peut être seulement en soi, objective ; elle doit nécessairement être aussi subjective, pour elle-même, dans la conscience des agents de l'histoire. Si ceux-ci sont bien, en un sens, des instruments de l'histoire universelle, ce sont des instruments subjectifs, ainsi conscients de leur responsabilité, et se rapportant à leur action, tout instinctive qu'elle puisse aussi être en sa singularité passionnelle limitée, comme à un universel exigeant ou à un bien peu ou prou idéal. Les grands individus de l'histoire mondiale ne peuvent, d'ailleurs, remplir leur mission que moyennant l'écho normatif qu'elle suscite chez les peuples qu'ils mobilisent efficacement. Le philosophe

1. *VG*, JH, p. 109.

spéculatif conçoit alors le sens rationnel d'un tel lien du destin historique et de l'impératif pratique. Pour lui, d'une part, l'universalité idéale affirmée dans et comme le Bien moral ne s'effectue réellement dans l'élévation au-dessus du formalisme hypocrite de la conscience pure qu'en se concrétisant dans le contenu de la grande œuvre historique, et, d'autre part, celle-ci ne peut réussir qu'en faisant s'actualiser la forme énergique de la conscience du Bien – comme du droit, également – en laquelle elle insère son contenu concret. L'éthicité réelle se pense, en Hegel, comme seule capable d'amener à l'existence ce dont elle accomplit l'essence. Le réalisme éthico-politique n'est ainsi aucunement la simple négation abstraite de l'idéalisme juridico-moral, car c'est une seule et même raison qui se déploie dans l'affirmation juridico-morale du Bien idéal et dans l'engagement historique au service du Bien réel. Le sens complet de la responsabilité éthique requiert la conjonction, diverse en ses modalités – du témoin héroïque au héros de l'histoire –, qui n'exclut pas la tension de leur unité par là vivante, de la première et du second. Sur ce point, le hégélianisme est bien la transposition ou l'exploitation rationnelle de l'identité chrétienne du Dieu sage, à la fois bon en sa législation qui s'adresse à l'homme libéré par lui, et puissant en son gouvernement providentiel mystérieux du monde ; et, on le sait, pour Hegel, le mystérieux chrétien est l'en-soi non encore reconnu du spéculatif ou du rationnel. De la sorte, les jugements de l'histoire mondiale sont ceux d'une raison, de la raison, qui est la puissance absolue précisément parce qu'elle est la raison, à l'opposé de la simple brutalité du fait. Le tribunal de l'histoire, c'est, aux yeux de Hegel, celui de la raison qui se fait historique pour être plus rationnelle, même si ce n'est pas en tant qu'historique qu'elle est le plus rationnelle : double limitation de l'historicisme, qui caractérise la reconnaissance hégélienne du sens de l'histoire.

Si l'histoire universelle n'est pas le simple tribunal de la puissance nue, si elle n'est pas la nécessité irrationnelle « d'un destin aveugle » [1], c'est qu'elle est le tribunal d'un absolu qui n'est tel que comme esprit et que l'esprit n'est pas seulement puissance, mais unité de la puissance répressive et de la bonté permissive dans la sagesse qui sauve la particularité en l'intégrant à l'universalité. La puissance qui s'impose même au droit international que les particularités étatiques s'emploient à construire par leurs libres contrats ou traités n'est pas une nécessité brute, insensée, mais l'expression négative d'une liberté supérieure, car elle est celle de l'esprit en son universalité. Le tribunal qu'est l'histoire mondiale est le tribunal d'un tel esprit, et cet esprit est « un tribunal parce que, dans son *universalité* qui est en et pour soi, le *particulier*, les Pénates, la société civile et les esprits-des-peuples en leur effectivité bigarrée bariolée ne sont qu'en tant qu'*élément idéel* » [2]. Mais cette idéalisation ou irréalisation, parce qu'elle est pensante, donc universalisante, fait se retrouver et s'affirmer la

---

1. *PPD*, § 342, trad. J.-Fr. Kervégan, p. 543.
2. *Ibid.*, § 341.

particularité dans l'universalité concrète qui la nie en accomplissant son vœu le plus profond. Pour le dire autrement, et puisque se retrouver soi-même dans son Autre, être chez soi en lui, c'est précisément la liberté, le jugement de l'histoire universelle impose par sa nécessité ce que les individus et les groupes humains attendent fondamentalement, à savoir leur liberté même, qu'ils actualisent progressivement dans chaque action. L'histoire universelle, c'est l'esprit du monde qui s'affirme dans et par les esprits des peuples et des individus, la réconciliation de l'esprit avec lui-même dans son existence objective.

Ce qui signifie que l'esprit du monde s'exprimant par l'histoire universelle n'est pas extérieur, telle la puissance obscure d'une force transcendante, aux esprits singuliers ou particuliers qui sont ses agents, mais des agents spirituels par là élevés au-dessus de tout rapport de simple instrumentation. Son universalité est aussi extensive, extérieure, parce qu'elle est d'abord intérieure, la rationalisation croissante de la conscience de soi agissante des esprits particuliers et singuliers. Pour une philosophie qui se veut la conceptualisation du Dieu incarné, de l'esprit mondanisé historiquement du christianisme, le jugement du monde par lui-même est originairement le jugement que l'esprit porte sur soi en son objectivation achevée historiquement, à travers les esprits individuels qui, dans le progrès culturel, universalisent de plus en plus leur contenu théorique et pratique. C'est l'esprit s'universalisant progressivement en son contenu objectif, éthico-politique, dans sa compréhension de lui-même – et, par là seulement, étant et se sachant capable de se donner aussi une existence universelle en extension –, qui prononce sur lui et les étapes de son devenir le jugement assignant, dans la totale présence à soi de son accomplissement actuel, le sens vrai de toute son histoire. C'est lorsque l'esprit arrive à la fin désormais survenue de son histoire universelle, à la conscience de sa vérité absolue comme liberté concrète, qu'il peut ainsi porter sur chacun des moments de son développement le jugement vrai, définitif, qui dissipe en celui-ci tout caractère de nécessité destinale abstraite en le transfigurant en auto-révélation de la liberté.

Or – et c'est le second point sur lequel je voudrais essentiellement insister dans cet exposé – quand l'histoire par là pleinement spiritualisée du monde se fait le jugement dernier sur elle-même, quand elle se recueille tout entière dans la jouissance de soi plénière de l'esprit se libérant en chacun des esprits – ce que dit justement la philosophie hégélienne de l'histoire –, elle se sauve aussi d'elle-même, de la vérité achevée de son contenu mais encore limitée par sa forme, en se surmontant du même coup comme un simple moment – le moment objectif – de l'absolu. Quand, au sein de l'esprit d'un peuple – car il n'y a pas de peuple universel, l'esprit objectivé de la seconde nature étant soumis, en son statut, à la particularisation constitutive de la nature –, l'esprit singulier du citoyen philosophe se rationalise en se faisant le temple de l'esprit du monde, en faisant exister en lui l'esprit mondain universel, il élève en même temps son sens universel au-dessus de sa simple mondanité, à jamais particularisante, et reconnaît comme étant sa vérité l'esprit absolu, dont le lieu supra-politique est celui de l'art, de la religion et de la philosophie. Voici le texte décisif : « C'est l'esprit *pensant* dans la vie éthique qui supprime dans lui-même la finitude qu'il a, en tant qu'esprit-d'un-peuple, dans son État et les intérêts temporels de celui-ci, dans le système des lois et des mœurs […]. Mais l'esprit pensant de l'histoire du monde, en tant qu'il s'est en même temps dépouillé, en les rabotant, de ces déterminations bornées, des esprits-des-peuples particuliers et de sa propre réalité mondaine, saisit son universalité concrète et s'élève au savoir de l'esprit absolu comme de la vérité éternellement effective dans laquelle la raison qui sait est libre pour elle-même, et dans laquelle la nécessité, la nature et l'histoire ne sont que pour servir la révélation de cet esprit, et des vases d'honneur à sa gloire » [1]. Ainsi, lorsque l'esprit absolu se justifie comme histoire universelle, lorsqu'il proclame son incarnation historique comme se jugeant elle-même définitivement en son contenu objectif, il fait de ce jugement dernier – le premier, en fait, vrai – de l'histoire sur tout son contenu universel le jugement de sa forme historique relativisée par son absoluité fondamentalement supra-historique. L'histoire peut se juger elle-même parce qu'elle est, en ce jugement d'elle-même, plus que simple histoire. L'esprit objectif, c'est l'esprit objectivé et qui n'atteint son objectivité complète et vraie qu'en se prouvant par

---

1. *Encyclopédie* III : *Ph.E*, édition 1830, § 552, p. 333.

là même comme esprit absolu culminant dans la philosophie spéculative.

Et c'est bien pourquoi, celle-ci, en Hegel, glorifie aussi historiquement des figures supra-historiques, absolues en quelque sorte, de l'histoire du monde, dont la gloire ne consiste pas dans un haut fait immédiatement politique, puisque leur existence a été, au contraire, un échec face à la puissance de l'État, il est vrai encore fort éloigné de sa vérité rationnelle, et même si son affirmation abstraite comme puissance réprimant sa mise en question morale, religieuse ou philosophique, conditionnait la future réalisation de cette vérité. Au plus loin des grands individus immédiatement politiques de l'histoire du monde, un Alexandre, un César, un Napoléon, Socrate, par exemple, est bien considéré par Hegel comme une personnalité de cette histoire – et non pas seulement de l'histoire de la philosophie. Il a, en effet – dans sa proclamation du Bien moral universel, qui faisait éclater la légalité bornée trop unilatéralement objectiviste d'une Athènes à laquelle il se soumettait néanmoins extérieurement – indirectement œuvré pour la raison historique concrète à venir : l'État vrai accomplissant l'histoire exigeait bien l'animation subjective, dans la conscience idéalisante de soi, de la constitution politique objectivement réelle. Plus encore, selon Hegel, la dénégation christique du légalisme politique judéo-romain – il n'y a plus ici de prosopopée des lois, car le vrai royaume n'est pas de ce monde et de l'histoire grandiose de celui-ci – est pourtant « le gond autour duquel tourne l'histoire mondiale »[1]. La mort historique de l'homme-Dieu rabaisse, en son immédiateté, radicalement l'histoire et son jugement en leur affirmation abstraite alors vouée au néant, mais en les sauvant médiatement en leur vérité concrète de moment de l'esprit incarné en elles. Dans son développement rationnel orienté vers la réalisation de l'identité de l'identité – le rapport à soi – et de la différence – le rapport à l'Autre – qu'est précisément la raison ou la liberté comme être chez soi dans l'Autre, l'histoire du monde se nourrit, en son jugement dernier aussi, de l'affirmation subjective, relative dans la morale et absolue dans la religion (pour ne pas évoquer ici la philosophie, par exemple avec le rôle historique décisif joué par Descartes dans la révolution moderne du monde), des principes pratiques supra-historiques. La moralité, moment médian, donc critique ou négatif en sa différence, de l'esprit objectif ou du droit se réalisant positivement en ses deux moments extrêmes de droit abstrait et de vie éthique, fonde le premier dans son intériorité idéalisante, mais sur la conscience d'un universel dont l'ineffectivité fait ressentir la nécessité de sa concrétisation historique dans le droit absolu qui est celui de l'esprit du monde. Anticipant alors, au niveau de l'esprit objectif, la subjectivité universelle vraie de l'esprit absolu, l'affirmation des valeurs morales en leur visée transhistorique conditionne la reconnaissance du fondement spirituel concret de l'existence historique où se réalise l'esprit en son objectivité. Or, si l'État, en tant qu'universel réel,

1. *WG*, L, p. 722.

fortifie de sa réalité l'existence objective de toute
universalité spirituelle, il a lui-même son fondement
intérieur ultime dans la subjectivité absolue, en son
foyer religieuse, de l'esprit. Le tribunal de l'histoire
est bien l'expression objective d'une justice toujours
rendue par la subjectivité absolue de l'esprit.

Le jugement du monde par l'histoire n'accède
à sa vérité absolue qu'en tant, donc, qu'il n'a plus
pour sujet le seul monde, le seul esprit du monde, à
savoir l'esprit qui s'est fait mondain, qui s'est incarné
historiquement, mais l'esprit qui s'affirme dans son
absoluité à travers sa manifestation artistique, religieuse et philosophique. Alors, le jugement s'achève
dans les deux sens, positif et négatif, du terme ; il s'agit
du jugement humano-divin qui dépasse le jugement
relatif en ses diverses formes : le jugement prononcé
dans le domaine du droit abstrait, celui qui émane de la
conscience morale, et le jugement politico-historique.
Ainsi, convient-il de relativiser ce dernier au sein de
l'organisme hiérarchisé de l'acte de juger déployé
par le système hégélien. D'une part, le jugement
couronnant la vie de l'esprit objectif réalisé comme
l'histoire des États, n'invalide aucunement ceux qui
sont rendus au niveau du droit abstrait ou prononcés
au niveau de la moralité ; d'autre part, il ne saurait
constituer le jugement ultime, vraiment dernier, porté
sur l'existence mondaine, car le jugement absolu
porté sur le monde en son histoire comme sur toute
chose ne peut être que le jugement de l'esprit en son
absoluité, dont la justice comprend sans s'y réduire,

bref : juge, la justice de l'histoire. Dans le système hégélien, l'esprit rend bien justice à chacun de ses moments, mais son moment objectif n'est pas son moment absolu.

## CHAPITRE XXII

# LE STATUT ONTOLOGIQUE
## DE L'ESPRIT DU MONDE

Le concept hégélien d'esprit du monde, comme concept du principe de l'histoire mondiale, nie aussi bien la représentation du fondement providentiel transcendant de cette histoire que la représentation d'une puissance qui lui serait tellement immanente qu'elle n'aurait pas d'autre contenu que le monde (*Natura sive Deus*). L'esprit du monde n'est ni purement monde ni purement esprit, mais l'unité des deux. Unité, typiquement hégélienne, d'une contradiction, car l'esprit est unité tandis que le monde, simple « collection de ce qui est spirituel et de ce qui est naturel »[1] ne peut être l'objet d'un vrai concept, d'une catégorie proprement dite de l'Encyclopédie hégélienne, mais seulement celui d'une pensée descriptive, empirique. Prototypique est même, chez Hegel, l'unité d'une telle contradiction entre l'unité spirituelle et la dispersion ou différence mondaine. La contradiction est, en effet, ici principielle, donc

---

1. *Encyclopédie* II : *Ph.N*, édition 1830, Add., § 247, p. 348.

maximale, puisqu'elle oppose l'histoire du monde reprenant en elle toute la diversité du réel à l'esprit en son absoluité. Elle s'aiguise même en une intimité d'elle-même, car l'esprit du monde se sait, et donc est en son sens vrai, à savoir comme universel, en tant qu'il s'affirme pensant, par là plus que mondain, en soi déjà absolu. « C'est – dit ainsi Hegel – l'esprit *pensant* dans la vie éthique qui supprime dans lui-même la finitude qu'il a en tant qu'esprit d'un peuple [...]. Mais l'esprit pensant de l'histoire du monde, en tant qu'il s'est en même temps dépouillé [...] de sa propre réalité mondaine, saisit son universalité concrète [auto-déterminée] et s'élève au savoir de l'esprit absolu »[1]. Mais, alors, la contradiction de l'esprit du monde s'intensifiant en contradiction impliquant l'esprit absolu, l'unification capable de la maîtriser et de réaliser par là vraiment son auteur semble bien celle opérée par l'esprit absolu lui-même. La réalité de l'esprit du monde ne se dissout-elle pas métaphoriquement entre la réalité sensible et sentie expérimentée de l'esprit singulier ou particulier, et la réalité pensée s'auto-prouvant de l'esprit universel absolu ? Je ne le crois pas et vais présenter une justification hégélienne de la réalité de l'esprit du monde 1) en dégageant les conditions auxquelles doit satisfaire la pleine rationalisation historique du droit ou de l'esprit objectif, qui ne peut être l'œuvre que d'un véritable esprit ; 2) en montrant ensuite que cet esprit ne peut être qu'un esprit du monde comme

---

1. *Encyclopédie* III : *Ph.E*, édition 1830, § 552, p. 332 *sq.*

individu ; 3) en établissant enfin que celui-ci, en tout son lien à l'esprit absolu, est pleinement réel.

La nécessité spéculative d'un esprit du monde provient tout d'abord du statut ontologique borné de ce monde, élaboration culturelle de la nature première en ce qui n'est encore qu'une seconde nature. Le monde ne peut surmonter dans lui-même l'extériorité à soi constitutive de la première nature et encore présente dans la seconde nature. Cette extériorité à soi interdit la totalisation achevée de la nature, qui ne peut dès lors s'intérioriser en une « âme du monde ». Elle fait que l'unité globale de l'organisation géologique, qui ne s'anime qu'à l'extérieur de lui dans le processus météorologique à l'origine de ses catastrophes passées, est beaucoup moins intense que celle, si ponctuelle, des organismes biologiques qu'il renferme en sa surface. Mais la présupposition naturelle du monde objectif, en tant que tel encore extérieur, de l'esprit, empêche également l'unification elle-même étatique des États. Un État mondial est éthiquement, c'est-à-dire rationnellement, impossible, ce qui condamne le droit international, en l'absence de tout préteur universel puissant, à rester un simple devoir-être. A supposer même que tous les États deviennent à l'intérieur de chacun d'eux rationnels, la déraison pourrait encore régir leurs rapports et, puisque la raison est totale ou n'est pas, renverser aussi le droit politique interne et, par là, ramener l'humanité à la violence naturelle. L'auto-affirmation rationnelle de l'être qui s'avère scientifiquement dans la Logique hégélienne impose alors au philosophe spéculatif du droit de reconnaître, à la cime de celui-ci, un processus supra-juridique de la réalisation nécessaire de tout le système de la raison juridique.

La rationalité logico-ontologiquement fondée de la conduite effective des États exige que, dans le domaine du droit international, là même où leur décision totale alors souveraine n'est soumise à aucune autorité juridique supérieure, elle soit cependant en fait rendue conforme au droit dans ses suites ou effets, par conséquent dans le devenir d'une histoire ainsi soumise à la raison. C'est dire que, depuis le commencement des États ou de l'universalisation légale – généralisée dans l'espace et répétée ou constante dans le temps, espace et temps en cela arrachés à leur dispersion naturelle et par là spiritualisés – des comportements des individus ou des groupes au sein des peuples, les exigences d'abord les plus frustes, simples ou abstraites, de la raison ont été, en leur concrétisation progressive, imposées de plus en plus largement dans le monde. Ce qui signifie, puisque ces exigences sont découvertes et appliquées d'abord en un lieu et un temps déterminés, que le peuple organisé étatiquement qui les fait siennes obtient par là même la force de les imposer comme le droit régnant aux autres peuples. Une telle augmentation, par la raison s'incarnant dans un État, de la puissance réelle de celui-ci, inaugure, à l'intérieur de lui-même, un devenir historique qui doit nécessairement, puisque la raison se dévoile et réalise par étapes, s'inverser dans le déclin de l'État qui s'obstine en l'absolutisant dans l'affirmation, à laquelle il s'identifie, d'un aspect ou moment partiel de cette raison. Mais l'auto-négation d'un moment plus partiel de la raison, porté par un peuple qui s'est usé à cette tâche, doit aussi être la position d'un moment moins partiel par un autre peuple, capable de prendre le relais dans l'entreprise historique de la réalisation du droit. Il faut alors que ce nouveau peuple soit voisin de son devancier pour avoir pu être influencé par lui et recevoir de lui un droit qu'il a dû faire sien, mais sans s'identifier à lui, réservant de la sorte son énergie propre et originale à la découverte et actualisation du droit palliant, par son plus grand pouvoir totalisant l'existence, les insuffisances, plus manifestes à lui, du précédent. Mais aussi, une fois le nouveau droit proclamé par lui, pour pouvoir le confirmer et se confirmer lui-même en vainquant le peuple héraut du droit antérieur et en soumettant, du même coup, également le monde dominé jusque là par ce peuple et ce droit. – La réalisation historique de la raison juridico-politique requiert donc 1) que celle-ci forme un système idéel concret de ses moments, et 2) qu'elle s'effectue elle-même sytématiquement en un monde dans la spatio-temporalité de l'esprit objectif.

Cependant, la totalisation requise de la totalisation logique et de la totalisation objectivement spirituelle de la raison ne suffit pas. Car le milieu réalisant qu'est l'esprit objectif est lui-même conditionné en son existence par son amont et son aval dans la totalité du réel, à savoir par l'objectivité non spirituelle, mais naturelle, d'une part, et, d'autre part, par l'esprit non objectif ou encore naturé, mais absolument spirituel, c'est-à-dire par l'esprit absolu. – Si la nature ne détermine pas l'esprit, même objectif, où se déroule l'histoire foncièrement rationnelle, elle le conditionne, d'abord en son surgissement. C'est, en effet, encore la nature qui permet, donc limite, l'arrachement spirituel, notamment historique, à elle-même de l'esprit fini. Il y a des lieux non propices, par eux seuls, à l'émergence d'une vie pleinement historique des hommes pourtant tous d'emblée, en leur naturalité même, plus que naturels, vraiment humains. Ensuite, le développement de l'histoire manifeste constamment la complicité de celle-ci et de la géographie dans « la plus excellente » [1] des planètes, tant la richesse harmonisée, la concréité de la Terre, la destinait à être le lieu de l'incarnation de la raison ou du Logos. Il faut bien que la continuité dialectique de l'histoire en sa centration moyen-orientale s'accorde qualitativement avec celle de la géographie, dans leur commun cheminement de l'Est à l'Ouest. Mais, conditionnement n'étant pas détermination, la convergence permettant le déploiement de la raison historique exige, au principe de cette raison, la synthèse de l'objectivité naturelle et de l'objectivité spirituelle.

En aval de l'esprit objectif où se situe l'histoire du monde se constituant tel, en son unité croissante, par elle, l'esprit achevé ou absolu doit, lui aussi, s'accorder avec ce qu'il fonde et fait s'accomplir en tant qu'il est lui-même religion et savoir spéculatif. Là aussi, la religion, par exemple, ne déterminant pas plus l'État que celui-ci ne la détermine, leur concordance nécessaire à la solidité des deux doit

---

1. *Encyclopédie* II : *Ph.N*, Add., § 339, p. 557.

être assurée par le principe de l'histoire universelle – le thème est trop connu pour qu'on s'y attarde ici. L'histoire mondiale se nourrit de l'extériorité naturelle tout autant que de l'extériorité spirituelle, et de l'intériorité absolument spirituelle, humano-divine, présente dans l'art, la religion et la philosophie. Elle a bien pour élément « l'effectivité spirituelle dans tout son champ d'intériorité et d'extériorité »[1], c'est-à-dire que son contenu réel est celui du monde pris en sa totalité mobilisatrice aussi du supra-mondain. L'histoire de l'art, celles de la religion et de la philosophie, expriment un absolu dont l'être, qui joue ainsi un rôle en elles, fonde l'être des moments de l'histoire effective du monde, laquelle, en retour fait se réfléchir son devenir réel dans le devenir plus idéel, phénoménal sinon apparent, de celles-là. Le principe maîtrisant la naissance et le cours de l'histoire effective, originellement mondaine, de la raison originairement éternelle, doit ainsi nécessairement totaliser en lui tous les processus qui organisent la réalisation de l'Idée logique en se laissant organiser par celle-ci en eux, entre eux et avec elle. Qu'est donc un tel principe, pour pouvoir assurer en sa vérité, au faîte du droit, tout l'édifice de celui-ci, en mobilisant l'affirmation, qui le dépasse, de l'esprit absolu, pour conduire jusqu'à cette vérité l'histoire naturellement conditionnée par laquelle il doit passer ?

On ne saurait se contenter de dire que ce principe doit bien être un *esprit* du monde historique où le

---

1. *PPD*, § 341, trad. J.-Fr. Kervégan, p. 543.

droit a à se réaliser, et un esprit *objectif*, voire l'esprit objectif *ultime*, puisque c'est là le contexte où se situe, en cette étape de la spéculation, toute détermination rendue nécessaire pour que l'être tel qu'il s'y est développé ne s'annule pas en non-être. Car c'est, bien plutôt, parce que ce principe doit – pour faire de ce qui est sa raison d'être, la raison de sa convocation spéculative ici et maintenant – être un tel esprit, que Hegel l'inscrit dans une telle étape du processus de l'être. Sa raison d'être un tel esprit, l'esprit objectif achevé, en cela, puisqu'il n'est plus en étant pleinement, pour le moins bien complexe, est alors elle-même une raison complexe, faite d'un réseau de raisons d'être. Celles-ci le prédéterminent dans lui-même au plus loin de l'abstraction à laquelle on le réduit en voyant en lui une simple accentuation immanentiste de la Providence divine. Celle-ci est définie seulement par sa fonction de position absolue, donc totalement justifiante, des événements. Le caractère éternel de cette position, qui renforce son identité à soi abstraite, ne permet guère de la différencier, sinon dans le formalisme d'un discours dogmatique extérieur, comme position finalisée opérée par un Esprit, de la position simplement causale opérée, suivant le substantialisme spinoziste, par une Nature. La puissance déterminant l'histoire en sa vertu unificatrice de l'esprit objectif doit elle-même, en son opération même, être déterminée comme une puissance spirituelle.

Une telle opération synthétise dans et comme l'histoire effective le processus idéel éternel de la pensée logico-ontologique ou de l'Idée, sous l'injonction et suivant l'organisation de celle-ci, avec la synthèse réelle du processus spatialisé géologico-géographique, du processus temporel de l'histoire immédiate socio-politique et du processus éternel-temporel de l'histoire réfléchie foncièrement religieuse. Cette synthèse complexe qui s'actualise, du fait de la variation spatio-temporelle de ses composants réels – nature et esprit objectif –, de façon sans cesse singulière, doit, pour faire se totaliser l'histoire, en chacune de ses actualisations, synthétiser ses synthèses singulières successivement présentes dans une unique présence à soi éternelle de ce qui est un Soi, le Soi. Cette réflexion en soi totale de la totalisation de l'histoire en fait une activité, l'activité plénière, d'un esprit, de l'esprit plénier. C'est ainsi l'auto-détermination ou la liberté constitutive de l'esprit qui est le principe de la réalisation mondaine historique de la raison nécessitante ; la raison œuvrant dans l'histoire est la raison de l'esprit. Il faut le souligner contre la tentative réitérée de dé-spiritualiser le rationalisme hégélien, en considérant par exemple que la réalisation de l'Idée logique dans la nature et dans l'esprit – un esprit qui serait réductible, en sa réalité vraie, à l'esprit fini, purement humain – pourrait être assurée par une *Loi* programmant la totalisation historique avérante de la raison. Qui ne voit que cela reviendrait à vouloir faire déterminer par l'un de ses moments, le moment de son universalité alors abstraitement prise, le tout concret qu'est l'esprit comme auto-particularisation singularisante de son universalité ou comme auto-différenciation, auto-détermination personnalisante de son identité à soi. La pensée, qui est raison, est, certes, le moment-fondation de l'être, mais elle est, en sa vérité, pensée de la pensée, pensée se réfléchissant en soi, en un Soi, ou, comme l'affirme l'ultime catégorie de la Logique, clef de voûte du principe, la « personnalité pure »[1], réalisée comme l'esprit. L'esprit du monde est une réalisation de cette personnalité. Il n'est pas la personnalisation indue de la puissance substantielle dite absolue, en fait abstraite, d'un destin historique ignorant la vie concrète du monde, ni celle d'une Loi, comme telle relationnelle, c'est-à-dire, au fond, relative, inadéquate à la riche complexité de cette vie, mais l'esprit réel qui maîtrise concrètement l'histoire mondiale-mondaine de la réalisation vraie de la raison.

L'esprit n'est pas pour Hegel la pure universalité d'un simple attribut – le « spirituel », *das Geistige* – d'un sujet qui n'aurait que l'unité d'une substance et non pas celle d'un sujet réel, *a fortiori* d'une personne. Il ne faut pas, au faîte du hégélianisme, le faire rechuter au spinozisme ! L'esprit est, en sa vérité, la réalité absolue d'un sujet, mieux : d'une personne – *der Geist* – le sujet personnel qui pose tout le reste dans le prédicat sien où il se l'oppose. Dans l'élément de la pensée, qui porte tous les autres et a puissance sur eux, « l'esprit – répète Hegel – est essentiellement individu »[2] et, comme un tel Soi,

1. *SL*, *La logique subjective ou Logique du concept*, trad. B. Bourgeois, p. 318.
2. *VG*, JH, p. 59.

il concentre en lui toute la puissance de la pensée. C'est pourquoi il agit souverainement sur la nature et le milieu spirituel dont il a fait une seconde nature, en tant que telle tout autant soumise à l'esprit que la première. Au principe de toute action, il y a bien, rappelle Hegel, un individu. Son unité réfléchie en elle-même, par là fortifiée en sa singularité infinie, s'affirme en sa puissance de décision – elle veut – et de réalisation – elle peut –, en dominant et exploitant les particularités diverses, dispersées, par là faibles devant elle, naturelles et spirituelles des situations et circonstances. Hegel célèbre ainsi la force de l'esprit, dont l'individualité triomphe avec le plus d'éclat dans l'histoire du monde. Les grandes finalités unifiantes que l'esprit du monde assigne dans celle-ci à des peuples que leur état naturel-spirituel discordant semble rendre inaptes à les réaliser – par exemple la tâche confiée aux barbares Germains de mettre en œuvre dans un monde imprégné de culture gréco-romaine le message chrétien – sont, avec le temps, réalisées. L'esprit du monde est et, dans sa réflexion essentielle en lui-même, il se sait si puissant qu'il se fait, ou, bien plutôt, se laisse – belle pratique de subsidiarité ontologique ! – affirmer en sa rationalité à travers même le jeu de surface contingent de la diversité, différence ou opposition empirique liée à l'effectivité mondaine. Sa maîtrise rusée se joue de ce jeu qui lui est apparemment autre dans le monde. Reposant en son identité éternelle à soi, il possède ou a le temps, lui pour qui mille ans sont comme un seul jour. Il s'abandonne par là, sûr de ne pas s'y perdre, mais, tout au contraire, d'y exalter son pouvoir, à la lenteur d'un cheminement marqué par les détours, les pauses, voire les régressions provisoires, bref, par ce que l'on peut appeler la déraison, reconnue et vaincue, de la raison ainsi absolument assurée d'elle-même de l'histoire.

Un tel statut pleinement spirituel du principe de l'histoire mondiale permet et enjoint à la fois au philosophe de cette histoire, devenu spéculativement conscient qu'il en est le porte-parole, de maîtriser, par la stricte conception de ses raisons universelles systématisées, l'exploration positive, allant à l'infini, de ses causes empiriques. Hegel s'est superbement acquitté de sa tâche de philosophe de l'histoire mondiale que lui avait confiée, s'exprimant en lui dans son actualisation pour lui achevée, l'esprit du monde conduisant cette histoire à sa fin. Mais, en lui, le philosophe encyclopédique de l'être et, plus précisément de l'esprit où s'accomplit l'être, n'a peut-être pas rempli ainsi heureusement sa tâche que l'auraient souhaité ses lecteurs alors condamnés au débat entre eux. Il n'a sans doute pas suffisamment explicité l'articulation, dans l'esprit, de ses quatre actualisations essentielles elles-mêmes présentées comme des esprits et, en cette qualité, comme des individus, à savoir : l'esprit de l'individu humain, l'esprit d'un peuple, l'esprit du monde, et l'esprit divin ou absolu. Particulièrement problématique semble être le sens de la relation entre l'esprit du monde et l'esprit absolu, tous deux universels mais intervenant l'un dans l'autre, au point qu'on peut s'interroger sur l'existence même d'une individualité du premier, moins forte ontologiquement que celle du second.

En vérité, les quatre types d'esprit sont bien réels, à leurs niveaux respectifs, en tant qu'individus. Et ils sont caractérisés, comme individus spirituels, par leur capacité de décision efficiente, conjoignant en elle l'objectivité de l'esprit en tant que théorique, dont le savoir lié au pouvoir est la condition de tout succès, et la subjectivité de l'esprit en tant que pratique, dont le vouloir concentré en soi est la condition de toute initiative. Hegel attribue une telle capacité de décision, dans le monde, à l'esprit singulier de l'individu, à l'esprit particulier du peuple et, en tant qu'il est, lui, universel, à l'esprit du monde. Ce sont là les trois réalisations effectives de la libre résolution archétypique par laquelle l'esprit absolu en tant qu'en soi Idée logique ou « personnalité pure » laisse aller librement hors de lui une nature destinée à être spiritualisée en un monde. Ces décisions de l'esprit mondain rationalisent une objectivité, donc créent un droit dont l'ampleur et la vigueur sont mesurées par la dimension de cette objectivité dans chaque cas unifiée par la subjectivité spirituelle qui a puissance sur elle. Le droit de l'esprit du monde l'emporte, comme droit, sur le droit de l'esprit du peuple, et le droit de l'esprit du peuple l'emporte, comme droit, sur le droit de l'individu humain. Mais la réflexion en soi d'un vouloir l'égale formellement à tout autre vouloir, ce qui fait que le pouvoir d'un individu spirituel sur un autre ne peut s'effectuer qu'avec la coopération de ce dernier, qui reste un individu spirituel. La hiérarchie des esprits mondains ne supprime par leur irréductible capacité de décision ou leur liberté.

Ainsi, les décisions universelles, souveraines, de l'esprit du monde ne peuvent changer ce monde en tout son être, toujours particularisé et, de façon ultime, singularisé, qu'en mobilisant comme leur moyen le vouloir du peuple et des individus. Mais ce moyen reste un agent libre pour lui-même et pour l'esprit universel. Sa liberté peut consacrer les intérêts liés à sa finitude, à sa passion naturelle ou culturelle. Et c'est toujours à travers celle-ci que le jeu rusé de la nécessité mondaine lui fait réaliser de façon indirecte, en des détours plus ou moins longs et lents, mais dans une immanence respectueuse de la liberté des individus, les grands objectifs de l'esprit du monde s'exprimant lui-même d'abord dans l'esprit des peuples. L'omniprésence active de l'esprit du monde n'exclut pas plus que la présence locale de l'esprit d'un peuple la présence ponctuelle de l'esprit de l'individu singulier. Ces trois esprits mondains, bien réels en leur individualité étagée qui fait d'eux, au niveau de chacun, des sujets et non de simples prédicats, ne s'excluent pas tels qu'ils sont – comme font les corps – mais s'incluent en restant eux-mêmes. La négativité infinie de l'esprit fait qu'un esprit peut s'affirmer en niant l'autre en même temps qu'il se nie en affirmant l'autre. Ce pouvoir infini fait alors communiquer les uns avec les autres, dans la clarté du savoir comme dans le pressentiment des « clairvoyants » les esprits assurés en leur liberté.

Que la puissance de l'esprit habite l'agent singulier de la réalisation mondaine finale, totale, de la décision première, principielle, de l'esprit du monde, cela ne saurait cependant signifier qu'elle ne rende pas déjà absolument réelle cette décision et, par conséquent, l'individualité même de l'esprit universel. Certes, à l'évidente présence à soi de l'esprit singulier fixant en son vouloir la réalité sensible immédiatement donnée de son individu corporel, s'oppose le caractère problématique d'une décision d'un peuple dont l'individualité, excédant celle-là, doit réunir la multiplicité sensible si réelle des esprits singuliers. Et, *a fortiori*, va encore moins de soi, à ce qu'il semble, la réalité de la décision d'un esprit du monde devant réunir en une individualité universelle les particularités diverses, déjà idéelles, des esprits des peuples. Mais, pour Hegel, la prégnance affaiblie de la réalité sensible dans l'individualité spirituelle ne peut affecter la réalité vraie de celle-ci, puisque le sensible, en tant qu'extériorité à soi, est bien plutôt ce qui nie l'intériorité à soi, l'identité à soi constitutive de l'être. La présence à soi immédiate définissant l'esprit pleinement esprit, l'esprit absolu, en tant que différence d'avec soi aussitôt surmontée, le fait se concentrer sans réserve en lui-même comme pouvoir souverain de décision. Ce pouvoir se réfléchit davantage comme vouloir, voire effort, dans l'esprit qui s'est objectivé ou aliéné dans et comme un monde, et dont la différence à surmonter est ainsi fixée, distendant la présence à soi spirituelle en une conscience de soi. Celle-ci comporte alors des degrés, qui, comme degrés de l'esprit, sont qualitativement différents, et c'est bien pourquoi la conscience de soi singulière ne peut guère se représenter la, une, conscience de soi communautaire et, surtout, universelle. Mais, s'élevant à la philosophie, elle doit, en revanche, concevoir la présence à soi déjà conscientielle de l'esprit du monde, moins immédiatement sensible ou extérieure à soi, plus identifiée à elle-même en sa totalisation du monde, comme constituant en celui-ci l'individu spirituel le plus réel.

Ainsi assuré en son individualité réelle face aux individualités spirituelles, particulière et singulière, moins réelles, du peuple et de l'homme singulier, l'esprit du monde l'est peut-être moins face à l'individualité de l'esprit absolu. Leur caractérisation quantitative identique comme esprits universels semble pouvoir traduire un rapprochement qualitatif jouant à un tel point au bénéfice de l'esprit universel absolu qu'on pourrait considérer celui-ci comme le sujet de l'esprit universel relatif – posé – qu'est l'esprit du monde, alors réduit à un simple prédicat du premier. En vérité, si, pour Hegel, « l'esprit du monde est l'esprit en général »[1], si « cet esprit du monde est conforme à l'esprit divin, qui est l'esprit absolu »[2], il « n'est pas synonyme avec Dieu »[3], il n'est pas l'esprit absolu lui-même. Il en diffère par ceci qu'il est « l'esprit tel que celui-ci existe dans le monde »[4], ou « tel qu'il s'explicite dans la conscience

1. *VG* – JH, p. 30.
2. *Ibid.*, p. 60.
3. *Ibid.*, p. 262.
4. *Ibid.*

humaine »[1]. Cette conscience humaine – c'est là un pléonasme – s'étage, comme il a été dit, de sa singularité à son universalité. Ou, si l'on retourne la dialectique ascendante, avérante humainement, en la dialectique réelle, divinement descendante, elle passe, en termes religieux, du Dieu-homme aux hommes. Au demeurant, et fort significativement, Hegel se représente bien l'incarnation de Dieu comme « le gond autour duquel tourne l'histoire du monde »[2] – et où s'affirme donc, en tant que principe de celle-ci, l'esprit du monde. Et, pour rester encore un instant dans le concept incarné, on pourrait dire que le rapport de cet esprit du monde à l'esprit absolu est celui du Fils au Père, en remarquant que tous deux ont, en leur hiérarchie intime, la même réalité d'individualités sublimées en des « personnes ». La philosophie spéculative de Hegel, qui a voulu exprimer rationnellement la pensée chrétienne, saisit bien l'esprit du monde, dans son lien étroit à l'esprit absolu, comme l'équivalent conceptuel de la personne humano-divine à l'instant évoquée. C'est là ce qui lui assure le statut d'un véritable individu spirituel, comme tel capable d'agir lui-même, originalement, dans sa communauté originaire avec l'esprit absolu.

L'esprit absolu s'oppose dans lui-même, puisqu'il se fait être une telle relation, à lui-même alors posé comme esprit absolu, l'esprit relatif se totalisant en l'histoire du monde. C'est donc dans l'esprit absolu un en lui-même que l'esprit du monde agit et – puisque

1. *Ibid.*, p. 60.
2. *WG*, II-IV – L, p. 722.

c'est dans l'unité en question – interagit avec cet esprit absolu en tant que tel, à travers le lien hiérarchique qui l'unit à lui, d'une façon pourtant propre. Chacun d'eux fait ou laisse l'autre intervenir dans lui-même pour être vraiment lui-même. Ainsi, l'esprit du monde mobilise, afin de fixer en États solides les étapes de son devenir réel, l'être fondateur des moments – notamment religieux – de l'esprit absolu ; celui-ci, réciproquement, appelle l'histoire réelle du monde à se réfléchir idéalement en lui pour faire advenir l'art, la religion et la philosophie à leur vérité. Dans le contexte total d'une existence que régit d'abord l'auto-position éternelle du principe logique pleinement réalisé par l'esprit absolu, l'esprit du monde fait donc œuvrer tout l'esprit, mais suivant son originalité de moment encore limité. Originalité positive, en ceci que c'est seulement l'esprit du monde qui peut, en son travail de force, assurer le milieu universel dans lequel tout l'esprit, subjectif, objectif et aussi absolu, peut réaliser ses fins. Originalité négative, pour autant que le mal particulier et singulier bien réel qu'il provoque en un tel travail, et d'ailleurs ineffaçable comme mal, ne peut même être surmonté à son propre niveau. L'esprit du monde est bien l'Autre intime, à sa mesure, dont la réalité relative, en sa positivité, rend possible, et, en sa négativité, rend nécessaire, la réalité absolue de l'esprit absolu.

La réalité que Hegel attribue à l'esprit du monde est celle d'un médiateur entre l'esprit absolu et l'esprit objectif. Il est bien ce comme quoi existe le maître d'œuvre intérieur de l'histoire, l'Idée absolue éternelle qui se réalise dans l'humanité, car il assure le sens un de l'histoire effective en faisant procéder les unifications humaines de celle-ci de l'Un absolu ou divin. Or on a récusé une telle ontologie de la *procession*. La négation de l'esprit du monde (réduit au statut de métaphore ou d'illusion) a alors amené à loger le couple qu'il unit dans la seule dimension, égalisante, de l'effectivité historique humaine. Dans ce cas, la relation entre le sens un et l'unification effective de l'histoire est une *interaction*, laquelle privilégie bien cette unification, puisqu'elle a en commun avec elle de présupposer comme principe la différence ou multiplicité. Il en va ainsi, par exemple, chez Marx, de la relation réciproque entre la base productive unifiée des circonstances et les individus humains dans l'histoire. Mais il n'est pas plus évident de faire porter l'Un par l'unification que de faire porter l'unification par l'Un. Car une ontologie du *hasard* qui rend possible la déclinaison ou inclination des atomes individuels, c'est-à-dire leur interaction génératrice de combinaisons, est pour le moins tout aussi problématique qu'une ontologie de la *liberté* qui fait s'auto-déterminer ou différencier l'Un alors réconciliateur. On dira peut-être que ces difficultés sont liées à l'affirmation d'une philosophie ou théorie générale de l'histoire, et qu'il est donc sage de se passer de celle-ci. Mais c'est sans doute, déjà, plus facile à dire qu'à faire !

## CHAPITRE XXIII

# HEGEL : UNE THÉOLOGIE DE LA FIN DE L'HISTOIRE ?

Hegel, une théologie de la fin de l'histoire ? Oui. Pour deux raisons. D'abord une raison très générale. Hegel identifie explicitement, il le répète constamment dans un mot d'ordre chez lui central, la philosophie et la théologie. Assurément, il entend, d'une part, sous le terme de philosophie, tout autre chose que la métaphysique traditionnelle, œuvre selon lui de l'entendement qui obéit au principe de l'identité abstraite et qui en vient dès lors, en quelque sorte naturellement, à identifier Dieu ou l'absolu à ce qui est identique absolument à soi, sans différence aucune, sans détermination : l'Être suprême. Hegel rompt, à la fin du XVIII<sup>e</sup> siècle, , avec cette métaphysique qui culmine dans l'affirmation de l'Être suprême, parce que pour lui l'absolu ou le vrai, ce n'est pas l'identité abstraite sans différence, c'est l'identité qui est en même temps différenciée, ou la différence qui est identifiée, l'identité des opposés, l'identité qui renferme en elle, en s'efforçant de la maîtriser, la contradiction. Cette identité des opposés est présente de la façon la plus complète et la plus vraie dans l'incarnation du Christ, cette identité, scandaleuse pour l'entendement, de Dieu et de l'homme. Cette affirmation que tout ce qui est, tout ce qui est vrai, est l'identité d'une différence absolue, c'est ce qui définit pour Hegel, bien différemment de l'entendement, ce qu'il appelle la raison. La raison, c'est l'affirmation que partout l'identité est différenciée, la différence identifiée, que, le vrai, c'est ce qui est à la fois identique et différent, c'est-à-dire le total ou encore le concret, car concret vient de *cum-crescere*, *crescere* : croître, se développer, se déployer, se différencier, mais, en même temps, avec : *cum*, c'est-à-dire dans l'unité ou dans l'identité. Et, pour Hegel, , la philosophie, c'est ce qui procède de cette raison et qui a pour aliment essentiel le fait de l'Incarnation.

Par ailleurs, Hegel entend par théologie la pensée, qui a été développée précisément par les Pères de l'Église, du fait christique, car la théologie s'est donné un seul objectif : essayer de comprendre le fait christique, cette identité des opposés. Que doit être l'être, et d'abord que doit être l'absolu ou Dieu, pour que quelque chose d'aussi inouï que l'Incarnation soit possible ? C'est cela la théologie pour Hegel. Une théologie dont il regrette que l'Église l'ait de plus en plus négligée à l'époque moderne. La pensée chrétienne a oublié son grand objet, le sujet divin, dans l'objectivisme liturgique : une objectivité sans subjectivité, ou dans le subjectivisme pieux : le piétisme, une subjectivité sans objectivité, voire dans un objectivisme subjectif ou un subjectivisme objectif : par exemple dans l'exégèse où l'objet est soumis à la subjectivité de la critique, ou dans l'herméneutique où l'objet est soumis à la subjectivité de l'intuition.

A tel point, selon Hegel, que la théologie a dû se réfugier dans la philosophie spéculative. De même qu'autrefois, au milieu de la grande période chrétienne, peu après l'an mille, la philosophie avait dû se réfugier dans la théologie. Karl Barth pouvait bien, je le rappelle une fois de plus, considérer que la théologie chrétienne avait brillé avec plus d'éclat chez Hegel que chez les théologiens eux-mêmes, peut-être avec une exception chez saint Thomas d'Aquin. Pourquoi est-ce que la théologie aurait brillé avec plus d'éclat chez Hegel que chez les théologiens chrétiens ? Parce que même saint Thomas, la cime de la théologie chrétienne, n'a pas tout tiré, dans son discours, de l'Évangile. Il a fait appel à la philosophie païenne, à la philosophie aristotélicienne. Un certain nombre de théologiens ultérieurs ont d'ailleurs regretté cette paganisation, si je puis dire, de la théologie par l'aristotélisme. Hegel, lui, est le seul philosophe qui ait tout tiré du seul fait de l'Incarnation du Christ. Il l'a dit : et le contenu, et l'existence même, de sa philosophie doivent tout à l'Incarnation comme fait qui, pour lui, a d'abord été perçu, Hegel soulignant sans cesse l'autorité – c'est son expression – de l'être, de l'*esse*, qui se donne d'abord dans l'être-perçu.

En second lieu, une réponse positive à la question posée en tant que, plus particulièrement, elle a trait à une identité, non pas seulement entre la théologie et la philosophie prises généralement, mais entre une philosophie et une théologie de l'histoire et, plus précisément encore, de l'histoire finie, une telle réponse positive plus particularisée peut être justifiée en ceci que Hegel couronne une entreprise qui est née dans l'équation chrétienne proprement augustinienne de la philosophie et de la théologie de l'histoire en tant qu'histoire ayant une fin. Un grand historien français dont je salue la mémoire : Philippe Ariès, a, dans *Le temps de l'histoire* (paru au Seuil en 1986), montré la naissance conjointe, dans *La Cité de Dieu*, d'une conscience historique et fondamentalement historique de l'humanité, de l'idée d'une histoire universelle permettant une philosophie de l'histoire, et de la théologie de l'histoire. Ce qui constitue, sur le fondement de la théologie de l'histoire, une vaste totalité spirituelle qui s'est assumée comme telle, de son surgissement chez saint Augustin à son achèvement hégélien.

Ce bref rappel d'une telle fondation, par Hegel lui-même, de sa philosophie de l'histoire sur la théologie chrétienne de l'histoire a fixé le contexte des réflexions qui vont suivre et que je présenterai en trois temps. J'évoquerai d'abord, le plus rapidement possible, pour mieux fixer l'originalité de Hegel, le destin pré-hégélien de l'héritage théologique quant au thème de la fin de l'histoire. Je montrerai dans un deuxième temps, le plus long, la présence positive, dans la philosophie de l'histoire de Hegel, de la théologie de l'histoire et de la fin de l'histoire. Avant, dans un troisième et dernier moment, de confirmer l'efficience de cet héritage théologique chez Hegel, dans l'altération négative que lui fait subir une philosophie qui ne peut se dire théologique qu'à travers une modification spéculative ou rationnelle de la pratique religieuse de la théologie. Car il y a une pratique spéculative et une pratique religieuse de la théologie.

Premier point : l'affirmation d'une fin de l'histoire suppose, pour être prononcée, l'admission ou la conquête, l'invention, de la quadruple idée suivante. Premièrement, l'histoire doit être saisie comme une *totalité* en tant que condition d'existence d'une humanité elle-même totalisée en dépit de son extrême diversité naturelle, géographique, etc. Deuxième idée présupposée, supposée, exigée : cette condition d'existence de l'humanité – comme totale –, doit être à son tour saisie comme devant conduire en son devenir, à une situation, à un état qui soit à tel point la raison d'être de l'homme, c'est-à-dire la fin au sens de but, la fin qui l'accomplit, qu'il puisse et doive être fixé comme définitif ou comme la fin au sens de terme, le mot français est ambigu, comme la fin ou le terme, la terminaison, de l'histoire. Troisième idée nécessaire : le devenir historique conduisant à un but qui soit en même temps un terme doit être pensé lui-même comme un devenir fini, et non pas, à l'échelle de l'humanité et pour ce qui est du sens essentiel de son existence – je ne parle pas des destins individuels –, comme un rapprochement à l'infini d'une fin jamais vraiment réalisable (ce thème d'un progrès à l'infini était cher au XVIII<sup>e</sup> siècle). Quatrièmement enfin, et j'y insiste, la réalisation de la fin de l'histoire, en sa positivité plénière, ne peut signifier la suppression de tout être du sujet de cette histoire, un être qui est bien plutôt accompli par elle et qui, dès lors, s'il n'est plus proprement historique, existe pourtant encore en *un certain devenir*, mondain ou supra-mondain. Il y a encore quelque chose après la fin de l'histoire. Il va de soi que la conception de la fin de l'histoire varie avec la délimitation ou la détermination de l'historicité même au sein de l'existence mondaine de l'humanité et qu'il faut bien distinguer, par exemple quant à leur sens, la pensée de la fin de l'histoire et la pensée de la fin du monde. Il peut y avoir une fin de l'histoire qui ne soit pas une fin du monde, et il peut y avoir aussi une fin de l'histoire qui coïncide avec une fin du monde dans la mesure où le réveil de la nature et de ses grandes catastrophes peut mettre un terme à l'heureuse parenthèse où l'histoire a été possible avec ses crises.

Les quatre conditions, que je viens d'évoquer, de l'émergence d'une pensée d'une fin de l'histoire n'ont pas été réunies dans l'antiquité païenne. L'humanité n'y fut jamais pensée réunie concrètement en elle-même, ni humainement, même par l'Empire romain, ni divinement, par-delà le polythéisme, même à travers l'idée, auquel s'est élevée l'antiquité païenne, d'un destin unifiant les choses, mais que son indétermination empêchait de fournir un sens unifiant aux histoires segmentées des peuples. C'est la théologie augustinienne qui, premièrement, universalise l'histoire profane sur laquelle saint Augustin réfléchit à travers le sac de Rome par Alaric ; il universalise cette histoire profane comme celle d'une seule et même humanité fraternellement unie, mais fraternellement unie moyennant la paternité universelle du Dieu chrétien. Une telle totalisation de l'histoire profane est, deuxièmement, sa sanctification, qui lui donne un être, par l'Incarnation qui la finalise, au cœur d'elle-même, absolument. En troisième lieu, l'Incarnation qui, pour Hegel, est le gond autour duquel tourne toute l'histoire des hommes, toute l'histoire mondiale, sauve par un tel centre toute la sphère qu'elle arrache à l'indétermination et à la dissipation. Elle sauve le début et le terme de cette histoire ainsi rassemblée avec elle-même dans un présent éternisant, et elle exclut le report infini, indéfini, de l'accomplissement du dessein que Dieu a eu pour l'humanité. Enfin, satisfaisant au quatrième réquisit d'une pensée de la fin de l'histoire, le premier théologien chrétien de l'histoire fait se réaliser le but divin de l'homme, je parle ici humainement, « après » le terme de l'histoire ou, si l'on veut, dans un devenir supra-historique. Le septième jour, en effet, de la grande semaine de l'histoire pour Augustin, – toujours selon un langage humain – « passe » dans un huitième jour, le jour éternel, lui-même « fin sans fin », de la béatitude de l'âme créée qui a retrouvé son corps ressuscité. Ce sont ces quatre ingrédients, si je puis dire, de la pensée de la fin de l'histoire que la théologie augustinienne de la fin de l'histoire fournit à l'élaboration philosophique du thème en son accomplissement hégélien.

Mais, avant de fixer celui-ci, et pour en faire ressortir l'originalité philosophique, même en tant que reprise proprement philosophique du thème théo-logique, je voudrais brièvement évoquer la perte de sens, de contenu, qui a affecté une telle reprise dans le développement pré-hégélien de la philosophie moderne de l'histoire. Cette perte est manifeste notamment chez deux philosophes de l'histoire, à savoir, au XVIIIᵉ siècle, Vico et Herder. Elle concerne déjà les deux premières conditions, dégagées il y a un instant, d'une affirmation de la fin de l'histoire, absente aussi bien de *La science nouvelle* de Vico, que des *Idées pour la philosophie de l'histoire de l'humanité* de Herder. Vico et Herder, chacun à sa façon, veulent montrer – dans la vie empirique des nations au cours simplement isomorphe (il se répète le même : il y a une enfance, il y a un âge adulte et il y a un vieillissement) marqué par des récurrences, chez Vico, ou des peuples atteignant en leurs totalités multiples autant d'apogées propres chez Herder – l'action immanente, certes, d'une Providence, mais d'une Providence qui ne réunit pas les nations et les peuples dans un processus un et suivant une fin déterminée. La question d'un terme de l'histoire ne se pose donc même pas, puisqu'il n'y a pas même, chez Vico et chez Herder, une seule et même histoire ayant un sens déterminé et continu.

Il en va tout autrement chez Kant. Kant pense l'histoire humaine comme une et comme totalisée par la réalisation en elle d'une fin-but, universelle et absolue, imposée aux hommes, à travers le commandement du Dieu essentiellement législateur, par la raison pratique ou morale, ici plus précisément juridico-politique. Mais la transcendance morale de l'impératif catégorique kantien : « tu dois absolument », ici de l'impératif catégorique du droit politique, qui rend possible la réalisation historique de l'État républicain pacifique : « tu dois, donc tu peux », diffère aussi sans cesse l'accomplissement d'un tel devoir : « tu dois, donc tu peux…, mais tu peux à l'infini ». Dans une histoire qui n'est plus centrée, chez Kant, sur l'être de l'Incarnation – le Christ pour Kant est seulement la perfection de la réalisation de la loi morale, c'est un symbole de la moralité –, mais qui est assurée par la prise de conscience révolutionnaire, en 1789, du devoir-être du droit qui a exalté tous les peuples, l'existence du droit, et donc l'histoire fondée sur lui, est vouée, par la rationalisation kantienne du thème théologique, au progrès sans fin de la réalisation d'une telle fin. Pour Kant, il y a une histoire une, avec un but : ta République, mais vouée à un progrès à l'infini, en raison de la transcendance de l'impératif moral. Le retour, par-delà l'éthique, sanctifiée par Kant, du religieux, et du religieux chrétien, dans le rationalisme hégélien, va ramener l'affirmation de la fin réelle de l'histoire au cœur de la philosophie concrétisée de celle-ci.

À la différence des philosophes antérieurs de l'histoire, Hegel, lui, fait effectivement de Dieu lui-même le vrai sujet de l'histoire universelle de l'humanité. Certes, Vico, Herder et Kant rapportent l'histoire à la Providence divine dont ils affirment l'action immanente à travers les faits mêmes détaillés de cette histoire, d'une histoire aussi mobilisée par les intentions contraires des acteurs humains et témoignant alors d'autant plus de la maîtrise souveraine d'un sujet supra-humain du cours historique des choses. L'idée d'une telle immanence de la volonté divine aux événements, alors originairement sensés de l'histoire, amène certes à considérer ceux-ci comme vérifiant cette volonté divine. Ainsi Vico, exemplairement, voit bien dans la « science nouvelle » qu'est pour lui la philosophie de l'histoire « une démonstration de la Providence comme fait historique » [1]. Mais la proclamation du rôle historique de la Providence divine n'est guère qu'une salutation formelle, car le contenu des desseins divins est d'abord découvert dans l'histoire, qui, ainsi, ne fait pas que les vérifier, mais les produit et les fait connaître. Significativement, Herder, qui condamne l'exploitation des desseins divins comme des causes finales donnant sens au devenir historique qu'elles affectent bien plutôt par leur arbitraire, demande au philosophe de l'histoire de tirer d'abord le contenu des desseins supposés de Dieu uniquement du contexte des faits. Vico était contraint par une même nécessité, lui qui noyait l'événement de l'Incarnation, où s'exprime pourtant le grand, l'universel dessein de Dieu, dans une histoire qui devait être explorée pour elle-même comme ce qui seul pouvait faire connaître les desseins particuliers de ce Dieu. Et Kant, qui définit les principes d'une philosophie de l'histoire sans en développer véritablement une d'ailleurs, ne fonde pas davantage théologiquement l'affirmation d'un sens universel et unifiant de l'histoire humaine. Il fonde cette affirmation sur la présence agissante, dans la réalité comme dans la pensée de cette histoire,

---

1. Vico, *La science nouvelle*, trad. A. Pons, Paris, Fayard, 2001, p. 137.

de la volonté bonne, et en particulier de la volonté du droit, qui dépasse toute détermination naturelle, une volonté bonne où Dieu et l'homme s'accordent, mais qui s'offre, elle aussi, au philosophe, uniquement dans l'expérience absolue *de l'homme*, de l'homme qui toujours, s'il est sincère, doit reconnaître le commandement en lui : « Tu dois ». La seule relation des sujets humains et du sujet divin de l'histoire est celle, extériorisante, de cette *maîtrise* – morale – qui ne peut faire lier *intimement* l'histoire des hommes et la Providence de Dieu. La morale lie extérieurement, dans le commandement, mais pas intimement, l'histoire humaine et la Providence divine. Au contraire, la pensée hégélienne de l'histoire humaine est celle de son sens divin, et d'un sens divin qu'on n'a pas d'abord à lire dans l'histoire, mais qu'on peut et doit présupposer.

Dans ses cours sur la philosophie de l'histoire, Hegel souligne que l'on ne peut trouver un sens empiriquement vérifié dans cette histoire que si on l'aborde en présupposant, comme constituant un tel sens, ce qu'il appelle indifféremment Dieu, l'esprit divin ou la raison divine. Je le cite : « Qu'il y ait de la raison dans l'histoire mondiale, non pas la raison d'un sujet particulier, mais la raison divine, absolue, c'est une vérité que nous présupposons »[1]. Et cette vérité n'est pas vide, elle a un contenu, nous allons le voir. Elle est, pour Hegel, prouvée ailleurs que dans la philosophie de l'histoire, qui la présuppose seulement, tout au long de la philosophie spéculative

---

1. *VG* – JH, p. 29.

que lui-même a établie, se demandant à quelle condition l'être pouvait être pensé comme étant. Que faut-il que l'être soit pour vraiment être, *esse* ? Le parcours encyclopédique de l'être établit alors que l'être, sauf à se nier, ne peut être que comme l'Un personnel et spirituel divin identifiant, tout en restant lui-même, la différence qu'est tout être créé, une telle identité (ici divine) de l'identité (elle-même divine) et de la différence (alors mondaine) étant ce que l'on nomme, en bon hégélianisme, la raison (divine) ; c'est là l'expression intellectuelle et intelligible de l'esprit, que le philosophe peut également définir comme l'unité spirituelle infinie de l'esprit infini et de l'esprit fini, car, toujours, l'unification, et d'abord celle de l'Un et du multiple, procède de l'Un. Une telle expression humaine philosophique du vrai, puisque le concept fait s'accorder ici l'esprit divin et l'esprit humain, ne saurait signifier une réduction humaniste du divin.

Le concept accompli spéculativement en son contenu rigoureux rend intelligible, sans en détruire le sens universel, la représentation théologique religieuse de l'unité divine de Dieu et de l'homme. Toute la philosophie hégélienne se sait l'expression conceptuelle de la représentation religieuse chrétienne d'un contenu théologique qui reste pour elle, philosophie hégélienne, absolument vrai – il n'y pas de dépassement de la religion dans la philosophie comme il y a un dépassement de toutes les autres figures de l'esprit dans la religion et la philosophie –, un contenu dont, pour elle aussi, l'être s'est imposé, avant toute élaboration savante théologique puis spéculative, par l'autorité de la perception spirituelle historique du fait christique de l'homme-Dieu. Voilà ce que présupposent la pensée de l'histoire universelle et la lecture de l'histoire comme sensée, à savoir l'affirmation théologique du sujet divin de l'histoire humano-divine, qui elle-même renvoie, au plus loin de la philosophie, à la perception religieuse de l'événement central de cette histoire. C'est bien à partir de « la croyance que l'histoire mondiale est un produit de la raison éternelle » que « l'on doit tout d'abord accéder à la philosophie et aussi à la philosophie de l'histoire », de telle sorte que « les chrétiens sont ainsi initiés au mystère de Dieu et qu'ainsi nous est donnée aussi la clef de l'histoire universelle » [1]

La compréhension spéculative, vérifiante, du sens de celle-ci confirme bien la perception inaugurale du fait de l'Incarnation qui la fonde, et cela, de façon exceptionnelle dans la systématisation hégélienne de la raison. Car, au seuil de la philosophie de l'esprit absolu, donc lorsqu'il est question de cette ultime présupposition objective de l'esprit absolu manifesté enfin comme tel qu'est l'« esprit du monde », une telle compréhension spéculative *vérifie dans l'expérience objective elle-même*, ici pleinement médiatisée et développée, du sens restitué de l'histoire, l'unité spirituelle infinie de l'esprit infini et de l'esprit fini, seulement représentée ou conçue dans l'esprit absolu.

C'est la présupposition théologique promue spéculativement de la pensée de l'histoire universelle

1. *VG* – JH, p. 46.

qui, en particulier, justifie l'affirmation hégélienne de la *fin* de l'histoire, d'abord comme *but* et ensuite comme *terme*. – L'Incarnation au cœur de l'histoire universelle finalise celle-ci en lui assignant pour but la généralisation, l'universalisation, dans les esprits humains et leurs contextes mondains, de la vie de l'homme-Dieu. C'est là un but *total* : changer tout l'homme en le faisant passer d'une vie finie, en proie aux différences, dans lui-même et dans son rapport aux autres et au monde, à la vie infinie de l'esprit, le grand réconciliateur. Un tel but total totalise en les justifiant tous les buts particuliers, et cette réconciliation de l'existence, qui autrement serait dispersée, est aussi celle de l'idéalité du but ainsi concrètement universel et de la réalité toujours particulière. Car ce but : la conversion, se donne comme *réalisable* puisqu'il a été *réalisé* singulièrement dans le Christ, le Christ perçu, modèle, promesse et garantie pour tous. Qu'est ce que cela signifie de dire que quelque chose est possible ? Cela signifie que ce quelque chose existe déjà en soi. La conversion est possible pour tous puisqu'elle a été réalisée au centre de l'histoire, s'offrant donc à la totalité de l'histoire pour une réalisation plénière. *La fin-but est déjà en soi réelle* puisqu'elle n'est rien d'autre que le centre-principe de l'histoire révélé aux hommes, qui savent ainsi ce qu'ils doivent faire et qu'ils peuvent, avec et par lui, faire. Certes, l'esprit incarné, comme tel, assume le négatif qui est lié à la nature première, lieu de l'extériorité, de la séparation, de l'aliénation, cette nature première qui continue d'affecter la seconde nature construite en elle par l'esprit fini, et donc l'histoire. Ce négatif : le particulier s'affirmant pour lui-même dans le particularisme qui culmine dans l'égoïsme, ne peut, même utilisé contre lui-même par la ruse de l'esprit, se convertir en bien, il ne peut disparaître – c'est là que Hegel se différencie totalement de Leibniz –, et il reste un mal. On ne peut pas faire que le mal soit un bien ; il reste un mal et il faut le reconnaître. Mais la victoire du particulier absolutisé, du mal, reste particulière à jamais et, au total, c'est bien le tout pratique ou le bien qui l'emporte et se réalise. Voilà pourquoi l'histoire universelle est une théodicée. Or la fin-but de l'histoire, fin théologiquement pensée à la fois comme totale et comme réelle en soi, est nécessairement pensée aussi comme totalisant empiriquement cette histoire dans une fin-terme d'elle-même.

Cela, d'autant plus que Hegel prend l'histoire en son sens spécifique d'histoire de l'*esprit*, et de l'esprit *objectif*. Histoire de l'esprit d'abord. Si l'esprit n'est pas simplement une substance – le spirituel – mais un sujet, une personne, un individu, il est dans chaque sujet le sujet des sujets, le sujet en sa communauté, le sujet universel. Mais ce qui est universel est déterminable parce que le langage ne peut dire que l'universel : quand je dis : moi, c'est tous les Moi que je dis ; et il est réalisable parce que ce qui est déterminable est réalisable. Réalisable, il peut être objectivé dans des structures socio-politiques qui échappent à la fragilité, à la labilité des significations subjectives, et donc, comme telles, sont pleinement déterminables et réalisables. Réalisé pour cette double raison en la totalité atteinte de son sens, l'esprit objectif, alors manifesté comme « esprit du monde » qui se sait désormais tel, qui s'est trouvé en sa vérité, peut mettre toute son énergie à se réaliser partout dans le monde, sans s'évertuer déraisonnablement à chercher une autre structuration de la vie socio-politique en faisant en quelque sorte travailler l'esprit du monde contre lui-même dans un vain nihilisme. L'affirmation hégélienne d'un terme de l'histoire universelle se fonde ainsi sur le caractère total du but que la théologie chrétienne lui assigne, un but en soi réalisé, comme son centre, et que l'élément objectif où elle se déploie est particulièrement apte à faire se traduire comme un terme. La raison profonde de cette affirmation réside en ceci que la totalisation – posant comme telle une unité intime nouvelle, qualifiante, *qualitative*, de ses composants – de l'histoire exclut de celle-ci toute progression à l'infini, sans fin, d'un contenu ne différant alors de lui-même que *quantitativement*, au plus loin de la conversion que comporte une véritable fin-but. Cependant, la rupture marquée dans la vie de l'humanité par la fin de l'histoire n'est pas, puisque cette vie continue et qu'elle peut expérimenter, et dire, cette fin comme telle, la cessation de tout devenir.

Hegel le sait et le dit, déplorant parfois que la fin de l'histoire pour lui survenue dans son présent – thème que je ne développerai pas ici, malgré tout l'intérêt qu'il a pour nous puisqu'il s'agit encore de notre présent – ce qui, à ses yeux, lui permet précisément de l'affirmer avec force, s'actualise dans un devenir pénible de soubresauts révolutionnaires sans objet, anachroniques. Ce qu'il appelle la fin de l'histoire est, par son contenu, quelque chose de déterminé, limité. D'une part, il ne s'agit pas de la fin du monde, même si l'on peut et doit penser que, un jour, la Terre, retrouvant ses grandes catastrophes passées, deviendra inhospitalière, que – et Hegel cite l'Ecriture – « le Ciel et la Terre passeront ». D'autre part, sur terre, dans le monde, les choses humaines poursuivent leur devenir, une fois arrivée la fin de l'histoire. Car celle-ci, pour Hegel, est la fin de l'histoire *universelle*, c'est-à-dire de l'histoire *de l'universel*, de l'histoire prise comme advenir temporel des structures objectives vraies – socio-économico-politico-culturelles – de l'existence communautaire ; un tel advenir est celui de leur connaissance et de leur réalisation viable exemplairement. Leur vérité consiste dans la réalisation objective de l'unité de l'homme, esprit fini, et de l'être, esprit infini, faisant que celui-là est chez lui dans celui-ci, donc libre et heureux, une telle identité de la différence et de l'identité de l'esprit constituant, redisons-le, pour Hegel, l'esprit comme raison. Cette vérité de la raison objectivée historiquement consiste, pour Hegel, c'est bien connu, dans l'État constitutionnel politiquement fort – aussi pour la guerre, inévitable dans l'impossibilité d'un État mondial – et socio-économiquement libéral mais aussi solidaire, traduction objective, comme telle limitée, du message chrétien, dans la différence structurelle, à préserver, des plans notamment politique et religieux de l'existence humaine. La fin de l'histoire universelle signifie donc que rien de fondamental et de nouveau ne peut désormais survenir dans un devenir qui peut pourtant être plus luxuriant que jamais, mais dans l'absence d'un sens historique véritable, comme c'est peut-être, sans doute, le cas aujourd'hui. Simplement, l'esprit humain conscient d'une telle fin peut détacher son intérêt profond de la sphère objective, mondaine, de son existence, pour s'employer à actualiser la vérité de l'esprit absolu – art, religion, philosophie – qui, ayant pour champ la subjectivité infinie, exige un effort spirituel sans cesse à reprendre, loin du repos de l'objet. – On le voit, Hegel transpose dans l'objectivité historique le thème théologique d'une poursuite d'une certaine histoire après l'histoire proprement dite. Mais cette transposition, dont on vient de suggérer qu'elle n'exclut pas une libération de l'énergie de l'esprit s'absolutisant au-dessus de l'objectivité historique, est opérée essentiellement à l'intérieur de l'élément même de celle-ci. C'est là l'indice d'une différence entre une théologie absolument théologique, car religieuse en son exercice, de la fin de l'histoire, et une théologie spéculative de celle-ci, c'est-à-dire une philosophie qui, tout en assumant son ancrage théologique, pense l'histoire et sa fin à leur niveau propre, suivant leur concept spécifié. Examinons ce dernier point.

En un sens, Hegel traite historiquement tout, non seulement l'infra-historique, qui, dans une dialectique progressant vers le fondement, mérite ce traitement, mais aussi le supra-historique, l'esprit absolu lui-même, dont l'*être* fonde pourtant l'être du *devenir* historique. Certes, le devenir phénoménal de l'art, de la religion et de la philosophie est une « histoire » idéale, qui n'en est pas vraiment une, au point que, dans l'histoire de la philosophie, toutes les philosophies sont en quelque sorte contemporaines, les premières pouvant encore être pratiquées en même temps que les dernières dans la philosophie ainsi pérenne. Mais cette histoire de l'absolu, dont le devenir est intérieur au *sens* en lui-même éternel, ne vient à l'*existence* empirique, réelle, qu'autant que chacun de ses moments en soi contemporains est posé comme l'idéalisation d'un moment réel, concrétisé politiquement, de l'histoire effective du monde : ainsi, une philosophie, c'est son temps saisi dans la pensée. L'esprit absolu est, de la sorte, hébergé existentiellement par l'esprit du monde : quand les temps furent venus, Dieu envoya son Fils, et, *mutatis mutandis*, Hegel lui-même vint à son heure mondaine. Il n'y a cependant pas d'historicisme chez Hegel, puisque, si le devenir pleinement historique, socio-politique, *conditionne* l'histoire idéale de l'esprit absolu, à chaque fois l'être de celui-ci *fonde* l'être de l'esprit objectif. La conscience de l'absolu est la conscience absolue et, redisons-le, le socle de toute l'histoire mondiale est l'affirmation centrale de la religion : l'Homme-Dieu. Mais le développement historique du principe christique, l'histoire mondaine [de la réalisation socio-politico-culturelle] du christianisme va former la conscience et la pensée de soi de celui-ci, et, à travers lui, de tout ce qui est et qu'il accomplit, d'une façon telle que la pensée pleinement théologique de lui-même va, à l'époque, précisément, de la fin de l'histoire, accéder à la possibilité de se faire une théologie pleinement pensante. La théologie de la fin de l'histoire, au sens du génitif subjectif, la théologie qui a pour sujet la fin de l'histoire, se présente bien comme une théologie alors double, duelle, en tension, de la fin de l'histoire, au sens objectif du génitif, comme théologie ayant pour objet cette fin de l'histoire.

C'est que le développement même de l'histoire, qui est, au fond, la totalisation ou rationalisation de l'universel objectif ou réel qu'est l'État, est intimement lié avec la même totalisation ou rationalisation de l'universel subjectif ou idéal qu'est la pensée, c'est-à-dire avec la conceptualisation croissante de cette pensée, ou, en d'autres termes, le devenir-science de la philosophie. Hegel, reprenant le thème platonicien de l'identité du « *politeuein* » et du « *philosophein* », souligne l'accord historique de la raison politique et de la raison philosophique pour s'émanciper de l'autorité débordante de l'Église ; car la religion a souvent été tentée, parce qu'elle est la conscience ou pensée de l'absolu, d'imposer, comme conscience ou pensée elle-même absolue, sa forme non purement rationnelle, mixte ou tension de sensible et de sens – la représentation en son dynamisme –, à la structuration stricte de la vie politique et de la pensée philosophique. Hegel pense justement la fin de l'histoire politique universelle comme étant aussi la fin de l'histoire de la philosophie, qui est celle de l'élévation, dans sa propre spéculation, de la *pensée* au *concept*, constitutive du savoir absolu. Dans celui-ci, et pour ce qui est du sens universel, général, je dirais même formel – où se tient la spéculation philosophique – de tout ce qui est, l'esprit infini, divin, et l'esprit fini, humain, savent identiquement. Et la totalisation de ce savoir du sens structurel de l'être le rend semblablement présent à lui-même dans l'éternité et le temps contracté ou l'instant dilaté de l'esprit, par exemple, assurément, en tant que le contenu de ce savoir est que, dans le savoir absolu, c'est l'esprit infini qui fonde et porte son unité avec l'esprit fini, et, aussi bien, en tant qu'il est que, dans l'histoire universelle, c'est l'esprit du monde, anticipation objective de l'esprit absolu, qui anime l'agir sensé des hommes. Mais le théologien non hégélien ou spéculatif peut rejeter comme vaine prétention cette assurance d'une telle *transparence* de l'esprit divin à l'homme philosophant.

Le théologien chrétien n'affirme pas seulement un excès de la *vie* religieuse par rapport au simple discours philosophant tenu sur elle par la théologie, ce que Hegel admet parfaitement en faisant de tout ce qui nourrit le sens du savoir absolu, donc aussi de la vie religieuse, la présupposition réelle permanente de ce savoir. Il affirme encore l'excès de la théologie révélée à travers le Verbe incarné par rapport à la théologie rationalisée du philosophe. Excès du symbole agissant présent dans l'Écriture sainte, et lié à l'élément, effectivement universalisable en sa pratique, de la représentation, qui arrache le mystère divin au spéculatif élaboré par le philosophe ; le sens complet d'un discours n'est pas épuisable par sa teneur conceptuelle. C'est bien plutôt le verbe religieux qui est l'élément englobant tout sens humain mis en acte et dit. Hegel, lui, identifie le pensable strict, dans lequel Dieu et l'homme peuvent penser identiquement le sens universel structurel de l'être mondanisé ou mondanisable, au conceptuel. – Mais il clôt bien l'introduction générale de ses cours sur la philosophie de l'histoire – après avoir, justement, rejeté la négation de la fin de l'histoire dans un progrès infini de l'histoire humaine – en répétant solennellement la dette définitive de la théologie spéculative envers la théologie religieuse. Le philosophe, insiste-t-il, ne doit pas craindre, pour déterminer le but final de l'histoire, de recourir, par-delà l'indétermination de la sagesse humaine la plus élevée, à la révélation religieuse définissant la réalisation de ce but, aux implications si concrètes, comme la « glorification de Dieu »[1] précisément par la réfraction de son éternité dans la présence à soi totale du sens de cette histoire récapitulée par le concept spéculatif. Il s'agit alors de savoir si le théologien religieux est, lui, réciproquement, prêt à reconnaître le lien intime entre la révélation aussi pensée et le concept. Car, au fond, si son discours théologique dit la transcendance du symbole religieux par rapport au signe conceptuel, il s'emploie bien encore à établir qu'un tel discours est le vrai par un discours de second degré, englobant, qu'il veut strictement conceptuel et non pas simplement symbolique. Il ne faut pas prendre congé de Hegel, lui signifier sa fin, trop tôt.

---

1. *VG* – JH, p. 181.

Cinquième partie

# L'ESPRIT ABSOLU

## CHAPITRE XXIV

## L'ART D'APRÈS L'ART

Les commentateurs de Hegel rechignent généralement – le neveu de Kandinsky, Kojève, fut l'une des exceptions – à prendre à la lettre sa déclaration pourtant nette d'une fin de l'histoire, d'une fin de la religion, d'une fin de la philosophie, et, tout autant, d'une fin de l'art, fin étant à prendre ici aussi au sens de terme (*End*e). Ils ne veulent pas voir dans l'affirmation d'une telle fin une implication de la doctrine hégélienne de la circularité de la vérité, en toutes les modalités, théoriques et pratiques, de celle-ci, car la circularité du vrai comme résultat se confirme nécessairement dans celle, à parcourir une seule fois, de son devenir. Mais la réticence poussant à faire penser par Hegel le contraire de ce qu'il a dit est à son comble lorsqu'il s'agit de l'art. Dans les autres domaines de l'esprit, la fin de sa réalisation alors accomplie dans l'atteinte de son but ou, en cet autre sens du mot français, de sa fin (*Zweck*), consiste en ce qu'aucune détermination à la fois nouvelle et fondamentale, en cela universelle, ne pourra plus apparaître à la conscience : la fin de l'histoire clôt celle-ci à travers l'État rationnel, politiquement fort et socialement libéral, indépassable dans la satisfaction optimale qu'il procure ; pourtant, l'histoire, tout en n'étant plus vraiment créatrice, mobilise encore, à travers ses vicissitudes désormais médiocres, l'intérêt et l'énergie des peuples peinant à réaliser partout, et dans les affrontements inévitables, l'État rationnel. Mais semblable vie maintenue semble exclue par Hegel lorsque survient la fin de l'art, qui doit être bien plutôt la *mort* de l'art : le mot ne se trouve pas, certes, chez Hegel, mais la chose y est. Voici comment.

Suivant Hegel, la pratique même de l'art, une fois celui-ci parvenu à l'idée de son accomplissement, doit cesser avec la disparition même de l'intérêt qui, jusqu'alors, présidait à son entreprise : « L'art ne fournit plus cette satisfaction des besoins spirituels que des temps et des peuples anciens ont cherchée en lui et trouvée seulement en lui… L'art est pour nous, suivant le côté de sa plus haute destination, quelque chose de passé ; de ce fait, il a perdu pour nous aussi sa vérité et vitalité authentique, et il est logé dans la *représentation*, bien plus qu'il n'affirmerait sa nécessité antérieure et n'occuperait sa place plus élevée au sein de sa réalité effective »[1]. Ce que Hegel veut dire, c'est que l'art n'intéresse plus l'homme par lui-même, par la réalité sensible qui est la sienne comme œuvre et par la création de celle-ci en tant

---

1. Hegel, *Vorlesungen über die Ästhetik* [*Leçons sur l'esthétique*], in *Sämtliche Werke* [*Œuvres complètes*], éd. H. Glockner, 12, Stuttgart-Bad Cannstatt, Frommann Verlag, rééd. 1964, p. 31-32.

qu'expression spécifique et unique de cela seul qui intéresse absolument l'homme, car il s'agit de l'absolu : pour l'homme antique, notamment, l'œuvre d'art était le dieu rendu présent. Dans le monde moderne, le sens absolu est dit dans le sensible sublimé, idéalisé, intellectualisé qu'est la représentation, et l'art n'intéresse plus qu'indirectement, comme objet possible du discours représentatif prosaïque tenu sur lui, et dans lequel l'absolu peut être dit de façon directe et plus transparente, c'est-à-dire comme objet de l'esthétique. Une telle dissolution de l'art dans l'esthétique est, de nos jours, également affirmée, à travers une reprise, *mutatis mutandis*, du thème hégélien (Danto, Baudrillard…, à propos de Warhol).

Je voudrais simplement ici faire le point sur cette idée de la fin de l'art dans une philosophie où – c'est là le paradoxe – elle s'accompagne du souhait – dans la bouche même de Hegel – d'un réel avenir pour l'art qu'on renvoie au passé : « On peut bien espérer que l'art s'élèvera et s'accomplira de plus en plus »[1], souhait qui est lui-même accompagné d'une caractérisation, par le penseur de la fin de l'art, de l'art nouveau qui s'esquisse dans le présent de celle-ci, de ce que l'on peut ainsi bien désigner comme l'art d'après l'art. J'examinerai dans un premier temps le sens de l'affirmation hégélienne de la mort de l'art, une mort telle qu'elle doit cependant permettre une survie de l'art à lui-même, survie dont j'évoquerai l'esquisse qu'en propose Hegel dans le second moment de cet exposé.

1. *Ibid.*, p. 151.

On sait que, pour Hegel, la négation effective de quoi que ce soit est toujours une négation redoublée : d'abord une négation qui, originaire ou spontanée, ne peut être que l'œuvre de ce qui est nié, donc une *auto*-négation de lui-même qui, *se* niant, s'affirme encore une ultime fois, puis une négation de cette auto-négation, qui a valeur d'*hétéro*-négation du nié, et donc d'auto-position de ce qui est vraiment *autre* que lui, désormais absolument nié. La fin de l'art ne peut ainsi que se présenter d'abord comme la fin de l'art encore conservé, la fin encore artistique de l'art, avant de se présenter comme la fin absolue de l'art. Ces deux étapes ponctuent la manifestation d'une négativité essentielle, d'une contradiction intime de l'entreprise artistique. Une telle contradiction mine l'art en tant que, suivant Hegel, il est la mise en œuvre *sensible*, purement sensible, dans un matériau donc fourni par la nature en sa naturalité même, de ce qui est le *sens* absolu des choses, visé comme l'unité – tout sens est l'unité d'une diversité – elle-même non sensible en tant que telle, de leur diversité, qui se dira comme l'esprit absolument esprit. Le projet de l'art, qui est ainsi d'exprimer sensiblement le suprasensible – objet de la religion en général, dans laquelle Hegel commence bien par insérer l'art, en tant que « religion de l'art » – renferme donc une contradiction qui ne pourra pas ne pas conduire l'art à sa propre négation.

La première forme de l'art fait dire par un sensible purement tel, en proie, par conséquent, à l'extériorité réciproque du matériau pesant (la pierre, le marbre, le métal…), un sens intérieur ou identique à soi tellement indéterminé en lui-même, privé de déterminations ou de différences propres qui l'opposeraient à la détermination en extériorité du matériau, qu'il peut être accueilli par celle-ci : l'Un sublime du sens fait bien s'organiser extérieurement le matériau sensible dans l'art architectural essentiel à l'Orient. Cet art, qui exprime l'esprit par un sensible totalement étranger à lui et ne pouvant le dire qu'en énigme, peut alors être appelé « *symbolique* » par Hegel. Sublime plus que beau, il inquiète l'esprit au lieu de l'apaiser, car l'esprit se pressent en lui, mais comme dans un Autre, sans s'y retrouver, y être chez soi, libre. – C'est l'art occidental de la Grèce qui apaise et réjouit l'esprit dans la création et la contemplation d'une œuvre sensible dont la détermination propre est celle-là même de l'esprit déjà lui-même déterminé comme ce qui peut être sensibilisé : cette œuvre d'art est la belle unité sensible du sensible et du suprasensible qu'est le corps humain sculpté. Les ingrédients de l'art en ceci « *classique* » se font équilibre parfaitement, puisque le sensible comme corps humain, *spirituel*, et le supra-sensible comme esprit fini, *naturé*, ne vont pas l'un au-delà de l'autre. L'art classique de la sculpture est donc l'art accompli comme art, le vrai art. Cependant, si une telle unité sensible du sensible et du sens accomplit l'art disant alors absolument son sens, elle ne dit pas ce sens en sa vérité, qui est d'être une unité non pas sensible, mais suprasensible, non pas naturelle, mais spirituelle, de l'esprit et de la nature. La statue grecque est le corps figeant l'esprit, non pas l'esprit animant le corps : elle exprime adéquatement, en tant qu'artistique, un esprit qui n'est pas l'esprit en sa vérité. La beauté n'est pas la vérité.

*Le vrai art n'est pas l'art vrai*, l'art exprimant la vérité qu'il doit exprimer et qu'il ne peut exprimer qu'en cessant d'être pleinement art. C'est là le destin original de l'art dans le système des manifestations de l'esprit : l'État le plus pleinement État est l'État vrai, la religion la plus pleinement religieuse est la religion vraie, mais l'art le plus pleinement artistique n'est pas l'art vrai, et c'est pourquoi l'art doit se développer au-delà de sa propre perfection, car celle-ci n'est pas sa perfection spirituelle, trans-artistique au sein de l'art lui-même.

Cette retombée artistique de l'art plus spirituel, cette auto-négation artistique de l'art servant mieux l'esprit, est l'art « *romantique* », tel parce qu'il remplit sa destination indirectement, posant l'esprit à travers la négation sensible du sensible, l'auto-négation de celui-ci, faisant dire la transcendance de l'esprit par rapport à la nature dans l'annulation de soi de l'incarnation. Cet art en cela même chrétien utilise donc un matériau qui se dématérialise : le réel spatial qui se réduit à sa surface en laissant transparaître son Autre, l'intériorité spirituelle, dans la peinture, le réel se réduisant en sa réalité dans le pur mouvement temporel du son musical ou du mot poétique. Le suprasensible qu'est l'esprit est posé comme tel sensi-blement dans un sensible qui se nie lui-même en lui-même ; ruse de l'esprit artistique qui accomplit spirituellement l'art dans la négation artistique de l'art. Mais le caractère artistique, encore artistique, de cette première négation de l'art, est déjà compromis : à travers la négation de l'art vraiment art se prépare la négation de l'art tout court. L'art romantique éprouve, en effet, la difficulté de son propre projet comme celle, prototypique pour lui, de la représentation artistique de la transcendance incarnée, de l'Homme-Dieu, du Christ. La première survie de l'art qui s'est nié comme art artistiquement accompli est bien une survie comme art, mais comme un art déjà engagé dans le processus de sa négation comme art tout court. L'art romantique chrétien d'abord médiéval va, en s'accomplissant à l'époque historique du romantisme se disant tel, proprement dit, aller au-delà de l'art le plus spirituel, la poésie dramatique shakespearienne et post-shakespearienne, et s'irréaliser comme simple objet thématique du discours non artistique sur l'art, de cette esthétique – critique d'art ou philosophie de l'art – qui se développe précisément à la fin de la fin romantique de l'art.

La constitution de l'esthétique est contemporaine de celle d'une expression non plus symbolique, mais *conceptuelle* d'un discours philosophique se voulant et sachant apte à dire l'absolu à travers la finitude, d'abord sensible, de l'esprit qui le tient, discours philosophique se chargeant ainsi de la mission que l'art ne pouvait remplir. Même sous sa forme classique, puis romantique, l'art reste conditionné par son origine, c'est-à-dire foncièrement symbolique. En effet, quelque désensibilisé qu'il soit, le sensible reste toujours, en lui, ce qui ne se réduit pas, comme contenu visé par l'homme, à être la pure sensibilisation du sens ou de l'esprit, comme veut l'être le mot prosaïque ; ce dernier n'a d'être que comme signe transparent au sens qui l'appelle à l'être et l'investit intentionnellement tout entier. L'institution linguistique du sens comme sensible, supra-symbolique, qu'elle soit elle-même encore sensible, vécue, comme c'est le cas, pour Hegel, dans la simple représentation, ou qu'elle se maîtrise elle-même par le sens, dans la conception critique ou spéculative du discours, est donc, d'origine, plus apte à dire adéquatement le sens spirituel que le symbole artistique. C'est pourquoi l'art romantique ou chrétien, qui n'est pas, comme art, la plus adéquate expression de l'absolu en tant qu'il est le sien comme art romantique – absolu ne consistant plus à être l'identité immédiate équilibrée, classique, du sens et du sensible, mais l'identité du sens produisant sa sensibilisation (le Dieu qui s'incarne) et la maîtrisant –, n'a pas non plus été l'expression originelle d'un tel absolu. A la différence de la religion grecque, religion de l'art, la religion chrétienne est une religion de la représentation, et de la représentation tendant à s'élever au concept, dans la théologie supra-mythologique. Voilà pourquoi, dès sa naissance, l'art romantique est un art d'*accompagnement* d'une expression non artistique, supra-artistique, de l'absolu. Aussi bien, sa survie artistique est-elle déjà en soi celle d'un art qui n'est plus l'art pris en sa destination, aux yeux de Hegel, fondamentale, celle d'être l'expression même de l'absolu. Première survie de l'art, en tant que survie encore artistique, l'art romantique est donc déjà l'anticipation de la seconde survie, non artistique au sens absolu du terme, celle d'un art qui n'est plus un art puisqu'on ne peut plus le pratiquer suivant sa raison d'être essentielle, qui est d'être la présentation même de l'absolu.

Le développement de l'art romantique ne peut donc être, dans le contexte, chrétien, de l'élévation culturelle de l'expression sensible – artistique – à l'expression sensible-non sensible ou intellectuelle – la représentation –, puis à l'expression intellectuelle-conceptuelle de l'absolu, que celui d'une désacra-lisation progressive de l'art. Mais la persistance de l'intérêt pour l'art, en dépit du déclin de sa mission essentielle, anticipe, dans sa mort comme art sacré, donc comme art proprement et fondamentalement dit au sens hégélien, en même temps sa propre survie. Cette seconde survie est celle de lui-même à l'époque où, strictement parlant, pour Hegel, il n'y a plus d'art, et où, en conséquence, la philosophie spéculative, comme révélation rationnelle de l'absolu, n'a plus à parler d'un art qui se survit comme négation de ce qui l'a fondé et justifié comme l'art. Et pourtant, Hegel a parlé de cet art d'après l'art.

L'art qui fut en son temps un geste, un acte religieux, l'art classique grec par exemple, statufiant le dieu dans son temple, peut encore ravir le visiteur du Musée où un destin plus conscient, et l'éclairant par suite d'un jour plus spirituel, a offert une telle statue à la contemplation de ce visiteur moderne[1]. L'art

---

1. Cf. *Phgie E*, p. 833-834 : « Les statues sont désormais des cadavres dont l'âme vivifiante s'est enfuie, et, de même, l'hymne, des paroles dont la croyance s'est enfuie ; les tables des dieux sont sans mets et breuvages spirituels, et, de ses jeux et fêtes, ne revient pas à la conscience l'unité joyeuse d'elle-même avec l'essence. Aux œuvres de la Muse fait défaut la force de l'esprit qui voyait surgir du broiement des dieux et des hommes la certitude de

dédivinisé plaît tout autant, sinon plus. Et l'intérêt pris à la création artistique demeure pareillement lorsque celle-ci exprime, à la place du dieu ou de Dieu, et, comme dans l'art romantique, du Dieu fait homme, l'homme lui-même, qui se divinise en tant même que créateur du monde des œuvres d'art. Hegel évoque rapidement un tel artiste d'après ce qu'il appelle l'art romantique – artiste que nous, d'ailleurs, désignons comme romantique – à travers la figure d'un Tieck ou d'un Jean-Paul. Il constate par exemple, en ceux-ci, que l'humanisation romantique du dieu a fait place à la divinisation de l'homme, et d'abord de l'artiste (trop) conscient de sa génialité. Ecoutons Hegel : « Dans ce mouvement conduisant l'art au-delà de lui-même, cet art est tout autant un retour de l'homme en lui-même, … moyennant lequel l'art fait de l'*humanus* son nouveau sacré »[1]. L'art romantique avait bien ouvert la voie, notamment avec la peinture flamande. Pour Hegel, les peintres hollandais font dire par le tableau lui-même, dans ses scènes et paysages ordinaires, toute l'habilité de l'artiste qui l'a peint, sa maîtrise technique, écho de l'agir industrieux d'un peuple satisfait de la conquête de sa terre sur la

---

lui-même. Elle sont désormais … de beaux fruits cueillis à l'arbre, – un destin amical nous les a offertes, comme une jeune fille présente de tels fruits ; il ne donne pas la vie effective de leur être-là…Cependant, … la jeune fille qui présente les fruits cueillis est plus que la nature de ceux-ci déployée en leurs conditions et éléments…, en tant qu'une telle jeune fille, d'une manière plus élevée, rassemble tout cela en l'éclair radieux de l'œil conscient de soi et du geste d'offrande »

1. Hegel, *Vorlesungen über die Ästhetik*, éd. cit., t. 13, p. 235.

mer. L'art d'après l'art va intensifier la célébration de son créateur humain, dans une libération totale de la subjectivité artistique. C'est d'ailleurs, aux yeux de Hegel, l'une des manifestations du *subjectivisme* général de l'époque, qu'il dénonce dans tous les domaines.

Certes, la libération du sujet de l'art est aussi celle de son *objet*. Plus le sujet se subjectivise, plus il objective l'objet, la libération étant toujours réciproque. Là encore, le romantisme avait engagé un tel mouvement : « Dans le [contexte] romantique, où l'infinité [du cœur] se retire en elle-même, le contenu, dans son ensemble, du monde extérieur, obtient la liberté de se comporter à sa guise et de se conserver selon son caractère propre et particulier »[1]. L'œuvre, objet pénétré de subjectivité, le réel en tant que fait, tend, après la désagrégation du romantisme, à se faire pur objet, chose parmi les choses. L'art d'après l'art est un art de l'objet, de la chose. Il accueille, dans son contenu, toute l'« extériorité accidentelle »[2], l'effectivité arrachée à tout sens, à tout ordre causal et final, « l'effectivité contingente dans la modification illimitée qu'elle présente de figures et de rapports »[3]. Effaçant le sujet de l'objet d'art devenant pur objet, l'artiste veut faire affirmer sa subjectivité dans et par cet effacement même, comme subjectivité aussi formelle que doit l'être l'objet débarrassé de son sens, diversité trop manifestement identifiée, renvoyant,

1. *Ibid.*, p. 208.
2. *Ibid.*, p. 237.
3. *Ibid.*, p. 219-220.

par cela même, au sujet. L'objet libéré de son lien d'opposition au sujet est, alors, puisque ce lien est constitutif de lui-même, libéré de lui-même ; n'étant plus l'objectivation ou le dépôt figé du mouvement intérieur, ordonné, par lequel le sujet l'appréhendait, il est par lui-même le mouvement libre ou gratuit, extérieur à soi, de lui-même. L'activité principale de l'artiste, déclare Hegel, « consiste à faire se décomposer et à dissoudre tout ce qui veut se constituer en objet et acquérir une figure ferme d'effectivité », à tel point que la création artistique devient « seulement un jeu avec les objets, un dérangement et renversement du matériau, tout comme une divagation en tout sens faisant s'entrecroiser et se traverser les unes les autres des expressions, façons de voir et de se comporter subjectives, par lesquelles l'auteur fait abandon de lui-même comme de ses objets » [1].

Tel est bien le sens général de l'art d'après l'art : la libération – libération formelle, pseudo-libération pour Hegel – dans l'œuvre d'art, d'un sujet et d'un objet qui ne s'accordent que dans leur déchaînement abstrait, au lieu de se réconcilier dans le sens concret et totalisant d'une œuvre : « L'attachement à un contenu consistant particulier et à un mode de présentation convenant seulement à ce sujet est pour l'artiste d'aujourd'hui quelque chose de passé, et, de ce fait, l'art est devenu un instrument libre, que celui-là peut manier, selon la mesure de son habileté subjective, en l'appliquant également à tout contenu,

---

1. Hegel, *Vorlesungen über die Ästhetik*, éd. cit., t. 13, p. 226-227.

de quelque espèce qu'il soit. L'artiste se tient ainsi au-dessus des formes et configurations déterminées qui ont été consacrées et se meut librement pour lui-même, indépendamment du contenu consistant et du mode d'intuition en lequel le sacré et l'éternel se donnaient autrefois à voir à la conscience »[1]. A ce subjectivisme arbitraire de l'art postérieur à l'art vrai mais se préparant déjà dans l'art romantique, Hegel oppose la créativité véritablement libre de l'artiste rendant présente et agissante dans une œuvre vivante originale l'esprit qui fait se rassembler dans sa contemplation toute une communauté.

C'est sur ce dernier point que je voudrais conclure cette évocation de la pensée de l'art d'après l'art esquissée, en de brèves mais suggestives indications, que l'on peut trouver pertinentes, de Hegel lui-même. Ce qui intéresse celui-ci, c'est la fondation, au sein d'un système hiérarchisé, des déterminations universelles, et par là universalisantes, de l'esprit, dont la destination est bien de faire se réconcilier l'existence. L'art est l'une de ces déterminations, et elle est privilégiée, car elle universalise au niveau même de l'existence sensible concrète. Si l'esthétique hégélienne, à la différence de l'esthétique kantienne, est une esthétique de la création, son attention à l'art comme moment de l'esprit, donc comme moment spiritualisant, universalisant concrètement, lui fait prendre en considération la relation de l'artiste créateur et du public le plus large appelé à la contemplation et à l'accueil de l'œuvre d'art. Hegel insiste sur la nécessité,

1. *Ibid.*, p. 232.

pour l'art, de réaliser sa destination communautaire, populaire : « L'art – déclare-t-il – n'existe pas pour un petit cercle fermé de quelques personnes peu nombreuses de culture supérieure, mais pour la nation en tout son ensemble », et c'est pourquoi « les œuvres d'art... doivent être accessibles immédiatement, par elles-mêmes, à la compréhension et à la jouissance, sans [le] détour de connaissances hors de portée »[1]. C'est la présence d'un esprit commun qui médiatise la rencontre, stimulante et enrichissante pour tous, à travers l'œuvre alors accessible, de l'artiste et du public. Or Hegel a bien vu le danger, à cet égard, d'un art savant, et ce d'abord en ce sens que l'œuvre en vient à exprimer en elle la pensée sur elle, le discours sur elle, qui habite l'artiste à l'époque de la culture réflexive et critique. Le développement de l'esthétique la fait s'introduire dans la création artistique elle-même ; la réflexion sur l'œuvre se fait elle-même œuvre, surcharge extra-artistique qui, sur-déterminant extérieurement et arbitrairement l'œuvre, limite celle-ci tout comme son public. On comprend que Hegel, en tant qu'esthéticien spéculatif, comme tel soucieux d'universalisation rationnelle, ait été réticent devant la poursuite et le développement d'un art compromettant aussi son effet essentiel : souder spirituellement une communauté. Les discrètes indications de Hegel sur ce qu'allait être l'art de notre temps – que, sans aucunement prophétiser, il voyait se profiler en son temps comme temps de la fin de l'art vrai – ont le mérite de nous faire nous interroger sur ce qui est un réel problème de l'art d'aujourd'hui.

---

1. Hegel, *Vorlesungen über die Ästhetik*, éd. cit., t. 12, p. 367.

## CHAPITRE XXV

# L'ENCYCLOPÉDIE HÉGÉLIENNE
## ET SON ACTUALITÉ

Le statut assigné à une encyclopédie, dans le développement de la culture ou du savoir pris en un sens général, a reçu successivement trois sens différents : d'abord celui d'une *préparation pédagogique*, puis celui d'une *organisation critique*, et enfin celui d'une *conclusion spéculative* de ce savoir. Son moment se situa ainsi avant, pendant, et après la construction effective d'un tel savoir. À chaque fois, l'encyclopédie se différencie du savoir auquel elle est ordonnée, par sa mise en forme de cercle, de sphère, de totalité donc, d'un tel savoir. Mais, corrélativement, cette totalisation est elle-même différente, et c'est ce qui différencie la démarche même de l'encyclopédie.

Celle-ci fut, pour commencer, une totalisation antérieure au savoir désormais à édifier. L'encyclopédie dans l'antiquité, et jusqu'à son grand éclat moderne du XVIIIe siècle, enseigne à l'esprit encore jeune l'ensemble des connaissances que doit posséder tout homme instruit, parfois futur inventeur ou créateur, et dans lequel s'ancreront les savoirs à découvrir, nécessairement particuliers en leur détermination innovante. Cependant, ce tout d'accueil, pédagogiquement requis, des nouveaux savoirs n'est pas la totalisation même, éclairante et fécondante, à leur propre niveau, des savoirs qui se font.

C'est, en revanche, une telle totalisation qui s'effectue dans l'Encyclopédie française animée par Diderot et d'Alembert. Critique en tant que le tout s'élaborant alors des connaissances se différencie de chacune de celles-ci, prise en sa production, elle est pleinement immanente à elles, puisque son contenu est leur contenu. Les sciences déjà effectuées classent les faits particuliers, certes, et l'Encyclopédie, elle, se propose de classer, en leurs idées, les faits généraux dégagés par les premières. Mais on reste dans les faits, dans le matériau objectif, alors différencié quantitativement, et non pas qualitativement. La mise en ordre légale de la pluralité demeure en elle-même plurale, s'exprimant à travers des rapports ou des renvois, et non pas dans une synthèse : elle est réticulée, et non pas proprement organique. À l'égal de son objet et de sa pratique, le sujet de l'Encyclopédie est lui-même plural et, lui aussi, en quelque sorte, réticulé, car il s'agit de la « société » des savants, des inventeurs et créateurs, ainsi que des « philosophes », qui sont aussi ceux-là, une société qui aime, par ailleurs, chez certains d'entre eux, se célébrer dans ses Académies. La diversité ou extériorité ainsi consacrée s'exprime bien, au niveau de l'œuvre, dans l'ordre alphabétique des entrées. L'Encyclopédie est assurément raisonnée, mais elle est un « *Dictionnaire* raisonné ». La totalisation encyclopédique reste, de la sorte, si intérieure au savoir extérieur à soi qu'elle organise qu'elle se veut elle-même un moment stimulant, par sa dimension réfléchissante, du progrès de ce savoir. Par cet engagement mondain en son objet, l'Encyclopédie à la fois savante et philosophante du XVIII<sup>e</sup> siècle français accomplit son rejet de la philosophie traditionnelle : la bibliothèque qu'elle propose comme lieu de la vérité dite se substitue à la transposition du Livre que voulait être tout Traité de métaphysique. C'est bien aux antipodes d'une telle Encyclopédie que Hegel, donnant un troisième statut au texte encyclopédique, va clore son *Encyclopédie des sciences philosophiques* sous le patronage d'Aristote.

Après les commencements du savoir totalisé en l'opinion pédagogique, puis l'apogée du savoir se totalisant moyennant l'entendement critique, voici la totalisation rationnelle achevée du savoir poursuivi de l'entendement scientifique. L'affirmation d'une telle totalisation par la raison est le fait d'une raison qui, dans une Allemagne où l'Encyclopédie française avait aussi suscité des entreprises – je ne puis m'y attarder –, s'était, dès la révolution kantienne, fixé comme mission la systématisation architectonique de son déploiement théorique et pratique redéfini. Sur ce pré-hégélianisme, comme, également, sur le devenir, chez Hegel, du projet encyclopédique, je ne puis que recourir de même à la présupposition. Ce que je veux souligner, c'est qu'une totalisation *close* du savoir encyclopédique dans le contexte du progrès *continué* de l'entendement construisant l'expérience n'est pensable que si le contenu de l'encyclopédie spéculative est tel qu'il peut entretenir, avec le contenu de l'encyclopédie positive – antimétaphysique –, du XVIII<sup>e</sup> siècle, la double relation que voici. D'une part, ainsi qu'elle le reconnaît elle-même chez Hegel, l'encyclopédie spéculative a été conditionnée, en sa venue à l'existence, par la constitution de la première comme production marquante du savoir positif. Mais, d'autre part, elle se donne un contenu essentiel qui n'est en rien homogène au contenu du savoir positif, même élevé à son expression encyclopédique, c'est-à-dire les faits saisis en leur légalité générale, mais a nécessairement à voir avec le contenu métaphysique traditionnel, puisque Hegel se présente comme le penseur qui clôt ce qu'avait inauguré l'auteur de la première Métaphysique, cet Aristote auquel il laisse le dernier mot dans l'*Encyclopédie des sciences philosophiques*.

Je voudrais, en un premier moment de cet exposé sur l'actualité de l'Encyclopédie hégélienne, rappeler ce qu'est donc le contenu de cette encyclopédie du troisième type, tel qu'il peut se boucler sur soi, en quelque sorte s'éterniser dans le temps du progrès constant des savoirs positifs. Dans un second moment, je méditerai sur l'exploitation possible encore aujourd'hui de l'apport spéculatif de Hegel à une pratique encyclopédique du savoir.

La totalisation fondatrice du savoir positif – élaboré notamment dans ce qu'on appelle ordinairement les sciences – entreprise par l'idéalisme allemand est, chez Hegel, immanente au champ même de ce savoir et s'installe d'emblée dans son contenu, ce qui n'est pas le cas chez ses prédécesseurs. Chez Kant, Fichte et Schelling, certes *mutatis mutandis*, le savoir philosophique totalisant ou systématisant, déjà différencié dans son propre contenu entre sa base principielle et son système métaphysique, diffère plus encore, quant au contenu, des multiples sciences positives, et, en conséquence, ne peut se présenter lui-même comme une encyclopédie des savoirs. Il n'en va pas ainsi dans la totalisation spéculative hégélienne : son objet, c'est l'objet même des savoirs positifs, l'être tel qu'il est d'abord intuitivement donné (savoirs matériels ou empiriques) ou posé (savoir formel, par exemple mathématique), et développé par l'entendement théorique et pratique. Car, puisque, pour Hegel, le tout vrai est et se manifeste en son identité à soi dans chacune de ses différences ou déterminations, et que sa manifestation totale immédiate – qui provoque et corrobore sa manifestation la plus médiatisée qu'est la philosophie spéculative – est sa manifestation sensible ou empirique, c'est le contenu de celle-ci élaboré par et dans les sciences positives qui se dit dans la totalisation philosophique par là devenue encyclopédique. On comprend que Hegel, qui répète que rien n'est su qui ne soit dans l'expérience, que la philosophie elle-même est redevable de sa naissance et de son développement à l'expérience, ait mis constamment en œuvre cet empirisme proclamé en se tenant, du début à la *fin* (à la différence de Schelling), informé des progrès de l'exploration scientifique de l'expérience ; l'encyclopédiste de la raison spéculative s'est toujours nourri, en lui, de l'encyclopédiste de l'entendement positif.

Il faut cependant observer que, si la totalisation philosophique a pour contenu l'objet même des sciences positives – et non pas un fondement différent de lui, comme, par exemple, le Moi fichtéen ou sa naturalisation schellingienne –, c'est-à-dire le tout de l'être expérimenté, elle ne s'intitule pourtant pas « Encyclopédie philosophique des sciences (positives) », mais « Encyclopédie des sciences philosophiques ». La première désignation pourrait renvoyer, même comme au simple corrélatif d'une différence subjective d'appréhension et de traitement de lui-même, au sein de l'être d'un seul tenant, entre une strate une ou universelle (objet d'un discours philosophique) et une strate particularisée (objet des discours positifs), de dignité ontologique inégale. Or tout le contenu de l'Encyclopédie hégélienne est l'objet de sciences immédiatement particularisées : Logique, philosophie de la nature, philosophie de l'esprit, chacune de celles-ci étant dans elle-même semblablement particularisée en des sciences corres-pondant aux sciences positives, portant le même nom que celles-ci, et cela, tout en étant des sciences philosophiques. Ainsi, l'objet de la physique philo-sophique est le même que celui de la physique positive, une certaine région de l'être aussi bien expérimenté par l'entendement nourri de l'intuition sensible que pensé par la raison spéculative. Mais le discours positif et le discours spéculatif sur ce même objet diffèrent radicalement. À chaque fois, la région de l'être présente et identifiée de la même façon dans la science philosophique et dans la science positive qui se correspondent n'y est pas différenciée ou déterminée identiquement. Il convient de fixer cette différence de traitement discursif de la même région de l'être, mêmement identifiée, dans la science spéculative et la science positive, pour rendre compréhensible l'affirmation hégélienne d'une encyclopédie véritable, comme telle *fermée*, des sciences philosophiques ayant pourtant le même objet et se présentant comme aussi scientifiques que les sciences positives foncièrement *ouvertes*.

La différence en question est triple : elle concerne d'abord le *mode* ou la *forme* d'apprésentation de la région de l'être dans chacune des deux espèces de sciences, puis le *contenu* qu'elle y reçoit, et enfin – ainsi que cela vient d'être évoqué – le *destin* de la composition de ce contenu.

1. Le savant positif et le penseur spéculatif prennent l'un et l'autre pour objet, par exemple, l'être physique, et le différencient tous deux, par exemple, de l'être organique. Mais l'intérêt du premier va directement au contenu expérimenté, à *l'étant* d'emblée offert, du physique ; ce dernier, comme *être* de cet étant différencié, donc comme *mode d'être* d'un tel étant, est alors simplement *présupposé*. En revanche, le penseur spéculatif vise d'abord *l'être* comme tel, essentiellement identique à soi, que son auto-distribution à l'étant différencié différencie au sein de lui-même en des modes ou – aristotélisons ! – des *genres d'être*, qui sont des genres de l'identification

de la différence. Or de tels genres de l'être n'ont eux-mêmes d'être qu'identifiés entre eux comme ponctuant un processus d'auto-différenciation ou auto-exposition de l'être lui-même : une telle auto-génération des genres de l'être fait bien s'accomplir la métaphysique aristotélicienne dans la spéculation hégélienne. En celle-ci, la forme d'être qui est l'objet présupposé des sciences positives est *posée*.

2. Cette position d'une forme d'être se poursuit comme auto-différenciation de celle-ci en un contenu, en son contenu. Car la différence identifiée est une identité renouvelée par cette différence, donc différenciée d'une façon nouvelle, posable à partir d'elle. C'est ce seul contenu : l'identité pensée se différenciant ou déterminant comme telle, le *sens* déterminé mais pur, de part en part concept, qui intéresse le penseur spéculatif. Au contraire, le savant positif présuppose un tel sens – qui peut être le sens du sensible, contenu, par exemple, de la philosophie de la nature – en tant qu'il est immergé dans le sensible, dont l'extériorité à soi constitutive, d'abord spatio-temporelle, affecte encore son identification légale ou causale à laquelle s'adonne ce savant. Celui-ci n'a affaire qu'à un sens qui, aussi pensé soit-il, reste toujours un sens *sensibilisé* du sensible, c'est-à-dire un donné ou un fait. La science spéculative dit le sens, aussi du fait ; la science positive ne dit, du sens, que le fait, aussi intellectualisé soit-il. Les deux discours ont des contenus différents

3. Leur destin est, pour cette raison, différent. Les sciences positives, qui s'installent dans la diversité sensible, formelle ou matérielle, de l'expérience,

sont vouées à rester elles-mêmes diverses, et leurs synthèses sont ainsi emportées, par leur mouvement, tout en un, d'extension et d'approfondissement, dans un progrès sans fin. L'entendement scientifique est condamné à ce que Hegel appelle le mauvais infini, qui ne se recourbe par en lui-même pour se totaliser en un cercle. Tandis que les sciences philosophiques, qui s'ancrent dans l'être et son identité à soi, se bouclent sur elles-mêmes, chacune sur soi et leur chaîne sur le tout qu'elles forment. Premièrement, la différence intérieure à chaque mode d'être – le contenu de chaque science – se présente à un moment donné, comme ne pouvant s'identifier que par une identification dont le sens nie celui du mode identifiant qui la définit, et constitue le mode d'être qu'a pour objet une autre science spéculative. Et, deuxièmement, leur séquence fait apparaître, à un moment d'elle-même, une science dont le contenu est la position de la première et clôt, par conséquent, cette séquence. La science spéculative est l'encyclopédie vraie, fermée sur soi, finie, des sciences spéculatives elles-mêmes finies. C'est ce *sens* toujours total, fermé sur soi et dit tel comme concept, de l'*être*, qui se déploie dans et comme le contenu extérieur à soi, voire quantitatif, en tant que tel sans fin, de son mode d'être ou de son concept particulier, qu'est l'être *sensible*. L'entendement positif épelle à l'infini le contenu sensible du sens de l'être totalisé par la raison spéculative.

Ainsi, la science spéculative, encyclopédique, et la science positive, en son progrès à l'infini, disent bien un seul et même être, mais pris à deux niveaux de lui-même, et donc dit à travers un contenu entièrement différent. Assurément, puisque l'esprit pensant purement et l'esprit pensant sensiblement, « réellement », positivement – disons : connaissant – sont un seul et même esprit, leurs exercices respectifs s'entrecroisent. D'un côté, l'entendement positif, qui présuppose le sens de l'être où il pose le contenu sensible divers, est parfois amené, pour mieux expliquer ou fixer celui-ci, à réaliser en lui des suppositions métaphysiques non critiquées à leur propre niveau, et, en cela, encourt le reproche que Hegel dirige à l'encontre de Newton. D'un autre côté, l'ancrage factuel de la pensée spéculative dans la pensée d'entendement lui fait méconnaître son objet propre, et Hegel lui rappelle alors la valeur exemplaire, dans le champ même de l'exploration de l'expérience, du grand sens intuitif totalisant d'un Goethe, anticipation sensible du supra-sensible rationnel. Cependant, quel que soit le *conditionnement* factuel réciproque de leur mise en œuvre – exploré par Hegel notamment dans la *Phénoménologie de l'esprit* et les cours sur la philosophie de l'histoire ainsi que sur l'histoire de la philosophie –, en leur vérité respective la science spéculative et la science positive sont fondamentalement distinctes et se *déterminent* chacune par elle-même, dans un développement propre.

Permettez-moi d'insister sur ce point, dans lequel il y va du destin même du hégélianisme. Car la différence essentielle du devenir clos de l'encyclopédie hégélienne et du devenir progressif de la science positive libère l'accomplissement de la première des vicissitudes de la seconde et fait donc que l'histoire du développement scientifique après Hegel ne saurait démentir son système spéculatif, quoi qu'on ait pu prétendre çà et là pour discréditer celui-ci à travers ce qui aurait été sa partie alors manifestée en sa faiblesse, sa partie honteuse, à savoir, d'abord, la Philosophie de la nature. Une telle différence repose sur ce qui interdit de voir dans la philosophie hégélienne des sciences positives une simple *épistémologie*, condamnée, par sa réflexivité, à la même progressivité que son objet. La pensée, spéculative, du sens de l'être ne peut en rien – ni en son objet, ni en son objectif, ni en sa méthode – être identique à la pensée, épistémologique, du sens de la pensée sensibilisée (scientifique-positive) de l'être sensible. La philosophie spéculative de la science positive, comme de toute autre production de l'esprit, traite d'elle comme d'un moment du sens total et éternel de l'être – même pris en son mode d'être historique –, et la détermination d'un tel sens mobilise le déploiement de soi de tout l'esprit, y compris, mais pas seulement, et pas d'abord, de son activité scientifique positive. Déjà l'épistémologue, s'il doit assurément connaître – et, c'est pour le moins souhaitable, pratiquer – la science dont il parle, ne peut bien la penser que s'il a formé toute sa pensée. *A fortiori*, le penseur spéculatif actualisant en lui l'auto-production du concept de l'être, mobilise un penser qui ne se limite pas à l'hétéro-réflexion sur et, au fond, de la science positive. Hegel devenant Hegel en fut l'exemple.

Mais l'indépendance éternisante revendiquée par lui, en raison d'une telle démarche, pour son encyclopédie spéculative comme clôture de l'histoire de la philosophie, n'est-elle pas justement ce qui a disqualifié en fait cette encyclopédie dans une époque qui a regardé et regarde encore généralement la fin hégélienne proclamée de l'histoire de la philosophie comme la fin historique réelle de la philosophie hégélienne. Rien n'est-il plus inactuel que de parler d'une actualité, aujourd'hui ou demain, de l'*Encyclopédie des sciences philosophiques* ?

Inactuel, Hegel l'est apparemment en ce sens que notre époque le nie. Moins, certes, qu'il y a quelques décennies, car la négation elle-même mondaine de sa négation par le monde marxiste a ôté un obstacle majeur à sa re-position pratique, et, on le sait, en bon hégélianisme, c'est la seconde fois qui est la bonne ! Mais la philosophie contemporaine continue de rejeter, voire, et c'est pire, d'ignorer Hegel, en sorte que – tout monde se conduisant par ses idées – le nôtre ne peut se faire plus hégélien qu'il ne l'est pourtant, sans le savoir, en ce qu'il a de plus avancé. – Cependant, s'il n'y a pas une actualité *positive* de la spéculation hégélienne, et, particulièrement de son caractère encyclopédique, il me semble qu'on peut parler à son sujet d'une actualité *négative*, en tant que son message, sinon exclusivement, du moins principalement, contribuerait à pallier des difficultés majeures de l'actualité philosophante. Cela, quant à trois exigences pérennes de la philosophie, relatives, d'abord à son *objet*, puis à sa *démarche*, enfin à son *effet*.

1. La dissémination présente de la philosophie commence, suivant un jugement assez commun, avec le partage entre la phénoménologie, plus continentale, et la philosophie linguistique, plus atlantique. Cependant, la voix étant le phénomène en son apogée, le sens plus richement lu dans l'une, par description interprétative, et plus sûrement dit dans l'autre, par construction formelle, les fait s'accorder en ceci que ce sens n'est, ni chez l'une, ni chez l'autre, celui de l'*être* se faisant sens. Elles s'opposent toutes deux, au fond, comme des phénoménologies, suivant un sens général du terme, à l'ontologie, prise strictement (l'ontologie heideggerienne est ontologiquement vide). La « phénoménologie » hégélienne est toute différente, inscrite qu'elle est dans l'encyclopédie développant comme son principe l'identité du sens et de l'être, *le cercle originaire de l'être qui est sens et du sens qui est être.* Assurément, cette identité originaire est portée par l'être, moment de l'identité à soi, et non par le sens, moment de la direction, de l'ouverture, de la différence d'avec soi. Mais, à la différence de l'ontologie classique, l'ontologie hégélienne d'un être qui se fait sens se fait elle-même phénoménologie. L'exemple de Hegel rappelle alors à la philosophie actuelle, réalisation unilatérale (double) d'une unilatéralité (phénoménologique), qu'elle ne doit pas s'absolutiser, mais s'employer, à chaque fois, en se réconciliant avec elle-même, à parler de façon totale de son objet total.

2. Une autre vertu, à cultiver aujourd'hui, de la totalisation spéculative de Hegel, est qu'*elle se présente comme totalité parce qu'elle se présente comme vérité*, et non pas de façon inverse. Ce n'est pas l'encyclopédie qui prétend à la vérité, mais la vérité qui exige l'encyclopédie. En effet, si la pensée donne sens au divers cumulatif de l'expérience en l'accueillant dans la différenciation de son identité à soi constitutive objectivée en l'être qui se totalise par là, cette différenciation n'est vraie – suscitant ainsi l'intérêt authentiquement philosophique –, ou elle n'échappe à l'arbitraire et à la contingence, que pour autant que la position des déterminations de plus en plus concrètes de l'être est identique à l'auto-position de celui-ci pris en son abstraction absolument identique à soi ou nécessaire. Cette position s'avère bien telle chez Hegel, car se médiatisant dialectiquement comme négation nécessaire de la négation également nécessaire de la nécessité de l'être. De la sorte, les déterminations de l'être-sens ne sont élaborées qu'en étant prouvées : il n'est que s'il n'est pas seulement lui-même – car alors il serait non-être –, mais la totalité de ses déterminations, dont la dernière a pour contenu la position de la première. Ainsi, le discours encyclopédique est, pour lui, de part en part, avéré. Grand exemple à méditer et à imiter, à l'époque de la gratuité déferlante du discours phénoménologique. La philosophie pérenne s'illustra, certes, par de tels exemples, mais celui de l'Encyclopédie hégélienne est particulièrement prégnant, car, en elle, c'est le plus concret qui se déploie suivant la plus rigoureuse vérité ou, disons le mot, scientificité.

3. Enfin, le *monde* lui-même, et non pas seulement la philosophie de notre temps, peut et doit trouver, dans l'Encyclopédie hégélienne, de quoi, en se pensant plus rigoureusement, aussi *vivre* plus vigoureusement. Car elle offre une pensée strictement totalisante, donc réconciliante et sage, de la pratique objective, socio-politique, en sa situation actuelle. Sur ce thème qui m'est cher, et pour ne pas sombrer dans la répétition narcissique, je me contenterai de dire que, à une époque où les tensions entre le local et le mondial, le politique et le social, le national et le sociétal, distendent, et affaiblissent, par conséquent, la coexistence humaine, la méditation de la totalisation rationnelle que Hegel propose de celle-ci, pour un monde dont il avait anticipé le développement et qui, pour une large part, sans le savoir et le vouloir, donc insuffisamment, hégélianise effectivement, pourrait affirmer spirituellement sa base et, ainsi, l'armer mieux pour répondre aux défis contemporains. Il lui est d'autant plus nécessaire d'être total, entier, dans l'assise de soi-même, que la mondialisation – déjà affirmée par Hegel comme le destin de la société civile – multiplie à l'infini les rencontres de ces défis. Dans cette situation aussi, l'infini travail de l'entendement, ici pratique, doit pouvoir se fonder sur la totalité assurée en elle-même de la vie rationnelle.

Les mérites, encore actuels, voire, surtout actuels, de l'Encyclopédie hégélienne, viennent d'être célébrés : elle peut et doit nous inciter à penser mieux et à vivre mieux, à progresser en direction de la vérité de la théorie et de la pratique. Mais un problème demeure : pouvons nous et devons-nous la juger *elle-même vraie* ? Un tel jugement peut difficilement ne pas se soumettre à la pensée hégélienne du vrai, en tant qu'elle est englobante ou totalisante. Car Hegel, d'une part, identifie le vrai au tout, et, d'autre part, conjoint en celui-ci les deux apports fondamentaux de l'ontologie métaphysique d'Aristote : l'être est dit de multiple façon, à travers plusieurs genres de lui-même, et l'être est pensée de la pensée. Il fait bien reposer son ontologie – non proprement métaphysique puisqu'elle s'élabore aussi dans le physique et parle également de lui – sur le principe du vrai comme le tout de l'être se pensant dans ses genres ou déterminations. C'est pourquoi il est bien problématique de vouloir juger sa vérité sur son adéquation à un être d'emblée séparé d'elle en tant que non pris comme l'être qui est sens, ou sur l'accord formel avec soi d'un sens non pris comme le sens qui est être. Reste alors la possibilité de juger l'Encyclopédie écrite par Hegel relativement à son propre projet – en pratiquant alors sur elle la véritable critique selon Hegel lui-même. Une critique à laquelle il a lui-même procédé, puisqu'il en a élaboré trois versions successives. Son exemple n'a pas été suivi. Il est vrai que c'est fort difficile et très risqué. Mais vouloir penser, aujourd'hui, en ignorant Hegel et son Encyclopédie, n'est-ce pas encore un plus grand risque ?

CHAPITRE XXVI

## HEGEL : UNE LOGIQUE DE LA CRÉATION

Il y a une quarantaine d'années, j'ai tenté de faire prévaloir, contre le commentaire général de la philosophie hégélienne, même à la hauteur où l'avaient élevé un Jean Hyppolite ou un Éric Weil, l'idée que, dans sa méthode comme dans son système, intimement liés, la nécessité était, chez Hegel, de part en part posée par la liberté, la raison par la décision, la consécution par la création. Cela, en tant que cette position de son Autre ne faisait que médiatiser, à travers la négation de celui-ci, l'affirmation de soi alors avérée du principe posant. La thèse soutenue était ainsi celle de la créativité à l'œuvre dans le lien logique et dans son expression par une Logique devenue pleinement consciente de son sens vrai comme Logique hégélienne [1]. Je ne vais pas ici répéter cet ancien propos, auquel j'en suis resté, sur la création du logique et de la Logique, mais, inversement,

1. Qu'il me soit permis d'évoquer ici deux textes : « La spéculation hégélienne » (1987) et « Dialectique et structure dans la philosophie de Hegel » (1982), republiés dans « *Études hégéliennes : raison et décision* » (Paris, P.U.F., 1992).

parler, beaucoup plus largement, de la création elle-même, telle qu'il en est question dans la philosophie de Hegel. Car il y en est question, et, au fond, il n'y est question que d'elle. La Logique hégélienne est une Logique de la création. Je voudrais, dans un premier moment des présentes réflexions, restituer en ses occurrences apparemment parcimonieuses, mais en vérité décisives, la thématisation hégélienne de la création, avant d'esquisser, dans un second temps, une reconstruction de la philosophie de Hegel comme philosophie de la création.

L'idée que la création n'est pas une notion véritablement hégélienne se nourrit de deux constats. Le premier est celui de sa rareté dans les textes de Hegel ; le second celui de son renvoi habituel, en eux, à des équivalents d'un statut logique beaucoup plus prégnant et dont la présence est incomparablement plus massive dans le discours spéculatif, même lorsqu'il a pour objet le haut-lieu religieux de son appartenance. Il n'en reste pas moins que le terme de création, central dans la religion chrétienne, dont le hégélianisme s'est voulu la rationalisation, a été repris tel quel par celui-ci – destin lui-même assez rare – et même promu spéculativement en lui. Il y est, en effet, utilisé comme exprimant la totalisation des déterminations conceptuelles, d'abord logiques, de l'être, en lesquelles celui-ci se pose pour assurer son identité à soi constitutive de lui-même. Il eût été fort étonnant – dans le contexte, originairement fichtéen, de l'exigence philosophique d'adéquation du dire et du dit – qu'une auto-totalisation de l'être de plus en plus manifestement créatrice (dans des liaisons de moins en moins subies : devenir, réflexion, causalité, etc.) en son exercice ou sa forme, ne se réfléchisse pas, dans son contenu, et d'abord dans ce contenu essentiel qu'est le passage de lui comme Idée logique à lui comme monde naturel puis spirituel, comme création de celui-ci par celle-là.

Mais la création n'est pas telle dans le dédain et l'oubli de ses conditions, nécessaires comme déterminations de l'être et qu'il lui faut re-poser en sa réalisation d'elle-même, en leur donnant un sens à partir de sa novation, comme des moyens efficients de celle-là. Elle présuppose le strict conditionnement de son surgissement par le nécessaire développement de l'Idée logique et laisse son contenu se composer non moins strictement suivant la nécessité immanente à son développement réel. Le processus centré sur la création obéit ainsi à une logique dont la connaissance permet de mieux maîtriser les actualisations spirituelles de celle-là. C'est ce qui la préserve, en aval comme en amont d'elle-même, de l'arbitraire et de l'illusion la vouant à l'insignifiance prétentieuse. La Logique de Hegel reconstruit bien en sa vérité – sous le sceau de l'être lui-même – le concept de la création, face aux re-créations ou récréations représentationnelles qui l'ont appauvri ou perverti. Je cite par exemple l'idée voyant une pure manifestation de puissance chez le créateur (ou Créateur), qui disposerait ainsi, dès l'origine, dès son anticipation idéelle, arbitrairement, d'un être créé qui ne serait que sa créature, néant plutôt qu'être ; ou encore, corrélativement, celle qui poserait immédiatement l'incompatibilité entre la liberté d'un être et tout statut de créature. Ce sont toutes ces vues abstraites, partielles, indûment absolutisées, que la Logique hégélienne réfute en expliquant aussi leur négativité.

Elle le fait d'abord par le site qu'elle attribue en elle à la création, à savoir la clôture de la position logique, en son sens, de l'être comme position de lui-même, clôture signifiant la disparition de tout sens encore à poser pour son accomplissement en tant qu'être véritable. Puisque, cependant, la position de soi accomplie de l'être reste une position (un *esse* actif en sa liberté), cette position ne peut être qu'une position elle-même non nécessaire ou libre de ce qui ne peut être un autre que le posant devenu libre, donc est lui-même ce libre, comme autre que lui. Le libre pose librement le libre en tant qu'autre que lui, et ce libre autre que lui est le libre non plus idéel ou logique, mais réel, mondain soit naturellement soit spirituellement. C'est une telle position, ainsi définie en ses termes et en leur relation, que Hegel désigne comme la création. Le libre crée le libre dans un autre élément que le sien propre, tel que l'est par exemple l'élément naturel par rapport à l'élément logique, car un sens inclut en lui tous les sens (liberté intensive) tandis qu'un sensible exclut tous les sensibles (liberté extensive de leur extériorité réciproque spatio-temporelle). – L'analyse de ce nœud du système hégélien qu'est le passage de l'Idée logique à la nature expose la logique de la création. En voici les éléments essentiels, prototypiques de toute création.

L'Idée – originairement platonisante en tant que sens ou pensée (se faisant principe) du réel – accomplit un tel développement du pensant en se pensant comme pensée d'elle-même. Cette réflexion en soi, ce Soi qu'elle est la constitue alors en ce que Hegel peut bien appeler, à la fin de sa Logique, la « personnalité pure ». *Rapport* à soi, celle-ci est par sa forme générale de rapport, position d'un Autre ; mais, par le contenu particulier de ce rapport comme rapport *à soi*, elle est négation de cette position d'un Autre comme position réelle d'un Autre réel. C'est-à-dire qu'elle est nécessairement, par essence, la position simplement possible d'un Autre seulement formel, en réalité identique au posant. Dans la création, un posant qui peut ne pas poser, donc libre en tant que créateur, pose, par une position elle-même libre, un posé qui, comme créé, est tout aussi libre. Voici bien une proposition capitale de Hegel, qui clôt par elle toute la reconstruction logique de l'être pris en son sens : *le libre crée du libre*. Saisi en son sens logique achevé comme pensée de la pensée, pensée de soi ou personnalité, l'être s'affirme comme l'intériorité du sens créant son extériorité sensible, l'être naturel. L'être en son sens libre crée libre sa réalité mondaine, d'abord naturelle, puis spirituelle.

La liberté créée, en son altérité même relativement à la liberté créante, est donc, en vérité, créatrice d'elle-même. – Elle l'est assurément une fois créée, en tant qu'elle se recrée elle-même en son propre régime, surmontant par là la passivité ou naturalité qui l'affecte en son origine même, comme créée.

C'est ainsi que la nature créée par l'Idée logique est l'auto-négation progressive d'elle-même aboutissant à l'auto-surgissement de l'esprit, qui lui-même recrée comme ses propres moments, en leur donnant un sens suffisant pour son progrès, ses conditions naturelles seulement nécessaires (telle est, par exemple la métamorphose de la sensibilité). Il spiritualise de la sorte de plus en plus son activité, qui se pose par là de plus en plus comme une création. – Mais, dans l'opération même de sa création par une liberté créante, la liberté créée se crée elle-même, en laissant à la première l'action seulement négative de la laisser faire. Hegel emploie significativement, pour désigner celle-ci, l'expression de « *entlassen* », qu'on a pu traduire par « laisser aller ». Un laisser-aller qui n'a cependant rien d'une lassitude ou d'une impuissance, qui affecterait de passivité l'activité par excellence qu'est la création et la ferait se contredire et par là se nier. Que le créant laisse aller le créé, cela ne rabaisse aucunement celui-là en élevant celui-ci. Tout au contraire.

Hegel y insiste : c'est bien plutôt, pour l'Idée absolue, une manifestation de sa force que de laisser aller hors d'elle ce qui est alors pour elle pleinement un être, c'est-à-dire un Autre. Et un Autre à bout portant, *son* autre, absolument sien, donc intimement aliénant, puisqu'il est elle-même, et que ce laisser-aller est le sacrifice d'elle-même, donc l'acte suprême de la liberté qui se libère absolument de l'absolu qu'elle est. C'est bien parce qu'elle est assurée en elle-même qu'elle s'engage dans ce sacrifice de soi qu'est toute création. *Être libre, c'est libérer, mais libérer, c'est se libérer*, le vrai régime de la liberté étant de se libérer elle-même (d'elle-même). La création, dans laquelle le créant se crée en créant un créé qui se crée lui-même en le créant, réunit d'autant plus intimement ses termes qu'elle les suppose et pose auto-suffisants. Elle les rend, pour ainsi dire, amis, les amis s'attachant d'autant plus les uns aux autres qu'ils se détachent les uns des autres dans leur respect mutuel. Les communautés les plus soudées sont bien les plus personnalisantes ou, pour évoquer un thème d'abord kantien, le royaume le plus fort est celui du règne des fins, où les personnes s'entr-affirment comme des fins absolues, et jamais comme de simples moyens les unes des autres.

La Logique hégélienne, comme logique de la création, cimente ainsi l'identité à soi de l'être, alors pleinement tel, en le faisant se poser, dans ses articulations essentielles, par exemple dans le passage de l'Idée logique à la réalité mondaine, puis, à l'intérieur de celle-ci, de la nature à l'esprit, à travers des créations de lui-même. Ces créations sont bien aussi et d'abord des auto-créations, même si, en raison de l'exposition nécessitante de l'être à partir de la contradiction et, donc, du non-être qui l'affecte en tant qu'il n'est qu'être (début de la Logique), cette auto-position de lui-même se nie comme résultant de l'auto-négation du non-être. De ce fait, et parce que le concept ainsi foncièrement créateur est le sculpteur de toute la réalité telle qu'elle est reconstruite par l'Encyclopédie spéculative, celle-ci va bien se vérifier comme une création continuée de son processus.

La création prototypique, en elle-même encore idéelle, car opérée par l'Idée, de la nature première, pleinement naturelle, puis seconde, comme culturelle-spirituelle, se recrée progressivement comme création réelle ou naturelle dans le processus menant de la nature à l'esprit. Certes, dans la nature, le passage d'une étape à l'autre de sa structuration est, même en ses sauts les plus qualitatifs, les plus innovants, encore et toujours une simple évolution. Ce qui fait que celle-ci ne peut être dite créatrice par et en elle-même que de façon purement métaphorique et pour autant que la nécessité présidant à elle – qui n'est jamais, dans le milieu ou l'élément spatio-temporel altérant, répétition du même, mais passage d'un un à un autre – fait surgir un autre de plus en plus autre que cet un, et donc de plus en plus auto-surgissant, faisant ainsi s'accroître l'anticipation de la création dans l'évolution. En vérité, la création n'est qu'une potentialité passive de l'évolution qu'elle se présuppose activement, ontologiquement parlant, lors même que, en sa libéralité sûre de sa force, elle laisse l'évolution évoluer par elle-même vers elle.

La naissance de l'esprit dans la nature paraît bien encore naturelle. Hegel y voit tout au contraire la naturalisation de l'esprit immédiatement esprit dès qu'il paraît, s'anticipant lui-même en sa liberté créatrice native, qu'il exprime en s'arrachant au monde dès qu'il y entre, lui faisant face dans son cri qui est un cri de défi et de conquête, se créant en s'écriant ! L'anthropologie hégélienne, reprenant des observations, entre autres, fichtéennes, sur cette première auto-manifestation de la liberté, souligne la créativité, témoignant de celle-ci, qui distingue la gesticulation du nouveau-né humain de la stéréotypie comparativement si limitée des petits d'animaux. Avant la naissance de l'esprit, pas de création comme création, mais dès qu'il paraît, la créativité est là, expression de la liberté, même si l'une et l'autre, qui ne font qu'un, ne sont pleinement telles qu'à créer et libérer, en les assumant conformément à leur sens, cette créativité et liberté qu'elles n'*ont* – ce qui est maîtrise – pas encore, mais se contentent d'abord, et contradictoirement, d'*être*.

La philosophie de l'*esprit subjectif* montre l'assomption progressive par celui-ci, en sa formation spontanée, de sa créativité en quête d'accomplissement. Cet accomplissement qui élève la créativité à la création proprement dite se fait guider naturellement à travers le désir qu'a l'enfant de devenir grand. Une telle élévation au-dessus de soi est un contenu normatif qui, en tant que tel, fait se confirmer celle-là comme la discipline exigée, on l'a vu, par la création effective, et donc par la création de soi, dont un contexte privilégié est bien celui de l'éducation scolaire. Hegel dénonce, déjà en son temps, les dérives de l'école qui font substituer à l'objectif d'une recréation rigoureusement humaniste de l'homme celui d'une rechute récréative dans la simple créativité. Il oppose la puissance objectivante de la création à l'impuissance de la créativité subjective et lui fait, en conséquence, une place de choix dans la sphère de l'esprit objectif, où la liberté abstraite qu'est le libre arbitre natif, comme tel nécessaire mais insuffisant, se concrétise, c'est-à-dire se réalise vraiment en un monde.

L'esprit objectif institutionnalise – c'est là une création – les conditions réelles de la vie libre. Puisque celle-ci se recrée sans cesse, celles-là ont aussi à le faire, parfois au prix d'une révolution, telle celle que ses acteurs, en 1789, qualifiaient de seconde création du monde. Même le grand homme de l'histoire mondiale, qui réalise comme son agent passionné, en cela plutôt passif, la nécessité universelle présente à elle-même, donc libérée, dans le seul esprit du monde, doit bien la saisir comme un objectif proprement politique (le politique est le lieu, au fond, de toute efficience) universel (le politique est l'universel réel), qu'il lui faut – souligne Hegel – tirer de lui-même, proprement créer en son idée, car l'universel n'est pas donné en tant que tel. Certes l'homme d'action, en Napoléon s'interrogeant devant Las Cases sur sa responsabilité impériale, peut bien, à son dire, constater qu'il a toujours cédé à l'« *impérieuse nécessité* ». Hegel, qui pense Napoléon, affirme, lui, que la création propre au génie politique est considérable. Car elle doit être celle d'un présent dont la transformation efficace et valorisée (de portée) universelle requiert la réinvention ou recréation en lui de lui-même comme effet d'un passé sans cesse enrichi, et de lui-même comme moyen d'un avenir dont le sens réalisable est modifié progressivement par la variation d'un tel moyen, la pensée vraie de ces deux ingrédients du sens présent étant exigée par l'action entreprise et dont le sort se joue à chaque instant.

La création se présente enfin, dans l'*esprit absolu*, non pas comme le principe d'autre chose, de son Autre, de la nécessité présupposée par elle pour se poser telle dans la négation de celle-ci, mais comme le principe d'elle-même, comme créatrice d'elle-même en tant que totalisation, manifestée en chacun d'eux, de ses trois moments : le créant, le créé et elle-même qui les médiatise ; ou en tant que l'esprit absolu se créant tel dans l'art, la religion et la philosophie. Dans chacun de ces modes de l'esprit se totalisant ou absolutisant à travers la fluidification des trois moments de la création, le créant devenant créé laisse, dans l'inertie d'une non-création, le créé devenir créant en lui. Dans l'art, le créateur anticipe dans l'accueil plein d'abnégation de l'œuvre qui se crée en lui l'indépendance désinvolte qu'elle lui arrachera. Dans la religion en sa vérité chrétienne, le Dieu créateur des hommes s'incarne en l'un d'eux, tous appelés à se recréer eux-mêmes à l'image de l'Homme-Dieu. Et enfin, dans la philosophie accomplie spéculativement, le concept se révèle bien finalement concevoir lui-même le concept, recréation absolue de la création de soi qu'est l'absolu.

Il m'a semblé non seulement possible, mais nécessaire, dans une époque s'abandonnant, souvent fascinée, au spectacle de la créativité, et qui, lorsqu'il lui arrive de l'évoquer, dénonce la sclérose conceptuelle du discours hégélien, de rappeler que ce discours développe une logique de la création dont seule la mise en œuvre permettrait à celle-là, la simple créativité, de s'élever à celle-ci, la création effective. L'écoute, devenue si rare – il est vrai qu'on a plus souci, aujourd'hui, de s'exprimer que d'écouter! – de Hegel, inciterait et aiderait peut-être notre temps à assumer les exigences – synthétisables en une logique concrète, que j'ai tenté d'esquisser – dont le respect pourrait lui permettre de redevenir créateur. Réellement.

## HEGEL, PRÉSENT

Plus que tout autre penseur, Hegel demeure présent, du début du XIXᵉ siècle à ces premières décennies du XXIᵉ siècle, au cœur du débat, non seulement *stricto sensu* philosophant, mais plus largement culturel, presque partout, dans un lieu ou l'autre de l'Ancien monde et du Nouveau monde. Il y est présent exécré ou encensé, simultanément ou alternativement, suivant les vicissitudes d'une actualité mondaine à laquelle on le lie pour le juger, l'infirmer ou le confirmer. Cela, il faut le dire, à juste titre, puisque lui-même a lié intimement sa pensée, même en sa dimension transmondaine ou, pour employer le terme traditionnel, métaphysique, à cette actualité qu'il thématisa comme un nouvel objet philosophique, mieux : comme l'objet philosophique total. La philosophie ne peut pas ne pas être, même malgré elle, elle doit donc s'accomplir, en sa systématisation concrète pleinement assumée, comme *le grand discours sur l'état du monde*. Mais cette actualité, cet état du monde est à saisir d'abord, tout en ne s'y réduisant pas dans un aplatissement superficiel et dispersant, dans l'immédiateté de son présent : au faîte de sa spéculation, après la publication en 1807 de la *Phénoménologie de l'esprit*, Hegel entre lui-même en journalisme et fait sa « *prière du matin réaliste* » comme directeur, pendant plusieurs mois, de la *Gazette de Bamberg*. Il justifie de la sorte, par une telle théorie et pratique de la philosophie, qu'on pose, au sujet de celle-ci, la question de sa vérité, et de sa vérité proprement hégélienne, sous la forme objective, écartant le subjectivisme qu'il abhorrait, de son actualité.

Mais, si juger Hegel hégéliennement, donc dans un jugement qu'il ne saurait récuser, c'est d'abord s'interroger sur son actualité, force est, me semble-t-il, de constater qu'il est tout aussi vrai que la philosophie par excellence dont on songe à mesurer l'actualité avec insistance, aujourd'hui encore et peut-être surtout, c'est essentiellement, sinon exclusivement, la philosophie hégélienne. Une telle actualité de la seule et simple question de l'actualité de Hegel me paraît témoigner déjà de l'actualité même de la chose en question et elle m'engage alors sur la voie d'une réponse positive : oui Hegel est actuel, sans doute plus que tout autre et peut-être plus que jamais.

Je voudrais *d'abord* proposer quelques considérations sur le sens de l'actualité et de son affirmation dans le cas de la pensée hégélienne. *Ensuite* établir la réalité de l'actualité de cette pensée en m'appuyant sur ses textes les plus explicites. *Enfin* défendre sa possibilité privilégiée, pour ce qui, dans le présent, semble excéder le texte même de Hegel.

## *Le philosophe et l'actualité*

On ne peut dire Hegel actuel au sens où l'on s'est plu maintes fois à le dénoncer comme celui qui, alors idéologue plus que philosophe, aurait simplement consacré le fait brut de la force prussienne (Haym) ou de la puissance bourgeoise existante (Marx). C'est dans le sens opposé que doit se lire la célèbre équation hégélienne du rationnel et du réel, dont la séquence est bien : ce qui est rationnel est réel, puis : ce qui est réel est rationnel, c'est-à-dire que c'est parce que la raison se réalise que le réel se rationalise, parce que le sens se fait sensible que le sensible prend sens, bien loin que la raison soit la simple justification du fait accompli, quel qu'il soit. Hegel est actuel dans l'acception même qu'a chez lui l'actuel, à savoir d'être la réalisation sensible, empirique, positive de ce que pose l'activité plénière, l'auto-activité ou la liberté qu'est la raison ou l'esprit prenant conscience de soi finalement dans la spéculation philosophique. Aristotélicien, Hegel sait que l'intelligible, l'Acte, immanent au sensible, fait ce qu'il y a de vraiment réel dans celui-ci. Aristotélicien chrétien, il pense que Dieu s'incarne, que le Verbe se fait chair sans reste et que c'est donc dans l'épreuve du réel sensible que la vérité triomphe et s'avère absolument. Révélée d'abord est la vérité qu'il s'agit ensuite de concevoir, et c'est pourquoi le plus grand spéculatif de l'histoire de la philosophie fut aussi son plus grand empirique. Mais l'expérience la plus réelle ou résistante, la plus probante, c'est l'expérience extérieure, objective, celle que l'esprit fait de lui-même en tant qu'il est, suivant l'expression de Hegel, l'« esprit objectif », le monde historique du droit, de la société et de l'État, qui conditionne aussi en leur existence les manifestations de l'esprit supra-objectif ou absolu : art, religion et philosophie, qu'il ne détermine assurément pas en leur contenu.

### *L'actualité passée de Hegel*

Dès lors, le jugement sur l'actualité de la pensée hégélienne, dans lequel il y va de la question de sa vérité, ne peut, étant donné le caractère systématique ou totalisant de cette pensée, faire abstraction du jugement, en tout sens, objectif, que le monde juridico-socio-politique de l'histoire, par son existence même, porte sur ce que Hegel a dit qu'il devait être. Si une philosophie, c'est son monde saisi (toujours aussi de façon critique) par la pensée, ce monde la jugera mieux que ne la jugerait une autre philosophie qui le négligerait en sa positivité ou serait démentie par lui en le disant autre que lui. Tel fut bien le cas du jugement porté sur l'actualité de Hegel.

Hegel ne fut pas reçu par les siens, les philosophes. Lui, le grand modeste, s'était regardé comme le dernier dans la philosophie pérenne, considérant qu'il ne disait rien d'autre, au fond, que Parménide et Héraclite. On n'eut pas semblable modestie après lui ! C'est, à l'opposé, en proclamant son inactualité définitive que ses successeurs s'affirment chacun comme le premier à ouvrir le chemin de la vérité, de Schopenhauer à Levinas, en passant par Schleiermacher et Feuerbach, Kierkegaard et Marx,

Nietzsche et Bergson, Heidegger et Sartre, Foucault et Derrida. Certes, non sans quelque troublante mauvaise conscience, puisque l'on reconnaît que, quand on croit en avoir fini avec Hegel, le voilà qui revient (Foucault), ou que l'on avoue que le nécessaire exode hors de lui est une blessure dont on ne guérit pas (Ricœur). Il ne saurait s'agir ici pour moi d'instruire un procès philosophique de l'après-hégélianisme. Je veux seulement faire observer que l'on a congédié trop confortablement Hegel en mettant généralement hors jeu le moment mondain de son système, pourtant décisif, puisque, en son caractère objectif général, commun, il peut être vérifié ou non dans une expérience offerte à tous. Et il est bien vrai que Marx, qui fonda son parricide sur l'allégation d'un monde objectif anti-hégélien, fut réfuté par l'auto-destruction d'un tel monde, que l'histoire révéla ainsi être une longue parenthèse – comme Hegel pense qu'il en existe – dont la négation confirma ce qu'elle voulait nier, la vérité du monde socio-politique proposé par Hegel comme étant, en ses traits essentiels, le dernier ; car c'est aussi un thème hégélien, que l'affirmation vraie de toute chose n'est pas la première, mais la seconde, en tant que négation de la négation de la première. C'est pourquoi les hégéliens ont été notamment ou aussi des penseurs, des théoriciens ou des praticiens du monde jurico-socio-politique de l'histoire, qui ont cru pouvoir mieux comprendre et promouvoir celui-ci à partir de l'actualité que leur en présentait Hegel comme un processus immanent de rationalisation du réel.

Il en fut ainsi en France : en voici quelques exemples. Victor Cousin, qui a visité Hegel et s'en dit le disciple, inaugure son règne universitaire – qui dure jusqu'au milieu du XIX<sup>e</sup> siècle – en voulant faire consacrer par son maître son entreprise d'élaboration d'une pensée européenne à travers la réconciliation éclectique de l'entendement français (cousinien) et de la raison allemande (hégélienne). Le second demi-siècle sera dominé, dans ce qu'on appellerait aujourd'hui les médias, par l'ennemi intime de Cousin, qu'il rend responsable de son échec sidérant à l'agrégation de philosophie : Hyppolite Taine ; mais Taine s'en consola en lisant tous les jours Hegel, ce « Spinoza multiplié par Aristote ». Lui-même et Renan, ce « Hegel littérairement relevé » décident en janvier 1870 de faire ériger, sur l'une des places les plus monumentales de Paris, une statue à Hegel, qu'ils mobilisent dans leur dessein politico-culturel d'ancrage naturel de l'histoire, terrestre du Ciel. Hegel – 1871 est proche – n'aura pas sa statue parisienne : on vilipendera en lui le Prussien. Mais vers la fin du siècle, Lévy-Bruhl célèbrera dans le penseur allemand le philosophe social de l'avenir, et le socialiste Jean Jaurès réhabilitera Hegel en raison, précisément, de la modernité de sa théorie de la société civile : celle-ci annonce, certes, le socialisme d'État d'un Bismarck ; mais aussi l'inscription, chez un Bebel ou un Liebknecht, du social conflictuel dans l'unité justicière de l'État. Plus tard, Alain, pourtant l'admirateur de Comte, déclarera que, si celui-ci a créé le mot sociologie, c'est Hegel qui a construit la chose en sa vérité définitive, dans la juste articulation de la société et de l'État, texte unique de toutes les pensées vraies qui seront à dire à leur sujet jusqu'à la fin du XXᵉ siècle. En 1969, Maurice Schumann m'écrivit combien il était frappé de découvrir en Hegel le théoricien par anticipation du gaullisme… Bref, le monde a, en fait, hégélianisé, en le sachant, avant ou après. Le fait-il encore maintenant, reçoit-il encore Hegel, et, si oui, en quoi est-il encore hégélien, même en ne le sachant plus ?

## L'actualité présente de Hegel

Il y a un étonnant recouvrement de fait entre le monde socio-politico-culturel fixé et fondé par la raison hégélienne, il y aura bientôt deux siècles, comme étant définitivement le vrai, et ce même monde tel qu'il existe en la pointe actuelle de sa dynamique, pourtant si accélérante. C'est que, dans le foisonnement révolutionnaire de son temps, Hegel a su discerner et justifier ce que son avenir historique allait confirmer comme la réalité vraie du monde humain. C'est bien dans son anticipation hégélienne que Marx, déjà, pour le critiquer radicalement, avait lu en sa réalité accomplie l'État dit par lui bourgeois, un État qu'il jugeait destiné à passer, mais dont l'effondrement de la parenthèse marxiste a vérifié l'être ainsi manifestement consolidé. Le monde socio-politique le plus avancé hégélianise donc en fait, et positivement, à travers ses succès quand il s'accorde avec les traits hégéliens, et négativement, par ses échecs ou ses difficultés lorsqu'il s'en écarte ; qui sait si, hégélianisant en le sachant et voulant, il ne serait pas fortifié dans son propre développement ?

### Le développement historique

Un développement de type hégélien ne doit pas sa nécessité à une causalité finale – car celle-ci repose sur une contingence : une fin exige bien tel ou tel moyen, mais pourquoi poser une telle fin ? Il a pour moteur la contradiction : ce qui est contradictoire n'est pas, donc ce qui est, c'est ce qui n'est pas contradictoire ou surmonte sa contradiction. Toute la dialectique hégélienne consiste alors à trouver et prouver que l'être est tel, non contradictoire, que s'il est au fond, non pas, par exemple, simplement substance, cause, nature, matière, vie, mais esprit. Car l'esprit, qui est un Soi, réfléchi en lui-même, est bien identique à lui-même dans sa différence d'avec lui-même (soi-même comme un autre, certes, mais aussi un autre comme soi-même).

Or, puisqu'il y a de l'être qui ne se présente pas comme esprit, cet être n'est proprement que parce qu'il est posé par l'esprit. Celui-ci, ainsi, se l'oppose, se l'objecte à lui-même tel un esprit objectivé ou un « esprit objectif », cette seconde nature qu'est le monde du « droit » au sens général du terme, aussi réalisé socialement et politiquement. Mais, parce que l'esprit a posé cette objectivation ou opposition de lui-même, il peut la maîtriser, être chez soi dans elle, c'est-à-dire *libre*.

Les oppositions ou conflits à travers lesquels l'esprit objectif essentiellement socio-politique se libère historiquement mettent aux prises, par conséquent, l'esprit moins libre, ou plus naturel, et l'esprit plus libre. Et leur résolution, réconciliatrice, consiste en ce que celui-ci en son être plus fort, peut, en se limitant lui-même – la vraie puissance est dans le sacrifice (thème chrétien rationalisé) – reconnaître libéralement celui-là, dont la vitalité et l'exubérance naturelles lui sont profitables ; mais il lui faut aussi bien limiter ce dynamisme dont l'explosion spontanée peut emporter les deux opposés. La réconciliation est, de la sorte, intérieure à la relation hiérarchisée des opposés. Elle ne saurait être l'œuvre d'un véritable tiers : d'où pourrait bien venir celui-ci, et d'où pourrait-il tirer sa force ? *Il n'y a jamais et nulle part de troisième force*, ou pour exprimer la chose en un langage plus empiriquement politique : si l'on vise la réconciliation dans le centrisme, celui-ci ne peut pas être l'affaire d'un Centre.

## L'État et la société

Tels sont les principes fondamentaux du développement socio-politique selon Hegel, des principes pour lui strictement rationnels exigés par l'essence originaire de l'homme, cette liberté qu'aucune autre qualité (égalité, fraternité, etc) ne peut concurrencer, car elle fonde toutes les qualités humaines. Or l'actualité la plus vivante me semble confirmer réellement la pertinence de ces principes. – En particulier celle de la théorisation par Hegel de la distinction, introduite, au XVIIIᵉ siècle, par le penseur écossais Ferguson, entre la société civile – la société proprement dite – et la société politique ou l'État. Hegel a bien vu que la société, notamment économique, est une relation inter-humaine où s'affirment en même temps l'individualisme comme libre initiative intéressée des agents sociaux et l'universalisme – la mondialisation disons-nous aujourd'hui – comme processus spontané d'un destin. De cette société qui exalte à la fois, sans les réunir, la volonté singulière et l'universel non voulu, il a fermement distingué l'État, qui naît de la prise en main volontaire, par les individus devenant citoyens, d'une communauté limitée mais forte à laquelle ils s'identifient en y instituant leurs différences selon le droit. Et Hegel a surtout remarquablement discerné et traité théoriquement la crise immanente à cette modernité socio-politique qui s'instituait à son époque.

Cette crise développe la contradiction socio-économique qui réside dans l'insertion de l'individualisme actif dans une universalisation aveugle. Car l'auto-régulation spontanée, de moins en moins volontaire, de la vie économique mondialisée, peut de moins en moins assurer la satisfaction de ses agents et la sécurité de leur ensemble : Hegel considérait que, quand le marché devenait mondial, le chômage devenait définitif et ne pouvait être combattu que par des expédients. Il y a donc une exigence déjà proprement socio-économique, d'une part, de solidarité, d'autre part, de gouvernance. Cette double exigence ne peut, comme restriction du principe libéral essentiel à la société civile, être réalisée par celle-ci en tant que telle. Mais l'État, qui, lui, le peut, en raison 1) pour ce qui est de la solidarité, de l'égalité idéale des citoyens, et 2) pour ce qui est de la gouvernance, de l'effectivité de celle-ci dans un gouvernement, ne saurait nier la société, en la corrigeant, dans un étatisme déplacé.

Ainsi, l'indispensable solidarité ne doit pas, pour Hegel, faire remettre en cause la valeur sociale prioritaire de la libre initiative, ni la salutaire gouvernance celle de la vitalité de l'interaction socio-économique : l'échec de l'asservissement communiste de l'économie a confirmé la vérité de la théorie hégélienne d'un interventionnisme, mais limité, de l'État, destiné à la sauver de sa propre et naturelle négativité. L'État hégélien doit être et se sentir assez fort pour, non seulement tolérer, mais aussi favoriser de la sorte en lui, dans un libéralisme vigilant, une société civile dont les principes et objectifs immédiats ne sont pas les siens – même si l'énergie qu'elle exalte dans les agents sociaux satisfaits ne peut que servir en eux aussi les citoyens.

C'est pourquoi l'intervention socio-économique, non proprement politique, de l'État, doit pallier fermement certes, mais non vouloir supprimer à tout prix, l'inévitable négativité de la vie socio-économique, dont la rationalité impersonnelle ne peut s'élever à la maîtrise de la raison volontaire, qui organise l'État parvenu à sa vérité. Voilà ce que le monde contemporain paraît reconnaître de plus en plus.

## *L'État-nation*

Le monde contemporain semble aussi comprendre plus largement, et, aujourd'hui, sous l'effet d'une crise imputée à un libéralisme socio-économique excessif, que l'État, dont on attend une intervention socio-économique réparatrice, doit être dans lui-même et dans son activité essentielle, prioritaire, proprement politique, un État fort, lors même et surtout qu'il veut être un État de droit, tout entier tourné vers la libération amplifiée de ses membres. Le socle solide de la vigilance libérale socio-économique de l'État n'est pas la société dispersante en sa destination universelle, mais la particularité d'une communauté nationale soudée, même dans son ouverture aux autres, historiquement à elle-même : le corps propre de l'État, c'est une nation dont il rationalise la vie en la constituant selon le droit. Hegel a exprimé quatre réquisits principaux de l'assomption rationnelle par lui-même de l'État-nation.

1. L'État-nation étant cette communauté ou totalité solide en laquelle des hommes, même adversaires en de nombreux domaines, s'accordent pour y réaliser aussi leurs objectifs extra- ou supra-politiques, il doit être voulu par eux au nom même du devoir qu'ils ont d'accomplir, moyennant leur citoyenneté alors exigeante, une humanité qui la dépasse ; l'homme doit à l'État-nation qui l'institue citoyen d'avoir des droits, quels qu'ils soient, effectifs. Mais cet État-nation devant sa force à son unité identique à elle-même en son progrès, la citoyenneté est un devoir indivisible en son socle national, bien loin qu'il y ait quelque

sens à parler d'un droit à une citoyenneté partielle, par exemple municipale. Le citoyen est bien le support, le substrat, la substance, le substantif de l'existence même extra- ou supra-civique, que notre époque a tort parfois de disqualifier en un simple qualificatif ou adjectif, en faisant par là disparaître le citoyen dans de simples activités prétendues citoyennes.

2. Le devoir politique prioritaire d'assurer l'unité de la vie rationnelle de l'État-nation fait majorer par notre époque, au sein des pouvoirs pourtant plus organiquement liés en droit comme ils le sont dans leur exercice de fait, le pouvoir du chef de l'État constitutionnel, qui incarne, qui est, comme volonté réellement une, l'unité vivante de cet État dans sa décision suprême. Couronnant sa préparation la plus rationnelle, conforme à la législation à laquelle participent les citoyens, et élaborée par le gouvernement ainsi que par le cabinet – prolongement de la personne princière, disait Hegel – donc sans aucunement s'inscrire dans l'irrationalisme d'un décisionisme pur, la décision souveraine l'excède en tant qu'elle tranche entre des projets également rationnels, et c'est bien ce que les citoyens attendent du chef de l'État : l'énergie de la décision toujours risquée, le courage audacieux de mettre le point sur le « i ».

3. L'actualité confirme aussi – je n'ai guère à y insister – la doctrine hégélienne de la rationalisation effective des relations internationales. Les nations dites unies restent une simple société des nations et le droit *international* porte bien son nom. L'auto-

limitation de l'État-nation le maintient dans sa sphère. Le cosmopolitisme est bien socio-économique, mais il n'est pas politique. Comme Kant – qui, au surplus, rejetait l'idée d'un État mondial comme État unique, sans ailleurs, voué nécessairement à la tyrannie – Hegel juge à jamais impossible un tel État-nation universel. Ce qui ne saurait signifier, de sa part, le mépris du droit international, dont les limites sont quand même bien celles d'un moment essentiel du droit. Ces limites du droit international ne justifient pas plus le bellicisme que son existence n'autorise le relâchement pacifiste des États, et donc l'affaissement du sens du devoir civique, indissociable des droits du citoyen.

4. S'il y a un lien plus intime des peuples, Hegel le fait s'annoncer dans l'histoire mondiale, mais l'« esprit du monde » qui embrasse ces peuples est l'expression mondaine de l'esprit absolu dont le cœur est la religion. Conscience de l'absolu, celle-ci est la conscience absolue, socle aussi de la vie politique. Selon Hegel, il ne peut donc y avoir de révolution politique effective sans une réformation religieuse. Ce qui ne veut pas dire que la religion puisse déterminer la politique, pas plus que la politique n'a à déterminer la religion. L'esprit est, assurément, un, mais chacune de ses manifestations se détermine de façon propre : l'État hégélien est donc, en fait, un État laïque. Toutefois, l'unité de l'esprit fait qu'un régime politique n'est solide que s'il traduit un degré de liberté – l'essence de l'esprit – qui s'exprime aussi dans la culture et sa cime religieuse. C'est pourquoi l'État, sans pouvoir

ni vouloir intervenir dans l'intériorité religieuse, peut et doit veiller à ce que les religions qui se pratiquent en son sein ne perturbent pas en leurs manifestations extérieures les règles objectives du droit politique. L'actualité la plus brûlante vérifie, là aussi, le propos hégélien.

Sans aucun doute, pourrait-on enrichir notablement les traits hégéliens du monde actuel – j'ai laissé de côté, entre autres, ce qui concerne le droit au sens strict du terme. Sans doute, inversement, trouverait-on dans l'actualité des démentis au propos plus déterminé de Hegel, par exemple à son exaltation du chef de l'État comme monarque constitutionnel désigné par la naissance. Mais le sens profond d'une détermination positive est donné par sa raison d'être et non par la contingence de sa prégnance historique, et, pour ce qui est de l'essentiel, je crois qu'on peut considérer que notre époque vérifie plus que tout autre le message hégélien.

## Hegel face à deux objections

Il y a cependant deux phénomènes nouveaux qui pourraient bien, semble-t-il d'abord, rendre caduc le message en question. Le premier est l'entreprise présentée comme la plus inouïe de l'époque : la construction politique de l'Europe ; le second est l'intervention d'un nouvel acteur, surpuissant, de l'histoire, puisqu'il s'agit de la nature, ce qui, semble-t-il, imposerait une redéfinition de cette histoire que Hegel a dite, en sa signification essentielle, finie. Il faut examiner.

Qu'on la veuille fédérale ou simplement confé-
dérale, en tout cas dotée d'une souveraineté politique,
l'Europe, comme nation ou quasi-nation, exclurait
la persistance en elle, comme nations réelles, des
nations existantes qu'elle réunirait : la binationalité,
qu'elle soit verticale ou horizontale, n'est-elle pas
métaphorique ou métaphorisante ? Que des nations
solidement constituées se fondent en une nouvelle
nation, durable, l'histoire, à ce qu'il me paraît, n'en
fournit pas d'exemple. Cela ne signifie pas que ce
n'est pas possible, mais la chose réclamerait plus
que des décennies, et rien n'indique que c'est une
nécessité. L'unité culturelle favorise sans doute,
l'unité économique exige peut-être, pour sa maîtrise,
une unité politique, mais favoriser et exiger, ce n'est
pas produire. Hegel remarquait que, toutes les fois que
l'Europe avait voulu s'unifier, elle en était ressortie
plus divisée. Il n'est pas prouvé qu'il a eu raison,
mais pas non plus qu'il a eu tort. Puisqu'il ne saurait y
avoir de solution de continuité dans la réalité de l'idée
de l'État-nation, sa pensée nous conforte au moins
dans une nécessaire prudence. Le projet européen lui-
même ne peut justifier un renoncement à eux-mêmes
et un relâchement des États-nations, dont seule la
force peut faire, si c'est souhaitable et possible, une
Europe elle-même forte.

Quant à la redéfinition de la tâche politique que
l'actualité imposerait, elle n'infirme pas, à vrai dire, la
thèse de la fin de l'histoire universelle, telle que Hegel
l'entend. Car celle-ci – dont j'ai rappelé souvent
qu'elle ne signifie pas la fin des vicissitudes empiriques
à travers lesquelles se réalise la structure rationnelle

définitivement vraie, elle, de l'État politiquement fort et socio-économiquement libéral – est bien close comme histoire de la raison universelle construisant son monde une fois que s'est apaisée l'autre histoire, primitive, pré-spirituelle, l'histoire de la nature. Cette histoire de la nature, que Hegel compare au long cauchemar, meublé de gigantesques soubresauts, de l'esprit encore endormi, a cessé lorsqu'il s'est éveillé à la conscience, le temps des catastrophes naturelles laissant alors la place au temps des crises, propres à l'histoire humaine. Alors, et pour reprendre le couple hégélien de la condition et de la détermination, la nature cesse d'être déterminante pour n'être plus que conditionnante, et l'histoire profite de la pause de la géographie ou géologie. Mais si le réveil actuel de la nature est indigène et non provoqué d'abord par l'imprudente histoire humaine – dans l'incertitude, l'homme devant pour le moins faire comme s'il était le responsable –, si, comme Hegel le redit en citant le texte sacré, le Ciel et la Terre passeront, si, comme il le déclare, la grande chimie de la nature qu'est la météorologie, en sa puissance tellement incommensurable, se moque de la chimie humaine, si la nature, de la sorte, devient par elle-même l'acteur de l'histoire des hommes, alors la gestion nécessairement politique de cette histoire bouleversée au-delà même de ce qu'envisage l'écologie devra en tenir compte, et la philosophie de l'histoire et de la politique aura à concevoir ce nouvel objet d'elle-même, tant du moins que la nature permettra une incarnation humaine de l'humanité, ou – en termes hégéliens – que l'esprit infini appellera à la liberté des esprits finis en cette incarnation-ci. Mais la conception hégélienne des rapports entre l'esprit et la nature aura bien encore ouvert la compréhension d'un tel avenir de l'être et de sa pensée.

Mon intention n'a pas été d'ériger ici à Hegel la statue qu'il n'a pas eue à Paris. J'ai simplement dit pourquoi, plus et mieux que tout autre penseur, il aide puissamment à penser un présent du monde qui – bientôt deux siècles après lui et malgré l'extrême accélération par ailleurs de son développement – l'actualise encore en ses tendances essentielles, sans assez profiter de leurs fortifiantes justifications hégéliennes. Il n'y a pas pour nous un devoir d'hégélianiser, mais notre intérêt, si nous voulons nous y retrouver dans notre monde et que nous rencontrions Hegel, c'est de ne pas le congédier prématurément, mais de nous mettre à sa propre hauteur pour, grâce aussi à lui, aller plus loin que lui. Si nous le pouvons.

## ORIGINE DES TEXTES

« Commenter Hegel : un destin et une tâche », Conférence Allemagne, texte français publié dans *Hegel*, sous la direction de Maxence Caron, Paris, Le Cerf, 2007.

*La philosophie du langage dans la* Phénoménologie de l'esprit, Colloque Hegel, Nanterre, octobre 2006.

*Le sens du politique dans la* Phénoménologie, Colloque Porto Alegre, octobre 2003.

*La Révolution française et le rabaissement du politique dans la* Phénoménologie, Colloque Madrid, décembre 2007.

« La religion manifeste dans la *Phénoménologie* », *Revue de Métaphysique et de Morale*, n° 2, avril 2018.

« Statut et destin de la religion dans la *Phénoménologie* », *Revue de Métaphysique et de Morale*, n° 3, Juillet 2007.

« Hegel et la métaphysique réformée », dans *Hegel au présent* sous la direction de J.F. Kervégan et B. Mabille, Paris, Éditions du CNRS, 2012.

*Dialectique et absolu*, Colloque Paris, mars 2002.

« Hegel et les choses » dans *La connaissance des choses* sous la direction de G. Samama, Paris, Ellipses, 2005.

« L'idée de la nature », Conférence Bordeaux 2004, publiée dans *Hegel et la philosophie de la nature*, coord. C. Bouton et J.-L. Vieillard-Baron, Paris, Vrin, 2009.

*La nature : promise, promesse et promue de l'esprit*, Colloque Fortaleza, octobre 2009.

« Le temps », dans *Penser le temps*, sous la direction de M. Méheut, Paris, Ellipses, 1996.

« Le concept hégélien de la reconnaissance », Conférence Paris, 2012.

« La personne », Conférence Paray-le-Monial, octobre, 2006.

« Le droit », Conférence Académie des sciences morales et politiques, publiée dans *Regards sur le droit*, sous la direction de F. Terré, Paris, Dalloz, 2010.

« Le tribunal », *Revue Réflexions chrétiennes*, décembre 2010.

« Société, école, culture », Conférence Girona, septembre 2002, publiée dans *Die Idee der bürgerlichen Gesellschaft*, sous la direction de J. Zimmer-D. Losurdo, Documenta universitaria, Girona, 2006.

« Le jugement de l'histoire », Colloque « Histoire et Justice », Lyon, 2002.

« Le statut ontologique de l'esprit du monde », Conférence en allemand, Hagen, juillet 2010.

« Hegel une théologie de la fin de l'histoire », Conférence Paris.

« L'encyclopédie hégélienne et son actualité », Conférence Paris, octobre 2013.

« Hegel : une logique de la création », Conférence Paris, décembre 2017.

# TABLE DES MATIÈRES

Troisième partie
## LA NATURE

Quatrième partie
## L'ESPRIT OBJECTIF

CINQUIÈME PARTIE
## L'ESPRIT ABSOLU

Achevé d'imprimer le 11 février 2019
sur les presses de
*La Manufacture - Imprimeur* – 52200 Langres
Tél. : (33) 325 845 892

N° imprimeur : 190174 - Dépôt légal : février 2019
*Imprimé en France*